MIL DIAS DE TORMENTA

Bernardo Mello Franco

Mil dias de tormenta
A crise que derrubou Dilma e deixou Temer por um fio

Copyright © 2018 by Bernardo Mello Franco

Grafia atualizada segundo o Acordo Ortográfico da Língua Portuguesa de 1990, que entrou em vigor no Brasil em 2009.

Capa
Túlio Cerquize

Foto de capa
Lula Marques/Folhapress

Preparação
Carolina Vaz

Revisão
Adriana Bairrada
Ana Maria Barbosa

Dados Internacionais de Catalogação na Publicação (CIP)
(Câmara Brasileira do Livro, SP, Brasil)

Franco, Bernardo Mello
    Mil dias de tormenta : a crise que derrubou Dilma e deixou Temer por um fio / Bernardo Mello Franco. – 1ª ed. – Rio de Janeiro : Objetiva, 2018.

    ISBN 978-85-470-0067-7

    1. Brasil – Política e governo – 2015-7 2. Crise econômica 3. Crônicas brasileiras 4. Impeachment – Brasil 5. Jornais – Seções, colunas etc. 6. Jornalismo político 7. Rousseff, Dilma, 1947- 8. Temer, Michel, 1940- I. Título. II. Título: A crise que derrubou Dilma e deixou Temer por um fio.

18-17427   CDD-070.44932

Índice para catálogo sistemático:
1. Jornalismo político   070.44932

Iolanda Rodrigues Biode – Bibliotecária – CRB-8/10014

[2018]
Todos os direitos desta edição reservados à
EDITORA SCHWARCZ S.A.
Praça Floriano, 19, sala 3001 — Cinelândia
20031-050 — Rio de Janeiro — RJ
Telefone: (21) 3993-7510
www.companhiadasletras.com.br
www.blogdacompanhia.com.br
facebook.com/editoraobjetiva
instagram.com/editora_objetiva
twitter.com/edobjetiva

Sumário

Explicação 7

1. O começo do fim.. 11
2. *Verba volant* 53
3. Queda livre 90
4. Ordem e progresso 140
5. A nova guerra 199
6. A pinguela balança 231
7. "Tem que manter isso, viu?".. 300

Epílogo.. 405

Explicação

A ideia deste livro surgiu em 18 de maio de 2017. Foi um dia eletrizante. O Brasil estava de olho em Brasília, à espera de um pronunciamento do presidente da República.

Eu acompanhava a escalada da crise no Palácio do Planalto. No terceiro andar, Michel Temer consultava aliados para decidir o que fazer. No térreo, dezenas de jornalistas tentavam apurar o resultado das conversas. Afinal, o presidente iria renunciar?

A pergunta estava no ar desde a noite anterior, quando o país soube que Temer havia sido gravado por um empresário na mira da polícia. De acordo com a Procuradoria-Geral da República, os dois tratavam da compra do silêncio de um preso que ameaçava implodir o governo.

O homem-bomba era Eduardo Cunha, que comandou o processo de impeachment de Dilma Rousseff. Apesar da antiga fama de corrupto, o deputado ajudou Temer a se sentar na cadeira de presidente. Tempos depois, ele reaparecia na trama com a possibilidade de derrubá-lo.

Para entender como isso aconteceu, é preciso voltar a outubro de 2014, quando Dilma venceu a eleição mais acirrada desde o fim da ditadura militar. Ela ganhou o duelo com o tucano Aécio Neves, mas teve pouco tempo para festejar.

Em novembro, manifestantes já começavam a sair às ruas de verde e amarelo. Defendiam a anulação do resultado das urnas ou o impeachment da presidente. Dava no mesmo: o importante era destronar o PT, que havia acabado de vencer a quarta eleição seguida.

Os protestos cresceram e se multiplicaram até asfixiar o governo. Foram engrossados pela degradação das contas públicas, causada por uma sucessão de erros da equipe de Dilma, e pelo avanço da Operação Lava Jato, que investigava um gigantesco esquema de corrupção na Petrobras.

Mais tarde, o ministro Jaques Wagner admitiria que o PT "se lambuzou". Quando o banquete acabou, o partido foi abandonado por aliados que se sujaram no mesmo pote, como o PMDB de Temer.

A conspiração que derrubou Dilma foi arquitetada na residência oficial de seu vice. Ele se aliou a Cunha e Aécio, que temiam ser os próximos alvos da investigação.

Em busca de apoio parlamentar, os articuladores do impeachment acenaram com proteção para a elite política ameaçada. A estratégia seria resumida pelo senador Romero Jucá, um peemedebista conhecido pelo instinto de sobrevivência.

"Tem que resolver essa porra. Tem que mudar o governo para poder estancar essa sangria", disse Jucá, numa conversa gravada sem o seu conhecimento. "É um acordo. Botar o Michel num grande acordo nacional", concordou o ex-senador Sérgio Machado, que registrou o diálogo e entregou a gravação à Polícia Federal.

O Congresso afastou Dilma sob a acusação de que ela teria cometido crime de responsabilidade ao autorizar as "pedaladas fiscais" — uma maquiagem contábil que poucos parlamentares chegaram a entender.

Foi uma justificativa frágil, mas é preciso dizer que a presidente colaborou para a própria queda ao cometer erros primários na condução da economia e da política.

Negociadores habilidosos, Fernando Henrique Cardoso e Luiz Inácio Lula da Silva também enfrentaram crises e escândalos graúdos. No entanto, nunca perderam o controle do Congresso. A inexperiência fez Dilma pagar um preço alto quando precisou do apoio de deputados e senadores para salvar o mandato.

A esperteza que faltou à presidente sempre sobrou ao seu vice. Mestre nos acordos de bastidores, ele transformou o processo de impeachment numa espécie de eleição indireta para a Presidência. Anotou pedidos, assumiu compromissos e chegou a apresentar um programa de governo, batizado de

"Ponte para o Futuro". Se não convenceu o povo, conseguiu a adesão da maioria parlamentar, do empresariado e do mercado financeiro.

Fernando Henrique também abraçou o impeachment, mas tentou manter distância de Temer. O tucano definiu o novo governo como uma "pinguela" — uma ponte tosca e precária, segundo ensinam os dicionários. No dia em que o presidente marcou o pronunciamento e a Objetiva propôs a edição deste livro, a travessia parecia estar prestes a ruir.

Acompanhei a crise de perto como titular da coluna Brasília, publicada na página 2 da *Folha de S.Paulo*. Devo a oportunidade a Otavio Frias Filho e Sérgio Dávila. Desde que assumi o espaço, o jornal me deu liberdade absoluta para informar, analisar e opinar. Eventuais erros e omissões só podem ser debitados na minha conta.

Este livro reúne textos publicados a partir de 1º de janeiro de 2015, quando Dilma tomou posse pela segunda vez. A seleção termina em 26 de outubro de 2017, um dia depois de a Câmara arquivar a segunda denúncia criminal contra Temer.

Nas próximas páginas, o leitor encontrará um resumo desses mil dias de crise — para ser mais preciso, 1025. As colunas foram escritas no calor dos acontecimentos, sob a pressão do relógio. Não tive a pretensão de fazer um rascunho instantâneo da história, mas espero que a seleção ajude o leitor a entender como chegamos até aqui.

Os textos estão reproduzidos em ordem cronológica. Não mexi em seu conteúdo. Só acrescentei notas explicativas e uma pequena introdução antes de cada capítulo.

Embora seja um ofício solitário, o colunismo depende de muitos colaboradores — das fontes dispostas a revelar segredos aos colegas que ajudam a tirar dúvidas e confirmar informações. Seria impossível expressar minha gratidão a todos.

Não foi só a política brasileira que entrou em convulsão nos últimos anos. A imprensa também viveu tempos agitados, com mudanças nos hábitos de leitura e nas fontes de financiamento do jornalismo.

Na era da comunicação instantânea, passou a ser tentador escrever em busca do clique fácil e do compartilhamento imediato nas redes sociais. Em geral, a internet prefere o panfleto à análise apartidária. Estimula o "opinionismo" engajado, não a crítica independente.

Tentei escapar dessas armadilhas e do clima de Fla × Flu que dominou o debate brasileiro nos últimos três anos. Devo um agradecimento especial aos leitores que dedicaram seu precioso tempo à coluna, mesmo quando discordaram dos pontos de vista do autor.

1. O começo do fim

Foi por pouco. Em 26 de outubro de 2014, Dilma Rousseff se reelegeu presidente com 51,6% dos votos válidos. Ela ganhou a eleição mais acirrada desde a redemocratização do país, mas teve pouco tempo para comemorar.

Ao iniciar o segundo mandato, em janeiro, Dilma já parecia encurralada. O avanço da Operação Lava Jato, que revelou um gigantesco esquema de corrupção na Petrobras, fragilizou seu partido e derrubou seus índices de popularidade.

A economia também saía dos trilhos. A inflação e o desemprego voltavam a aumentar, turbinando a insatisfação popular. O governo ensaiou um ajuste, mas não conseguiu apoio para aprovar seus principais pontos no Congresso.

Em março de 2016, o "Fora, Dilma!" ganhou as ruas, e os pronunciamentos da presidente na televisão passaram a ser abafados pelo som de vaias e panelaços. No dia 13, uma onda de protestos reuniu mais de 1 milhão de pessoas em 152 municípios. O Datafolha contou 210 mil manifestantes na avenida Paulista, a maioria de verde e amarelo.

Para completar a tempestade perfeita, o governo passou a ter um inimigo no comando da Câmara: o deputado Eduardo Cunha. Aliado do vice-presidente Michel Temer, ele se juntaria à oposição em nome de um objetivo comum: tirar Dilma do poder.

01/01/2015
Feliz ano velho

O que esperar de um governo novo que já nasce velho? A pergunta ronda toda reeleição, mas promete ser ainda mais implacável com Dilma Rousseff. A presidente começa hoje o segundo mandato em clima de ressaca, com a economia estagnada e sua base política enredada no escândalo da Petrobras. Nem os áulicos mais otimistas conseguem prever tempos melhores em 2015.

Há quatro anos, Dilma subiu a rampa do Planalto embalada por uma votação consagradora. O país crescia em ritmo chinês e fazia história ao escolher a primeira mulher para governá-lo. Agora a presidente não é mais novidade, e a vitória apertada nas urnas indica que seus créditos podem se esgotar rápido.

Ao discursar em sua segunda posse, em 1999, Fernando Henrique Cardoso afirmou que não havia sido eleito para ser o "gerente da crise". A ficção da força do real se desfez em apenas duas semanas, e o tucano foi perseguido pela impopularidade até entregar a faixa a Lula.

E Dilma, o que dirá hoje? Ressuscitará o "pacto contra a corrupção", depois de convidar o filho de Jader Barbalho* para a Esplanada? Prometerá a

---

* Dilma entregou o Ministério dos Portos a Helder Barbalho, do PMDB.

reforma política, se não tem força nem para evitar que um desafeto assuma a presidência da Câmara? Acenará com a retomada do crescimento, enquanto sua equipe prepara novos cortes para fechar o rombo nas contas públicas?

O Ano-Novo virá repleto de armadilhas, do reajuste nas tarifas de ônibus, que pode reacender a chama dos protestos de rua, à denúncia dos políticos envolvidos no petrolão. Além de enfrentar as tormentas, a presidente terá que manter o apoio dos 51,6% que votaram nela. Para quem acreditou na promessa de "governo novo e ideias novas", nada poderia ser mais frustrante que o ministério que toma posse hoje. A decepção tende a se agravar quando a turma der razão à máxima do Barão de Itararé: "De onde menos se espera, daí é que não sai nada".

02/01/2015
O que Dilma não disse

Não se deve esperar muita autocrítica de um discurso de posse. É um momento de celebrar a própria vitória, dizer palavras bonitas e repetir promessas para o futuro. Mesmo assim, Dilma Rousseff poderia ter mantido os pés mais perto do chão em sua fala de ontem no Congresso. A presidente exagerou nos autoelogios e ficou devendo um diagnóstico realista sobre os motivos da crise que ronda seu governo.

Dilma falou do remédio, mas não explicou a doença. Admitiu que as contas públicas precisam de um "ajuste", mas omitiu que o tranco só será necessário por causa das barbeiragens em sua primeira gestão. "Sempre orientei minhas ações pela convicção sobre o valor da estabilidade econômica, da centralidade do controle da inflação e do imperativo da disciplina fiscal", disse.

É difícil acreditar nisso quando se sabe que ela era a verdadeira responsável pela política que produziu déficits sucessivos nos últimos quatro anos. A situação se deteriorou tanto que agora a presidente se viu obrigada a entregar a Fazenda a um economista aliado à oposição.*

---

* Joaquim Levy, um liberal com doutorado pela Universidade de Chicago, assumiu o Ministério da Fazenda. Ao defender medidas como o corte de benefícios e o reajuste de tarifas, passou a ser torpedeado pelo PT.

Dilma recorreu ao malabarismo para defender o primeiro pacote de cortes, que tirará dinheiro dos trabalhadores para tapar o rombo no Tesouro. A redução de benefícios, que ela tanto criticava na campanha, virou mera "correção de distorções" e de "eventuais excessos". Se os problemas eram tão simples, seria interessante saber por que seu partido levou doze anos para descobri-los.

Por fim, a presidente indicou que não conhece ou não quer reconhecer a extensão do esquema que pilhava os cofres da Petrobras. Tratou os desfalques milionários na estatal como obra de "alguns servidores que não souberam honrá-la", como se o escândalo não envolvesse altos dirigentes da empresa e políticos dos maiores partidos que a apoiam.

Reconhecer os erros do primeiro mandato seria uma fórmula mais indicada para quem precisa tanto de confiança ao iniciar o segundo.

28/01/2015
O que falam sobre Eduardo

Favorito na disputa pela presidência da Câmara, o deputado Eduardo Cunha (PMDB-RJ) reservou um espaço em seu site para divulgar declarações de apoio. A seção, batizada de "O que falam sobre Eduardo", é uma longa coletânea de louvações ao parlamentar.

"Eduardo Cunha representa o grande espírito do Parlamento", diz o deputado Sandro Régis (DEM-BA). "É um líder nato, de inteligência e competência imensuráveis", emenda Fábio Reis (PMDB-SE). "Ele é determinado e com vontade de vencer", corrobora Elcione Barbalho (PMDB-PA). "É um homem sério, que consegue nos passar confiança", exalta André Fufuca (PEN-MA).

Para quem não circula no Congresso, os elogios podem passar a imagem de que o peemedebista é uma unanimidade no meio político. Nada mais enganoso. Poucos parlamentares se envolveram em tantas brigas e polêmicas nos últimos anos.

A maioria dos críticos não questiona as ideias de Cunha, e sim suas credenciais éticas. Ele esteve próximo de escândalos desde o governo Collor, quando comandou a Telerj.

"Esse cara deve ser, entre mil picaretas, o picareta-mor", disse na TV o ex-ministro Ciro Gomes (PROS-CE). "Onde há dinheiro para roubar, está o sr.

Eduardo Cunha", afirmou na tribuna a deputada Cidinha Campos (PDT-RJ). "É o chantageador-geral da República", definiu em entrevista a deputada Clarissa Garotinho (PR-RJ). "Se for eleito, o mensalão será fichinha", acrescentou ela.

"Tem pessoas que são boquirrotas", diz Cunha sobre os ataques, sem comentá-los individualmente. Ele já moveu diversos processos contra Ciro, Cidinha e o ex-aliado Garotinho, pai da nova deputada. "A Clarissa eu ignoro", menospreza. "Com o Ciro, não perco um minuto. Chegou, mando direto para o advogado."

O ex-prefeito carioca Cesar Maia (DEM), que já chamou Cunha de "ladrão", foi perdoado. "Fizemos um acordo na Justiça. Até votei nele para o Senado", diz o peemedebista.

03/02/2015
Os anéis e os dedos

Quando Dilma Rousseff anunciou a escalação de seu novo ministério repleto de nulidades, os aliados mais diligentes se apressaram para defendê-la das críticas. O que parecia um insulto aos eleitores seria, na verdade, fruto de um sofisticado cálculo político.

Mais experiente, a presidente teria decidido nomear aliados incômodos para ampliar sua base no Congresso e assegurar sua governabilidade. A manobra garantiria sossego em um ano difícil, com os desdobramentos da crise econômica e do escândalo da Petrobras.

Dilma teria entregado os anéis para preservar os dedos, repetiam os sábios do palácio. O discurso foi desmoralizado no domingo com a eleição do novo presidente da Câmara, o peemedebista Eduardo Cunha.*

O resultado é mais que uma derrota humilhante do Planalto, que jogou pesado para tentar eleger o petista Arlindo Chinaglia. Também demonstra que o fisiologismo é um círculo vicioso: quanto mais o governo oferece em troca de apoio, mais os políticos fisiológicos cobram para continuar a apoiá-lo.

---

* O peemedebista venceu com 267 votos, quase o dobro dos 136 do candidato do governo. No dia seguinte, a manchete da *Folha de S.Paulo* resumia o significado da votação: "Câmara elege Cunha e derrota Dilma".

Cunha foi eleito por uma massa de deputados que Dilma pensava ter saciado com a reforma ministerial. Os votos que garantiram sua vitória no primeiro turno saíram de siglas como o PP, dono do Ministério da Integração Nacional, e o PTB, premiado com o Desenvolvimento.

Até o PRB, que conseguiu emplacar o pastor George Hilton no Ministério do Esporte, reforçou a aliança que humilhou o governo. Os anéis já se foram. Agora Dilma deve se preparar para entregar os dedos.

"Vamos conversar amanhã." "A gente vai encontrar uma saída para aquele problema." "Você não vai ficar na mão, isso não é da nossa natureza." Essas frases, cochichadas por Eduardo Cunha a aliados na porta das cabines de votação, indicam o estilo das negociações que dominarão a Câmara até 2017.

08/02/2015
O mensalão virou fichinha

Não é só no volume de dinheiro desviado que o assalto à Petrobras já se tornou maior que o mensalão. A nova pesquisa Datafolha mostra que seu impacto sobre a avaliação do governo também ultrapassa de longe o do escândalo de 2005.

Quando Lula vivia o pior momento, com seu principal ministro acusado de comprar apoio de políticos no Congresso, 29% dos brasileiros consideravam o governo ruim ou péssimo. Agora são 44% os que reprovam a administração de Dilma Rousseff.

A corrupção encostou na saúde como o problema que mais preocupa as pessoas. E o petrolão começou a contaminar a imagem da presidente, que passou a ser vista como "desonesta" por 47% dos entrevistados.

A indignação com os desvios se soma à apreensão com a economia. O medo do desemprego disparou, e quatro em cada cinco pessoas acreditam que a inflação vai subir mais. Na sexta-feira, o IBGE informou que a alta de preços em janeiro bateu um recorde de doze anos. O que está ruim deve piorar em breve, com o reajuste nas contas de luz.

Na campanha, o PT dizia que a comida sumiria da mesa das famílias se a oposição chegasse ao poder. As famílias reelegeram Dilma e agora reagem ao se ver sob a mesma ameaça. Nem o tucano mais fanático poderia imaginar um quadro como o de hoje: a presidente se reelegeu e, depois de apenas três meses, seu governo parece se desmanchar.

A falta de água, o risco de apagão e um Congresso mais hostil do que nunca completam a equação explosiva. Não é à toa que a hipótese de um processo de impeachment passou a rondar as conversas em Brasília, embora ainda não haja provas de envolvimento da presidente no petrolão.

Em 2005, Lula se disse traído, jogou aliados ao mar e usou seu carisma único para reagir. A economia ajudou, e ele conseguiu se erguer da lona. Mergulhada em uma crise mais grave e sem a força política do padrinho, Dilma aparenta não ter ideia do que fazer para sair do buraco.

03/03/2015
Temer e a maldição de Jânio

Jânio Quadros não gostava de vices. Em 1985, prestes a voltar à Prefeitura de São Paulo, deixou claro que o companheiro de chapa não deveria se animar com o futuro: "Vice não tem função. Receberá uma sala e uma cadeira".

Foi assim que a presidente Dilma Rousseff tratou Michel Temer desde que os dois subiram a rampa do Planalto pela primeira vez, em 2011. Fiador da aliança com o PMDB, o vice-presidente ficou esquecido em seu gabinete, num anexo do palácio.

Lula usou José Alencar para se aproximar do empresariado.* Chegou a nomeá-lo ministro da Defesa, em meio a uma crise com militares. Dilma preferiu mandar Temer para longe, em missões internacionais a milhares de quilômetros de Brasília.

Não recorreu ao vice nem para aproveitar seu conhecimento de direito constitucional. Teria evitado o desgaste de anunciar e desistir da constituinte exclusiva para a reforma política, sob críticas de juristas. Temer também foi preterido no loteamento na Esplanada. Dos atuais sete ministros do PMDB, só indicou Eliseu Padilha (Aviação Civil).

---

* Empresário do setor têxtil, o mineiro José Alencar era senador pelo antigo PL. Em 2002, aceitou ser vice de Lula para reduzir a resistência do mercado ao PT.

O isolamento aumentou no início do mês, quando os peemedebistas derrotaram o governo na disputa pela presidência da Câmara. E bateu recorde com as especulações sobre um processo de impeachment, que poderia alçar o vice à Presidência.

Agora Dilma é forçada a estender a bandeira branca ao PMDB, com direito a jantar de reconciliação e promessas de incluir Temer no núcleo político. O problema é que a balança de poder na sigla mudou. A bola passou para as mãos de Eduardo Cunha, que os petistas consideram menos confiável do que o vice.

05/03/2015
Dilma na escuridão

"A luz no fim do túnel não está acesa." A frase foi dita pela presidente Dilma Rousseff em 2012, quando dissertava sobre a crise internacional, mas poderia ser pronunciada hoje, diante da escuridão que assombra seu governo.

Na definição de um ministro do PMDB, o Planalto virou refém de um círculo vicioso: a economia empurra a política para baixo e vice-versa. Uma má notícia leva à outra, sem que a petista e seus aliados demonstrem capacidade para sair do breu.

O pessimismo na economia turbina a insatisfação com a presidente e enfraquece o governo nas negociações com o Congresso. Com a inflação alta, o dólar em disparada e a indústria demitindo, fica mais difícil convencer os parlamentares a aprovar medidas impopulares, como o corte de benefícios trabalhistas.

Nenhum senador ou deputado quer pagar a conta de um arrocho que já atinge o bolso do eleitor. Em fevereiro, a expectativa de inflação atingiu o maior índice desde 1994, segundo o Datafolha. A pesquisa foi feita antes do reajuste nas contas de luz, que ficam mais caras neste mês.

Por outro lado, os erros na articulação política e o clima de guerra com o PMDB dificultam a recuperação econômica. Foi o que demonstrou o presidente do Senado, Renan Calheiros, ao devolver uma medida provisória que ajudaria a Fazenda a reequilibrar as contas públicas.

O ceticismo dos investidores com o futuro do pacote de Joaquim Levy levou o dólar a atingir, nesta quarta-feira, a maior cotação desde 2004. A divulgação da lista dos políticos investigados no petrolão só tende a agravar o quadro de insatisfação e imprevisibilidade no Congresso.

Para azar do governo, tudo isso acontece na mesma semana em que as agências de classificação de risco visitam Brasília para medir a viabilidade do ajuste de Levy. Se os avaliadores rebaixarem a nota de crédito do país, Dilma ficará ainda mais longe de sair do círculo vicioso e encontrar a luz que tanto procura.

10/03/2015
Devagar com o andor

Concordando ou não com os manifestantes, Dilma Rousseff deu motivo para as vaias, o buzinaço e as paneladas de domingo. A presidente mentiu na campanha, nomeou um ministério que envergonhou seus próprios eleitores e sumiu na hora das más notícias. Reapareceu com um pronunciamento fraco e palavroso, sem qualquer autocrítica sobre os erros do governo.

Em longos quinze minutos, Dilma repetiu a ladainha da "crise internacional", recurso batido para se eximir de culpa pelos problemas. Abusou dos eufemismos ao chamar cortes duros de "correções e ajustes". E avisou que vai "dividir o esforço" com a sociedade, sem ter feito sua parte para reduzir o gasto público.

Por fim, disse que "não havia como prever" a duração da crise. Nem parecia a candidata que, há poucos meses, negava a realidade e chamava de "Pessimildo" quem alertava para o descontrole nas contas públicas.

Pior que o discurso, só a escolha da data para ir à TV.* Na sexta-feira, a lista de Janot havia empurrado a bomba para o Congresso. Em apenas dois dias, Dilma trouxe-a de volta ao seu colo. O foco da crise voltou a ser ela, e não as acusações contra os presidentes da Câmara e do Senado.

A reação do PT ao panelaço foi tão desastrosa quanto o pronunciamento. Um dirigente do partido falou em "orquestração golpista" da "burguesia" e

---

* Dilma escolheu o 8 de março, Dia Internacional da Mulher, para defender o ajuste fiscal e pedir paciência à população. Durante o discurso, a imprensa registrou vaias e panelaços em doze capitais.

desqualificou os manifestantes, como se todos fossem marionetes da oposição. Quem estava insatisfeito e não foi à janela ganhou novo estímulo para sair de casa no dia 15.

Apesar da incrível sequência de erros, nada justifica a tentativa de direcionar os novos protestos para um processo de impeachment. Dilma acaba de ser reeleita nas urnas e ainda não há, segundo o ministro Teori Zavascki, "indícios mínimos" de que tenha entrado na farra do petrolão.

Afastar um presidente é coisa séria. Ainda mais quando estão na linha sucessória dois políticos suspeitos de receber propina do esquema que varreu os cofres da Petrobras.

18/03/2015
A presidente encolheu

A nova pesquisa Datafolha dá contornos ainda mais dramáticos à crise que engoliu o governo. Até aqui, Dilma Rousseff era uma presidente sitiada no Congresso e cercada por aliados em apuros com a Lava Jato. Agora ela enfrenta um problema maior: a rejeição da maioria dos brasileiros.

A presidente encolheu. A rejeição ao seu governo saltou para 62%, índice comparável ao de Collor às vésperas de ser derrubado. A aprovação do governo minguou para 13%.

As reações desencontradas aos protestos do último domingo sugerem que os ocupantes do Planalto estão atônitos e não têm ideia do que fazer para sair do buraco.

Essa tarefa se tornará ainda mais difícil com o novo recorde de impopularidade presidencial. O número de aliados dispostos a defender Dilma tende a diminuir, e os oposicionistas ganharão novo fôlego para subir o tom na tribuna e nas ruas.

Um sinal disso já apareceu ontem, quando o tucano Aécio Neves endossou uma tentativa de pressionar o Supremo Tribunal Federal a investigar a presidente no petrolão.

O ministro Teori Zavascki arquivou o pedido original do PPS, mas a oposição indicou que passará a flertar com os setores que gritam pelo impeachment, mesmo sem a existência de provas contra Dilma.

No front interno, crescerá a pressão por soluções populistas, como desistir do ajuste fiscal ou torrar mais dinheiro em propaganda, o que já entrou nos planos da Secretaria de Comunicação Social.

Para sair da lona, a presidente precisará fazer mudanças efetivas e manter o sangue-frio diante de novas vaias e manifestações que se avizinham. Também é recomendável uma boa dose de sorte, que Dilma não tem exibido desde que se reelegeu.

Nelson Rodrigues dizia que sem sorte não se chupa nem um Chicabon: o sujeito pode engasgar com o palito ou ser atropelado pela carrocinha. A fria em que Dilma se meteu é muito pior que engasgar com um sorvete.

25/03/2015
PMDB 7 × 1 Dilma

O jogo político em Brasília tem lembrado a semifinal da Copa: toda vez que os alemães Renan Calheiros e Eduardo Cunha armam uma jogada, Dilma Rousseff encarna o goleiro canarinho e vai buscar a bola no fundo da rede.

A dupla de atacantes do PMDB está prestes a marcar mais um gol ao tirar da oposição oficial a bandeira do corte no número de ministérios.

A tabelinha começou na semana passada, quando a bancada do partido na Câmara desarquivou uma proposta de emenda constitucional apresentada por Cunha. O texto estabelece um teto de vinte ministérios na Esplanada. Se aprovado, obrigará Dilma a fazer um corte brusco em sua equipe, hoje com 39 pastas.

Em um lance ensaiado, Renan saiu ontem em defesa da ideia: "Está na hora do programa Menos Ministérios. Vinte, no máximo. Menos cargos comissionados, menos desperdício e menos aparelhamento".

Foi o suficiente para jogar Dilma de volta na defensiva. Horas depois, ela anunciou que o governo vai "fazer profundos cortes" e "buscar ineficiência" [sic] em todos os ministérios, mas sem falar em enxugamento.

Mais uma vez, a presidente deve ser atropelada pelo Congresso. A proposta de Cunha pode ser votada hoje na Comissão de Constituição e Justiça da Câmara. Se aprovada, causará forte desgaste político ao governo.

Os 39 ministérios de Dilma são um claro absurdo. O curioso é ver o PMDB em campanha por sua redução. O partido se notabilizou por pressionar todos os governos, inclusive o atual, para obter mais cargos e orçamentos na Esplanada. Neste momento, atua nos bastidores para arrancar a Integração Nacional do PP.

Se seu time estivesse forte, Dilma poderia instar os peemedebistas a dar o exemplo, devolvendo as seis pastas que controla: Minas e Energia, Agricultura, Turismo, Pesca, Transporte, Portos e Aviação Civil e Assuntos Estratégicos. Na partida atual, é mais provável que a presidente acabe assistindo a mais um gol da Alemanha.

08/04/2015
Aposta arriscada

Pode ser que a aposta dê certo, e a entrega da articulação política a Michel Temer ajude a tirar Dilma Rousseff e seu governo do buraco. No entanto, a solução improvisada ontem pode se transformar em uma perigosa armadilha para a presidente e para seu vice.

De um lado, Temer assumirá a responsabilidade pelas negociações com um Congresso conflagrado, que vem submetendo o Planalto a sucessivas e humilhantes derrotas. O maior problema está no PMDB, convertido desde o início do ano em um foco de guerrilha contra o governo.

O presidente da Câmara, Eduardo Cunha, e do Senado, Renan Calheiros, têm se comportado como líderes da oposição. Se os dois não suspenderem o motim, a autoridade do vice poderá ser gravemente comprometida. Ele perderá poder em seu partido, que já não controla há tempos, e começará a ser associado aos fracassos de Dilma.

Há outros desafios. Apesar de seu talento para a conciliação, Temer comandará um balcão esvaziado pela crise e pelo ajuste fiscal. Precisará de muita lábia para fechar acordos sem saciar todo o apetite dos parlamentares por cargos e verbas federais.

De quebra, terá que administrar a rivalidade com o chefe da Casa Civil, Aloizio Mercadante. Isolado no PT e odiado pelo PMDB, o ministro está a um passo de se transformar em peça decorativa do palácio. Seu histórico e suas ambições sugerem que ele não vai se render sem lutar.

O arranjo de ontem também embute riscos consideráveis para Dilma. Por definição, todo vice se alimenta da expectativa de substituir o titular. Este é o principal atrativo do cargo, disputado a tapa antes de cada eleição. Nos últimos meses, isso passou a ser visto como uma possibilidade real diante do derretimento da popularidade da presidente.

Se conseguir pacificar o Congresso, Temer vai se transformar em um supervice. Assim, passará a lidar diariamente com a tentação de exercer o poder sem intermediários.

16/04/2015
O PT esqueceu a lição de Carlito

Quando a esquerda começa a contar dinheiro, converte-se em direita. A frase do publicitário Carlito Maia (1924-2002), um dos fundadores do PT, foi lembrada ontem no Congresso. Resumia o desalento de um deputado com a prisão de João Vaccari, acusado de abastecer campanhas com propinas do petrolão.

Todo partido precisa juntar dinheiro para disputar eleições. O desafio é não deixar que a arrecadação se torne um fim em si, a ponto de justificar a aplicação de todos os meios para aumentá-la. A prisão do segundo tesoureiro em dois anos sugere que o PT esqueceu a lição de Carlito.

A sigla pode ter se transformado em outra coisa, mas não avisou os eleitores. Continua a pedir votos com o discurso da época em que financiava campanhas com a venda de broches de estrelinha. Não cola mais.

Vaccari é uma espécie de Forrest Gump do petrolão. A cada vez que um réu decide falar, ele volta a ser ligado ao escândalo. Sua prisão era questão de tempo. O PT sabia disso, mas insistiu em mantê-lo no cargo.

Ontem persistiu no erro ao tratá-lo como vítima. Seu líder na Câmara, que acusou a CIA de tramar os protestos contra o governo, disse que a detenção foi "política". Com defensores assim, será difícil sair da lona.

A ordem agora é tentar isolar a ação de Vaccari das campanhas de Dilma Rousseff, que tinham seu próprio tesoureiro. É uma tese de difícil sustentação. No ano passado, mais de 30 milhões de reais gastos na disputa presidencial saíram da direção nacional da sigla. Desse valor, 4,8 milhões foram doados por Andrade Gutierrez, Odebrecht e Braskem, empresas citadas na Lava Jato.

Investigado na Lava Jato, o deputado Eduardo Cunha emplacou ontem um de seus advogados no conselho que fiscaliza a atuação do Ministério Público. Quem se interessa pela independência do órgão precisará fiscalizar a atuação do conselheiro Gustavo do Vale Rocha.*

09/06/2015
A mensagem de Tarso

O encontro desta semana em Salvador promete abrir a panela de pressão do PT. A reunião do partido dará voz e palanque aos insatisfeitos com o ajuste fiscal. Um dos mais descontentes é o ex-ministro Tarso Genro, que sonha com uma guinada na política econômica.

Líder da corrente Mensagem ao Partido, ele defende uma saída à esquerda para a crise. "Um governo progressista e democrático como o nosso deveria distribuir os ônus da recuperação da economia, e não concentrá-los, prejudicando saúde, educação e segurança", afirma.

Na cartilha de Tarso, os cortes dariam espaço à tributação de grandes fortunas e à redução do Imposto de Renda para os mais pobres. "Sair de uma crise com 'ajustes orçamentários' é uma ilusão recorrente da ortodoxia que manda nos bancos centrais de países fortes", critica, citando os casos da Espanha e da Grécia.

A presidente Dilma Rousseff já ensaiou uma "vacina" contra as críticas ao afirmar à repórter Tânia Monteiro que o PT não pode transformar o ministro Joaquim Levy em "Judas".

"Acho que ela está certa. O Levy não merece ser apontado como Judas porque ele não está traindo nenhuma convicção sua. E um ministro faz o que o presidente manda ou aceita que ele faça", reage Tarso.

Para o ex-governador, o governo deveria enfrentar a crise "sem usar os remédios que vão, na verdade, torná-la mais duradoura". "Não precisamos nos apoiar em Marx, basta prestar atenção no Piketty", provoca.

---

* O advogado de Cunha era um ilustre desconhecido em 2015. Um ano depois, ele se tornaria o principal assessor jurídico do governo Michel Temer, como subchefe de Assuntos Jurídicos da Casa Civil.

Os petistas também devem usar o encontro para reclamar dos superpoderes dados ao vice Michel Temer. Nesse ponto, Tarso é radical: diz que o arranjo com o PMDB "não serve mais", diante da "situação de alta complexidade" que vive o governo.

"O PMDB tem zero de unidade ideológica e programática para comandar uma coalizão", critica. "Se o PT não refundar imediatamente seu sistema de alianças, dificilmente terá credibilidade para se apresentar com força política em 2018."

10/06/2015
O vice na frigideira

Está esquentando cada vez mais o clima entre o grupo de Michel Temer e o PT. Os peemedebistas já diziam sentir um forte cheiro de óleo no Planalto. Nesta terça, decidiram protestar abertamente contra a fritura do vice-presidente.

O ex-ministro Moreira Franco afirma que Temer virou alvo de um "movimento de hostilidade" no governo. Ele se irritou com o petista Tarso Genro, que disse a esta coluna que o arranjo político com o partido do vice "não serve mais".

"Isso nos causou muita surpresa e indignação", diz Moreira. "Não sei qual é o objetivo desse pessoal. Temer foi convidado para assumir a coordenação política do governo. Em vez de celebrar os resultados que ele já conseguiu, estão tentando hostilizá-lo e diminuir o seu papel."

Presidente da fundação de estudos do PMDB, Moreira se diz revoltado com outra declaração de Tarso: a de que seu partido "tem zero de unidade ideológica e programática para comandar uma coalizão".

"O PMDB sempre foi coerente. Apoiamos todas as medidas de equilíbrio fiscal nos últimos anos, do Plano Real à criação do fator previdenciário. Quem mudou e rasgou suas posições do passado não fomos nós", reage o peemedebista.

Apesar das críticas a Tarso, os peemedebistas consideram que o verdadeiro rival de Temer é o ministro Aloizio Mercadante. Desde que o vice ganhou superpoderes, o chefe da Casa Civil se sente esvaziado no palácio. A disputa vai continuar. Como a presidente Dilma lembrou nesta terça, "o governo não é de quatro meses, é de quatro anos".

28/06/2015
Sozinha à beira do abismo

A delação de Ricardo Pessoa empurrou Dilma Rousseff de volta para a beira do abismo.* Desde os protestos de março, o governo nunca pareceu tão frágil, e o desfecho da crise, tão incerto.

O chefe do "clube das empreiteiras" transferiu a delegacia da Lava Jato para o Palácio do Planalto. Em uma só tacada, envolveu dois ministros no escândalo, os petistas Aloizio Mercadante e Edinho Silva, e lançou suspeitas sobre o financiamento das duas campanhas que elegeram Dilma, em 2010 e 2014.

Segundo o jornal O *Estado de S. Paulo*, Pessoa ainda entregou aos procuradores uma planilha com título autoexplicativo: "Pagamentos ao PT por caixa dois". Se comprovados, os repasses podem desmontar o discurso do partido de que a prática de receber dinheiro em espécie ficou para trás com o mensalão.

De quebra, o delator acrescentou um novo verbete ao dicionário da corrupção ao relatar que o tesoureiro João Vaccari se referia à propina como "pixuleco". Nos últimos dias, o partido voltou a pedir a libertação do ex-dirigente preso, alimentando os rumores de que ele está ameaçando romper o pacto de silêncio.

Ninguém mais questiona a gravidade da situação. Entre sexta e sábado, Dilma convocou duas reuniões de emergência no Alvorada, atrasando a aguardada viagem oficial aos Estados Unidos. Passará a visita de quatro dias com a cabeça no Brasil, onde sua base se desmancha e a oposição tenta ressuscitar o fantasma do impeachment.

O repique da crise encontra a presidente mais fraca e sozinha, pouco depois de bater novo recorde de impopularidade no Datafolha. Enrolado em seus próprios problemas, Lula ensaia um afastamento e sinaliza que não saltará do precipício com ela. O PMDB retomou o clima de ameaças, lideradas pelo presidenciável Eduardo Cunha. As citações a Mercadante e Edinho fragilizam a blindagem que resta, a das paredes e janelas do palácio.

---

* Ricardo Pessoa, dono da empreiteira UTC, foi preso pela Lava Jato em novembro de 2014. Em delação, disse que doou 7,5 milhões de reais à campanha de Dilma para preservar seus negócios na Petrobras.

03/07/2015
Apertem os cintos, a base sumiu

A semana forneceu novos exemplos do desmanche acelerado da base parlamentar de Dilma Rousseff. Em dois dias, a presidente sofreu duas derrotas duríssimas no Congresso. O Senado aprovou o aumento dos servidores do Judiciário, e a Câmara abriu caminho para a redução da maioridade penal.

Em ambos os casos, o Planalto perdeu de lavada. No Senado, o PT ficou isolado, e o massacre tomou proporções épicas: 62 votos a zero. Dilma vai vetar o reajuste bilionário, mas corre o risco de ter a decisão derrubada pelo Legislativo.

A bomba orçamentária foi detonada com o apoio de nada menos que oito partidos que comandam ministérios: PMDB, PDT, PP, PR, PSD, PTB, PRB, PCdoB. A tropa de infiéis é tão grande que não faz mais sentido falar em traição. A palavra que resume a nova atitude das siglas em relação a Dilma é abandono.

Com a presidente batendo recordes de impopularidade, sumiram os aliados dispostos a se sacrificar por ela. Bastam algumas buzinas para que qualquer grupo de servidores passe a ter mais força que o Planalto em votações importantes.

Criou-se uma equação boa para os partidos e ruim para o governo. Como Dilma não tem condições políticas para demitir ministros, as siglas continuam a se lambuzar de verbas sem apoiá-la. Casos pontuais, como as MPs do ajuste fiscal, são negociados no balcão de secos e molhados do vice Michel Temer.

Quando Marina Silva decolou na campanha de 2014, Dilma assombrou o eleitor com a ameaça de que a rival não teria maioria para governar. "Sem apoio no Congresso, não é possível assegurar um governo estável, sem crises institucionais", afirmou, em debate no SBT.

No dia seguinte, a propaganda petista comparou a adversária a Jânio e Collor, presidentes que tentaram governar sem a maioria e não conseguiram completar o mandato. Marina perdeu, mas o fantasma agora se volta contra Dilma.

05/07/2015
Adeus às ilusões

Para o escritor Frei Betto, o modelo de crescimento da era Lula ajuda a explicar a rejeição galopante ao PT e à presidente Dilma. Enquanto sobrava dinheiro, diz ele, o governo apostou na inclusão social pelo consumo e não investiu o que devia nos serviços públicos, como saúde, transporte e educação. Agora que a festa acabou, quem pensava ter melhorado de vida percebeu que boa parte do bem-estar era ilusória.

"Essa inclusão não tinha lastro econômico e criou uma nação consumista", afirma o dominicano. "As pessoas estão chateadas porque não podem mais viajar de avião, ir ao restaurante, fazer a mesma compra na feira. A raiva vem daí. Tiraram o sorvete da boca da criança."

Na Flip para lançar seu 62º livro, *Paraíso perdido*, Frei Betto também está desiludido com o partido que apoiou em tantas eleições. "O PT trocou um projeto de Brasil por um projeto de poder. Agora paga pelos erros que cometeu", critica. Ele diz que o petismo está imobilizado pela coalizão que montou para governar. "O PT construiu uma base fisiológica, não ideológica. Depois do mensalão e do petrolão, alimentar esse sistema ficou mais difícil."

Ex-assessor de Lula no Planalto, o escritor lamenta que o partido tenha se afastado dos movimentos sociais. "O PT resolveu se apoiar nos inimigos. Antes, criticava o mercado e o Congresso dos trezentos picaretas. Agora é refém dos dois e não sabe como sair do impasse."

Em Paraty, ele trocou ideias com o romancista Leonardo Padura e comparou o que vem pela frente ao chamado Período Especial de Cuba, após o fim da União Soviética. "Guardemos o pessimismo para dias melhores", brinca. A sério, Frei Betto diz que a situação é "muito crítica". "Não vejo uma luz no fim do túnel."

O ajuste fiscal, avisa o escritor, só vai agravar a insatisfação dos mais pobres e a rejeição ao governo e ao PT. "Dilma só tem uma saída: povo na rua. Mas agora quem vai para a rua defendê-la?", questiona.

07/07/2015
Dilma está atrasada

"Eu não vou, eu não vou. O meu recado é claro. Eu não vou cair." As duras declarações de Dilma Rousseff à *Folha de S.Paulo* revelam que a presidente finalmente entendeu que está com a cabeça a prêmio. Não está claro, no entanto, se ela terá tempo e força suficientes para reagir à ofensiva que ameaça derrubá-la.

Dilma está atrasada. Enquanto passeava de bicicleta por Brasília, os adversários se aproximaram perigosamente do palácio. O PMDB, que sustenta a coalizão governista, voltou a sabotá-la. O PSDB, que lidera a oposição oficial, passou a falar abertamente em encurtar seu mandato.

A situação tomou contornos dramáticos na última semana. O vice Michel Temer ameaçou devolver a coordenação política, e o ministro da Justiça, José Eduardo Cardozo, ensaiou abandonar o cargo. O Planalto conseguiu desarmar as duas bombas, mas não apresentou um plano objetivo para tirar a presidente do buraco.

Dilma começou a esboçá-lo nesta segunda-feira em duas reuniões para mobilizar a tropa. Entretanto, o gesto para romper o isolamento pode vir tarde demais. O PMDB segue as ordens dos incendiários Renan Calheiros e Eduardo Cunha, que conspiram abertamente contra a presidente. O PSD de Gilberto Kassab tem ajudado a derrotar o governo em temas importantes, como a maioridade penal.

Acuada, Dilma parece apostar apenas na própria biografia para se defender. Na entrevista a Maria Cristina Frias, Valdo Cruz e Natuza Nery, voltou a citar sua resistência, testada nas prisões da ditadura. "As pessoas caem quando estão dispostas a cair. Eu não estou", disse. "Não tem base para eu cair. E venha tentar, venha tentar", desafiou.

Para aliados próximos, só a força de vontade não salvará a presidente. Ela foi estimulada a atuar nos bastidores para evitar a rejeição de suas contas no TCU e no Tribunal Superior Eleitoral. Peemedebistas e tucanos tentam influenciar as duas cortes há semanas para tentar apeá-la do poder.

10/07/2015
Quando o azar é pouco...

É dura a vida dos deputados que ousam desafiar a onipotência de Eduardo Cunha. Além de terem o microfone cortado quando contestam seus desmandos em plenário, eles sabem que as vitórias são raras e duram pouco. Se perde uma votação à tarde, o peemedebista passa a noite em negociações para virar a mesa no dia seguinte.

Nesta quinta-feira, os independentes da Câmara mostraram que também andam sem sorte. Eles recorreram ao Supremo Tribunal Federal para anular a manobra que aprovou a redução da maioridade penal. Entre os onze integrantes da corte, o sorteado para relatar o caso foi o ministro Gilmar Mendes.

"Vou comprar um pacote de sal grosso para espalhar no gabinete", murmurou um deputado petista. O mandado de segurança contra a manobra de Cunha foi assinado por 102 parlamentares de catorze partidos, incluindo dissidentes do PMDB.

Ex-assessor de Collor e FHC, Mendes tem exibido sintonia fina com o presidente da Câmara. Em fevereiro, foi o único ministro do Supremo a participar do jantar que selou a aprovação da PEC da Bengala na residência oficial de Cunha. Há um ano e três meses, impede o julgamento que poderia proibir o financiamento empresarial das campanhas.

Mendes travou o processo com um pedido de vista, quando a maioria dos colegas já havia votado a favor da proibição das doações privadas. Ele antecipou que é contrário à ação, mas se recusa a devolvê-la, em desrespeito às normas do STF. Enquanto segura a causa, Cunha ganha tempo para incluir as contribuições empresariais na Constituição.

Pressionado, o ministro disse que entregaria seu voto até o fim de junho. O mês terminou, e a corte entrou em recesso sem que ele cumprisse a palavra. Em entrevista recente, Mendes afirmou que "não houve combinação" com Cunha para retardar o julgamento. A declaração parece tão verdadeira quanto a sua promessa de devolver o processo.

30/07/2015
Indignação seletiva

Nesta quarta, a executiva Carla Zambelli, 35, passou em um cartório da rua Augusta antes de seguir para o trabalho. Foi autenticar sua assinatura em um pedido de impeachment de Dilma Rousseff.

Carla lidera o movimento Nas Ruas, que tem 25 mil seguidores no Facebook. Ela se diz indignada com a corrupção e defende a derrubada da presidente, que foi reeleita há nove meses com 54 501 118 votos.

Depois de uma rápida troca de e-mails, liguei para saber por que ela não quer esperar a eleição de 2018. "Vejo o governo como uma empresa. Se o gestor vai bem, continua. Se vai mal, tem que ser demitido", disse.

Argumentei que a Constituição brasileira não prevê o "recall", que permitiria tirar políticos do poder a qualquer momento, e que o mandato presidencial tem duração fixa de quatro anos. Carla não se convenceu. "A confiança na Dilma tá cada vez menor. Então tudo tem que começar pelo impeachment, entendeu?"

A petição do Nas Ruas é uma das onze que tramitam na Câmara com o mesmo teor. Todas estavam arquivadas. O deputado Eduardo Cunha decidiu tirá-las da gaveta há duas semanas, após ser acusado de embolsar 5 milhões de dólares no petrolão.

Carla aproveitou para mudar de estratégia. Há três meses, ela pedia o impeachment por causa da Lava Jato. Agora seu argumento é outro: a pedalada fiscal. "Talvez não fique provado que ela tinha responsabilidade na Petrobras. Então a gente adicionou mais fatos", justificou.

A ativista se disse ansiosa pelas manifestações do dia 16. Perguntei se ela também vai protestar contra Cunha. "Não vou", respondeu. "O impeachment está na mão dele. Então eu prefiro protestar contra a Dilma."

Depois dessa, perguntei se ela não temia ser acusada de indignação seletiva com a corrupção. "Eu não vejo isso como hipocrisia", disse, sem que eu mencionasse a palavra. "O Cunha é contra o governo. Se eu fosse ele, votava logo o impeachment para mostrar que estou do lado certo."

31/07/2015
A Otimilda do Alvorada

Na campanha, a presidente Dilma Rousseff dizia que as críticas à política econômica eram coisa de Pessimildo. Agora que os fatos deram razão a seus ex-adversários, ela tenta ressurgir como a Otimilda do Alvorada.

No longo discurso aos governadores, Dilma tentou indicar uma luz no fim do túnel que especialistas e eleitores não conseguem ver. A caminho do maior tombo do PIB desde a era Collor, repetiu a ladainha de que a economia brasileira está "bem mais sólida" do que "alguns anos atrás".

A presidente sugeriu que o fim da era de vacas magras está logo ali: basta dobrar a esquina. "Eu não nego as dificuldades, mas afirmo que nós todos aqui, e o governo federal em particular, tem [sic] condições de superar essas dificuldades de enfrentar os desafios e, num prazo bem mais curto do que alguns pensam, voltar a ter, assistir à retomada do crescimento da economia brasileira", prometeu, em dilmês castiço.

O otimismo presidencial não parece combinar com a realidade. Nesta quinta, ficamos sabendo que o governo acumulou um déficit fiscal inédito de 1,6 bilhão de reais no primeiro semestre. Pouco depois, divulgou-se um novo corte de 1 bilhão na Educação. Alguém imagina crescer tirando verba de escolas e universidades?

Todo governante tenta vender esperança em tempos de crise. No caso de Dilma, a falta de carisma dificulta a tarefa. Sem empatia, ela evitava encarar os governadores enquanto falava. No fim, o descompasso entre o texto lido e a imagem da TV sugeria que ela não acreditava muito nas próprias palavras. "Não nos falta energia e determinação para vencer esses problemas", disse, em tom monocórdio e olhando para baixo.

Os métodos de Eduardo Cunha estão mudando o significado da sigla CPI. Antes, as três letras eram sinônimo de Comissão Parlamentar de Inquérito. Agora, estão mais para Conluio de Proteção ao Investigado.

06/08/2015
O governo pede socorro

O governo demorou, mas finalmente resolveu descer do salto alto. No mesmo dia, o ministro Aloizio Mercadante e o vice Michel Temer calçaram as sandálias da humildade e reconheceram o agravamento da crise que emparedou a presidente Dilma Rousseff.

As declarações soaram como pedidos de socorro, no momento em que o Planalto volta a sofrer derrotas no Congresso e assiste à desintegração da sua base de apoio. Os dois falaram antes da divulgação da nova pesquisa Datafolha, que mostra o recorde de reprovação da presidente.

Em visita à Câmara, Mercadante surpreendeu ao reconhecer que o governo cometeu erros, mesmo sem identificá-los. O ministro fez um inusitado elogio ao PSDB. Disse que a oposição é "muito elegante" e que os tucanos são responsáveis por conquistas "importantes para o país", como o controle da inflação.

O chefe da Casa Civil ainda defendeu um "acordo suprapartidário" contra a crise. Para quem conhece seu estilo, o tom humilde pareceu um apelo desesperado por ajuda.

Sempre escorregadio, Temer também deu uma guinada radical no discurso. Duas semanas depois de dizer que o país vivia apenas uma "crisezinha", ele reconheceu que a situação tomou contornos dramáticos.

"Não vamos ignorar que a situação é razoavelmente grave, não tenho dúvida de que é grave", admitiu, com objetividade incomum. Impotente diante do clima de rebelião na Câmara, o vice-presidente pediu um acordo "em nome do Brasil". "Como articulador político do governo, quero fazer esse apelo", suplicou.

O apelo foi em vão. Poucas horas depois, os líderes do PDT e PTB anunciaram a decisão de abandonar a base governista, embora continuem agarrados aos ministérios do Trabalho e do Desenvolvimento.

A crise que ameaça o mandato de Dilma se agrava velozmente. Seu desfecho ainda é imprevisível, mas o governo nunca pareceu tão frágil quanto nesta quarta-feira.

07/08/2015
Esse cara é ele?

Ato falho, na linguagem psicanalítica, é um deslize que revela um desejo ou pensamento reprimido. Para muitos políticos, o vice-presidente Michel Temer cometeu um dos grandes nesta quarta ao dizer que o país precisa de alguém capaz de "reunificar a todos" e apontar uma saída para a crise.

Sempre cuidadoso com as palavras, o peemedebista passou a ideia de que está à disposição para assumir a cadeira de Dilma Rousseff. O escorregão animou defensores do impeachment, como mostrou o Painel da Folha, mas também assustou o PSDB.

"Temer jogou a presidente aos leões quando disse que precisamos de alguém para unir o país. Só faltou imitar o Roberto Carlos e cantar 'Esse cara sou eu'", brinca o líder do partido no Senado, Cássio Cunha Lima.

Apesar do bom humor, aliados de Aécio Neves e Geraldo Alckmin estão inquietos. Se Temer assumir, o PSDB será pressionado a apoiá-lo, o que pode inviabilizar os planos de seus presidenciáveis para 2018. Entre os três possíveis candidatos do partido, a ideia só interessaria a José Serra.

Os aecistas ensaiaram uma reação nesta quinta ao dizer que a saída para a crise não é o impeachment, e sim a convocação de novas eleições presidenciais. A ideia foi sustentada até pelo líder do PSDB na Câmara, o incendiário Carlos Sampaio.

Os tucanos sabem que a tese não tem respaldo na Constituição, mas querem evitar que o vice seja visto como a única alternativa a Dilma.

O PT também se assustou com o ato falho de Temer. O peemedebista tentou se explicar, mas não afastou totalmente a suspeita de que está flertando com a conspiração.

O crescimento da sombra do vice pode produzir mais uma aliança inusitada em Brasília: petistas e tucanos unidos no discurso de que "o cara" não é ele. Nos dois partidos, já se ouve o argumento de que a ascensão de Temer significaria entregar o poder a um aliado de Cunha, Renan e Sarney. Alguém quer viver num país governado por esse trio?

09/08/2015
Com roubo e tudo

"Com roubo e tudo, vamos chegar lá." A frase foi tuitada por Eduardo Cunha em 2012, quando o time para o qual ele torce venceu um clássico com um pênalti duvidoso. Nos últimos dias, internautas passaram a associá-la à atuação do deputado em outras partidas.

Cunha é investigado na Lava Jato. Foi acusado de embolsar 5 milhões de dólares em propina e de intimidar testemunhas do processo em Curitiba. Em vez de se defender, reforçou a tática de jogar no ataque. Na primeira semana após o recesso parlamentar, ampliou o desgaste do governo e começou a abrir caminho para o impeachment de Dilma Rousseff.

Driblador habilidoso, o peemedebista atua em duas frentes simultâneas. Na primeira, turbina a chamada pauta-bomba, com projetos populistas que aumentam o gasto público. É um gol garantido. Os deputados aprovam tudo de forma irresponsável, em busca de aplausos das galerias, e empurram a conta para o Planalto, imobilizado pela falta de dinheiro.

Em outra frente, Cunha tirou da gaveta contas de governos passados que nunca haviam sido votadas. De uma hora para outra, o plenário de 2015 passou a avaliar a contabilidade do governo Itamar em 1992. A toque de caixa, avançou para as contas de FHC e Lula. O objetivo, ninguém ignora, é limpar a pauta para rejeitar as contas de Dilma em 2014.

A jogada está ensaiada: nas próximas semanas, o Tribunal de Contas da União condena as pedaladas fiscais e envia a papelada à Câmara. Os deputados reprovam as contas da presidente e, amparados pelas manifestações do dia 16, instauraram um processo de impeachment.

O afastamento de um presidente é previsto em lei, mas só pode ser aprovado se houver prova de crime de responsabilidade, como ocorreu com Collor. Usar uma manobra contábil para derrubar o governo lembra os piores momentos do futebol: o pênalti inventado, a virada de mesa para evitar o rebaixamento. É com esses métodos que Cunha quer chegar lá.

18/08/2015
Domingo em Copacabana

Vi uma multidão de verde e amarelo em Copacabana, com bandeiras do Brasil e cartazes contra o PT. Ouvi palavras de ordem e palavrões contra Dilma e Lula. Não ouvi os nomes de Aécio, Marina, Serra ou Alckmin, que Dilma e Lula derrotaram nas últimas quatro eleições.

Vi faixas contra os senadores Renan Calheiros e Fernando Collor, investigados no petrolão. Não vi nenhuma menção ao deputado Eduardo Cunha, o articulador do impeachment, que é acusado de embolsar 5 milhões de dólares no mesmo escândalo.

Vi um desfile de camisas oficiais da Seleção. Não vi ninguém citar os cartolas da CBF sob suspeita de corrupção, como Ricardo Teixeira e José Maria Marin, preso na Suíça.

Vi mais de uma centena de manifestantes pedindo a volta dos militares. Vi homens de boina do Exército a bordo de um jipe camuflado. Não vi nada que lembrasse os crimes da ditadura fardada de 1964.

Vi cartazes com a foto do juiz Sergio Moro, que prendeu José Dirceu há duas semanas. Não ouvi o nome de Joaquim Barbosa, que prendeu o petista há menos de dois anos.

Vi faixas contra o comunismo, ouvi que "a nossa bandeira jamais será vermelha". Vi uma celebridade sumida da TV, o ex-casseta Marcelo Madureira, atacando o PT em um trio elétrico. Não vi a atriz Regina Duarte. Depois soube que ela perdeu o medo e escalou uma árvore para tirar selfies com a passeata ao fundo.

Vi manifestantes confraternizando com PMs. Também vi uma faixa a favor da PEC 300, que aumenta o salário dos PMs. Não vi atos de vandalismo e ninguém ameaçou "pegar em armas", como fez o presidente da CUT em solenidade no Planalto.

Na volta, vi um deputado de blusa amarela na porta de um bar lotado de gente que chegava da manifestação. Ele andou até uma camionete, parada em local proibido, e buscou a filha com uma mulher negra. A mulher não parecia vir do protesto nem usava camisa da Seleção. Vestia um uniforme branco de babá.

21/08/2015
Em nome de Jesus.com

A denúncia contra o deputado Eduardo Cunha, acusado de corrupção e lavagem de dinheiro, foi manchete de todos os portais brasileiros nesta quinta. Ou melhor, de quase todos. No portal evangélico Fé em Jesus, a principal notícia era outra: "Eduardo Cunha fala sobre análise de contas de ex-presidentes".

O site está registrado em nome da empresa Jesus.com e oferece serviços como o "Jesus Tube", o "Jesus DJ" e o "Jesus Mail". A firma pertence ao presidente da Câmara e à sua esposa, a jornalista Cláudia Cruz.

O Fé em Jesus é um dos oito endereços da Jesus.com na rede. Como pessoa física, Cunha detém nada menos que 284 domínios. O latifúndio virtual integra um plano imodesto, anunciado pelo deputado, de "criar um mundo evangélico na internet".

Os endereços comprados pelo peemedebista deixam claro o seu interesse em lucrar com a fé alheia. Entre os domínios estão shoppingjesus.com.br, compracrente.net.br, jesuschat.com.br e fenodesconto.net.br.

Cunha também registrou endereços que misturam o nome de Jesus aos de portais famosos, como facebookjesus.com.br, facejesusbook.com.br e jesusgoogle.com.br. Se os donos das marcas quiserem explorá-las, terão que negociar com ele.

Nesta terça, o Ministério Público revelou que o investimento em sites é apenas a face mais visível das transações do deputado com a fé cristã.

De acordo com a denúncia oferecida ao STF, parte da propina do petrolão foi paga em "transferências para Igreja evangélica, a pedido de Eduardo Cunha". O lobista Júlio Camargo, que delatou o presidente da Câmara, repassou 250 mil reais à Assembleia de Deus em Madureira.

O Ministério Público diz que a vinculação do deputado com a Igreja é notória porque ele frequenta cultos de um de seus líderes, Abner Ferreira. Se acessarem o Fé em Jesus, da Jesus.com, os procuradores encontrarão ligações mais fortes. Abner, o pai e o irmão, também pastores, são colunistas do portal de Cunha.

25/08/2015
A saída do vice

A saída de Michel Temer da coordenação política é uma péssima notícia para Dilma Rousseff. A decisão do vice agrava o isolamento da presidente e fortalece os setores do PMDB que pregam o rompimento com o Planalto.

Em abril, Dilma pediu ajuda a Temer para conter a dissolução de sua base no Congresso. Era uma situação de emergência: os partidos aliados sabotavam os projetos do governo e ameaçavam inviabilizar o pacote do ajuste fiscal.

O vice substituiu o inoperante ministro Pepe Vargas, de uma ala minoritária do PT, e entrou em campo com as moedas de sempre. Emprestou os ouvidos às queixas dos políticos e reabriu o balcão para negociar cargos e verbas federais.

O arranjo deu um alívio momentâneo ao governo, mas não foi capaz de pacificar as relações com o Congresso. Não havia dinheiro para saciar todo o apetite dos parlamentares, e o grupo de Temer começou a bater de frente com os petistas.

Os aliados do vice acusavam a Casa Civil de boicotá-lo. Ele costurava acordos, mas não tinha poder para honrar o que prometia. Do outro lado, o PT reclamava de sua proximidade com defensores do impeachment. O caldo entornou quando Temer disse que era preciso encontrar "alguém" para "reunificar a todos".

A fala radicalizou a disputa entre as duas facções e reforçou o "ambiente de intrigas", nas palavras do vice. O afastamento se tornou uma mera questão de tempo, até ser formalizado nesta segunda-feira.

O anúncio de Temer foi festejado pela ala do PMDB que torce pela queda da presidente. Quem conspirava às escuras ganhou um incentivo para passar a agir a olhos vistos.

A oposição também viu motivos para se animar, apesar de o peemedebista ter renovado as suas juras de lealdade a Dilma. No fim das contas, a saída da coordenação política o devolverá ao papel clássico de um vice: aguardar a eventual saída do titular para substituí-lo.

30/08/2015
Organizações Tabajara

 Um ex-ministro de Dilma Rousseff costuma chamar seu governo de Organizações Tabajara. Assim como a empresa fictícia do *Casseta & Planeta*, diz ele, o Planalto está sempre bolando alguma ideia mirabolante fadada ao fracasso.

 A ressurreição da CPMF é o novo produto dessa fábrica de trapalhadas. Ao propor a criação de um novo imposto, o governo voltou a irritar a classe média e, ao mesmo tempo, afugentou empresários que se aventuravam a defender a presidente.

 Na política, o desastre foi grande. A oposição ganhou mais um mote para bater, e o PMDB voltou a se unir contra o Planalto. O vice Michel Temer, que já havia animado os conspiradores ao deixar a coordenação política, encontrou um novo motivo para se afastar ainda mais de Dilma.

 O tiro no pé poderia ser evitado com uma simples avaliação do cenário. Se a CPMF foi derrubada em 2007, quando Lula batia recordes de popularidade, a chance de aprová-la agora seria próxima de zero. Por que gerar tumulto com uma ideia que nem deve sair do papel?

 Nunca antes um governo espalhou tantas cascas de banana na calçada em que pisa. No início da semana, Dilma já havia transformado uma boa notícia em armadilha ao anunciar os cortes na Esplanada.

 Como ela não informou os alvos da navalha, criou-se um novo terremoto na base aliada. Partidos que se estapeavam por cargos de segundo escalão agora estão em pânico com a ameaça de perder ministérios.

 Na sexta-feira, um ministro petista lamentava a sucessão de trombadas: "Estávamos construindo um discurso para sair da mira, mas terminamos a semana com todos os canhões apontados para nós".

 A crise da CPMF deve voltar com força na segunda-feira. Se insistir na ideia funesta, Dilma acionará uma bomba sob a própria cadeira. Se desistir, será criticada pelo novo recuo e continuará com um buraco bilionário nas contas. As Organizações Tabajara não fariam pior.

06/09/2015
Lugar na história

O vice-presidente Michel Temer se irritou com um empresário que lhe perguntou, na noite de quinta-feira, como ele deseja ser lembrado na história. "Estadista ou oportunista?", questionou o homem.

A pergunta é provocativa, porém pertinente. Quem entra na vida pública deve se preocupar com o presente e o futuro — o que inclui a forma como será citado nos livros, quando não estiver mais por aqui.

Temer é o vice de um governo fraco, que perdeu apoio popular e sustentação política. Também é o presidente nacional do PMDB, o maior partido do Congresso, que flerta com a ideia de derrubar a presidente reeleita com 54,5 milhões de votos.

O comportamento do vice será decisivo para definir o desfecho da crise. Ele disse na quinta que "não move uma palha" para assumir a Presidência. No entanto, suas atitudes nas últimas semanas não têm ajudado a manter a titular na cadeira.

Há um mês, Temer provocou um terremoto político ao declarar que o país precisava de "alguém" capaz de reunificá-lo. Apesar dos panos quentes, ficou a impressão de que ele se apresentava para o papel.

Em seguida, o vice deu passos que reforçaram essa imagem. Primeiro renunciou à tarefa de articulador político do governo. Depois recusou publicamente um apelo para reassumi-la, enfraquecendo ainda mais a autoridade presidencial.

Na última semana, ele disse na propaganda do PMDB que o Brasil "sempre vai ser maior e mais importante do que qualquer governo". Por fim, compareceu a um evento organizado por uma socialite a favor do impeachment e disse que será "difícil" a presidente concluir o mandato se não recuperar a popularidade.

A política brasileira tem muito mais oportunistas do que estadistas. A maioria não está preocupada com livros de história, até porque não costuma manuseá-los. Ao ouvir a pergunta fatídica, Temer disse que se vê no grupo minoritário. "Jamais seria oportunista, percebe?"

17/09/2015
O bloco de FHC tem dono

Em artigo recente, o ex-presidente Fernando Henrique Cardoso escreveu que "a solução da crise não decorrerá apenas da remoção do obstáculo mais visível a um reordenamento político, simbolizado por quem exerce o Executivo e pelo partido de apoio ao governo, mas da formação de um novo bloco de poder".

A primeira parte da frase deixa claro que o tucano aderiu ao grupo que deseja "remover" a presidente Dilma do Planalto. A segunda sugere o desejo de ver seus aliados na base de um eventual governo Michel Temer.

O bloco almejado por FHC começou a se formar nesta terça, quando o deputado Mendonça Filho apresentou questão de ordem sobre o impeachment. O documento foi subscrito por dirigentes de seis partidos que apoiaram Aécio Neves no segundo turno da eleição presidencial: PSDB, DEM, PTB, SD, PPS e PSC.

A lista de assinaturas permitiu aos petistas repetir que o grupo do senador, derrotado nas urnas, agora tenta virar a mesa no tapetão da Câmara. No entanto, a bancada aecista contabiliza apenas 116 deputados. Faltariam 226 votos até os 342 necessários para afastar a presidente.

Os números indicam que o "novo bloco" terá obrigatoriamente um outro dono, que não pertence à oposição oficial. O único político com força para assumir o papel e entregar a Presidência a Temer é o presidente da Câmara, Eduardo Cunha.

Além de comandar a ala anti-Dilma do PMDB, ele tem concentrado o assédio sobre três siglas de centro-direita que apoiaram a reeleição de Dilma por conveniência: PP, PSD e PR.

Se o plano de FHC passa obrigatoriamente pela liderança de Cunha, o ex-presidente poderia escrever um novo artigo para responder duas perguntas. Se ele quer derrubar a presidente para tirar a economia do buraco, como dará aval a uma aliança com o comandante da "pauta-bomba" na Câmara? Se o mote for o combate à corrupção, como aceitará entregar o "novo bloco de poder" a um político denunciado na Lava Jato?

23/10/2015
Aliança de alto risco

A oposição protocolou nesta quarta um novo pedido de impeachment contra a presidente Dilma Rousseff. O documento é uma versão recauchutada do anterior, apresentado no início de setembro.

"Estamos fazendo recorta e cola", resumiu um dos signatários, o advogado Miguel Reale Júnior. Ele foi ministro da Justiça no governo Fernando Henrique Cardoso. É filiado ao PSDB, partido que perdeu as últimas quatro eleições presidenciais.

O texto também recebeu o jamegão do advogado Hélio Bicudo, um ex--petista que se dedica a combater o PT há pelo menos dez anos. Em 2010, ele afirmou que a eleição de José Serra era "a maneira de salvar a democracia no Brasil". O tucano foi derrotado nas urnas. Felizmente, o regime político do país não mudou.

A petição de Reale Júnior e Bicudo tem a estridência dos antigos tribunos. Abusa das maiúsculas, em afirmações como a de que o ex-presidente Lula "NUNCA SAIU DO PODER". Também exagera nos pontos de exclamação. Reúne nada menos que 28, salpicados em expressões como "Um acinte!" e "O caso é grave!".

O documento cita a palavra corrupção dezesseis vezes. Apesar disso, os líderes da oposição aceitaram entregá-lo ao presidente da Câmara, Eduardo Cunha, acusado de embolsar dinheiro desviado da Petrobras.

Depois do ato, o líder do PSDB, Carlos Sampaio, disse que o peemedebista ainda tem condições de permanecer no cargo. "Enquanto o presidente dessa Casa não renunciar, ele tem a legitimidade e a prerrogativa de tomar as decisões", declarou.

Politicamente, o pedido "recorta e cola" foi uma ajuda e tanto para Cunha. Ele ganhou um instrumento para continuar na cadeira, intimidando governo e oposição.

Para os tucanos, a aliança com o correntista suíço é uma estratégia de alto risco. Nos últimos anos, o PSDB pediu votos pregando a ética na política. Ao abraçar Cunha, pode acabar sem impeachment e sem discurso para as próximas eleições.

06/11/2015
O eterno duelo de Lula e FHC

A saudade do poder parece ter batido forte em Higienópolis e São Bernardo. Com o governo Dilma atolado na crise, FHC e Lula estão falando como nunca. Os dois se tornaram ex-presidentes em atividade, como jogadores veteranos que se recusam a pendurar as chuteiras.

FHC saboreia uma exposição inédita desde que deixou o Planalto, com a popularidade em baixa. Escondido pelo PSDB em três eleições presidenciais, foi finalmente reabilitado na campanha de 2014. Agora, aos 84 anos, voltou a aparecer em capas de revistas e programas de TV.

A pretexto de divulgar dois livros novos, o tucano emite opiniões sobre tudo, sem medo de se contradizer. Já rejeitou o impeachment de Dilma, já propôs a renúncia de Dilma e já disse que Dilma é honrada. Para saber o que ele pensa hoje, é melhor esperar a entrevista de amanhã.

Lula, que deixou a Presidência no auge do prestígio, percorre a trajetória inversa rumo ao purgatório. A cada revelação da Lava Jato, enfrenta mais dificuldade para explicar os escândalos de seu governo. Aos setenta anos, vê as suspeitas chegarem mais perto de sua família — nesta quarta, o filho caçula teve que depor à PF.

O petista costuma evitar a imprensa, mas não perde a chance de discursar em ambientes à prova de vaia. No palanque, alterna críticas à oposição a alfinetadas em Dilma. Há poucos dias, surpreendeu ao reconhecer que ela está fazendo "aquilo que nós dizíamos que não íamos fazer".

Apesar das divergências sobre o governo da sucessora, FHC e Lula parecem ter o mesmo assunto preferido: falar mal um do outro. Em entrevista recente à revista *Veja*, o tucano acusou o petista de estar "enterrando a própria história". Ontem à noite, no SBT, Lula respondeu que FHC "sofre com seu sucesso".

Em vez de buscarem um consenso mínimo contra a crise, os dois ex-presidentes perdem tempo com um eterno duelo verbal. Parecem aprisionados aos anos 1990, enquanto o país espera respostas para o presente.

08/11/2015
O vendedor de carne moída

O deputado Eduardo Cunha levou oito meses para lembrar que os milhões de dólares na Suíça eram dele. Dele, não. De um truste, que teve a generosidade de fornecer cartões de crédito para ele, a esposa e a filha gastarem à vontade.

O peemedebista recuperou a memória depois que o Conselho de Ética finalmente instaurou o processo que pode cassar seu mandato. Na sexta, ele deu uma série de entrevistas que merecem ser guardadas. As respostas lembram João Alves, o deputado que dizia ter ficado rico porque ganhou várias vezes na loteria.*

Ao jornal *O Globo*, Cunha disse que o que ele tem na Suíça não é dinheiro. "Dinheiro, não. São ativos, são ações, cotas de fundo." Alguns minutos depois, os repórteres repetiram a pergunta. Em um lapso de sinceridade, o entrevistado mudou a resposta: "O dinheiro era meu".

O peemedebista admitiu que seus bens no exterior "nunca foram declarados". Mas a lei não manda declarar? "Se havia obrigação, ela se exauriu no tempo", ele respondeu.

Cunha acrescentou que mantinha o patrimônio "em nome de terceiros", que no Brasil são conhecidos como laranjas. "Não tinha laranja", ele interveio. Mas sob que instituto fez os repasses? "Sob o instituto da confiança", explicou.

À *Folha de S.Paulo* o peemedebista disse que seu patrimônio milionário "não é nada de mais". O repórter Valdo Cruz perguntou por que ele recebeu 1,3 milhão de francos suíços, equivalentes a 4,8 milhões de reais, de um lobista do petrolão.

"Não acompanho a conta, não tenho contato com o banco", respondeu Cunha, apesar de ter deixado uma cópia do passaporte por lá. "Entrou 1,3 milhão na sua conta e o senhor não sabe de quem?", insistiu Cruz. "O dinheiro não é meu, não fui eu quem coloquei", retrucou o deputado.

É difícil escolher a melhor desculpa de Cunha. Minha preferida é a de que ele fez fortuna vendendo carne moída para o Congo. O homem ajudou a combater a fome na África, e vocês ainda ficam aí criticando.

---

* O ex-deputado João Alves despontou no escândalo dos Anões do Orçamento em 1993. Ele negou ter recebido propina de empreiteiras. Para justificar o enriquecimento, disse ter vencido 221 vezes na loteria.

10/11/2015
Zero para todos

O abandono das promessas de campanha e o escândalo de corrupção na Petrobras imobilizaram quem poderia ajudar Dilma a sair do atoleiro. O diagnóstico é de Wanderley Guilherme dos Santos, o respeitado cientista político. Ele diz que a esquerda ficou sem motivos para sair em defesa do governo. "Apoiá-lo em nome de quê? Defendê-lo em nome de quê?", questiona.

Em 2012, Santos foi um dos intelectuais que criticaram o julgamento do mensalão. Sustentou que o caso era de caixa dois, não de corrupção. Ele diz que a Lava Jato é "totalmente diferente" porque revelou um "processo institucionalizado de predação de recursos públicos". "Isso é roubo. Não tem como contemporizar."

Autor do premonitório *Quem dará o golpe no Brasil?*, lançado dois anos antes da queda de João Goulart, o professor se recusa a profetizar sobre o futuro de Dilma. "Está muito difícil fazer previsões", justifica. Ele considera, no entanto, que o impeachment perdeu viabilidade. "Não há motivo e nem há maioria que crie a aparência de que há motivo", afirma. "O que me inquieta não é se a Dilma termina o mandato. Não vejo como será possível governar mais três anos nessas condições. Ou há o impedimento, ou essa conversa acaba, deixa de ser relevante."

Para Santos, a oposição agrava o impasse com a tática de "impedir o governo de governar". Ele contesta a tese de que a economia vai impor a saída de Dilma antes de 2018. "Outros governos enfrentaram crises, e isso não implicava suspeitas sobre a viabilidade institucional deles."

O cientista político acaba de comemorar os oitenta anos com um novo livro, *À margem do abismo*. Perguntei como ele viu a pesquisa recente do Ibope que mostrou alta rejeição a todos os pré-candidatos ao Planalto, de Lula a Aécio.

"A política não está se mostrando capaz de solucionar os conflitos", respondeu o professor. "Se você perguntar, estou achando tudo uma porcaria. É nota zero para todos eles."

12/11/2015
A cartilha do PT

O PT divulgou uma cartilha com ataques ao juiz Sergio Moro, aos procuradores da Lava Jato e à imprensa. O texto mostra que o partido não aprendeu com o mensalão. Em vez de apresentar uma defesa convincente, insiste em negar fatos e se dizer vítima de perseguição.

O texto afirma que "o PT nasceu contra a vontade dos poderosos e, por isso, sempre foi perseguido e caluniado". O discurso poderia funcionar nos anos 1980, quando os petistas vendiam estrelinhas e camisetas para financiar suas campanhas.

Para engoli-lo em 2015, seria preciso ignorar a aliança do partido com bancos alimentados por juros altos, frigoríficos alavancados por empréstimos camaradas e empreiteiras abastecidas pelo petrolão.

A cartilha afirma que o ex-presidente Fernando Henrique Cardoso "abriu as portas da política para o poder econômico". É uma distorção em dose dupla. As portas já estavam abertas havia décadas e continuaram escancaradas nos governos do PT.

Em outra passagem, os petistas culpam FHC pela ruína da Petrobras, mas adotam a tática do "esqueçam o que escrevi". Há seis meses, o PT prometeu expulsar os filiados condenados na Justiça por corrupção. Agora, sai em defesa do "companheiro" João Vaccari, condenado a quinze anos de prisão por corrupção, lavagem de dinheiro e associação criminosa.

Entre críticas à Lava Jato e ao juiz Moro, a direção do PT diz lamentar que "todo o esforço para investigar e punir os desvios ocorridos na Petrobras" corra o risco de ser "comprometido" por abusos de autoridade e falhas processuais. O lamento é tão sincero quanto a torcida de um palmeirense pelo título do Corinthians.

A cartilha também diz que "no fim da linha está o objetivo de cassar o registro do partido, como ocorreu em 1947 com o antigo PCB". A comparação ofende a memória dos comunistas da época, como Jorge Amado e Carlos Marighella. Eles foram perseguidos e cassados por suas ideias, não por receber pixulecos.

02/12/2015
Cenas de chantagem explícita

A Câmara virou palco de cenas de chantagem explícita, transmitidas ao vivo pela TV. Com o mandato em risco, o deputado Eduardo Cunha ameaça abrir um processo de impeachment contra Dilma Rousseff se o PT não salvá-lo da cassação.

O peemedebista é alvo de acusações graves. Foi denunciado ao Supremo Tribunal Federal, sob suspeita de embolsar propina do petrolão, e omitiu dos colegas quatro contas milionárias na Suíça, das quais agora se declara "usufrutuário em vida".

Outros deputados foram cassados por muito menos, mas Cunha usa a presidência da Câmara como escudo. Escolhido por 267 colegas, ele tem o poder de acolher ou rejeitar pedidos de impeachment contra Dilma, eleita com 54,5 milhões de votos.

A chantagem foi escancarada na semana passada, quando o peemedebista declarou estar pronto para decidir sobre o assunto. O Planalto acusou o golpe e passou a pressionar os deputados petistas a salvarem o desafeto no Conselho de Ética.

O paraense Zé Geraldo, que já havia prometido votar a favor do processo contra Cunha, disse ontem que está disposto a um "sacrifício pelo país". O recuo pegou mal, e ele tentou se explicar: "O governo está sendo chantageado. A metralhadora está na mão do Cunha. Nós seremos os culpados pelo impeachment?".

No Twitter, o presidente do PT, Rui Falcão, afirmou que o partido não deveria topar o cambalacho. Com o Planalto em jogo, ninguém acreditou. "Ele disse isso para dar satisfação à militância", apostava um aliado no plenário. Se quisesse ser levado a sério, Falcão poderia defender a expulsão dos deputados que ajudarem Cunha, como acaba de fazer com o senador Delcídio do Amaral.

O PT tem boas razões para recusar a proposta indecente. A imagem da sigla já está à beira da morte, e uma aliança com Cunha pode servir como a pá de cal. Além disso, a chantagem não é um meio confiável de negociação. Quem se submete hoje é candidato a virar refém de novo amanhã.

03/12/2015
Os efeitos da bomba

Eduardo Cunha prometeu e cumpriu. Prestes a ser detonado no Conselho de Ética, o deputado ameaçou abrir um processo de impeachment caso o governo não salvasse o seu mandato. O PT flertou com o acordo espúrio, mas anunciou no início da tarde que enfrentaria a chantagem. A retaliação foi rápida. Às 18h32, Cunha apertou o botão vermelho contra o Palácio do Planalto.

A bomba estourou no colo de Dilma Rousseff. Na primeira reação, ela afirmou que não desviou dinheiro público e não tem conta no exterior, em referência explícita ao deputado. A comparação de biografias será um trunfo de sua defesa. A presidente pilota um governo errático e impopular, mas não foi atingida, ao menos até aqui, por nenhuma suspeita sobre a sua conduta pessoal.

O resultado do processo é imprevisível. O governo começava a recompor sua base, mas não é capaz de garantir, hoje, que terá os 171 votos necessários para barrar o impeachment na Câmara. As ruas, que andam vazias, voltarão a ter papel importante para influenciar os deputados.

A abertura de um processo contra a presidente da República como vingança pessoal de Cunha coroa um ano marcado pela irresponsabilidade das principais forças políticas. O peemedebista e sua tropa sequestraram o Congresso e aumentaram o preço do resgate a cada votação. A oposição rasgou a bandeira da responsabilidade e sabotou o ajuste fiscal para enfraquecer o governo. Dilma também ajudou a cavar o buraco em que se encontra ao trair as promessas de campanha. Depois foi alvejada pelo PT, que se recusou a abraçar suas medidas impopulares.

A bomba do impeachment deve tumultuar ainda mais a economia, já mergulhada em recessão aguda. Se há algo de positivo no noticiário desta quarta, é o fim da paralisia que deixava o Brasil refém de Brasília. Enquanto era chantageado por Cunha, o governo não governava. Agora o sistema político terá que voltar a se mover, para um lado ou outro.

04/12/2015
Dois contra uma

Esqueça Aécio, Serra e tucanos menos votados. A verdadeira batalha do impeachment vai opor Dilma Rousseff a dois políticos do PMDB: Eduardo Cunha, que deu início ao processo, e Michel Temer, que herdará o cargo se ela for afastada.

Os peemedebistas, que são velhos aliados, começaram a se mexer na fatídica quarta-feira. O presidente da Câmara fez um anúncio espalhafatoso, cercado de microfones e por uma claque disposta a aplaudi-lo.

O vice-presidente da República operou discretamente, ao seu estilo. Poucas horas antes de Cunha detonar a bomba, convidou senadores da oposição para um almoço em sua residência oficial, o Palácio do Jaburu. O prato principal, é claro, foi a possibilidade de ele substituir Dilma.

Segundo participantes do encontro, Temer sinalizou com duas promessas: fazer um governo de "união nacional", o que significa dar cargos à oposição, e não disputar a Presidência em 2018, quando poderia concorrer com a máquina a seu favor.

A guerra entre Dilma e Cunha é aberta. A presidente já declarou que não roubou e não tem conta no exterior. O deputado devolveu o ataque. Em entrevista ao lado de Paulinho da Força e Jair Bolsonaro, disse que a presidente "mentiu à nação".

O embate entre Dilma e Temer será mais discreto, o que não significa menos tenso. Ontem eles se encontraram pela primeira vez após o início do processo na Câmara. O mal-estar ficou evidente nas versões desencontradas sobre o encontro.

O ministro Jaques Wagner declarou que Temer "acha que não há lastro para o impeachment". Aliados do vice negaram que ele tenha manifestado esta opinião. Também disseram que ele sugeriu à presidente que evite o embate pessoal com Cunha.

Desde que Temer começou a sonhar alto com a faixa verde-amarela, os petistas descrevem o Jaburu como o "bunker da conspiração". Foi lá que o presidente da Câmara almoçou na segunda-feira, dois dias antes de disparar o torpedo contra o Planalto.

06/12/2015
Separação litigiosa

A barulhenta saída de Eliseu Padilha, no dia seguinte à abertura do processo de impeachment, é um marco na separação litigiosa entre Michel Temer e Dilma Rousseff. O peemedebista era o principal afilhado do vice no governo. Ao entregar o cargo, ele avisou à praça que o padrinho também abandonou a presidente à própria sorte.

Dilma e Temer fizeram um casamento eleitoral de conveniência, arranjado por Lula. Passaram cinco anos sob o mesmo teto, falando pouco e dormindo em camas separadas. Agora ele anunciou o divórcio e deixou claro que deseja ficar com a casa, ou melhor, o palácio.

Ao deixar a Secretaria de Aviação Civil, Padilha troca a gestão dos aeroportos, que nunca o atraiu, pela articulação de bastidores, que jamais abandonou. Sua primeira tarefa será convencer outros ministros do PMDB a sair do governo. Os primeiros alvos são Henrique Eduardo Alves, do Turismo, e Helder Barbalho, da Secretaria de Portos.

Por ora, os dois dizem que ficam onde estão. Não se trata de amor. Mudarão de lado se a hipótese de um governo Temer ficar mais provável do que a permanência de Dilma.

O PMDB será o infiel da balança do impeachment, como definiu o colunista Vinicius Torres Freire. O partido tem a maior bancada da Câmara, com 66 cadeiras. No momento, a ala oposicionista controla um terço do grupo, sob a liderança do deputado Eduardo Cunha.

Ex-articulador do governo, Padilha sai do ministério com uma arma poderosa para barganhar adesões a Temer: uma planilha detalhada com cargos e verbas que cada deputado tem ou deseja ter. É com essa lista que ele fará promessas em troca de votos pelo impeachment.

Dilma, a noiva abandonada, terá que abrir os cofres e aumentar o dote para manter a tropa ao seu lado. Os deputados do PMDB sentarão para negociar com uma garantia confortável. Como costuma acontecer, vão lucrar em qualquer cenário.

08/12/2015
Vai ter golpe?

Em discurso na última sexta, a presidente Dilma Rousseff prometeu lutar até o fim pelo mandato. "Para a saúde da democracia, nós temos de defendê-la contra o golpe", afirmou. A plateia respondeu em coro: "Não vai ter golpe!". Será?

Em tese, o impeachment não pode ser chamado de golpe. O instrumento está previsto em lei e na Constituição. Se o Congresso ameaçá-las, o Supremo Tribunal Federal tem poderes para intervir. Os militares, felizmente, estão quietos nos quartéis.

Apesar de ter previsão legal, o impeachment pode não ser legítimo. Se as suas razões forem inconsistentes ou inconfessáveis, ele se reduz a um atalho para destituir governantes escolhidos pelo povo. Há fortes motivos para acreditar que este é o caso do processo em debate na Câmara.

Embora a oposição tente negar, a ação contra Dilma está tão contaminada por Eduardo Cunha quanto o rio Doce pela lama da Samarco. Denunciado por corrupção, o deputado usou o pedido para chantagear o governo e o aceitou para adiar sua queda. Até aqui, deu certo. Ao detonar a bomba, ele saiu do foco das atenções.

Além do vício de origem, o impeachment nasce com base frágil. Até que se demonstre o contrário, Dilma não praticou crime de responsabilidade. As chamadas pedaladas fiscais são reprováveis, mas não justificam a interrupção do mandato presidencial. Se fosse assim, FHC e Lula teriam ido para casa mais cedo.

Em países divididos como o Brasil pós-2014, a estabilidade da democracia depende do comportamento dos derrotados. A oposição já atacou a urna eletrônica, estimulou teorias conspiratórias e tentou diplomar Aécio Neves no tapetão. Ao abraçar Cunha e seu impeachment duvidoso, arrisca-se a fraturar um sistema político que já está desacreditado.

Não há dúvida de que Dilma mentiu na campanha, montou uma equipe medíocre e faz uma gestão lamentável. Nada disso, no entanto, justifica cassá-la. Para trocar governantes ruins, o caminho é o voto.

2. Verba volant

Verba volant, scripta manent. Michel Temer escolheu um provérbio em latim ("As palavras voam, a escrita permanece") para iniciar a carta na qual selaria o rompimento com Dilma Rousseff.

Na missiva, o vice desfiou um rosário de mágoas com a presidente e o PT. "Sempre tive consciência da absoluta desconfiança da senhora e do seu entorno em relação a mim e ao PMDB", escreveu.

Ele disse ter sido tratado como um "vice decorativo" e se queixou da demissão de aliados no governo. Reclamou até de não ter sido convidado para uma reunião com o vice-presidente dos Estados Unidos no dia da posse.

A carta chegou às mãos de Dilma na tarde de 8 de dezembro de 2015. Poucas horas depois, foi divulgada pelo jornalista Jorge Bastos Moreno no site do jornal *O Globo*. Temer nunca admitiu a autoria do vazamento.

No fim do texto, o vice indicou a Dilma que não haveria reconciliação. "Finalmente, sei que a senhora não tem confiança em mim ou no PMDB, hoje, e não terá amanhã. Lamento, mas esta é a minha convicção."

09/12/2015
A carta do vice

Além de alimentar a fábrica de piadas da internet, a carta de Michel Temer a Dilma Rousseff mostrou o nível rasteiro em que se discute o futuro da República. Das 883 palavras do documento, nenhuma trata dos problemas graves que o país enfrenta. Na maior parte do texto, o vice-presidente se limita a remoer mágoas pessoais e reivindicar cargos perdidos por aliados.

Temer se queixa de que Dilma o trata como um "vice decorativo". Reclama que perdeu o "protagonismo" do passado. Diz que é menosprezado pelos petistas. Em um trecho especialmente infeliz, protesta por não ter sido convidado para uma reunião com o vice-presidente americano Joe Biden.

"É um desabafo que deveria ter feito há muito tempo", dramatiza o vice. As redes sociais não perdoaram o tom lacrimoso da carta. Temer virou alvo de montagens cômicas e chegou a ser rebatizado de "Mimimichel".

Apesar de ter assustado o Planalto, o vice perdeu pontos no Congresso. "Se ele era um vice decorativo, por que desejou manter a aliança em 2014?", questionou o líder do PMDB na Câmara, Leonardo Picciani.

No Senado, peemedebistas reclamaram que o vice só demonstrou preocupação com os empregos de amigos do peito, como Eliseu Padilha e Moreira

Franco. A oposição também bateu duro. "A carta foi uma demonstração de fisiologismo puro", atacou o tucano Cássio Cunha Lima.

As lamúrias de Temer não combinam com a imagem de estadista que ele tenta projetar. Suas queixas soam pequenas demais para quem busca se credenciar como um líder maduro capaz de tirar o país da crise.

Temer tropeçou na própria vaidade, mas sua carta serviu para ressaltar um grave defeito de Dilma. Em quase cinco anos na Presidência, ela manteve o mau costume de destratar aliados e desprezou a tarefa de cultivar amizades no Congresso. Esse comportamento arrogante, relatado até por políticos que dizem gostar dela, pode cobrar um preço alto na votação do impeachment.

10/12/2015
"Não serei desleal"

Visto com desconfiança pelo Planalto, o vice-presidente Michel Temer afirma que não será "desleal" com Dilma Rousseff durante o processo de impeachment. Ele se diz injustiçado pelas acusações de que seu grupo conspira a favor da derrubada da presidente.

"Eu jamais cometeria qualquer ato de deslealdade institucional. Isso macularia o meu currículo", disse o vice à coluna.* "Se eu chego à Presidência por uma deslealdade institucional, eu chego mal", acrescentou.

Temer se incomodou com as críticas à carta que escreveu à presidente. Ele sustenta que a correspondência foi "pessoal" e, por isso, não tratou da crise econômica nem apresentou propostas para tirar o país da crise.

"Fiz uma carta pessoal, não um manifesto político. Se soubesse que seria vazada, não escreveria", afirmou. Ele disse que autorizou a divulgação do documento depois de ver trechos vazados à sua revelia.

O peemedebista defendeu pontos da carta criticados na coluna de ontem, como a queixa de não ter sido convidado para uma reunião de Dilma com o vice-presidente americano Joe Biden. "Parece pequeno, mas não é. Ele é meu homólogo. Era uma questão de protocolo", disse.

---

* Temer me chamou para contestar a coluna "A carta do vice", publicada no dia anterior.

Temer negou que o trecho final da correspondência, no qual disse que Dilma não confia nele e no PMDB, seja uma senha para a ruptura com o governo. "O PMDB vai romper com ela? Não vai", afirmou.

Para aliados do vice, a divulgação da carta foi ruim para o governo, e não para ele. Ontem a ala anti-Dilma do PMDB ganhou força ao destituir Leonardo Picciani da liderança do partido na Câmara. O movimento teve o aval discreto de Temer.

A Mesa da Câmara, subordinada a Eduardo Cunha, afastou o relator que não se subordinou a Eduardo Cunha. Até quando o Supremo Tribunal Federal aceitará as manobras do deputado para impedir que o Conselho de Ética o investigue?

11/12/2015
Esperando Janot

O plenário da Câmara estava praticamente vazio, às 9h20 desta quinta, quando Jarbas Vasconcelos (PMDB-PE) pediu a palavra para um discurso de improviso.

"A Câmara não pode mais conviver com episódios como o de ontem, sobretudo no Conselho de Ética. O que ocorreu foi uma verdadeira excrescência, uma imoralidade, uma indecência, um escárnio", disse.

O peemedebista se referia à manobra que afastou o relator Fausto Pinato (PRB-SP) no dia em que o Conselho votaria a abertura de processo contra o presidente da Câmara. Pinato já havia relatado uma ameaça de morte após divulgar seu parecer.

"Não podemos ficar calados diante disso. A nação inteira quer a saída do deputado Eduardo Cunha, porque ele não reúne condições para presidir esta Casa e muito menos de conduzir um eventual episódio de impeachment", prosseguiu Jarbas. "Ele fez e faz chantagem. Chantageou a oposição. Chantageou o PT. Chantageou a presidente da República."

Jarbas não pode ser acusado de governismo. Dissidente no PMDB, apoiou o tucano Aécio Neves em 2014 e é um dos maiores defensores do impeachment de Dilma Rousseff.

O peemedebista terminou o discurso às 9h23. Em menos de quarenta minutos, o Conselho de Ética voltaria a produzir cenas vexatórias. Dois deputados trocaram tapas, um a favor e outro contra o presidente da Câmara.

Os ânimos se exaltaram porque a tropa de Cunha havia iniciado outra manobra para blindá-lo. Um dia depois da derrubada do relator, o deputado Carlos Marun (PMDB-MS) pediu o afastamento do presidente do conselho, José Carlos Araújo (PSD-BA).

Denunciado por corrupção há quase quatro meses, Cunha já demonstrou que é capaz de tudo para obstruir o processo no Conselho de Ética. Só será parado se o procurador Rodrigo Janot pedir a intervenção do Supremo Tribunal Federal. "Até agora a Procuradoria-Geral da República não se pronunciou sobre esse escárnio", cobrou Jarbas.

13/12/2015
O vice avança

Numa semana que teve tapas, xingamentos e cabeçadas no Congresso, a principal notícia saiu do pacato Palácio do Jaburu. Seu morador ilustre, o peemedebista Michel Temer, reuniu a tropa e passou a avançar ostensivamente em direção à cadeira de Dilma Rousseff.

"A máquina começou a andar", resume um aliado do vice-presidente. O alarme do Planalto soou na noite de segunda, com a divulgação da carta em que Temer sugere o rompimento com a companheira de chapa.

O correio elegante foi a senha para duas derrotas do governo na Câmara. O plenário aprovou uma chapa de oposição para a comissão do impeachment, em votação secreta e com os microfones desligados, e o governista Leonardo Picciani foi apeado da liderança do PMDB. Os dois movimentos bruscos levaram as digitais de Temer e Eduardo Cunha, velhos aliados que voltaram a jogar juntos contra Dilma.

Além de acelerar as reuniões políticas, o autor da carta ampliou os encontros com o setor privado. Na segunda, visitou a Fecomércio de São Paulo, onde foi aplaudido de pé ao apresentar o chamado Plano Temer.* O novo programa do PMDB prevê, entre outras coisas, o fim dos gastos obrigatórios com saúde e educação, aprovados pela Constituinte do dr. Ulysses.

---

* Oficialmente, o plano foi batizado de "Uma Ponte para o Futuro".

Na terça, o vice recebeu emissários do mercado imobiliário. Na quinta, como presidente em exercício, repetiu a pregação neoliberal a empresários gaúchos em Porto Alegre. Na sexta, voltou a encontrar o PIB paulista, na inauguração do instituto privado de Gilmar Mendes.

Diante do juiz do Supremo, Temer defendeu a adoção de um "semiparlamentarismo" e acenou com mais poderes e verbas para os parlamentares, que decidirão a batalha do impeachment. Gilmar, o ministro que não consegue disfarçar, saiu entusiasmado. "Temer é um excelente nome para as funções que exerce. Seria um ótimo presidente do Brasil", declarou.

15/12/2015
Ponte para a Situação

Na confusão do noticiário da semana passada, passou quase despercebido o pacto do PSDB pelo impeachment. Divididos desde o início do ano, os tucanos resolveram unificar o discurso a favor da deposição de Dilma Rousseff.

O acordo foi selado com uma rara visita de Fernando Henrique Cardoso a Brasília. O ex-presidente posou para uma foto com Aécio Neves e Geraldo Alckmin, que disputam o controle do partido e o direito de concorrer à Presidência de novo em 2018.

O senador mineiro, que chegou a sonhar com a convocação de novas eleições, já havia declarado apoio ao impeachment. Faltava o governador paulista, que dizia a aliados não ver base jurídica para tal processo.

Alckmin mudou de ideia depois de um encontro a portas fechadas com o vice-presidente Michel Temer. Segundo peemedebistas, ele esperava uma garantia de que o vice não pretende concorrer à reeleição caso assuma o Planalto pelos próximos três anos, em mandato-tampão no lugar de Dilma Rousseff.

O novo pacto do PSDB não muda nada no placar do impeachment. Sempre esteve claro que os 53 deputados do partido votariam a favor do pedido, que leva a assinatura do advogado tucano Miguel Reale Júnior.

A novidade é que a foto com FHC liberou a sigla para dizer em público o que já admitia e negociava em privado. Os tucanos estão ansiosos, alguns ansiosíssimos, para integrar uma eventual gestão Temer.

"Se houver um novo governo, vai haver entendimento", anunciou no domingo o senador José Serra, candidato a ministro da área econômica. "Dependendo das condições e do programa, podemos participar", endossou o senador Aloysio Nunes.

Derrotado nas últimas quatro eleições presidenciais, o PSDB sofre há treze anos com a distância do poder. Agora o partido parece ter encontrado, na "Ponte para o Futuro" de Temer, um caminho mais fácil para trocar a oposição pela situação.

16/12/2015
Arrastão no PMDB

Um político desonesto e ambicioso, com vocação para ditador, articula um golpe para derrubar a República e tomar o poder. A ficha é de Lúcio Sérgio Catilina, senador romano do século I a.C. O personagem inspirou o batismo da Operação Catilinárias, nova fase da Lava Jato que teve como principal alvo o deputado Eduardo Cunha.

"Até quando, ó Catilina, abusarás da nossa paciência? Por quanto tempo ainda há de zombar de nós essa tua loucura? A que extremos se há de precipitar a tua audácia sem freio?", perguntou o cônsul romano Marco Túlio Cícero, em discurso que sobreviveu mais de 2 mil anos.

As palavras voltaram a ecoar ontem, no noticiário e na tribuna da Câmara, enquanto parlamentares buscavam informações sobre os 53 mandados cumpridos pela PF.

O arrastão atingiu em cheio o PMDB, que o professor Marcos Nobre definiu como "uma empresa de fornecimento de apoio parlamentar, com cláusula de permanente revisão do valor do contrato".* Além de bater à porta do presidente da Câmara, a PF fez buscas nas casas de aliados de Renan Calheiros e Michel Temer.

A Catilinárias ilumina os porões do partido no momento em que os peemedebistas tentam se apresentar como alternativa de poder. Serve como lembrete

---

* O filósofo cunhou a definição no artigo "Impeachment contaminado", publicado no *Valor Econômico*.

de que PMDB e PT podem ter se afastado na crise, mas seguem unidos na lama do petrolão.

A operação poderia ter sido uma boa notícia para o governo, mas voltou a evidenciar a fragilidade política de Dilma Rousseff, que passou a ter mais dois ministros sob investigação.* Refém do PMDB, a presidente não pode nem pensar em afastá-los. Além disso, precisa torcer para que o medo da polícia não empurre Renan para a turma do impeachment.

Cunha repetiu o choro de sempre, mas não deveria reclamar da Catilinárias. A PF levou seus celulares, mas manteve o Porsche na garagem e deu folga ao japonês de Curitiba.**

17/12/2015
Juntos à beira do abismo

Ao fim de um ano de duelo em praça pública, Dilma Rousseff e Eduardo Cunha chegaram juntos a seu momento mais dramático. No mesmo dia, os dois sofreram ontem duras derrotas na luta pela sobrevivência política.

A Procuradoria-Geral da República pediu que o deputado seja afastado da presidência da Câmara. Ele já preparava outra manobra para anular a sessão do Conselho de Ética que instaurou, finalmente, o processo que pode cassar o seu mandato por quebra de decoro.

O Ministério Público sustenta, com razão, que a permanência de Cunha ameaça as investigações da Lava Jato e ataca a "dignidade do Parlamento brasileiro". Como a Câmara já demonstrou que não terá a dignidade de despachá-lo por conta própria, tornou-se necessário apelar ao Supremo Tribunal Federal.

A Procuradoria também apresentou duas novas delações contra o peemedebista. Ele agora é acusado de cobrar propina de 52 milhões de reais para

---

* A PF fez buscas nas casas dos ministros Celso Pansera (Ministério da Ciência, Tecnologia, Inovações e Comunicações) e Henrique Eduardo Alves (Ministério do Turismo), ambos do PMDB.
** O agente Newton Ishii ficou famoso por escoltar políticos e empresários presos pela Lava Jato.

liberar repasses às obras do Porto Maravilha, no Rio. O dinheiro saía do FI-FGTS, ou seja, da poupança do trabalhador assalariado.

Na mesma quarta-feira, o Supremo indicou que deve dar sinal verde ao processo de impeachment que o correntista suíço instaurou contra Dilma. O voto do relator Luiz Fachin frustrou o governo, que contava com a corte para livrar o pescoço presidencial da guilhotina.

Fachin validou o roteiro traçado por Cunha, incluindo a votação secreta que elegeu a comissão que discutirá o impeachment na Câmara. Se os demais ministros apoiarem seu voto, o colegiado será dominado pela oposição e produzirá um relatório pela cassação da presidente.

Dilma e Cunha querem se ver pelas costas, mas agora parecem caminhar lado a lado na direção do abismo. Enquanto os brasileiros se esforçam para driblar a crise e comprar presentes, a presidente e o deputado têm chances cada vez menores de comemorar um feliz Natal.

18/12/2015
Montanha-russa

Na montanha-russa da crise brasileira, um dia tem sido tempo suficiente para transformar derrotados em vitoriosos — e vice-versa. Na quarta, governo e oposição viam o impeachment na esquina. Ontem, Dilma Rousseff ganhou dois trunfos para lutar pelo mandato.

A presidente colheu a primeira boa notícia na Câmara, onde o aliado Leonardo Picciani retomou a liderança do PMDB. Depois comemorou outra vitória no Supremo Tribunal Federal, que desmontou o rito de Eduardo Cunha para destituí-la.

O tribunal derrubou os principais pontos do voto do relator Luiz Fachin, apresentado na véspera. Os ministros determinaram que a Câmara faça nova eleição para a comissão especial do impeachment, desta vez à luz do dia e com voto aberto.

Isso desmancha o grupo armado por Cunha em sintonia com o vice-presidente Michel Temer. Com ajuda do voto secreto e das traições na base, eles haviam formado uma comissão de maioria pró-impeachment. Agora o governo terá chances de virar o jogo antes do apito inicial.

O Supremo também decidiu que os senadores poderão arquivar o processo contra Dilma por maioria simples, mesmo que dois terços dos deputados votem para afastá-la. Assim, a House of Cunha* não terá plenos poderes para derrubar a presidente.

O governo respira, mas pode pagar um preço alto pelo oxigênio em 2016. A partir de agora, seu futuro passa a depender cada vez mais do senador Renan Calheiros, cujos humores costumam dar tantas voltas quanto uma montanha-russa.

A PM de Geraldo Alckmin tem um modo peculiar de contar manifestantes. Quando o protesto agrada, multiplica. Quando desagrada, divide.

Na quarta, a polícia informou que apenas 3 mil pessoas foram à avenida Paulista gritar contra o impeachment. Ontem, desmoralizada pelas imagens do ato e pelo Datafolha, revisou a conta para 50 mil.

20/12/2015
Descartado do folhetim

A dois dias de entregar o cargo, o agora ex-ministro Joaquim Levy reclamou do noticiário de que deixaria a Fazenda. "Eu continuo alheio a este folhetim", desdenhou. Na sexta, veio a confirmação: Levy está fora do governo.

As especulações sobre a iminente queda do ministro se tornaram tão comuns que deixaram de ser levadas a sério na capital. Levy colaborou ativamente com a novela ao ameaçar sair a cada vez que era contrariado pelo Planalto ou pelo Congresso.

Segundo ex-auxiliares, o economista escreveu ao menos duas cartas de demissão, sem tirá-las do bolso. Preferiu ficar, sentindo-se recompensado pelos elogios públicos da chefe.

Doutor pela escola liberal de Chicago, Levy era um estranho no ninho dilmista. Encarnava a fé religiosa no ajuste fiscal e no Estado mínimo, co-

---

* Eduardo Cunha era comparado a Frank Underwood, vilão do seriado americano *House of Cards*. Na ficção, o personagem era um político inescrupuloso e capaz de qualquer trapaça na busca por mais poder.

mungada pelo mercado financeiro e blasfemada pela esquerda que elegeu e reelegeu a presidente.

Numa narrativa folhetinesca da economia, desempenhava o papel de infiltrado tucano no governo petista. O economista Armínio Fraga, ex-candidato a ministro de Aécio Neves, chegou a descrevê-lo como um espião da CIA na direção da KGB.

Levy não foi o único a mudar de lado. Ao bancar sua receita amarga, que incluiu cortes sociais, Dilma rasgou o programa de 2014. Com razão, foi acusada de estelionato eleitoral.

Nos 347 dias em que ficou no cargo, o ministro não conseguiu cumprir o que prometeu. Anunciou uma "travessia" para o crescimento, mas só entregou recessão; vendeu prestígio no exterior, mas assistiu ao rebaixamento do país nas agências de risco. Agora deve voltar à banca,* único setor que continuou a lucrar na crise.

Os roteiristas da novela econômica se dividem entre os que culpam Levy pelo fracasso e os que dizem que ele foi vítima de boicote. O desenvolvimentista Nelson Barbosa ainda não assumiu seu lugar, mas os porta-vozes do mercado já começaram a escrever o novo folhetim. A ele parecem ter reservado o papel de vilão.

24/12/2015
Vale a pena ouvir de novo?

O ano foi duro, mas deixa grandes frases para a crônica política. A seguir, uma seleção do que ouvimos de pior e melhor em 2015.

"Eu tô saudando a mandioca. Acho uma das maiores conquistas do Brasil." Dilma Rousseff, presidente.

"Não quero ir para a suíte de luxo do *Titanic*." Romero Jucá, senador, recusando ser líder do governo.

"Tinha que ter uma renúncia com grandeza." Fernando Henrique Cardoso, ex-presidente, pedindo para Dilma sair.

---

* Levy trocaria o governo por um cargo na direção do Banco Mundial, em Washington. Antes de virar ministro, ele era diretor do Bradesco.

"Também acho que ele poderia ter renunciado quando comprou a reeleição." Cláudio Lembo, ex-governador de São Paulo, em resposta a FHC.

"Eles querem é que o governo esteja frágil, porque é a forma de eles achacarem mais." Cid Gomes, ex-ministro da Educação, chamando "trezentos ou quatrocentos" deputados de ladrões.

"Desses ativos, administrados e geridos pelo truste, eu sou usufrutuário em vida." Eduardo Cunha, deputado, sobre seu dinheiro na Suíça.

"É um psicopata, um doente, um cínico." Jarbas Vasconcelos, deputado, descrevendo Eduardo Cunha.

"Posso não entender de esporte, mas entendo de gente." George Hilton, pastor da Universal e ministro do Esporte, no discurso de posse.

"Dizem por aí que você é muito namoradeira." José Serra, senador, abordando Kátia Abreu, ministra.

"Você é um homem deselegante, descortês, arrogante e prepotente. É por isso que nunca chegará à Presidência." Kátia Abreu, antes de despejar uma taça de vinho em Serra.

"Nós, políticos, não somos homens santos. Eu não vim de Marte." Eduardo Paes, prefeito do Rio, dizendo o que todos nós já sabíamos.

26/01/2016
O ministro sincero

O Brasil está "perdendo feio" a batalha para o *Aedes aegypti*. O diagnóstico foi feito ontem pelo ministro da Saúde, Marcelo Castro. A declaração irritou a presidente Dilma Rousseff, que o convocou para uma conversa a sós no Planalto.

A rigor, não houve novidade nas palavras do ministro. Ele apenas repetiu o que dissera na sexta passada, no Piauí. Na ocasião, a chefe parece não ter ouvido. Agora que ouviu, não gostou. Castro foi ao palácio com a certeza de que levaria um sabão.

O ministro está no cargo há menos de quatro meses. Ainda não disse a que veio, mas já se notabilizou pelas frases desastradas. Há duas semanas, afirmou que o zika vírus pode produzir uma "geração de sequelados". É difícil imaginar uma insensibilidade maior com os pais de bebês que nasceram com microcefalia.

Castro também disse "torcer" para que as mulheres em idade fértil peguem a doença antes de engravidar. Completou a frase com uma risada, em outra atitude imprópria para o cargo e a gravidade da situação.

Deputado do chamado baixo clero, o peemedebista nunca havia sonhado a sério em virar ministro da Saúde. Foi alçado ao posto em uma barganha explícita por votos contra o impeachment. Ninguém precisava ter doutorado em epidemiologia para saber que não poderia dar certo.

A avaliação geral em Brasília é que Castro está aquém do cargo. Sua equipe demorou demais a reagir ao surto do zika, que se espalha em velocidade alarmante. De quebra, o país acaba de bater o recorde anual de casos de dengue, também transmitida pelo *Aedes*. Em 2015, a doença atingiu a marca de 1,6 milhão de registros, com 863 mortes.

Apesar da nova demonstração de inabilidade política, o ministro não errou ao dizer que estamos perdendo a batalha para o mosquito. Ele apenas admitiu uma verdade incômoda para o governo e triste para todo o Brasil. Diante da emergência do zika, a sinceridade que irritou Dilma é o menor dos problemas.

28/01/2016
Lula na mira

A 22ª fase da Lava Jato teve um alvo claro, embora não declarado. Os investigadores deram mais um passo na direção do ex-presidente Lula, que se descreveu na semana passada como a "viva alma mais honesta" do país.

A nova operação foi batizada de Triplo x, em referência explícita ao tríplex visitado pela família do petista em um edifício no Guarujá. O empreendimento pertence à construtora OAS, enrolada no petrolão.

Em relatório, a Polícia Federal apontou "alto grau de suspeita" sobre a titularidade de imóveis no prédio. "Há indicativos que um tríplex pertence a ele [Lula], mas temos de avançar na investigação", disse o delegado Igor Romário de Paula.

"Se houver um apartamento lá que esteja em seu nome [de Lula] ou que ele tenha negociado, vai ser investigado como todos os outros", emendou o procurador Carlos Fernando dos Santos Lima.

A posse do tríplex já era investigada pelo Ministério Público de São Paulo, que parece apostar corrida com a força-tarefa de Curitiba. Na semana passada, o promotor paulista Cássio Conserino anunciou que denunciará Lula por ocultação de patrimônio, embora ele ainda não tenha sido ouvido sobre o caso.

A defesa do ex-presidente diz que ele não é dono do tríplex. Afirma que sua esposa comprou uma cota do edifício, declarada à Receita, mas desistiu do negócio.

Aliados alegam que Lula é vítima de perseguição, em complô para afastá-lo da sucessão de 2018. A oposição sonha em vê-lo com roupa de presidiário, como o boneco inflável das manifestações contra o PT.

A ofensiva jurídica fez o ex-presidente perder a imagem de intocável. Nos últimos meses, ele suspendeu as palestras e teve que prestar depoimentos sobre três escândalos diferentes: o petrolão, a suposta compra de medidas provisórias e a teia política da Odebrecht. Pode ser que nenhuma acusação seja provada, mas o estrago político já está feito.

29/01/2016
O apelo de Dilma

Dilma Rousseff foi enfática no apelo. "Eu preciso do conselho", disse. "Conto com vocês", insistiu. "Da minha parte, podem esperar toda a disposição do mundo para ouvir e dialogar."

Parecia campanha eleitoral, mas era a reunião do Conselho de Desenvolvimento Econômico e Social, o Conselhão. Esquecido por mais de um ano e meio, o órgão acaba de ser ressuscitado para tentar ajudar o Planalto a romper o isolamento político.

A primeira tarefa da presidente não será fácil: buscar apoio da chamada sociedade civil para um pacote que inclui a recriação da CPMF e a reforma da Previdência.

Dilma tentou limpar o terreno com um anúncio simpático. Mesmo quebrado, o governo dará um jeito de injetar 83 bilhões de reais na economia, com recursos do BNDES e do Fundo de Garantia. A abertura de novas linhas de crédito atende às cobranças cada vez mais duras de Lula e do PT.

No entanto, o ponto-chave do pacote são medidas impopulares para reequilibrar as contas públicas, o que inclui a volta do antigo imposto do cheque. "Muitos aqui podem ter dúvidas e até mesmo se opor a essas medidas, em especial à CPMF. Mas eu peço, encarecidamente, que reflitam sobre a excepcionalidade do momento", suplicou a presidente.

Dilma precisará de sorte para unir capital e trabalho em torno dessa agenda. Os empresários não querem ouvir falar em mais tributos, e os sindicalistas já prometeram greves se o governo mexer nas aposentadorias.

Mesmo que o Planalto consiga o aval do Conselhão, quem tem poder para aprovar o pacote é o Congresso, onde o ambiente continua hostil. O comando do PMDB, por exemplo, fez questão de esvaziar a reunião e ignorar o apelo presidencial.

Enquanto Dilma discursava em Brasília, o vice Michel Temer viajava em turnê partidária na região Sul. Em Curitiba, ele evitou a agenda do governo e indicou que seu partido está mais interessado em eleger novos prefeitos em outubro.

31/01/2016
Uma coisa, outra coisa

Luiz Inácio Lula da Silva deixou o poder nos braços do povo. Literalmente. No dia em que passou a faixa presidencial, ele quase foi tragado pela multidão que se apertava na praça dos Três Poderes para vê-lo descer a rampa do Planalto pela última vez.

O calor da despedida tinha motivo. Lula foi o presidente mais popular do período democrático. Em dezembro de 2010, seu governo era aprovado por 83% dos brasileiros. A economia cresceu em ritmo acelerado, o desemprego caiu pela metade, a concentração de renda se tornou menos indecente.

O ex-metalúrgico também deixou muito por fazer, mas entregou um país melhor do que recebeu. Nos últimos dias, o PT tem usado esse saldo positivo como argumento para defender seu líder das suspeitas da Lava Jato. Não deveria. Como ensina a filosofia popular: uma coisa é uma coisa, outra coisa é outra coisa.

Os avanços da era Lula são inegáveis, mas não servem como indulto para o resto. Seu governo deixou um megaescândalo conhecido, o mensalão, e outro que ainda oferece revelações diárias, o petrolão. O ex-presidente nunca deu uma explicação convincente para o primeiro e tenta sair pela tangente ao ser questionado sobre o segundo.

Agora as investigações se aproximam dele como pessoa física. Depois do Carnaval, Lula terá que depor sobre o rolo do tríplex da OAS no Guarujá. Novos indícios publicados pela *Folha de S.Paulo* ligam a Odebrecht a obras no sítio frequentado por sua família em Atibaia.

As empreiteiras não são entidades beneficentes, e o petista continua a ser um homem público, com influência no governo e pretensões eleitorais. Ele merece ser tratado com respeito, mas não está acima da lei e tem explicações a dar.

Driblar o assunto com propaganda do governo passado é um discurso que só cola com militantes fervorosos. Se Lula insistir nessa tática, eles vão ficar cada vez menos numerosos.

02/02/2016
Hora da merenda

O governador de São Paulo, Geraldo Alckmin, quer concorrer à Presidência de novo em 2018. Ele se lançou informalmente no sábado, quando abandonou o estilo picolé de chuchu e fez um duro ataque ao pré-candidato da situação.

"O Lula é o Partido dos Trabalhadores. O Lula é o retrato do PT, partido envolvido em corrupção, sem compromisso com as questões de natureza ética, sem limites", acusou.

O tucano tenta surfar a onda da Lava Jato e se beneficiar das suspeitas que envolvem o possível adversário. É uma estratégia natural, mas vem em hora delicada. Enquanto Lula tenta explicar seus laços com empreiteiros, Alckmin enfrenta um escândalo graúdo em seu governo.

Há duas semanas, a Operação Alba Branca começou a desvendar um esquema de desvio de verba da merenda nas escolas paulistas. Um dos principais suspeitos é o tucano Duarte Nogueira, secretário estadual de Transportes, que se diz alvo de acusação "irresponsável e leviana".

Outro personagem do caso batia ponto no Palácio dos Bandeirantes, sede do governo paulista. Luiz Roberto dos Santos, o Moita, era chefe de gabinete do tucano Edson Aparecido, chefe da Casa Civil de Alckmin. Fiel ao apelido, ele não apareceu para comentar as investigações.

O escândalo também envolve o deputado tucano Fernando Capez, presidente da Assembleia Legislativa. No ano passado, ele escreveu que a delação premiada era "um mal necessário" para "combater delitos graves". Agora é acusado por dois delatores de receber propina da máfia da merenda. Capez, que ganhou fama como promotor rápido para acusar, nega ligação com o caso e diz ser vítima de "menção irresponsável".

Na última quinta, Alckmin tentou empurrar o escândalo para o colo do governo federal. Com tantos aliados em apuros, ele deveria buscar um discurso mais convincente. É o que se espera de quem chama rivais de corruptos e sonha acordado com a Presidência da República.

03/02/2016
Sem começo e sem fim

De volta das férias, os congressistas ouviram ontem um apelo do senador Renan Calheiros: "Se 2015 foi o ano que não começou nem terminou, conclamo o Parlamento brasileiro a retomar seus esforços para que tenhamos, em 2016, um ano que tenha início, meio e fim".

O pedido do presidente do Senado pode ter animado o Planalto, mas não parece ter sensibilizado seus colegas. Foi o que indicaram as reações à visita de Dilma Rousseff para ler sua mensagem anual ao Legislativo.

A presidente pediu apoio a uma agenda de medidas impopulares, como a recriação da CPMF e a reforma da Previdência. Antes de ela deixar o plenário, aliados já reconheciam que as chances serão pequenas.

"Hoje é mais fácil conseguir votos contra o impeachment do que a favor da CPMF", dizia um vice-líder do governo. Seu raciocínio era simples: qualquer aumento de imposto tira votos, e os parlamentares não costumam se sacrificar em ano eleitoral.

No caso da mudança de regras para a aposentadoria, o primeiro obstáculo deve ser o próprio PT. Parlamentares próximos ao ex-presidente Lula defendem que a direção do partido se manifeste contra a proposta.

É o que a oposição espera para anunciar que também votará contra o governo, apesar de se dizer a favor da responsabilidade fiscal. "A presidente quer a nossa ajuda sem ter o apoio da própria base?", questionava o senador tucano Aécio Neves, depois de alguns de seus aliados vaiarem Dilma durante a solenidade.

Na Câmara, o ambiente também continua hostil para o Planalto. O deputado Eduardo Cunha promete suspender todas as comissões enquanto o Supremo Tribunal Federal não julgar seu recurso contra a decisão que freou o processo de impeachment.

Na verdade, a única prioridade do correntista suíço é escapar da cassação, mesmo que isso custe a paralisia do Congresso e o adiamento de votações importantes. No que depender dele e de sua tropa, 2016 também não deve começar nem terminar.

04/02/2016
Decoro? Que decoro?

O surgimento de novas provas na Lava Jato não reduziu em nada a ousadia de Eduardo Cunha. Na volta do recesso, ele voltou a usar o cargo para atrapalhar o processo que pede sua cassação por quebra de decoro parlamentar.

Em mais uma manobra ostensiva, o deputado anulou a sessão do Conselho de Ética que aprovou relatório preliminar contra ele. A intervenção foi formalizada pelo vice-presidente da Câmara, Waldir Maranhão, também investigado no petrolão.

"A decisão é um absurdo", me disse ontem o presidente do conselho, José Carlos Araújo. Apesar da indignação, ele será obrigado a cumprir a ordem. "O Cunha quer que o conselho se subordine a ele", protestou.

Em tom de desafio ao Supremo Tribunal Federal, o peemedebista disse que não deixará o cargo mesmo que os ministros aceitem a denúncia contra ele. "Já fui réu quando era líder do PMDB", desdenhou. "Vou continuar em qualquer circunstância."

Deputados de seis partidos foram ontem ao Supremo protestar contra a intervenção de Cunha no Conselho de Ética. Eles aproveitaram para levar uma cópia do depoimento do lobista Fernando Baiano, preso em Curitiba.

No vídeo, o delator confirma ter repassado propina ao peemedebista e dá detalhes sobre a aparência e a localização de sua casa, em condomínio fechado na Barra da Tijuca.

Cunha já havia sido pego na mentira ao dizer à CPI da Petrobras que não tinha contas no exterior. Como ele também negou ter recebido visitas de Baiano, o Conselho de Ética poderá processá-lo por mais uma quebra de decoro. Se ele deixar, é claro.

O país avançou ontem mais um grau na escala de irracionalidade política. De um lado, eleitores irritados com o governo bateram panelas para abafar um pronunciamento sobre saúde pública. Do outro, petistas foram às redes sociais para tentar vincular o zika vírus ao PSDB. Nessa disputa, só quem ganha é o mosquito.

05/02/2016
A primeira derrota

Bastou uma votação. No primeiro teste importante do ano, o governo voltou a ser derrotado no plenário da Câmara. Aconteceu na noite de quarta, quando os deputados derrubaram parte da medida provisória que aumenta o Imposto de Renda sobre ganhos de capital.

Hoje o governo cobra uma alíquota fixa de 15% sobre o lucro na venda de bens e direitos. Quem vende uma quitinete pagava o mesmo que o dono de uma mansão. O Planalto queria criar faixas de tributação progressiva. A máxima, para lucros acima de 20 milhões de reais, chegaria a 30%.

Não deu certo. Por 223 votos a 141, a Câmara aprovou uma alteração feita pelo senador Tasso Jereissati, do PSDB, que reduz a maior alíquota para 22,5%. A mudança vai custar caro ao Tesouro. O governo calcula que perderá metade do 1,8 bilhão que planejava arrecadar a mais por ano com a taxação dos milionários.

O fracasso do Planalto não foi uma vitória da oposição. Quem derrotou o governo foi o próprio governo. Ou a chamada base governista, que abocanha nacos da máquina federal.

À exceção das siglas de esquerda, como PT e PDT, o boicote foi maciço. Dos 32 deputados do PSD, que controla o cobiçado Ministério das Cidades, só um votou a favor do texto enviado pela presidente Dilma. "Nós somos da base, mas não apoiamos o aumento de impostos", justificou-se o líder do partido, Rogério Rosso.

O resultado assustou o Planalto. Mais que rejeitar uma medida provisória, a Câmara deu um recado de que continua hostil a propostas para aumentar a arrecadação. Isso ocorreu apenas um dia depois de Dilma visitar o Congresso e pedir uma "parceria" para equilibrar o orçamento. "Foi apenas um ensaio do que virá contra a CPMF", comemorou o novo líder do DEM, Pauderney Avelino.

No caso da tributação de ganhos de capital, a festa também é do andar de cima. Como o buraco nas contas terá que ser fechado de algum jeito, a conta deve sobrar, mais uma vez, para a classe média e os trabalhadores.

06/02/2016
O PT e as freiras

O PT celebra seu aniversário amanhã com uma festa em Belo Horizonte. O noticiário sobre o partido deveria envergonhar os militantes que participaram de sua fundação há 35 anos, no auditório de um colégio de freiras.

Não há outra reação aceitável diante das novas revelações que vinculam a legenda à roubalheira na Petrobras. Em depoimento à Polícia Federal, o ex-gerente Pedro Barusco afirmou que as propinas destinadas ao PT foram de até 200 milhões de dólares. Ele disse que os desvios ocorreram de 2003 a 2011, do início do governo Lula ao início do governo Dilma.

As afirmações do delator são reforçadas por documentos apreendidos pela PF. Em uma planilha que registra a partilha do dinheiro, o PT aparece como destinatário de comissões em nada menos que 71 contratos. A lista inclui obras bilionárias, como as construções da refinaria Abreu e Lima, em Pernambuco, e do Complexo Petroquímico do Rio de Janeiro.

O protagonista desse enredo é o tesoureiro do PT, João Vaccari. Com Barusco, já são três os integrantes da quadrilha que o apontam como o responsável por recolher propina para a sigla. O tesoureiro nega tudo, mas o que ele diz não condiz com o que faz.

Após prestar depoimento à PF na manhã desta quinta, Vaccari afirmou em nota que "há muito ansiava pela oportunidade de prestar os esclarecimentos que nesta data foram apresentados à Polícia Federal".

Poucas horas antes, agentes da PF haviam tocado sua campainha na zona sul de São Paulo. Embora os visitantes tivessem em mãos um mandado judicial, o petista se recusou a abrir a porta. Os policiais tiveram que pular o muro da casa para conduzi-lo à força até a delegacia.

Na mesma nota, Vaccari declarou piamente que o PT "não tem caixa dois nem conta no exterior, não recebe doações em dinheiro e somente recebe contribuições legais". Com o histórico recente do partido, não conseguirá convencer nem as freiras do Colégio Sion.

09/02/2016
Manda prender esse boi

"Quem foi, quem foi/ Que falou no boi voador/ Manda prender esse boi/ Seja esse boi o que for." A marchinha de Chico Buarque e Ruy Guerra remete a um episódio do século XVII quando o conde holandês Maurício de Nassau prometeu fazer um boi voar no Recife. Também poderia embalar um caso mais recente: os bois voadores do senador Renan Calheiros.

Em maio de 2007, a revista *Veja* publicou que um lobista da empreiteira Mendes Júnior pagava despesas pessoais do presidente do Senado, Renan Calheiros. O dinheiro era repassado à jornalista Monica Veloso, com quem ele teve uma filha fora do casamento. A bolada ultrapassaria os 28 mil reais por mês, em valores atualizados pela inflação oficial.

Ao se defender, o senador disse que não recebeu "qualquer recurso ilícito ou clandestino" e que repassava os recursos para o lobista fazer os pagamentos. Para sustentar sua versão, apresentou recibos da venda de gado em Alagoas. A imprensa descobriu que os bois de Renan voavam. Até o gerente das fazendas reconheceu que o rebanho era menor que o declarado.

A Procuradoria-Geral da República demorou, mas denunciou o peemedebista por peculato, falsidade ideológica e uso de documento falso. Nove anos depois de o caso vir à tona, o Supremo Tribunal Federal finalmente decidirá se abre uma ação penal contra o senador.

Para o Ministério Público, Renan não tinha recursos para bancar a generosa pensão da filha. O dinheiro seria mesmo da empreiteira, interessada em aprovar emendas no Congresso. O alagoano nega as acusações. Ele voltou à presidência do Senado e hoje é um dos principais aliados da presidente Dilma Rousseff.

O Carnaval é um bom momento para cantar velhas marchinhas. Se você esbarrar com um ministro do Supremo na folia, aí vai uma sugestão: "Quem foi, quem foi/ Que falou no boi voador/ Manda prender esse boi/ Seja esse boi o que for".

10/02/2016
Mea-culpa tucano

Depois de flertar com a irresponsabilidade fiscal em 2015, o PSDB promete não acender mais o pavio das pautas-bomba na Câmara. É o que diz o novo líder do partido, o baiano Antonio Imbassahy.

Em setembro passado, o deputado foi um dos 51 tucanos que votaram pela derrubada do fator previdenciário, regra criada no governo FHC para evitar as aposentadorias precoces.

O ex-presidente reclamou, e a sigla foi acusada, com razão, de apostar no "quanto pior, melhor" para desgastar o governo. Cinco meses depois, Imbassahy afirma que a bancada errou nessa e em outras votações com impacto nas contas públicas.

"Cometemos algumas extravagâncias no ano passado. Foi uma coisa fora da nossa história, nós reconhecemos isso", penitencia-se o deputado, que substituiu o paulista Carlos Sampaio na liderança do partido.

O tucano estende a autocrítica a outras propostas que atrapalharam o ajuste fiscal, como os aumentos indiscriminados para o funcionalismo. "Não cabe à oposição fazer coisas malucas. Essas pautas eram corporativas e fisiológicas. Apoiá-las foi um erro danoso ao partido", afirma.

Em 2016 a atitude do PSDB será diferente, diz Imbassahy. "Não faremos nada para sabotar o ajuste. Vamos facilitar o que for necessário para revigorar a economia, com a condição de não apoiar a criação de novos impostos, como a CPMF."

Apesar da promessa de colaboração com o Planalto, o tucano não desistiu de pedir o impeachment da presidente Dilma Rousseff. Ele reconhece que a tese perdeu força, mas conta com sua retomada em março.

Imbassahy também promete defender a queda de Eduardo Cunha, com quem o PSDB manteve uma aliança branca em 2015. "Nosso entendimento é que ele não tem mais condições de permanecer na presidência da Câmara", afirma. Perguntei se ele frequentará a residência oficial do peemedebista, como fazia o seu antecessor. "De forma alguma", prometeu o novo líder tucano.

11/02/2016
A Quarta-Feira de Cinzas do PT

O PT completou 36 anos de existência. Por ironia do calendário, a data caiu na Quarta-Feira de Cinzas. O partido fez aniversário em clima melancólico, como quem se despede do Carnaval.

Embora continue no poder, o petismo continua a sangrar com a Lava Jato e a impopularidade de Dilma Rousseff. Depois da folia, terá que enfrentar ameaças de deserção no Congresso e em sua base sindical.

O primeiro risco será aberto pela chamada janela da infidelidade. A partir da semana que vem, os políticos terão trinta dias para mudar de partido sem perder o mandato. Pelas negociações em curso, o PT pode ser a maior vítima do troca-troca.

No ano passado, a legenda já perdeu quatro deputados federais para siglas novatas — um para a Rede Sustentabilidade e três para o exótico Partido da Mulher Brasileira. Agora a pressão virá de centenas de candidatos a prefeito que temem perder as eleições municipais por causa do desgaste do petismo. A janela será a última chance de mudar de sigla antes de outubro.

O segundo risco de deserção está ligado à nova agenda econômica da presidente. Dilma prometeu apresentar em breve uma proposta de reforma da Previdência, incluindo a exigência de idade mínima para a aposentadoria de servidores.

A medida é mais que necessária, mas abrirá uma nova frente de atrito com as bases petistas. Até a CUT, sempre pronta a defender o governo, ameaça se rebelar.

Sob fogo cerrado da Lava Jato, o ex-presidente Lula se limitou a registrar o aniversário do PT com um vídeo divulgado na internet. Na gravação, ele faz uma referência rápida a "erros" do passado e evita comentar o noticiário que o envolve.

O maior líder petista parece abatido. No fim do vídeo, ele diz uma frase reveladora sobre o momento da sigla que fundou em 1980: "Vamos torcer para que quando estivermos comemorando 37 anos estejamos mais fortes do que estamos hoje".

12/02/2016
Unidos contra o naufrágio

Toda doação declarada à Justiça é legal. As empreiteiras que ajudaram Dilma Rousseff também financiaram a campanha de Aécio Neves. Os tucanos não aceitaram a derrota e apelaram para o tapetão.

As três teses acima são repetidas há meses pelo ex-presidente Lula e pelo PT. Agora foram abraçadas pelo vice Michel Temer, em sua defesa no processo de cassação que corre no Tribunal Superior Eleitoral.

Os advogados do peemedebista sustentam que não é possível "demonizar" doações oficiais, mesmo que os doadores estejam sob suspeita. Isso significa dizer que nenhum político poderia ser punido por receber recursos de corruptos, desde que o dinheiro tenha entrado pelo caixa um.

É o contrário do que afirma o juiz Sergio Moro nas sentenças da Lava Jato. Ao condenar João Vaccari,* ele escreveu que o ex-tesoureiro petista maquiou "recursos criminosos" na forma de "doações eleitorais registradas". A sentença se baseou no testemunho de ao menos três delatores que ligaram os desfalques na Petrobras a doações oficiais ao PT.

Se aceitar a tese, o TSE reconhecerá que se transformou em uma grande lavanderia de dinheiro sujo. O outro problema será explicar como as mesmas empresas podem ter feito doações irregulares para a chapa de Dilma e regulares para a de Aécio.

* Vaccari foi condenado a quinze anos de prisão por corrupção, lavagem de dinheiro e organização criminosa.

"Quero saber se o dinheiro do PSDB foi buscado numa sacristia. Então o nosso companheiro Vaccari pegava dinheiro de propina e o PSDB ia lá no cofre e pegava dinheiro limpo?", ironizou o ex-presidente Lula, em novembro passado. É mais ou menos o que a defesa de Temer diz agora, ao lembrar que Aécio também "foi agraciado com vultosas quantias" das empreiteiras da Lava Jato.

Os sete ministros do TSE terão que decidir se concordam com Moro ou com a dupla Lula-Temer. Enquanto o julgamento não vem, é curioso ver como o PT e o vice, antes separados pelo impeachment, voltaram a remar juntos para tentar escapar de um naufrágio no tribunal.

14/02/2016
Só mudou o nome

O procurador Rodrigo Janot concluiu que os milhões desviados da Petrobras foram usados para comprar apoio político e partidário. "Os fatos e delitos já apurados demonstram que a sociedade brasileira tem diante de si uma grave afronta à ordem constitucional e republicana", afirmou em manifestação ao Supremo Tribunal Federal.

"O uso de apoio político deixou de ser empenhado em razão de propostas ou programas de partido. As coalizões deixaram de ocorrer em razão de afinidades políticas e passaram a ser definidas em razão do pagamento de somas desviadas da sociedade", acrescentou o procurador.

Janot não deu nomes aos bois, mas as investigações da Lava Jato estão concentradas em desvios cometidos durante os governos Lula e Dilma. Os partidos com mais políticos sob suspeita são PP, PMDB e PT, que integraram as coalizões oficiais.

O parecer foi uma resposta a recurso do ex-ministro Antonio Palocci, mas indica o que vem pela frente. Ao denunciar as dezenas de políticos que já respondem a inquéritos no Supremo, Janot deverá apontar a existência de uma quadrilha destinada a comprar apoio político.

Em 2005, o ex-deputado Roberto Jefferson explicou o funcionamento desse tipo de esquema. "É mais barato pagar o exército mercenário do que dividir o poder. É mais fácil alugar um deputado do que discutir um projeto de governo", disse. Ele se referia ao mensalão, não ao petrolão.

* * *

Há duas semanas, Geraldo Alckmin foi questionado sobre o caso do tríplex. Respondeu em tom condenatório: "Lula é o retrato do PT, partido envolvido em corrupção". Na sexta-feira, perguntaram se ele acredita na defesa do tucano Fernando Capez, acusado no escândalo da máfia da merenda. "Acredito. É um promotor público, tem uma história", disse.

Para o governador, o princípio da presunção de inocência só se aplica aos aliados.

16/02/2016
Muito além da cadeira

Nesta quarta, os deputados do PMDB elegerão seu líder na Câmara. É o tipo de assunto que só costuma interessar aos próprios políticos, mas vale a pena prestar atenção na disputa. O resultado influenciará o destino de Eduardo Cunha e até mesmo o de Dilma Rousseff.

A presidente apoia a reeleição de Leonardo Picciani, que chegou a ser destituído por oito dias em dezembro. Cunha pede votos para Hugo Motta, que despontou do anonimato ao chefiar o circo da CPI da Petrobras.

Quem vencer comandará a maior bancada da Câmara, com 67 deputados. O líder fala em nome do partido, orienta votações e indica os membros de comissões. No entanto, a disputa vai muito além da cadeira que, em tempos melhores, já foi ocupada por Mario Covas e Tancredo Neves.

A eleição é vital para Cunha porque revelará se ele ainda controla a tropa. Se Picciani vencer, o correntista suíço ficará mais isolado, sem maioria na própria sigla. Se Motta chegar lá, o presidente da Câmara demonstrará força e terá mais chances de escapar da cassação.

O futuro de Dilma também está em jogo. Picciani, que fez campanha pelo tucano Aécio Neves em 2014, promete atuar como advogado da petista no julgamento do impeachment. Não se trata de conversão ideológica. Ele já indicou dois ministros, incluindo o da Saúde, e agora quer emplacar o terceiro, na Aviação Civil.

A ala oposicionista aposta em Motta para forçar o rompimento do PMDB com o Planalto, o que agravaria ainda mais a crise de governabilidade no país.

Por assustar Dilma, o paraibano de 26 anos tem a torcida de aliados do vice Michel Temer.

Em público, os dois dizem ter maioria. Como a eleição é secreta, ambos estão apreensivos. "Vai ter muita traição dos dois lados", previa nesta segunda-feira um aliado de Cunha. Ele fez piada com os rumores de que a eleição não será decidida só com argumentos. "Se o Fernandinho Beira-Mar* vier visitar a bancada do PMDB, sai sem carteira", disse, aos risos.

17/02/2016
A eleição que nunca termina

Há uma semana, o novo líder do PSDB na Câmara reconheceu que o partido errou no ano passado ao apoiar a pauta-bomba e sabotar o ajuste fiscal. "Cometemos algumas extravagâncias", afirmou Antonio Imbassahy a esta coluna.

Ele admitiu que a investida contra o equilíbrio fiscal foi "danoso" à imagem da sigla e prometeu uma guinada em 2016. "Vamos facilitar o que for necessário para revigorar a economia", disse, ressalvando que não apoiará o aumento de impostos.

Ontem o senador Aécio Neves reapareceu em Brasília após o Carnaval prolongado do Congresso. Seu discurso foi bem diferente. "Não há alteração de um milímetro sequer na posição do PSDB", disse, resoluto.

O tucano foi questionado sobre a possibilidade de estabelecer um diálogo mínimo com o governo. Sua resposta também foi negativa. "A presidente não tem hoje autoridade e credibilidade, pelas mentiras infinitas que lançou ao Brasil inteiro, de dialogar com as oposições", atacou.

Aécio teve motivos para se queixar da campanha de 2014. Dilma Rousseff e o PT esconderam o rombo nas contas públicas. Sempre que falava nos problemas, o tucano era chamado de pessimista. Quando a eleição acabou, a presidente esqueceu o próprio discurso e abraçou a agenda econômica do adversário.

Tudo isso é verdade, mas um ano se passou e o país segue ladeira abaixo, na maior recessão da história recente. Embora a crise tenha sido gestada pelo

---

* Beira-Mar era o traficante mais famoso do país na virada do século. Preso em 2001, na Colômbia, continuou a comandar o tráfico de dentro dos presídios brasileiros.

governo, seu agravamento exige uma atitude mais responsável também da oposição, que precisa superar o ressentimento eleitoral.

Uma das tarefas mais urgentes é reformar a Previdência. A população envelhece, a taxa de natalidade despenca e o sistema precisa ser alterado o mais rápido possível. Em vez de defender as posições históricas do PSDB, Aécio diz que só aceita discutir o assunto quando houver consenso no outro lado. É mais uma forma de interditar o diálogo e prolongar a eleição que nunca termina.

18/02/2016
Trajetória de queda

Em fevereiro de 2015, Eduardo Cunha derrotou o Planalto e se elegeu presidente da Câmara. Foi o início de um pesadelo para Dilma Rousseff. Enquanto via a crise econômica se agravar, seu governo passou a ser humilhado diariamente por um adversário muito mais ousado do que a oposição oficial.

A ficha de Cunha era bem conhecida, mas ele caiu nas graças do empresariado e conseguiu seduzir setores influentes da sociedade. Chegou a ser descrito como o deputado mais poderoso desde Ulysses Guimarães, numa comparação que ofenderia o honrado Senhor Diretas. Então vieram as provas da Lava Jato, e ficou mais difícil ignorar os métodos do ex-pupilo de PC Farias.

A súbita ascensão de Cunha foi interrompida, embora ele tenha conseguido se segurar na cadeira. Agora sua trajetória é de queda, acentuada ontem pela reeleição de Leonardo Picciani à liderança do PMDB.

A vitória do deputado fluminense é uma demonstração clara de que o presidente da Câmara encolheu. Ele fez campanha aberta pelo paraibano Hugo Motta, que não conseguiu ultrapassar os trinta votos. Cunha perdeu o controle da própria bancada, no momento em que precisava recuperar fôlego para lutar contra a cassação do mandato.

"Eu nunca estive isolado na bancada e não estou isolado", disse, após a derrota do afilhado. Ostentava o mesmo semblante que usou para negar as contas na Suíça.

O governo ganhou força na batalha contra o impeachment, mas terá um preço alto a pagar pela vitória de Picciani. Além do vexame de exonerar o ministro da Saúde por um dia durante a epidemia da zika, o Planalto liberou cargos e emendas em peso para garantir os votos do PMDB.

Agora terá que manter a torneira aberta se quiser manter a fidelidade dos neogovernistas. Eles não abandonaram Cunha porque gostam de Dilma, e sim porque concluíram que poderia ser mais lucrativo migrar para o seu lado.

19/02/2016
Justiça que tarda já falhou

Um velho ditado diz que a Justiça tarda, mas não falha. No Brasil, a prática mostra que a Justiça que tarda já falhou. Os criminosos sempre contaram com o tempo para escapar do castigo. A regra favorecia os réus mais ricos, com advogados capazes de estender seus processos até o infinito.

Até aqui, todo condenado podia recorrer em liberdade enquanto a sentença não fosse confirmada em definitivo pelo Supremo Tribunal Federal. A corte alterou a regra nesta quarta ao permitir a prisão após julgamento em segunda instância.

A mudança deve reduzir a longa demora dos processos. Causas que se esticavam por vinte anos poderão ser encerradas em cinco. É o que previa o ex-ministro Cezar Peluso ao defender um freio à farra dos recursos.

"Nenhum país exige mais do que dois graus de jurisdição para que se dê efetividade a uma decisão criminal", disse nesta quarta o ministro Luís Roberto Barroso. "A sociedade não aceita mais a presunção de inocência de uma pessoa condenada que não para de recorrer", emendou o ministro Luiz Fux.

Casos como o do ex-senador Luiz Estevão mostram como o sistema brasileiro era aliado da impunidade. Campeão em recursos protelatórios, ele nunca foi preso pelas fraudes na construção do TRT paulista, cometidas há mais de duas décadas.

Como era de se esperar, as grandes bancas de advocacia protestaram contra a mudança. O presidente do Supremo, Ricardo Lewandowski, também ficou contrariado. Ele disse que a nova regra mandará mais gente para presídios superlotados.

O sistema carcerário é mesmo uma vergonha, mas isso nunca impediu a prisão de quem não tinha dinheiro para recorrer longe da cadeia.

* * *

Com as revelações da jornalista Miriam Dutra, o ex-presidente Fernando Henrique Cardoso descobriu o que Lula e Renan já sabiam. Na política brasileira, ex é para sempre.*

23/02/2016
A maldição do marqueteiro

As lágrimas rolaram no carpete da Câmara. Na tarde de 11 de agosto de 2005, deputados da esquerda do PT choraram copiosamente no plenário. Eles estavam abalados com revelações de Duda Mendonça, marqueteiro da campanha que levou Lula à Presidência.

Naquele dia, o publicitário admitiu à CPI dos Correios ter recebido 11,9 milhões de reais do partido no exterior. "Esse dinheiro era claramente de caixa dois", afirmou. O relato chocou petistas que ainda empunhavam a bandeira da ética na política.

"Nós nos sentimos apunhalados", disse o deputado Chico Alencar. "Entramos em parafuso", reforçou Ivan Valente. Desiludidos com o mensalão, os dois deixaram o PT. Onze anos depois, a maldição do marqueteiro volta a assombrar o partido.

A ordem de prisão de João Santana é mais um duro golpe no petismo. O publicitário foi responsável pelas últimas três campanhas presidenciais da sigla. Em 2014, ajudou a reeleger Dilma Rousseff com um bombardeio impiedoso aos adversários Marina Silva e Aécio Neves. Até ontem, continuava entre os únicos conselheiros ouvidos pela presidente.

A Lava Jato rastreou depósitos de 7,5 milhões de dólares (cerca de 30 milhões de reais) numa offshore atribuída ao marqueteiro. O dinheiro foi repassado pela Odebrecht e por um lobista acusado de desvios no petrolão.

---

* Em entrevista à *Folha de S.Paulo*, a jornalista Miriam Dutra disse ter recebido mesada da empresa Brasif para sustentar um filho que atribuía ao ex-presidente Fernando Henrique Cardoso. Ela foi morar na Europa com a criança durante o governo FHC.

Em nota, João Santana disse que as acusações são "infundadas" e que o país vive um "clima de perseguição". O juiz Sergio Moro viu "fundada suspeita" de que os pagamentos eram para "remunerar, com produto de acertos de propina em contratos da Petrobras, serviços prestados ao PT".

Ainda não está claro se o caso atingirá a campanha de Dilma, mas já é possível apontar ao menos uma diferença entre os escândalos com marqueteiros do PT. Há onze anos, muitos políticos do partido tinham motivos sinceros para se chocar. Agora, ninguém pode mais derramar lágrimas de surpresa.

24/02/2016
Suruba política

Já virou rotina. Toda vez que o Conselho de Ética tenta votar o relatório sobre a abertura do processo contra Eduardo Cunha, o correntista suíço arma uma nova jogada para melar a sessão.

Ontem os deputados voltaram a se reunir para discutir o caso. Como de costume, a tropa do presidente da Câmara não deixou. Os cunhistas protelaram o debate até que o chefe abrisse a ordem do dia no plenário. Assim, o conselho teve que encerrar os trabalhos sem votar nada.

Além da manobra de cada dia, o grupo de Cunha lançou duas ofensivas para amordaçar o conselho. Na primeira, trocou mais um integrante do colegiado. É a terceira vez em que isso acontece desde o Carnaval.

Numa atitude incomum, o líder do PSD, Rogério Rosso, abriu mão de uma vaga reservada ao partido. Aliado do presidente da Câmara, ele cedeu a cadeira ao baiano José Carlos Bacelar, do PR, cujo voto é conhecido: pelo arquivamento da denúncia.

A segunda frente foi aberta pelo advogado de Cunha. Ele pediu ao Supremo Tribunal Federal o afastamento do presidente do Conselho de Ética, José Carlos Araújo. O deputado do PSD tem atuado de forma independente e rejeitou todas as pressões para engavetar o caso.

Enquanto o peemedebista continua a ganhar tempo, seus aliados se esforçam para destruir o fiapo de credibilidade que ainda resta ao conselho. Ontem a estrela do circo foi Vinicius Gurgel, do PR. "Isso aqui está virando uma suruba", disse. "Aqui é tudo fachada de grande fundo de cabaré, é uma suruba isso daqui."

O presidente Araújo cobrou um "palavreado condizente com o Parlamento". "Vou tirar dos anais a palavra usada por vossa excelência", avisou. Gurgel não deu o braço a torcer: "Uma suruba política, presidente!".

Piada que corria ontem no Congresso: em 1992, Collor caiu por um Fiat Elba. Agora, Dilma pode cair por causa de um Santana...

25/02/2016
Filmes de terror

É preciso ter estômago para enfrentar um programa eleitoral na TV. Os políticos costumam se expressar mal. Os partidos têm pouca credibilidade. Os discursos não interessam a quase ninguém. Com a popularização da internet, a propaganda obrigatória ficou ainda mais obsoleta. Em pouco tempo será peça de museu, como as urnas de lona e as cédulas de papel.

Enquanto isso não acontece, o telespectador é submetido ao espetáculo dos marqueteiros. Nesta semana, em dose dupla. Na terça, foi ao ar o programa do PT. Hoje será a vez do PMDB. Os dois partidos tiveram direito a dez minutos em horário nobre, entre a novela e o telejornal.

Os petistas investiram no discurso motivacional. "Quem já viu o Brasil superar momentos muito piores sabe olhar o presente com coragem", diz uma locutora no estúdio. "Você tem que ser otimista, tem que ter esperança", emenda uma atriz no papel de vendedora de cachorro-quente. "A gente não pode entregar os pontos", complementa uma falsa vendedora de biscoitos.

Pela narrativa do PT, a crise se limita a um problema de baixa autoestima. Se o povo cantar o hino e recuperar o otimismo, o país voltará a crescer. Adeus, recessão.

Na propaganda do PMDB, que já está na rede, o clima é de filme de terror. "Enquanto a economia desanda, continuamos desiludidos", diz uma atriz vestida de preto. "O desemprego cresce sem parar, e vem de mãos dadas com a carestia. A combinação não poderia ser pior."

Poderia, sim. Na sequência, entram em cena os políticos do partido, num desfile macabro de investigados na Lava Jato e deputados de cabelo pintado de acaju.

Os dois programas são exagerados, um para cada lado. O do PT vende um mundo cor-de-rosa. O do PMDB fala de um país que não tem mais solução. Nem parece que os partidos são sócios do mesmo governo, disputaram a eleição juntos e ainda dividem verbas e ministérios.

26/02/2016
Atravessou o samba

Até o início da semana, Dilma Rousseff enfrentava a crise econômica, a Lava Jato, a oposição oficial e a ala pró-impeachment do PMDB. Agora ela está prestes a conquistar um quinto inimigo: o Partido dos Trabalhadores.

As relações entre a presidente e a própria legenda nunca foram tão ruins. Dilma já enfrentava forte bombardeio desde que prometeu mexer na Previdência. Nesta quarta, a tensão chegou ao limite. O estopim foi o acordo para aprovar, no Senado, um projeto que permite reduzir a participação da Petrobras no Pré-Sal.

O governo se dizia radicalmente contra a proposta, apresentada pelo tucano José Serra. Os senadores petistas passaram meses discursando a favor do modelo atual, que reserva uma cota mínima de 30% para a Petrobras em todos os consórcios.

Na noite da votação, o Planalto costurou um acordo que, na prática, permitirá que empresas estrangeiras participem sozinhas dos próximos leilões. A revolta no PT foi generalizada. Nem o novo líder do governo, Humberto Costa, aceitou apoiar o combinado. "Eu não poderia ficar contra o governo e não poderia ficar contra a minha bancada", disse, ao se abster de votar.

A reação do petismo foi feroz. O presidente do partido, Rui Falcão, classificou o texto avalizado por Dilma como um "ataque à soberania nacional". A CUT acusou o Planalto de traição. "O governo renunciou à política de Estado no setor de petróleo e permitiu um dos maiores ataques que a Petrobras já sofreu em sua história", atacou a central.

Ontem um ex-ministro da presidente definia o acordo como suicídio político. "Se a Dilma quer se matar, problema dela. Mas não pode exigir que a gente se mate junto."

O PT comemora o 36º aniversário amanhã, no Rio. Dilma está sendo aconselhada a não dar as caras na festa. O partido contratou o cantor Diogo

Nogueira para tentar reanimar a militância, mas o acordo do pré-sal atravessou o samba.

28/02/2016
Todo mundo gosta de acarajé

"Tio Bel, você consegue me fazer chegar mais cinquenta acarajés na quarta-feira à noite, no escritório?". "O.k., programado, seus acarajés chegaram [sic] quentinhos."

A conversa por e-mail não envolvia sobrinhos gulosos ou produtoras do saboroso quitute baiano. Eram executivos da Odebrecht combinando a entrega de dinheiro vivo, segundo investigadores da PF.

O acarajé saiu do tabuleiro para batizar a 23ª fase da Lava Jato, que prendeu o marqueteiro João Santana. Como o Brasil é o país da piada pronta, já surgiram protestos contra o uso do nome da iguaria.

A Associação Nacional dos Produtores de Acarajé reclamou de prejuízos ao setor. É perda de tempo, porque ninguém mudou o jantar de domingo depois de ler que um escândalo terminou em pizza.

Em Brasília, a prisão de Santana animou quem vive à espera de qualquer fato novo para tentar derrubar o governo. O PSDB se antecipou à Justiça Eleitoral e decretou o fim do mandato de Dilma Rousseff. O PMDB voltou a sonhar com o impeachment, que levaria Michel Temer e sua turma ao Planalto.

O ministro Gilmar Mendes, sempre ele, deu declarações em tom grave. "Se isso estiver associado à campanha, é de seriedade inexcedível", disse, na terça-feira. Três dias depois, o juiz voltaria a fabricar manchetes contra o governo.*

Os efeitos da operação na política ainda são incertos, mas os marqueteiros já acusaram o golpe. Até outro dia, eles reclamavam do veto ao financiamento empresarial de campanhas. Agora isso parece ter se tornado um problema menor.

Chocados com a prisão de Santana, alguns publicitários já falam em abandonar o negócio milionário das eleições. Quem ficar terá que se adaptar a

---

* "Gilmar Mendes pede investigação de empresas que atuaram na campanha de Dilma." *Folha de S.Paulo*, 26 fev. 2016.

uma nova era, de menos dinheiro e mais fiscalização sobre as contas. É uma boa hora para ouvir a canção de Caymmi: "Todo mundo gosta de acarajé/ O trabalho que dá pra fazer é que é".

01/03/2016
Vitória da frigideira

A fritura do PT torrou o ministro José Eduardo Cardozo. Ele escapou do óleo quente enquanto contou com a proteção de Dilma Rousseff. Sua queda mostra que a presidente não tem mais força para contrariar o próprio partido.

O petismo tentava derrubar o ministro da Justiça havia mais de um ano. Ele era acusado por colegas de sigla de não "controlar" a Polícia Federal. O tom das críticas subia toda vez que um petista influente entrava na mira da Lava Jato.

Enquanto a operação atingia líderes caídos, como José Dirceu e João Vaccari, Dilma conseguiu segurar o ministro na cadeira. O jogo virou quando a investigação bateu às portas do ex-presidente Lula.

A fritura atingiu a temperatura máxima na semana passada, quando um grupo de deputados do PT foi ao ministério pressionar Cardozo. Os parlamentares reclamaram da ação da polícia e cobraram uma intervenção do titular da Justiça.

O ministro respondeu que não pretendia se meter nas investigações. Ele repetia uma orientação da chefe. Em vários discursos no ano passado, Dilma prometeu zelar pela "absoluta autonomia" da PF.

No sábado, Lula anunciou em discurso que acabou o "Lulinha paz e amor". O governo entendeu o recado. No dia seguinte, Cardozo foi ao Alvorada e avisou que sua permanência era insustentável. Será realocado na Advocacia-Geral da União.

O novo ministro da Justiça foi indicado pelo lulista Jaques Wagner, chefe da Casa Civil. Pouco conhecido fora da Bahia, o procurador Wellington César assumirá o cargo sob clima de desconfiança. Terá que provar a cada dia que não foi escolhido para frear a Lava Jato.

"Será que o ministro assumiu para controlar a Polícia Federal?", perguntou o presidente da associação de delegados. A resposta será conhecida nas próximas semanas. Por enquanto, a queda de Cardozo só deixa uma certeza: na disputa com Dilma, a frigideira petista venceu.

02/03/2016
Janot 6 × 0 Cunha

Nem toda unanimidade é burra. Por 6 votos a 0, o Supremo Tribunal Federal formou ontem a maioria necessária para enviar Eduardo Cunha ao banco dos réus. O deputado será processado por corrupção passiva e lavagem de dinheiro no escândalo da Petrobras.

Foi a segunda derrota do correntista suíço em menos de 24 horas. Na madrugada de quarta, o Conselho de Ética da Câmara finalmente aprovou a abertura do processo para cassá-lo por quebra de decoro parlamentar.

O voto do ministro Teori Zavascki, relator da Lava Jato no STF, foi devastador. Ele apontou indícios "robustos", "variados" e "seguros" da participação do deputado no que chamou de "engrenagem espúria" do petrolão. Os outros cinco ministros que votaram ontem também aceitaram a denúncia. Cunha perdeu de goleada para o procurador Rodrigo Janot.

O julgamento foi interrompido devido à ausência dos ministros Gilmar Mendes, Dias Toffoli e Luiz Fux. Coincidentemente, a tropa do deputado contava com os votos dos três. Mendes e Toffoli saíram mais cedo, sem que suas agendas registrassem qualquer compromisso externo. Fux está em Portugal. Cunha ficou só.

A decisão do Supremo ajudou a formar outra unanimidade contra o peemedebista. Na Câmara, líderes de partidos rivais, como PT e PSDB, superaram as divergências para cobrar sua saída da presidência da Casa.

"É um grave constrangimento o que estamos vivendo", disse o tucano Antonio Imbassahy. "Ele não tem nenhuma condição de continuar presidindo", reforçou o petista Henrique Fontana. Há poucos meses, os dois partidos competiam pela simpatia do peemedebista. Agora resolveram se unir para defender sua derrubada.

Cunha ainda não caiu, mas nunca esteve tão isolado. Ontem ele só foi defendido por figuras como o deputado Laerte Bessa, da bancada da bala, que já pregou o aborto de fetos com "tendências criminosas". Ele não explicou se a ideia incluía bebês com vocação para a corrupção.

04/03/2016
O bombeiro virou incendiário

A bomba de Delcídio do Amaral* estourou no Planalto. A presidente Dilma Rousseff foi avisada da delação na manhã de ontem, pouco antes de dar posse a três novos ministros. Apareceu em público com o semblante carregado. No salão lotado, os convidados só falavam das acusações do senador, antecipadas pela revista *IstoÉ*.

Dilma repetiu o discurso de que seu governo combate os desvios de dinheiro público. "A corrupção está sendo investigada livremente e sem pressões", disse. Sem citar Delcídio, parecia ensaiar uma resposta a ele. Segundo a revista, o senador descreveu articulações para frear a Lava Jato e ajudar políticos e empreiteiros em apuros. Num dos casos mais graves, acusou Dilma de nomear um ministro do Superior Tribunal de Justiça para facilitar a libertação de presos.

Depois das posses, o governo traçou sua estratégia: desqualificar o delator. "Há muita poeira e pouca materialidade", criticou o ministro Jaques Wagner. "Delcídio não tem primado por dizer a verdade", emendou o colega José Eduardo Cardozo. "Ele não tem credibilidade para fazer nenhuma afirmação", prosseguiu.

É uma tática curiosa, porque poucos parlamentares tiveram tanta credibilidade aos olhos do Planalto como Delcídio. Ao ser preso, em novembro passado, ele ocupava o cargo de líder do governo no Senado. Era conselheiro frequente de Dilma e do ex-presidente Lula, com quem mantinha reuniões semanais.

É ocioso dizer que o senador abriu a boca por vingança depois de ser afastado do PT. Ele acusou os ex-aliados para se livrar da cadeia, como todo delator. Agora terá que apresentar provas do que diz, ou não terá os benefícios de redução de pena.

Habilidoso no trato e nas palavras, Delcídio costumava ser comparado a um bombeiro. Era acionado sempre que os petistas precisavam resfriar escândalos e apagar labaredas no Congresso. Por ironia, ele agora se tornou o incendiário mais temido pelo governo.

---

* Preso em novembro de 2015, o senador Delcídio do Amaral deixou a cadeia em menos de três meses, graças a um acordo de delação premiada. Seu mandato seria cassado em maio de 2016.

3. Queda livre

A crise política ganhou um novo patamar na manhã de 5 de março de 2016. Pouco depois das seis da manhã, agentes da Polícia Federal entraram no edifício 1501 da avenida Prestes Maia, em São Bernardo do Campo. Eles tomaram o elevador e tocaram a campainha do apartamento 122 até acordar seu proprietário: Luiz Inácio Lula da Silva.

O ex-presidente foi surpreendido com um mandado de condução coercitiva, que o obrigava a se apresentar imediatamente a um delegado. Teve alguns minutos para se arrumar e embarcar numa viatura descaracterizada. Acompanhado por helicópteros de TV, o comboio seguiu em alta velocidade até o aeroporto de Congonhas.

A ofensiva da Lava Jato contra Lula radicalizou a divisão do país e aumentou a pressão pelo impeachment. Dilma foi visitá-lo na tarde seguinte, selando a reaproximação entre os dois. Dias depois, ela ofereceu ao antecessor a chefia da Casa Civil. O convite foi interpretado como uma tentativa de blindá-lo contra uma possível ordem de prisão.

Lula tomou posse, mas não conseguiu exercer o cargo de ministro. Sua nomeação foi anulada pela Justiça e inflamou os protestos contra o PT. Com o ex-presidente impedido de entrar no palácio, o governo entrava em trajetória de queda livre.

06/03/2016
De volta ao palanque

A sexta-feira quente fez as peças avançarem no tabuleiro da crise. A Lava Jato ensaiou seu movimento mais ousado ao obrigar Lula a depor sob condução coercitiva da polícia. O ex-presidente reagiu com fúria e convocou a tropa para defendê-lo. A tensão transbordou para as ruas, com cenas de pancadaria que podem se repetir nos próximos dias.

Em Curitiba, o juiz Sergio Moro abandonou de vez o discurso de que Lula não seria alvo das investigações. Ele deixou claro que o petista está em sua mira e já indicou que pretende condená-lo. Em decisão, apontou "fundada suspeita" de que o ex-presidente recebeu "benefícios materiais" de fornecedoras da Petrobras.

Curiosamente, Moro não esperou o petista se defender nos autos. Ele contestou uma nota enviada à imprensa sobre o tríplex do Guarujá. A seu juízo, apresentaria um "álibi" de "pouca consistência com os fatos".

Em São Paulo, Lula se pintou para a guerra. Reuniu aliados, criticou o juiz e prometeu reagir. "Se quiseram matar a jararaca, não bateram na cabeça. Bateram no rabo, porque a jararaca está viva", desafiou.

A ofensiva da Lava Jato pôs o ex-presidente de volta no palanque. Em tom de campanha, ele escancarou o discurso de candidato ao Palácio do Planalto.

"O que aconteceu hoje era o que precisava acontecer para o PT levantar a cabeça", afirmou. "Estou disposto a andar por este país."

Aos setenta anos, Lula mostrou que ainda tem força para mobilizar aliados a defendê-lo de forma incondicional. No dia em que acordou com a polícia na porta, ele voltou para casa nos braços de seus seguidores.

Resta saber se o discurso aplaudido pelos petistas será capaz de hipnotizar plateias mais amplas no Brasil de 2018. O país está mudando, e a imagem do ex-presidente também. Ele não está fora do jogo, mas terá dificuldade de sustentar o velho figurino de vítima das elites. Pelo menos enquanto não explicar bem a relação de simpatia, quase amor, que manteve com empreiteiras do petrolão.

08/03/2016
O juiz e o capoteiro

Na manhã em que a polícia bateu à porta do ex-presidente Lula em São Bernardo, o juiz Sergio Moro se sentou em Curitiba para tomar o depoimento de uma testemunha. O magistrado advertiu que o homem, de aparência humilde, seria alvo de um processo caso tentasse mentir na audiência.

Depois do aviso, Moro passou a palavra ao procurador Diogo Castor de Mattos, da força-tarefa da Lava Jato. Seguiu-se o seguinte diálogo:

Procurador: "O senhor pode esclarecer a sua atividade profissional durante o ano de 2009?".

Testemunha: "Eu sou capoteiro".

Procurador: "Capoteiro?".

Testemunha: "É".

Depois de mais duas perguntas frustradas, Moro declarou que o homem foi "chamado por engano, por alguma questão de homônimo". Sem pedir desculpas, dispensou a testemunha e encerrou a audiência.

Não foi o único erro do juiz na sexta-feira. Ele forçou a mão ao mandar a Polícia Federal para a casa de Lula às seis da manhã. "Só se conduz coercitivamente o cidadão que resiste e não comparece para depor. E Lula não foi intimado", criticou o ministro Marco Aurélio Mello, do STF.

O juiz não deu o braço a torcer. Em nota, alegou que sua intenção era preservar a imagem do ex-presidente e evitar manifestações violentas. É difícil imaginar que uma decisão tão polêmica desse em outra coisa.

A Lava Jato presta um serviço ao país ao combater a corrupção, mas isso não justifica atropelos contra qualquer investigado. Moro poderia aproveitar o episódio para fazer uma autocrítica e atuar com um pouco mais de humildade. Lula não tem lições a dar nesse campo. Talvez seja o caso de o juiz marcar outra conversa com o capoteiro.

09/03/2016
Evitar o pior

Sem tempo para assimilar os golpes da semana passada, o governo passou a conviver com um novo fantasma: o risco de confrontos nas manifestações pró-impeachment do próximo domingo. O Planalto não esperava por essa depois da delação do senador Delcídio e da batida policial na casa de Lula.

O pavio foi aceso enquanto o ex-presidente ainda prestava depoimento aos investigadores da Lava Jato. Primeiro veio a pancadaria em Congonhas e São Bernardo do Campo. Depois, parte da militância lulista decidiu planejar atos simultâneos às passeatas contra o governo.

"Não seremos derrotados com as mãos nos bolsos", disse o presidente da CUT, Vagner Freitas. Há sete meses, ele falou em "pegar em armas" e ninguém deu atenção. Agora o clima no país sugere que a nova bravata pode ter consequências funestas.

Ontem a presidente Dilma aproveitou uma solenidade para pregar "tolerância". "Não haver violência e ter um quadro de paz é fundamental", discursou. Na sexta, o senador Aécio Neves já havia dado um bom exemplo ao pedir "tranquilidade" aos eleitores da oposição.

A hipótese de confrontos no domingo seria ruim para a democracia e desastrosa para o Planalto. A presidente já não controla sua base parlamentar nem consegue fazer a economia reagir. A eventual conflagração das ruas representaria um sintoma ainda mais grave de desgoverno.

Em 2015, as passeatas da direita foram criticadas pela presença de nostálgicos da ditadura, que defendiam uma amalucada "intervenção militar", mas não descambaram para a violência. Em dezembro, após meses de apatia, a esquerda conseguiu levar 55 mil pessoas à avenida Paulista no mesmo clima pacífico.

É dever de todas as forças políticas responsáveis zelar para que o 13 de março siga a mesma linha. O PT ajudará se desistir de promover atos no domingo. Quem é contra o impeachment pode ir às ruas outro dia e será ouvido da mesma forma.

10/03/2016
Entre o ruim e o pior

O avanço da Lava Jato e a volta do fantasma do impeachment fizeram o PT ressuscitar um antigo plano. O partido quer transformar o ex-presidente Lula em ministro do governo Dilma Rousseff.

A ideia ganhou até porta-voz no Planalto. "Qual time não gostaria de colocar o Pelé em campo?", perguntou ontem o ministro Ricardo Berzoini, que despacha um andar acima do gabinete da presidente.

Não é bem disso que se trata. Lula não seria nomeado para brilhar nos gramados de Brasília, e sim para se livrar do juiz de Curitiba. Como ministro, ele recuperaria o foro privilegiado e só poderia ser julgado pelo Supremo Tribunal Federal.

Em princípio, a ideia não seria boa para o ex-presidente. Lula passaria a imagem de que está com medo de ser preso a qualquer momento por Sergio Moro. Sua nomeação soaria como manobra para driblar a Justiça.

O ex-presidente também teria outros problemas. Depois de ensaiar um afastamento de Dilma, ele se ligaria de vez ao futuro político da presidente. Como ela não dá sinais de recuperação, isso poderia significar um adeus ao plano Lula-2018.

Nomear o antecessor também é mau negócio para Dilma. A presidente já foi forçada a fazer todo tipo de concessão para se manter no poder. Abaixou a cabeça para o mercado, aguentou as humilhações do correntista suíço e teve que entregar até o orçamento da Saúde ao PMDB.

Se transformar Lula em ministro, Dilma assumirá de vez o papel de rainha da Inglaterra, ou de presidente decorativa, para usar uma expressão cara ao vice Michel Temer. O esvaziamento da autoridade dela será imediato e definitivo.

Se a ideia é ruim para ambas as partes, por que ainda não foi descartada? Simples: porque a alternativa parece ainda pior.

Uma eventual prisão de Lula é o cenário mais temido por ele próprio, por motivos óbvios, e por Dilma, que perderia seu único general na batalha contra o impeachment.

11/03/2016
Nove homens e nenhum segredo

Um jantar de nove homens, na quarta, selou a reaproximação das bancadas do PMDB e PSDB no Senado. O assunto à mesa não era segredo: a busca de um acordo para derrubar Dilma Rousseff.

O repasto foi servido no apartamento do senador Tasso Jereissati. Do lado tucano, compareceram os ex-presidenciáveis José Serra e Aécio Neves. Do peemedebista, a estrela foi o senador Renan Calheiros.

Os dois partidos discutiram os cenários que poderiam levar à saída da presidente antes das eleições de 2018. Ainda não há um acordo definitivo porque ninguém quer abrir mão de comandar o novo regime.

O PMDB defende o impeachment, que entregaria a Presidência ao vice Michel Temer. O PSDB sonha com eleições antecipadas. Apesar da divergência nos métodos, os dois partidos se uniram no essencial: a promessa de partilhar o poder futuro.

"Vamos trabalhar juntos para encontrar uma saída para a crise", declarou Tasso após a sobremesa. "Não viemos aqui derrubar o governo Dilma. Viemos buscar uma saída para a crise", emendou o líder do PMDB, Eunício Oliveira. Na primeira frase dele, acredita quem quiser.

O pacto PMDB-PSDB reprisa a velha tradição brasileira da transição conservadora, comandada por poucos. Como sempre, os tradicionais detentores do poder articulam a conciliação para melhor ocupá-lo.

Até aí, nenhuma novidade. Mas o jantar assustou o governo por causa da presença de Renan, que atuava como fiador de Dilma e se recusava a discutir a deposição da presidente.

O presidente do Senado é investigado em nada menos que cinco inquéritos da Lava Jato. Agora virou a noiva cortejada pelo PSDB, que está convocando eleitores para protestar contra a corrupção no domingo.

* * *

Não há justificativa, além da evidente exploração política, para o inconsistente pedido de prisão de Lula a três dias das manifestações.*

13/03/2016
Os políticos saem da sombra

O mundo político está ansioso com o tamanho das manifestações de hoje. Os discursos já estão prontos. Se a rua encher, quem é contra Dilma Rousseff sairá repetindo que seu governo acabou. Se esvaziar, quem é a favor da presidente dirá que o impeachment perdeu força.

A turma do Fora PT terá reforços. As passeatas ganharam apoio aberto de entidades patronais, comandadas pela Fiesp, e de partidos de oposição, liderados pelo PSDB. Formou-se um bloco de profissionais para emparedar o governo, embora os jovens do Facebook ainda se apresentem como líderes do movimento.

O fim do mito das manifestações apartidárias deve trazer outra novidade: a presença de políticos no palanque. Em março de 2015, na maior onda de protestos que Dilma enfrentou até agora, não foi bem assim.

A avenida Paulista vaiou o deputado Paulinho da Força, veterano em escândalos de corrupção. O senador Aloysio Nunes, anunciado no carro de som, foi impedido de discursar. O senador Aécio Neves ficou em seu apartamento na orla de Ipanema. Limitou-se a aparecer na janela com uma camisa da Seleção.

Agora Aécio promete ir à rua com o governador Geraldo Alckmin. Os dois são pré-candidatos à Presidência e querem aproveitar a irritação geral com o petismo para assumir o leme dos protestos. Se der certo, os atos podem se transformar em comícios extemporâneos do PSDB.**

---

* Em 10/03/2016, três promotores paulistas pediram a prisão preventiva de Lula sob a alegação de que ele "atentou contra a ordem pública" em entrevista após a condução coercitiva. A Justiça negou o pedido.
** Não deu certo. Aécio e Alckmin foram hostilizados e deixaram a manifestação sem discursar.

Na quarta-feira, Alckmin se reuniu com deputados da oposição e representantes dos movimentos que se diziam "sem partido". O pretexto era discutir o esquema de segurança na Paulista. Hoje a polícia do governador divulgará a estimativa oficial de público na avenida. Mas quem ainda acredita nas contas da PM?

A convenção do PMDB juntou Eduardo Cunha, Renan Calheiros e cartazes de apoio à Lava Jato. Isso é um partido profissional; os outros todos são amadores.

15/03/2016
A ascensão do Super-Moro

Depois do Pixuleko* e do pato da Fiesp, um novo boneco inflável animou as manifestações deste domingo. Movimentos contra o governo apresentaram o Super-Moro, vendido a dez reais na avenida Paulista. O brinquedo trazia nas costas a inscrição "Caça CorruPTos".
Retratado como super-herói, o juiz virou ícone dos atos pró-impeachment. No Rio, um trio elétrico exibia a faixa "Je suis Moro". Em Curitiba, ativistas distribuíram 10 mil máscaras com seu rosto. Em Nova York, um grupo de brasileiros entoou o coro "Moro guerreiro do povo brasileiro".
O magistrado saboreia uma notoriedade que nem o ex-ministro Joaquim Barbosa** alcançou. Ele não aparenta constrangimento com o culto à sua personalidade. Pelo contrário: em nota, agradeceu "a bondade do povo brasileiro" e, num arroubo populista, pediu que os partidos "ouçam a voz das ruas". "Fiquei tocado pelo apoio às investigações", disse.
A manifestação é inusitada porque um juiz não deveria buscar apoio da opinião pública nem se associar a investigações conduzidas por procuradores e policiais. Enquanto a lei não mudar, seu papel é analisar provas e decidir de forma imparcial.

---

* O "Pixuleco" era um boneco inflável de Lula vestido de presidiário. Com doze metros de altura, passeou por diversas capitais e virou ícone das manifestações contra o governo do PT.
** Ex-ministro do STF, Joaquim Barbosa foi o relator da ação penal do mensalão.

Moro recebeu a capa de herói porque os manifestantes aprovam sua atuação rigorosa na Lava Jato. Mas não é só isso. Parte expressiva da rua perdeu a crença na oposição e passou a ver o juiz como o homem certo para destronar o PT. No domingo, os tucanos Aécio e Alckmin deixaram a Paulista sob vaias e xingamentos.

Ontem o magistrado ganhou ainda mais poder ao concentrar processos sobre o ex-presidente Lula. Não é exagero dizer que o desfecho da crise passará por sua caneta, o que recomendaria uma conduta acima de qualquer suspeita de parcialidade.

Na semana passada, Moro declarou que não tem ligação com partidos. Pode ser verdade, mas seria bom cuidar também das aparências. Ele participava de um jantar do grupo empresarial Lide, coordenado pelo prefeitável tucano João Doria.

16/03/2016
Mercadante, o caridoso

A delação de Delcídio do Amaral fez um novo e inesperado alvo no governo. O senador acusou o ministro da Educação, Aloizio Mercadante, de tentar obstruir as investigações da Lava Jato.

A rigor, foi o ministro quem se complicou sozinho. Escudeiro da presidente Dilma Rousseff, ele procurou um assessor do senador para tentar convencê-lo a não denunciar outros petistas. Sem que ele soubesse, a conversa foi gravada.

"Acho que ele devia esperar e não fazer nenhum movimento precipitado. Ele já fez um movimento errado, [deveria] deixar baixar a poeira", disse Mercadante sobre Delcídio. "Senão vai sobrar uma responsabilidade para ele monumental, entendeu?"

O ministro não fez uma oferta direta de dinheiro, mas indicou que poderia "ajudar" Delcídio caso ele não falasse. "Eu só tô aqui pra ajudar", disse. "Veja no que eu posso ajudar", insistiu.

Não é preciso saber diferenciar Hegel de Engels* para entender aonde o ministro queria chegar.

---

* Os promotores que pediram a prisão de Lula foram ridicularizados por confundir o filósofo Friedrich Engels (1820-95), parceiro de Karl Marx, com Friedrich Hegel (1770-1831), que os influenciou.

A trapalhada de Mercadante não parou aí. Ele prometeu "construir com o Supremo uma saída" para Delcídio. Disse que procuraria o presidente da corte, Ricardo Lewandowski. O senador esperava um habeas corpus para sair da cadeia e passar o Natal em casa, o que não ocorreu.

Depois da divulgação da fita, o ministro convocou uma entrevista para se explicar. Ele negou ter oferecido dinheiro ao senador, mas não convenceu ao dizer que sua única intenção era se "solidarizar" com Delcídio.

"Não vejo como uma pessoa possa ficar abandonada", murmurou. "Espero que este país valorize a solidariedade, o companheirismo, o gesto de generosidade e de caridade num momento de tragédia pessoal."

Em outro trecho da conversa gravada, o caridoso Mercadante jurou fidelidade a Dilma. "Se ela tiver que descer a rampa do Planalto sozinha, eu descerei ao lado dela", disse. Se a ideia é manter a presidente no palácio, talvez seja melhor que o ministro desça a rampa antes dela.

17/03/2016
O país mergulha no vale-tudo

A crise política parece ter entrado ontem em seu capítulo mais dramático. Em Brasília, Dilma Rousseff lançou a última cartada ao entregar para Lula a defesa do governo. Em Curitiba, o juiz Sergio Moro disparou um tiro contra o Planalto ao divulgar grampos de conversas entre a presidente e o antecessor.[*]

A nomeação do ex-presidente para a Casa Civil esvaziou Dilma, mas deu ânimo aos aliados. No Congresso, petistas que já davam a batalha do impeachment como perdida passaram a confiar numa reação comandada pelo novo superministro.

A oposição acusou o baque. Parlamentares de PSDB e DEM estrilaram na tribuna. O ministro Gilmar Mendes, sempre ele, interrompeu um julgamento no Supremo para esbravejar contra a nomeação. A tropa do vice Michel Temer recolheu as armas.

---

[*] Na conversa, Dilma disse a Lula que enviaria o termo de posse "em caso de necessidade". A instrução reforçou a suspeita de que ela desejava blindá-lo contra uma possível ordem de prisão. O ex-presidente encerrou o diálogo com uma frase que embalaria os atos pró-impeachment: "Tchau, querida".

Dilma tentou acalmar o mercado. Deu três recados: não queimaria reservas, não mexeria na equipe econômica e manteria o ajuste fiscal.

O jogo parecia se reequilibrar a favor do governo quando Moro divulgou os grampos. Sua ação foi claramente política: a PF gravou a presidente às 13h32, e o juiz liberou o áudio em tempo recorde, pouco depois das 18h. Ainda há a suspeita de que a interceptação possa ter sido ilegal.

O governo adotou a tática de criticar o vazamento, mas o estrago político é inegável. Pela primeira vez, Dilma é acusada pela Lava Jato de agir pessoalmente para proteger Lula da prisão. Outras gravações criarão atritos com o Legislativo e o Judiciário.

À noite, as ruas voltaram a ser tomadas por manifestantes a favor do impeachment, com alguns registros de violência. A crise se radicaliza e o país mergulha num perigoso clima de vale-tudo, sem que ninguém saiba dizer como isso vai acabar.

No dia da nomeação de Lula, Fernando Henrique declarou que "você não pode dirigir este país sendo analfabeto". Se alguém ainda torcia pelo diálogo entre os dois, esqueça.

18/03/2016
Os riscos de atacar Moro

O governo saiu da defensiva e decidiu adotar a tática do confronto com o juiz Sergio Moro. A guerra foi declarada por Dilma Rousseff ao dar posse ao padrinho Lula na chefia da Casa Civil.

A presidente protestou contra os grampos da Lava Jato e se disse alvo de uma "conjuração". Ela sustentou que seus direitos constitucionais foram violados com a divulgação de conversas telefônicas.

"Os golpes começam assim", afirmou Dilma, acusando o juiz de tentar "convulsionar a sociedade brasileira em cima de inverdades, de métodos escusos e de práticas criticáveis".

O discurso foi reforçado por aliados da presidente. O novo ministro da Justiça, Eugênio Aragão, sugeriu que Moro cometeu crime ao divulgar o grampo. O líder do governo no Senado, Humberto Costa, acusou o juiz de conduta "ilegal e arbitrária".

A ofensiva empolgou a militância petista, mas é uma estratégia arriscada para o governo. A atuação midiática transformou Moro em herói das passeatas pró-impeachment. Torná-lo alvo pode ser uma forma de engrossar os protestos nas ruas.

As críticas de Dilma também inflamaram setores da Justiça e do Ministério Público que já estavam politizados. O ministro Gilmar Mendes, sempre ele, começou a dar entrevistas antes das nove da manhã. O procurador Deltan Dallagnol fez uma espécie de comício em Curitiba. O próprio Moro comparou Dilma a Richard Nixon, presidente americano que renunciou para não ser cassado.

Neste clima de engajamento, um juiz que milita contra o governo nas redes sociais não se considerou impedido para conceder a liminar que suspendeu a posse.*

Para azar do Planalto, um dos grampos divulgados por Moro também mexeu com os brios do Supremo Tribunal Federal, que Lula chamou de "acovardado" ao telefone. A reação enérgica do ministro Celso de Mello** indicou que o ex-presidente não deve esperar simpatia da corte, com ou sem foro privilegiado.

20/03/2016
Gilmar, o Despreocupado

Quando o presidente Fernando Henrique Cardoso indicou Gilmar Mendes para o Supremo Tribunal Federal, o jurista Dalmo Dallari fez um alerta: "Se essa indicação vier a ser aprovada, não há exagero em afirmar que estarão correndo sério risco a proteção dos direitos no Brasil, o combate à corrupção e a própria normalidade constitucional".

---

* "Juiz de liminar contra Lula admite postagens anti-PT nas redes sociais." *Correio Braziliense*, 17/03/2016.
** "Fala de Lula sobre Judiciário é torpe e indigna, diz Celso de Mello." *Valor Econômico*, 17/03/2016. Num dos grampos divulgados pelo juiz Moro, Lula diz que a Suprema Corte estava "totalmente acovardada".

Dallari pode ter exagerado, porque a corte tem outros dez ministros para zelar pela Constituição, mas a atuação de Gilmar inspira desconfiança desde que ele vestiu a toga.

A presença constante na mídia, a agressividade em declarações contra o governo e a proximidade com políticos do PSDB lhe renderam o apelido de "líder da oposição" no STF. Gilmar não parece preocupado com isso. Desde que a crise política se agravou, ele usa todas as oportunidades para atacar Dilma e o PT.

A presidente e o partido dão muitas razões para críticas, mas espera-se de um ministro do Supremo que não tome lado na luta política e atue com imparcialidade. Gilmar não parece preocupado com isso. Em julho passado, ele foi à casa de Eduardo Cunha discutir o impeachment. O deputado já era investigado na Lava Jato por suspeita de corrupção.

Em setembro, o ministro estrelou evento na sede da Fiesp. A entidade é comandada por um afilhado político de Michel Temer e promove campanha aberta pela queda da presidente. Gilmar não parece preocupado com isso. Aproveitou o palanque para repetir ataques ao PT. Sobre o correntista suíço, nenhuma palavra.

Na última quarta, Gilmar almoçou com o tucano José Serra, segundo o jornal *O Globo*. Após a sobremesa, voltou ao STF e discursou contra a nomeação de Lula para a Casa Civil, que não estava em debate.

Dois dias depois, o ministro atendeu pedido do PSDB e anulou a posse do ex-presidente.* Tudo indica que ele deveria se dizer suspeito por falta de isenção para julgar o assunto, ainda mais sozinho. Mas Gilmar não parece preocupado com isso.

22/03/2016
Vem aí o presidente 1%

O Datafolha divulgou uma nova pesquisa para a corrida presidencial de 2018. Os principais pré-candidatos estão mal na foto. Aécio derreteu, Lula continuou a cair e Marina assumiu a liderança por inércia, sem sair do lugar.

---

* Gilmar concedeu a liminar que sepultou a nomeação de Lula. O ministro assinou a decisão e viajou para o exterior. Isso impediu que a liminar fosse discutida — e eventualmente derrubada — pelo plenário do STF.

O levantamento apresenta um paradoxo. De todos os nomes do principal cenário, o menos citado pelos eleitores é o que tem mais chances de assumir a Presidência. Estamos falando do peemedebista Michel Temer, que aparece com apenas 1% das intenções de voto.

Não se trata de apostar no azarão. Como vice-presidente, Temer é o substituto imediato de Dilma Rousseff, que está com o mandato em risco. Se o Congresso aprovar o impeachment, como parece cada vez mais provável, ele pode se sentar na cadeira até o fim de abril. Terá 75 anos e mais dois anos e oito meses para governar o país.

Aliados do vice já começaram a escalar sua equipe. "Será um ministério surpreendentemente bom", disse o senador José Serra ao jornal O *Estado de S. Paulo*. Derrotado em duas eleições presidenciais, ele quer assumir um cargo similar ao de primeiro-ministro. Se der certo, será mais um a governar sem votos.

O Datafolha também perguntou o que os brasileiros esperam de uma eventual gestão Temer. Só 16% acreditam que ele fará um governo ótimo ou bom. Para a maioria absoluta (60%), a administração será igual ou pior do que a que está aí.

O dado leva a outro paradoxo: sete em cada dez brasileiros apoiam o afastamento de Dilma, mas quase nenhum se empolga com o vice. É um cenário desalentador, porque a recessão não vai evaporar com o impeachment. Um presidente 1% seria capaz de nos tirar do buraco?

O governo escalou Paulo Maluf para defendê-lo na comissão do impeachment. Desta vez, ele não exigiu foto com Lula. Deve ter achado que não faria bem à sua imagem.

23/03/2016
Dilma no bunker

Dilma Rousseff montou um bunker no Planalto. Enquanto bombas e delações explodem na praça, ela enche os salões do palácio e discursa em defesa do mandato. A presidente sabe que a guerra está acabando, mas não quer entregar a faixa sem uma luta.

Ontem ela fez seu pronunciamento mais forte na crise. "Condenar alguém por um crime que não praticou é a maior violência que se pode cometer", afirmou. "Já fui vítima dessa injustiça uma vez, durante a ditadura, e lutarei para não ser vítima de novo, em plena democracia."

Como a luta agora dispensa as armas, Dilma endureceu as palavras. "O que está em curso é um golpe contra a democracia. Eu jamais renunciarei", disse. "Posso assegurar a vocês que não compactuarei com isso. Não renuncio em hipótese alguma", insistiu, de dedo em riste.

A plateia respondeu com palmas e gritos de guerra. A presidente terminou o discurso com o bordão dos militantes petistas: "Não vai ter golpe".

O ato consumiu três horas, mas não deve ter virado nenhum voto no Congresso. Quem estava no palácio já era aliado, e quem não estava ganhou mais tempo para conspirar.

A última batalha se aproxima com velocidade. O PMDB bate em retirada da base, e a Câmara apressa o ritmo da comissão do impeachment. O governo está cercado e sem o general Lula, mas tenta abrir novas frentes simultâneas: contra a Polícia Federal, contra parte da imprensa e contra o juiz da Lava Jato. No desespero do bunker, alguém parece ter perdido o manual de guerra.

O ministro Gilmar Mendes vai promover um seminário em Portugal na semana que vem. Na lista de palestrantes, despontam o vice-presidente Michel Temer, os senadores tucanos Aécio Neves e José Serra e o presidente da Fiesp, Paulo Skaf. Para a tropa do impeachment ficar completa, só faltou convidar o réu Eduardo Cunha.

24/03/2016
A delação das delações

Os armários da Odebrecht guardam dinamite suficiente para implodir os maiores partidos brasileiros. É por isso que Brasília tremeu com a notícia de que a empreiteira decidiu fazer um acordo de delação com a Lava Jato.

Ao anunciar uma "colaboração definitiva" com as investigações, a empresa sinalizou que ainda tem muito a revelar. Tem mesmo. Suas relações com a política brasileira são antigas, íntimas e duradouras. Vão muito além da simpatia e das doações registradas na Justiça Eleitoral.

Para o PT e o governo, a delação pode ser arrasadora. Além de tocar alguns dos maiores investimentos da Petrobras, a Odebrecht participou da construção dos estádios da Copa e das grandes obras do PAC. Também foi recordista em empréstimos do BNDES para projetos no exterior. É improvável que esses negócios não tenham seguido o padrão petrolão de superfaturamento.

A empreiteira também poderá quebrar o silêncio sobre as relações com o ex-presidente Lula. Desde que deixou o poder, ele viajou o mundo em jatinhos fretados pela empresa. Recebeu um total de 3,9 milhões de reais, entre pagamentos à empresa de palestras e doações ao instituto.

Os procuradores sustentam a tese de que os repasses estariam ligados a gestões no governo Dilma. O ex-presidente diz que nunca praticou tráfico de influência. Agora teremos a chance de ouvir a versão da empresa, que vinha se recusando a colaborar.

A outra novidade é que a Lava Jato ganhou subsídios para investigar os repasses da Odebrecht a políticos de outros partidos, incluindo os de oposição. Nesta quarta, tucanos como Aécio Neves, José Serra e Geraldo Alckmin apareceram em planilhas da empresa ao lado de valores numéricos.

Eles têm direito à presunção de inocência e poderão explicar o que faziam na lista. Isso também tende a ser bom para a Lava Jato. Sob suspeita crescente de partidarismo, os investigadores ganharam uma oportunidade para rebater as acusações. Basta dar o mesmo tratamento a todos.

25/03/2016
Esqueceram de mim

Nos últimos dias, circulou entre parlamentares uma montagem com o cartaz do filme *Esqueceram de mim*. No lugar do ator mirim Macaulay Culkin, aparece o rosto de Eduardo Cunha. O peemedebista sumiu da linha de tiro desde que deflagrou o processo de impeachment contra Dilma Rousseff.

O mês não começou bem para o presidente da Câmara. No dia 2, seis ministros do Supremo Tribunal Federal receberam a denúncia que o acusa de embolsar 5 milhões de dólares desviados da Petrobras. No dia seguinte, outros quatro ministros completaram o placar de 10 a 0. Por unanimidade, Cunha se tornou réu por corrupção e lavagem de dinheiro.

Parecia o fim da linha para o correntista suíço, mas o vento começava a virar a seu favor. Na mesma quinta-feira do julgamento, surgiu a delação do senador Delcídio do Amaral. No dia seguinte, a Polícia Federal bateu à porta do ex-presidente Lula. Vieram as manifestações de rua contra o governo e, no dia 17, o deputado presidiu a sessão que instaurou a comissão do impeachment.

Cunha e a oposição voltaram a jogar no mesmo time. Deputados de PSDB e DEM, que se revezavam na tribuna para exigir sua cabeça, suspenderam os discursos indignados. Em retribuição, o peemedebista apressou o processo contra Dilma. Chegou a convocar sessões extras, às segundas e sextas, para encurtar o prazo de defesa da presidente.

"O impeachment só está acontecendo por causa do Eduardo Cunha", resumiu o deputado Paulinho da Força, um dos aliados mais próximos do presidente da Câmara.

Enquanto a comissão de impeachment acelera, o Conselho de Ética pisa no freio. Com todos os holofotes voltados para Dilma, o órgão que deveria julgar Cunha está praticamente paralisado. Na terça, o deputado Chico Alencar usou a Fórmula 1 para comparar a velocidade dos dois processos. "Lá é Ayrton Senna, aqui é Barrichello", protestou. O Macaulay Culkin do petrolão agradece.

27/03/2016
Na bacia das almas

Pouca gente notou, mas o país está sem ministro do Esporte. O cargo era ocupado por George Hilton, deputado do PRB e pastor da Universal. Como o partido e a Igreja romperam com o governo, o ministro foi despejado. Em seu lugar entrou um interino, que também não deve ficar muito tempo por lá.

A nomeação de Hilton tem lugar garantido na lista de erros mais desastrosos do governo Dilma — o que já pode ser considerado o primeiro milagre do pastor. No discurso de posse, ele declarou que podia não entender de esporte, mas entendia de gente. Virou piada nacional antes de estrear no *Diário Oficial*.

A gestão do ministro foi o vexame que se esperava. A bolsa de auxílio aos atletas atrasou. Os centros de treinamento não ficaram prontos. A Universal aparelhou a pasta, ocupando dezenas de cargos federais com bispos, pastores e obreiros.

Na semana passada, Hilton foi avisado de que seria demitido. Não por seu mau desempenho, mas como represália ao PRB, que passou a apoiar o impeachment. Para tentar sobreviver, o ministro se filiou ao Pros. Não funcionou. O Planalto preferiu deixar o posto vago, à espera de uma barganha mais promissora.

O caso do pastor ajuda a ilustrar o fracasso da articulação política do governo. Depois de se reeleger, Dilma escalou um dos piores ministérios da história. A ideia era sacrificar a gestão em troca de apoio no Congresso. O único resultado foi elevar o preço da chantagem parlamentar.

Às vésperas da votação do impeachment, o Planalto dobrou a aposta no fisiologismo. Acaba de entregar a Fundação Nacional de Saúde ao PTN, uma legenda nanica de políticos desconhecidos. Se eles fizerem o que se espera, vamos sentir saudade do escândalo dos sanguessugas.

Para quem negocia a saúde na bacia das almas, a pasta do Esporte poderia parecer um detalhe. Não é. O Brasil está prestes a sediar os Jogos Olímpicos pela primeira vez. Com ou sem ministro, começam daqui a quatro meses.

29/03/2016
Avalanche

Uma avalanche. Essa é a imagem escolhida por um petista histórico, muito próximo ao ex-presidente Lula, para descrever o que se passa em Brasília. Ele olha para o Congresso e enxerga o desmoronamento da massa partidária que sustenta o governo Dilma Rousseff.

O maior bloco de gelo vai despencar hoje. É o PMDB do vice-presidente Michel Temer, que articulou pessoalmente o rompimento da sigla com o Planalto. O próximo a se descolar deve ser o PP, que controla a terceira maior bancada da Câmara.

A queda de um partido ajudará a impulsionar outros ladeira abaixo. Assim se formará a avalanche que, na previsão do amigo de Lula, deve soterrar Dilma e o que resta de seu governo até o fim de abril.

Quem contempla a montanha com atenção consegue reconhecer a silhueta de Temer no topo, ajudando a empurrar as pedras. Ontem ele deixou mais uma digital no deslizamento: dos sete ministros peemedebistas, o primeiro a pedir demissão foi Henrique Eduardo Alves, justamente o mais próximo do vice.

A saída reforçará a pressão sobre os peemedebistas que ainda tentam se agarrar a seus cargos. Eles estão ouvindo o mesmo recado: quem não ajudar a derrubar a montanha será varrido junto com o entulho.

A debandada do PMDB pôs fim às últimas chances de conciliação entre a presidente e o vice. Ontem os líderes do governo na Câmara e no Senado abandonaram a diplomacia e passaram a atacá-lo diretamente.

O deputado José Guimarães acusou Temer de estar "no comando" da "operação do golpe", como ele descreve o movimento para derrubar Dilma. O senador Humberto Costa disse que um eventual governo do vice não duraria muito.

"Não pense que os que hoje saem organizados para pedir Fora Dilma vão às ruas para dizer Fica Temer", afirmou o petista, usando a tribuna para se dirigir ao peemedebista. "Seguramente, vossa excelência será o próximo a cair", completou.

30/03/2016
À vista ou a prazo

O desembarque do PMDB deixou o governo zonzo, como um pugilista que leva um cruzado no queixo e passa a cambalear pelo ringue. O golpe já era esperado, mas o Planalto não fechou a guarda nem esboçou uma reação minimamente coordenada. No fim do dia, conselheiros de Dilma Rousseff pareciam desorientados, sem discurso ou estratégia para sair da lona.

A entrevista do ministro Jaques Wagner ilustrou bem o estado de catatonia dos petistas. Seis dias depois de a presidente dizer que "queria muito" manter a aliança com o PMDB, seu chefe de gabinete declarou que o rompimento com o partido do vice chegava em "boa hora".

O ministro tentou vender a tese de que a debandada abrirá espaço para uma "repactuação do governo", eufemismo para um novo loteamento em busca de votos contra o impeachment. Uma repórter quis saber quantos peemedebistas deixarão a Esplanada. "Não sei", respondeu Wagner, desta vez em tom mais sincero.

O petista deixou claro que o único plano do governo é oferecer cargos em troca de votos. Para surpresa geral, acrescentou que até a Casa Civil pode entrar na barganha, se o Supremo não autorizar a posse do ex-presidente Lula. "Claro que, ele não podendo assumir, este seria um posto a ser negociado", disse Wagner.

O problema será convencer os parlamentares de que negociar à vista com Dilma é mais vantajoso do que barganhar a prazo com Michel Temer. Se o impeachment for mesmo decidido na base do fisiologismo, os anos de experiência no balcão tendem a contar a favor do vice.

Ao romper com Dilma aos gritos de "Brasil urgente, Temer presidente", o PMDB deixou claro que vê o impeachment como atalho para chegar ao Planalto sem o voto popular. Três décadas depois de defender a volta das eleições presidenciais, o partido decidiu assumir a bandeira das Indiretas Já.

31/03/2016
Remando em direções opostas

Na tentativa de evitar o naufrágio do governo, Dilma Rousseff passou a remar em direções opostas. De um lado, a presidente ensaia uma guinada à esquerda para tentar mobilizar a militância petista em sua defesa. Ao mesmo tempo, oferece cargos e verbas para atrair partidos de centro-direita que definirão a votação do impeachment.

O primeiro movimento começou a dar resultado. Com a ajuda de Lula, o Planalto voltou a ter canal direto com movimentos sociais e sindicatos próximos ao PT. Essas entidades haviam se afastado por discordar da política econômica adotada após a eleição de 2014. Agora voltaram a colorir as ruas de vermelho contra o que consideram um mal maior: um eventual governo Michel Temer.

As manifestações continuam menores que os atos pró-impeachment, mas cresceram em número e em frequência. Isso mostra que o petismo ainda tem uma base capaz de defender o mandato da presidente, o que Fernando Collor não teve em 1992. Nesta quarta, essa militância transformou uma solenidade no Planalto em comício contra o impeachment. Guilherme Boulos, do MTST, prometeu liderar atos "para resistir ao golpe".

Dilma também passou a receber apoio público de juristas, intelectuais e artistas identificados com a esquerda. Até outro dia, o retrato da classe artística na crise era a atriz Suzana Vieira com uma camiseta verde-amarela do "Morobloco". A adesão de celebridades como Wagner Moura é uma boa notícia para a presidente.

O problema do Planalto é que o PT e seus aliados que contam com a simpatia desses setores não somam mais de cem votos na Câmara. Por isso Dilma iniciou um leilão de cargos para partidos do chamado "centrão", como PP, PR e PSD. O loteamento deixará o governo mais entregue do clientelismo e mais distante dos ideais de esquerda que a presidente voltou a defender.

As próximas semanas vão mostrar se a tática de remar em direções opostas será capaz de salvar o barco.

01/04/2016
A foto que assusta

"Quando, anteontem, o jornal exibia que o PMDB desembarcou do governo e mostrava as pessoas que erguiam as mãos, eu olhei e pensei: meu Deus do céu! Essa é a nossa alternativa de poder. Eu não vou fulanizar, mas quem viu a foto sabe do que estou falando."

As palavras são do ministro Luís Roberto Barroso, do Supremo Tribunal Federal. Quem viu a foto na primeira página da *Folha* sabe do que ele estava falando. Dos cinco políticos do PMDB que comemoravam o rompimento com o governo e gritavam "Temer presidente", três são investigados na Lava Jato, sob suspeita de embolsar propina do petrolão.

O deputado Eduardo Cunha já é réu por corrupção passiva e lavagem de dinheiro. Os senadores Romero Jucá e Valdir Raupp são alvos de inquéritos que podem virar ações penais. Os três defendem o impeachment da presidente Dilma Rousseff.

O ministro Barroso não foi o único a se assustar com a foto. A imagem lembrou a muita gente contrária ao governo que só existe uma alternativa de poder em caso de impeachment. Se Dilma for derrubada, quem assume é o vice-presidente Michel Temer. O PMDB, que foi sócio dos governos petistas desde 2004, passará a mandar sem intermediários.

Alguns peemedebistas já admitem que o ato público não foi uma boa ideia. A foto alertou a praça de que a ascensão de Temer interessa a muitos investigados da Lava Jato. Para eles, o vice traz a esperança de um acordão que freie as investigações.

Temer sabe que esse cartão de visitas não pega bem fora dos gabinetes do Congresso. Nesta quinta ele se apressou a dizer que "jamais interferiria" nos processos. "Registro com muita ênfase que sou muito atento à institucionalidade e, portanto, jamais haveria de influenciar outro poder", afirmou.

A outra má notícia para o vice é que o ato ainda não surtiu muito efeito prático. Três dias após o rompimento, os seis ministros peemedebistas continuam agarrados a seus cargos, fazendo jus à fama do partido.

05/04/2016
A defesa de Dilma

O ministro José Eduardo Cardozo foi à comissão do impeachment apresentar a defesa de Dilma Rousseff. A sessão começou tensa. Pouco antes da hora marcada, aliados de Eduardo Cunha tentavam impedir que o advogado-geral da União falasse pelo governo.

A ofensiva foi liderada pelo deputado Arnaldo Faria de Sá, do PTB, que chamou a presidente de "criminosa". O deputado ganhou fama como escudeiro de Collor e Maluf. Marcelo Aro, do PHS, discursou com um boneco inflável nas mãos. Ele é diretor de Ética da CBF, cujo presidente está afastado por suspeita de corrupção.

Depois de muito debate para as câmeras, Cardozo foi autorizado a falar. O ministro concentrou a defesa em dois argumentos: disse que Dilma não cometeu crime de responsabilidade e acusou Cunha de ter instaurado o processo por "vingança".

O segundo ponto foi amplamente noticiado pela imprensa. "Cunha retalia PT e acata processo de impeachment contra Dilma", afirmou a *Folha de S.Paulo* em 3 de dezembro. Como se sabe, o peemedebista só recebeu a denúncia porque os petistas não aceitaram protegê-lo no Conselho de Ética. Para Cardozo, a chantagem maculou o processo, que deveria ser anulado.

O ministro também sustentou que as pedaladas fiscais não podem ser usadas como pretexto legal para afastar a presidente. Ele contestou a tese de que o julgamento na Câmara seria meramente político, e não jurídico. "O fato de ser o impeachment um processo político não significa que ele deva ou possa marchar à margem da lei", afirmou, citando o jurista Paulo Brossard (1924-2015).

Cardozo disse que aprovar um impeachment sem crime de responsabilidade é dar um golpe sem apelar aos quartéis. Ele sustentou os argumentos de forma clara e articulada, o que não é regra no governo. Para azar do Planalto, a performance produzirá pouco efeito prático. Os deputados têm indicado que nada do que é discutido na comissão deve convencê-los a mudar seus votos.

06/04/2016
A lógica do atropelo

Pilotada pelo réu Eduardo Cunha, a comissão do impeachment pisou no acelerador. A ordem é apressar ao máximo a votação da denúncia contra Dilma Rousseff. Hoje o relator Jovair Arantes deve apresentar parecer pela cassação, cinco dias antes do previsto.

O atropelo não é fruto de pressão das ruas ou dos empresários que pedem um desfecho rápido para a crise. Cunha tem pressa porque quer reduzir as chances de salvação do governo. Isso parecia impossível, mas voltou a ser cogitado em Brasília.

Três fatores deram fôlego a Dilma: as manifestações em defesa de seu mandato, que romperam a paralisia da esquerda; a divisão do PMDB, cujos ministros se recusam a deixar o governo; e o avanço das negociações com outros partidos. Nesta terça o feirão de cargos motivou um inusitado protesto do deputado Paulo Maluf, que se disse indignado com a barganha.

Ainda não se pode afirmar se o Planalto conseguirá virar o jogo, mas a sensação geral no Congresso é de que a batalha embolou. Nas duas trincheiras, poucos deputados arriscam dizer se a oposição alcançará os 342 votos para afastar Dilma.

Cunha e seus aliados têm mais um motivo para a pressa. Eles querem votar o pedido de impeachment antes que o STF decida o futuro de Lula. A posse do ex-presidente na Casa Civil está suspensa por uma liminar de Gilmar Mendes. Já se passaram quase três semanas, mas o ministro ainda não submeteu a decisão ao plenário.

Se Lula voltar ao palácio com plenos poderes, aumentam as chances de Dilma se salvar. Daí o atropelo dos deputados que querem encerrar o assunto a jato, mesmo que para isso precisem trabalhar aos domingos.

07/04/2016
Entre o fim e o começo

"Uns vão me chamar de herói, outros de vilão e golpista. Esses rótulos não me preocupam." Assim o deputado Jovair Arantes, do PTB, começou a apresentar seu relatório na comissão do impeachment. Ele defendeu a cassação do mandato da presidente Dilma Rousseff, de quem se dizia aliado.

O deputado citou treze vezes a palavra "golpe". Apesar do que disse, parecia preocupado com a pecha. "Muito se tem dito nos últimos dias que esse processo seria um golpe contra a democracia. Com todo o respeito, ao contrário", afirmou.

Jovair acusou Dilma de praticar crime de responsabilidade em atos orçamentários, como as pedaladas fiscais e a abertura de créditos suplementares por decreto. O relatório ignorou as denúncias de corrupção na Petrobras, principal foco dos protestos de rua contra o governo.

Pareceu uma opção prudente. Dos 65 integrantes da comissão do impeachment, quarenta receberam doações de empreiteiras investigadas na Lava Jato. Ao menos no papel, a presidente será julgada pela gestão fiscal, tema que não costuma despertar muito interesse na Câmara.

O relator demonstrou pouca intimidade com o texto que assinou. Em diversos momentos, tropeçou nas palavras e pareceu não compreender termos jurídicos do parecer. Dentista, ele integra a bancada da bola, que defende os interesses da CBF.

A sessão foi transmitida ao vivo e ofereceu cenas de bate-boca e pastelão. Jovair chamou de "saudoso" o ex-deputado petista Luiz Eduardo Greenhalgh.

"Ele não morreu", corrigiu o deputado Chico Alencar, do PSOL. "Se não morreu, melhor para a gente", emendou o petebista.

Em seguida, o deputado surpreendeu os colegas ao citar o médium Chico Xavier. "Ninguém pode voltar atrás e fazer um novo começo. Mas qualquer um pode recomeçar e fazer um novo fim", recitou. Não ficou claro se ele se referia ao fim da leitura, do processo de impeachment ou do governo Dilma.

08/04/2016
Perguntas sem resposta

A delação da Andrade Gutierrez voltou a jogar o petrolão no colo de Dilma Rousseff. Executivos da empreiteira disseram à Lava Jato que o esquema abasteceu as campanhas da presidente. Segundo eles, o dinheiro foi desviado da Petrobras e do sistema elétrico.

A construtora teria feito doações legais para mascarar a operação. O relato reforça a tese de que a Justiça Eleitoral foi usada como lavanderia, o que é contestado pelo ministro Edinho Silva.* Os delatores também disseram que a usina de Belo Monte gerou propina antes mesmo de começar a gerar energia. O acerto teria chegado a 150 milhões de reais, divididos igualmente entre o PT e o PMDB, o partido do vice-presidente Michel Temer.

O governo se defendeu com a estratégia do ataque. Em discurso no Planalto, Dilma reclamou do "uso de vazamentos seletivos" que, de acordo com ela, têm "claro objetivo de criar ambiente propício ao golpe".

A presidente pode ter motivos para desconfiar do bombardeio às vésperas da votação do impeachment, mas não deveria se recusar a discutir o conteúdo dos vazamentos — que nada têm a ver com a divulgação ilegal de suas conversas telefônicas.

Dilma sabia da corrupção em Belo Monte? Sua aliada Erenice Guerra interferiu na montagem dos consórcios da usina? Ela acredita que os executivos teriam mentido à Justiça para incriminá-la? Ao encerrar mais uma cerimônia

---

* O petista Edinho Silva foi tesoureiro da campanha de Dilma à reeleição. Em março de 2015, virou ministro da Secretaria de Comunicação Social, substituindo o jornalista Thomas Traumann.

oficial sem dar entrevista, a presidente deixou essas e outras perguntas sem resposta.

A propósito: o Ministério Público se interessou em saber a origem do dinheiro que a Andrade Gutierrez doou a políticos da oposição, como Aécio Neves e Paulo Skaf?

O PMDB acionou sua comissão de ética para expulsar os ministros que não obedeceram à ordem de abandonar o governo. A notícia é espantosa. Poucos brasileiros seriam capazes de imaginar uma comissão de ética no PMDB.

10/04/2016
Indiretas Já, o retorno

A nova pesquisa Datafolha mostra que Dilma Rousseff e Michel Temer estão empatados em impopularidade. O percentual de brasileiros que desejam a renúncia da presidente e do vice é o mesmo: 60%. A dupla rejeição sugere que a sociedade continuará insatisfeita, seja qual for o desfecho da crise.

A votação do impeachment na Câmara está prevista para o próximo domingo, dia 17. Será comandada pelo réu Eduardo Cunha, ainda mais detestado do que Dilma e Temer.

Como a renúncia coletiva não está nos planos de ninguém, caberá aos 513 deputados escolher quem ficará com a faixa presidencial. O povo não foi convidado. O futuro do país será decidido por uma versão reciclada do velho Colégio Eleitoral, que indicou o avô de Aécio Neves em 1985.

O tucano sonhava em antecipar a eleição de 2018, mas aderiu às Indiretas Já. A explicação está nas pesquisas. Desde dezembro, suas intenções de voto despencaram dez pontos. Se a disputa fosse hoje, Lula e Marina passariam ao segundo turno.

Há diferenças entre as novas indiretas e as de Tancredo e Maluf. A principal é que Dilma precisará apenas de um terço da Câmara, contando as ausências. Temer tem que conquistar 342 votos. Nos últimos dias, ele abandonou a discrição e se lançou em campanha aberta, fazendo corpo a corpo com deputados.

O duelo também valorizou o passe de políticos sem mandato que andavam na sombra, como os condenados no julgamento do mensalão. Na quarta-feira, Temer abriu o Palácio do Jaburu para o ex-deputado Roberto Jefferson, chefe do PTB.

Outro caso curioso é o do ex-deputado Valdemar Costa Neto, dono do PR, que ainda cumpre prisão domiciliar. Até o início da semana, ele era cortejado por Lula e visto como cabo eleitoral de Dilma. Há quatro dias, recebeu uma ligação do vice.

Maluf já mudou de lado. Era aliado de Dilma, mas decidiu apoiar Temer. "Ela é correta e decente, mas voto pelo impeachment", declarou.

12/04/2016
O vice ansioso

Na carta que agravou a crise, Michel Temer disse ser tratado como um vice decorativo. Às vésperas da votação do impeachment, Michel Temer parece um vice ansioso. Ontem ele enviou um áudio a aliados que votarão contra Dilma Rousseff. Recitou a mensagem como se o afastamento da presidente já tivesse sido aprovado pela Câmara.

"A grande missão, a partir deste momento, será a pacificação do país. É preciso um governo de salvação nacional", afirmou, no tom solene que marca seus pronunciamentos.

A gravação deixa claro que o vice não só pede votos pelo impeachment, como já ensaiou um discurso contra Dilma. Ele deve acusar a presidente, sua companheira de chapa nas últimas duas eleições, de deixar uma "herança maldita" no governo.

"O que aconteceu nos últimos tempos foi um descrédito do nosso país, e o descrédito é o que leva à ausência do crescimento", afirmou.

O peemedebista também indicou que ampliará o corte de gastos. Prometeu "prestigiar a iniciativa privada" e sinalizou com um novo e mais duro ajuste, como o que derrubou a popularidade de Dilma.

"Para não enganar ninguém, temos que dizer que teremos sacrifícios pela frente. Sem sacrifícios, não conseguiremos reunir as condições para retomar o crescimento e o desenvolvimento", disse Temer.

Depois que o áudio caiu na rede, o peemedebista afirmou que a fala foi divulgada por acidente. "Trata-se de um exercício que o vice estava fazendo em seu celular e que foi enviado acidentalmente para a bancada", disse sua assessoria.

A afobação fez lembrar a ansiedade de Fernando Henrique Cardoso na eleição de 1985. Na véspera do pleito, o então candidato do PMDB posou para fotos na cadeira de prefeito de São Paulo. Faltou esperar as urnas. No dia da posse, o eleito Jânio Quadros entrou no gabinete com uma lata de inseticida. "Estou desinfetando esta poltrona porque nádegas indevidas a usaram", declarou.

13/04/2016
Falando para os livros

A presidente Dilma Rousseff e seus aliados têm afirmado que a história condenará quem votar a favor do impeachment. Nesta segunda, o discurso foi repetido pelo ex-presidente Lula e pelo ministro José Eduardo Cardozo.

"A história não perdoa a violência contra a democracia", disse Cardozo, ao apresentar a defesa da presidente na Câmara. "Este processo não deve ser chamado de impeachment. Deve ser chamado de golpe. Golpe de abril de 2016", reforçou o ministro.

Horas depois, em discurso para milhares de cariocas na Lapa, Lula citou a derrubada do presidente João Goulart. "Jamais imaginei que a minha geração, que viu o golpe de 1964, ia ver golpistas tentando tirar uma presidente democraticamente eleita."

Dilma voltou a mirar a história ontem, ao identificar o vice-presidente Michel Temer e o deputado Eduardo Cunha como "chefe e vice-chefe do golpe". "Se ainda havia alguma dúvida sobre o golpe, a farsa e a traição em curso, não há mais. Se havia alguma dúvida de que há um golpe de Estado em andamento, não pode haver mais", afirmou, no Planalto.

"Estão tentando montar uma fraude para interromper, no Congresso, o mandato que me foi conferido pelos brasileiros. Na verdade, trata-se da maior fraude jurídica e política de nossa história", arrematou.

É cedo para saber como a posteridade vai tratar a crise que se desenrola diante dos nossos olhos. O julgamento da história dependerá do que vemos, do que ainda não conseguimos ver e do que acontecerá depois da votação decisiva.

Na hora mais dramática da crise, Dilma parece preocupada em deixar sua versão para os livros. Sua narrativa poderá prevalecer no futuro, mas tem poucas chances de influenciar os fatos de hoje até domingo.

Os deputados que decidirão o impeachment têm inquietações mais presentes. Entre elas, o medo das prisões da Lava Jato e a disputa por verbas e cargos a partir de segunda-feira, seja quem for o presidente.

14/04/2016
Não vai ter pacto

Dilma e Temer estão em guerra aberta, mas afinaram o discurso em um único ponto. A presidente e o vice prometem um grande pacto nacional caso saiam vitoriosos da batalha do impeachment.

"O meu primeiro ato pós-votação é a proposta de um pacto, de uma nova repactuação, sem vencidos nem vencedores", disse a presidente, na entrevista de ontem no Planalto.

"A grande missão é a da pacificação do país, da reunificação do país. É preciso um governo de salvação nacional", conclamou o vice, no áudio que vazou sem querer querendo.

A ideia soa bem, mas tem tudo para ser a primeira promessa descumprida por quem vencer a votação na Câmara. A razão é simples: a sociedade e as forças políticas acordarão mais divididas na segunda-feira.

Se ficar no cargo, Dilma continuará a governar com minoria no Congresso. Isso significa que ela não terá os votos necessários para aprovar reformas ou aumentar tributos.

Esse apoio poderia ser buscado num ambiente de concertação, mas Dilma estará rompida com o vice e a oposição, os quais chamou de golpistas. Ainda enfrentará a ira de quem foi às manifestações de amarelo e verde e dos empresários que bancaram uma campanha milionária para derrubá-la.*

---

* Entidades patronais, como a Fiesp e a Confederação Nacional da Indústria (cni), apoiaram as manifestações pró-impeachment e divulgaram manifestos para pressionar deputados a votar pela derrubada de Dilma.

Temer tem mais chance de começar uma nova gestão com maioria no Congresso, mas duelará com uma oposição aguerrida, liderada pelo PT e amplificada por sindicatos e movimentos sociais. Sua ação ostensiva para chegar ao poder aumentará o ressentimento dos derrotados.

Junte isso ao programa "Ponte para o Futuro", que prevê arrocho e cortes de direitos trabalhistas, e imagine as greves e barricadas que vêm por aí. Mesmo que costure um acordo com o andar de cima, Temer precisará recorrer à polícia para conter os insatisfeitos.

Aconteça o que acontecer, o Brasil da semana que vem deve ter a cara da Esplanada dos Ministérios no domingo: dividida por grades de ferro para tentar evitar que as diferenças sejam resolvidas a socos e pontapés.

15/04/2016
Uma cabeça para a multidão

É difícil encontrar quem defenda, com sinceridade, que a presidente deva ser cassada pelos motivos alegados no pedido de impeachment. Créditos suplementares e pedaladas serviram de pretexto para a abertura do processo na Câmara. Dilma foi ao cadafalso por razões como a crise econômica, a indignação geral com o petrolão e o instinto de autopreservação dos políticos.

A economia, como sempre, está na origem dos problemas. A inflação disparou, o desemprego voltou a crescer e o rombo nos cofres públicos explodiu. A presidente semeou o estrago no primeiro mandato e colheu seus frutos podres no segundo.

Depois de assegurar a reeleição, Dilma rasgou promessas de campanha e adotou o programa liberal dos rivais. A guinada sem aviso prévio não equilibrou as contas e ainda minou as bases do petismo. Até Lula se juntou ao coro dos descontentes.

A crise derrubou o apoio popular à presidente, mas não ameaçaria seu mandato sem a Lava Jato, que revelou desfalques bilionários na Petrobras. Embora ninguém questione sua honestidade pessoal, Dilma não conseguiu se desviar da lama que soterrou o PT. O escândalo levou a classe média às ruas e passou a ameaçar a sobrevivência de outros partidos que sustentavam o governo no Congresso, como PMDB e PP.

Com dezenas de pescoços na berlinda, o sistema intuiu que poderia cortar uma só cabeça e saciar a multidão faminta por punições. A aposta será testada no domingo, quando uma presidente que cometeu erros graves, mas não é acusada de embolsar dinheiro público, poderá ser derrubada em nome do combate à corrupção.

A sessão do impeachment será comandada por Eduardo Cunha, um dos pivôs do petrolão. Ele é réu no STF, dono de contas na Suíça e aliado do vice-presidente. Até ontem à tarde, a votação seria iniciada pelo deputado Afonso Hamm, que também é suspeito de receber propina do esquema. Em defesa da pátria, ele já anunciou que vai dizer "sim".

17/04/2016
O voto não é um detalhe

Às vésperas da Copa de 1994, o técnico Carlos Alberto Parreira declarou que o gol era só um detalhe. A frase espantou os torcedores — afinal, o gol é o momento que mais importa no futebol. Apesar de Parreira, a Seleção conquistou o tetracampeonato mundial.

Na discussão do impeachment, os políticos têm falado muito em cargos, verbas, lealdades e traições. Poucos se lembram do eleitor, que expressou sua vontade nas urnas e agora vive num país paralisado pela disputa extemporânea de poder.

Na democracia, o voto não é só um detalhe. Dilma Rousseff está na Presidência porque foi reeleita por 54 501 118 brasileiros em 2014. Como diz o comentarista, a regra é clara: governa quem recebe mais votos. A interrupção do mandato presidencial é uma punição mais grave que um cartão vermelho. Só deve ser aceita no jogo quando há prova clara de crime de responsabilidade.

O impeachment não pode ser um atalho para chegar ao poder sem o voto popular. Nem por vices que desejam mudar de cadeira, nem por candidatos derrotados nas urnas. Governantes ruins devem ser enxotados pelo povo na eleição seguinte. Este era o caminho mais provável de Dilma e do PT, que cavaram juntos o buraco da recessão.

Nos últimos tempos, passamos a ouvir que o país não pode esperar até 2018. "A economia não vai aguentar", repetem os porta-vozes do impeachment.

Curiosamente, eles não costumam perguntar se a democracia brasileira vai aguentar mais uma ruptura do calendário eleitoral.

Seja qual for a decisão da Câmara hoje, um dos piores legados desta crise será a ideia de que o voto não basta. Os próximos presidentes assumirão sem a certeza de que ficarão quatro anos, como estabelece a Constituição. Quando o Congresso quiser, e a maioria do empresariado apoiar, o caminho para derrubar o governo estará aberto. Encontrar uma fundamentação legal, como as pedaladas, será só um detalhe.

18/04/2016
Soma igual a zero*

A ressaca do impeachment será dura para a ainda presidente Dilma Rousseff. Com poucas horas para digerir a derrota na Câmara, ela acordará hoje com o mandato por um fio e o governo em pedaços.

Ao menos cinco ministérios devem amanhecer sem titular. A lista de demissionários se divide entre os que traíram a presidente, como Gilberto Kassab (Cidades), e os que se licenciaram do cargo e não pretendem voltar.

Dos três ministros do PMDB que reassumiram os mandatos de deputado na semana passada, dois cumpriram a promessa de votar contra o impeachment: Marcelo Castro (Saúde) e Celso Pansera (Ciência e Tecnologia).

Mauro Lopes (Aviação Civil), cuja nomeação agravou a crise entre Dilma e o vice Michel Temer, votou a favor da cassação da presidente. Só deve voltar a pisar no Planalto depois da conclusão do julgamento no Senado.

Abatido com o resultado da votação, o ministro licenciado da Saúde considera que a missão na Esplanada se encerrou. Castro ficou no cargo por apenas seis meses e sofreu críticas por declarações desastradas sobre a epidemia do vírus da zika.

"Foi muito bom ser ministro, mas não retorno mais. Fico deputado", disse à coluna. Questionado sobre quem vai substituí-lo na pasta a partir desta segunda, o peemedebista foi sincero: "Não tenho a menor ideia". Desde que ele saiu, o ministério é tocado pelo interino Agenor Álvares.

* Texto publicado no caderno Poder, com o título "País deve passar semanas com governo em decomposição e pastas sem titular".

Kassab entregou a carta de demissão na sexta-feira, como permissão para os votos do PSD a favor da cassação da presidente. O Ministério das Cidades é responsável pelo Minha Casa, Minha Vida, uma das vitrines da gestão de Dilma.

O quinto ministério vago será o da Integração Nacional, que era ocupado por Gilberto Occhi, do PP. O partido dele também votou maciçamente a favor do impeachment.

Enquanto Dilma tenta tapar os buracos sem saber por quanto tempo ficará na cadeira, o vice Michel Temer negocia cargos para um futuro governo. No entanto, ele ainda não pode assinar decretos ou fazer nomeações.

Nas próximas semanas, o país deverá viver uma situação exótica: terá um governo pela metade. Enquanto o Senado não autoriza a abertura do processo de impeachment, Dilma é uma quase ex-presidente. Temer, um quase futuro presidente.

Como os dois estão rompidos, a soma não é capaz de oferecer ao país um chefe de governo.

19/04/2016
Dilma, Temer e a traição

"Joaquim Silvério dos Reis!" Um deputado petista gritou o nome do traidor da Inconfidência Mineira quando Aguinaldo Ribeiro, do PP, subiu à tribuna para defender o afastamento de Dilma Rousseff. Ele foi um dos três ex-ministros da presidente que votaram a favor do impeachment no domingo. Completam a lista Alfredo Nascimento, do PR, e Mauro Lopes, do PMDB.

No Senado, Dilma já sabe que será abandonada por mais três ex-auxiliares: Marta Suplicy, do PMDB, Marcelo Crivella, do PRB, e Fernando Bezerra Coelho, do PSB.* Outros ex-ministros de seu governo, como os peemedebistas Eliseu Padilha e Moreira Franco, têm atuado à luz do dia no esforço para derrubá-la.

A deserção de tanta gente que frequentava o gabinete presidencial dá nomes e rostos a um fenômeno mais amplo. À exceção de PT e PCdoB, todos

---

* Outros dois ex-ministros de Dilma votariam a favor do impeachment no Senado: Edison Lobão e Eduardo Braga, ambos do PMDB.

os partidos que apoiavam a presidente na Câmara forneceram votos a favor do impeachment.

Dilma não ousou se comparar a Tiradentes, mas disse ontem que foi vítima de uma conjuração chefiada por Michel Temer, seu companheiro de chapa em duas eleições.

"É estarrecedor que um vice-presidente conspire contra uma presidente abertamente. Em nenhuma democracia do mundo, uma pessoa que fizesse isso seria respeitada, porque a sociedade não gosta de traidores", afirmou.

É improvável que o discurso ajude Dilma no Senado, onde as enquetes já registram votos suficientes para afastá-la do cargo. No entanto, suas palavras podem causar danos à imagem de Temer, que tenta se apresentar à opinião pública como um político confiável.

Em dezembro, o vice disse à coluna que não participaria de conspirações. "Se eu chego à Presidência por uma deslealdade institucional, eu chego mal", afirmou. Sua foto aos risos no domingo, diante de uma TV que transmitia a votação do impeachment, não deve ajudá-lo a passar a impressão desejada.

20/04/2016
A salvação já começou

Os petistas ainda não limparam as gavetas, mas o novo regime já começou a implantar sua doutrina de salvação nacional. O primeiro na fila de resgate é o deputado Eduardo Cunha. Depois de seis meses de manobras, ele está prestes a se livrar de vez do processo por quebra de decoro parlamentar.

A nova fase da Operação Salva Cunha foi deflagrada no domingo. Enquanto o país assistia ao show do impeachment, aliados negociavam um ponto-final às investigações contra o peemedebista. A ideia é premiá-lo com uma "anistia" pelo empenho para derrubar Dilma Rousseff. "Todo mundo sabe que sem Eduardo Cunha não teria impeachment", disse o deputado Paulinho da Força. "Ele merece ser anistiado", defendeu.

Horas depois de ser chamado de "gângster", "bandido", "canalha" e "ladrão" em rede nacional, o presidente da Câmara acordou fortalecido na segunda--feira. Ontem seu aliado Waldir Maranhão levou a pizza ao forno.

Com o Congresso esvaziado, ele escalou um colega para anunciar novas amarras ao Conselho de Ética. Mesmo que o processo vá adiante, Cunha já tem maioria para trocar a cassação por uma pena mais branda.

Para isso, conta com a cumplicidade da oposição, que parou de atacá-lo, e do velho aliado Michel Temer, prestes a se tornar usufrutuário da faixa presidencial. O Supremo continua a lavar as mãos. O pedido para afastar Cunha está na corte desde dezembro, sem data para ser julgado.

Em outra frente, os salvacionistas articulam um enterro para o processo de cassação da chapa Dilma-Temer no TSE. No dia 13, o ministro Gilmar Mendes ressuscitou a ideia de separar as contas da presidente e do vice. "Inicialmente o tribunal teve uma posição contra a divisibilidade da ação, mas certamente agora podemos ter um quadro novo", afirmou.

O quadro novo é o PMDB no comando, sem intermediários. Como disse o correntista suíço, ao votar a favor do impeachment: "Que Deus tenha misericórdia desta nação".

21/04/2016
O olhar de fora

A viagem de Dilma Rousseff a Nova York preocupa, e muito, o grupo de Michel Temer. Aliados do vice temem que a presidente consiga emplacar no exterior a ideia de que é vítima de um golpe.

A visão de que há algo de estranho no Brasil já prevalece na imprensa internacional. Em editorial, o britânico *The Guardian* descreveu o impeachment como "uma tragédia e um escândalo". O *New York Times* disse que a Câmara fez um plebiscito sobre o PT, em vez de julgar a acusação baseada nas pedaladas fiscais.

Os correspondentes que vieram a Brasília se impressionaram com o show de horrores que foi a votação do impeachment. Também registraram, com espanto, que o processo foi chefiado por um deputado que é réu por corrupção e tem contas na Suíça.

Agora Dilma deve usar a tribuna das Nações Unidas para amplificar seu discurso. O impacto da viagem preocupa Temer, que tem aproveitado a espera para sabatinar ministeriáveis em São Paulo. "Ele está achando o que todos nós achamos: que é uma coisa absolutamente despropositada", afirma o ex-ministro Moreira Franco, braço direito do vice.

Para Moreira, o discurso de Dilma "não pega porque não tem consistência". "Veja a falta que faz um bom marqueteiro. Se o João Santana não estivesse em Curitiba, ele evitaria esse vexame", provoca.

Antes de a presidente confirmar a viagem, o senador tucano Aloysio Nunes pousou em Washington para pedir o apoio de autoridades americanas ao impeachment. Acabou virando alvo de protestos. Na porta do hotel, estudantes o cercaram com cartazes contra o "golpe no Brasil".

Temer tem razões para se preocupar com o olhar de fora, mas sua tarefa mais urgente é trabalhar a imagem por aqui. Na terça, durante uma rápida aparição pública, um ambulante que passava na rua o chamou de "traidor" e "golpista".* Se as palavras usadas por Dilma colarem em sua testa, ele terá dificuldade para governar um país dividido e em crise.

24/04/2016
Dilma não ouviu Collor

No início de 2012, Dilma Rousseff vivia em lua de mel com o país. Era a presidente mais bem avaliada após o primeiro ano de governo, superando Lula e FHC. A popularidade não se refletia no Congresso. Parlamentares reclamavam da petista, que ignorava os pedidos que se acumulavam no Planalto.

Em março, o sistema emitiu os primeiros sinais de rebelião. O Senado rejeitou uma indicação para a agência reguladora, e o PR ameaçou deixar a base porque não conseguia nomear o ministro dos Transportes. O ex-presidente Fernando Collor subiu à tribuna e fez um alerta à sucessora.

"O diálogo precisa ser reaberto. Digo isso com a experiência de quem, exercendo a Presidência da República, desconheceu a importância fundamental do Senado e da Câmara. O resultado desse afastamento redundou no meu impeachment", disse, em tom dramático. "Muitas vezes, até não fazemos

---

* O ambulante Joel Oliveira da Silva hostilizou Temer enquanto ele dava uma declaração à imprensa em frente a seu escritório, em São Paulo. Pedestres e motoristas que passavam pelo local também xingaram o vice-presidente.

muita questão de ter uma solicitação atendida pelo Planalto, mas precisamos de consideração e atenção."

Dilma não ouviu os conselhos de Collor. Em cinco anos no poder, barrou a aproximação de parlamentares e governou de forma imperial. Impaciente, habituou-se a deixar deputados e senadores falando sozinhos, quando não distribuía broncas como se fossem seus subordinados.

Os episódios de mágoa se sucederam, e a presidente deixou de estabelecer relações de lealdade que lhe fariam falta no futuro. "O erro da Dilma foi tratar todo mundo no coice, como Collor fez. Na hora da dificuldade, ela pegou a bicicleta e saiu pedalando sozinha, em vez de se cercar de aliados", declarou o deputado Heráclito Fortes, do PSB.

A ex-ministra Maria do Rosário, do PT, ouviu o rival sem discordar. "O Congresso não estava acostumado a uma figura tão austera na Presidência. Essas coisas não deviam ter importância, mas vão acabar contando muito", ela previu.* Era a véspera da votação do impeachment.

26/04/2016
O último traidor

Ao anunciar a criação do PSD, Gilberto Kassab informou que o partido não seria "nem de direita, nem de esquerda, nem de centro". Parecia piada, mas era uma declaração de princípios — ou da total ausência deles. Desde que registrou a sigla, o ex-prefeito fornece apoio a todo tipo de candidato, sem distinguir ideologia ou cor da camisa.

Em 2012, ele se aliou ao tucano José Serra na eleição paulistana. Em 2014, abraçou a petista Dilma Rousseff na corrida presidencial. Fracassou ao tentar uma cadeira no Senado, mas foi recompensado com um cargo mais valioso: o Ministério das Cidades, que controla repasses para obras de saneamento e habitação.

O ex-prefeito não se contentou em comandar um orçamento bilionário e voar nos jatinhos da FAB. No início do novo governo, apresentou ao Planalto

---

* Conversei com os dois rivais no cafezinho da Câmara, colado ao plenário onde se discutia o futuro de Dilma.

o projeto de criar mais uma legenda amorfa. A ideia encantou o ministro Aloizio Mercadante, que pontificava como o principal articulador político da presidente. Assim nasceria o novo PL, com a missão de filiar o maior número possível de parlamentares e esvaziar o velho PMDB.

O sonho durou pouco. A dupla Michel Temer e Eduardo Cunha farejou o risco e aprovou mudanças na lei eleitoral, abatendo o avião de Kassab antes da decolagem. O episódio desgastou Dilma com o maior partido do Congresso e deu um pretexto para o vice-presidente e o chefe da Câmara tramarem sua derrubada.

Enquanto o impeachment avançava, o ministro se reaproximou discretamente dos políticos que havia tentado sabotar. A poucos dias da votação decisiva, perguntei a um antigo aliado de Temer como ele se comportaria. "O Kassab? Este vai ser o último a trair", respondeu o peemedebista.

O dono do PSD pediu demissão na noite de sexta. No domingo, seu partido deu 29 votos "sim" e garantiu a aprovação do impeachment na Câmara. No feriadão de Tiradentes, o ex-prefeito foi visto no Palácio do Jaburu, onde o vice negocia a distribuição de cargos no futuro governo.

27/04/2016
"É propina mesmo"

Enquanto o impeachment corre como uma lebre, o processo contra Eduardo Cunha caminha a passos de tartaruga. Ontem a investigação conseguiu avançar alguns milímetros. Com quase seis meses de atraso, o Conselho de Ética finalmente ouviu o lobista Fernando Baiano, testemunha-chave na acusação contra o correntista suíço.

Foi por pouco. Até a semana passada, o peemedebista tentava barrar o depoimento. Chegou a dizer que a sessão seria um "desperdício de dinheiro público". A Câmara só emitiu as passagens aéreas para o delator quando o presidente do conselho ameaçou reservar os bilhetes com dinheiro do próprio bolso.

Baiano confirmou o que já havia declarado à Justiça Federal. Disse que se reuniu "mais de dez vezes" com Cunha e contou ter levado 4 milhões de reais em dinheiro vivo ao escritório do deputado, no centro do Rio. Ele também relatou visitas ao gabinete e à casa do peemedebista num condomínio da Barra da Tijuca.

Condenado a dezesseis anos de prisão na Lava Jato, ele tentou evitar o uso da palavra "propina" ao descrever os pagamentos ao presidente da Câmara. O deputado Sandro Alex, do PPS, protestou. "Chama-se propina pagamento a um político para liberação de dinheiro levado da Petrobras. É o termo que usamos aqui nessa comissão. Chama-se propina", disse.

Baiano ensaiou mais um drible, mas deu o braço a torcer. "Eu falei que nunca tratei com o deputado Eduardo Cunha falando esse termo 'propina'. Agora, que é propina, é. É vantagem indevida, é propina. É isso mesmo", afirmou o lobista.

O processo contra Cunha já bateu um recorde. É o mais longo da história da Câmara, arrastando-se há mais de 170 dias. Se depender do advogado Marcelo Nobre, nem mil relatos de pagamento de propina serão suficientes para cassar o deputado. "A denúncia que estamos tratando aqui é se Cunha mentiu ou não para a CPI da Petrobras, não sobre vantagem indevida", ele declarou.

28/04/2016
A utopia das Diretas

Enquanto Michel Temer nomeia e demite ministros de um governo que ainda não começou, cresce o número de políticos interessados em abreviar sua permanência no palácio. A ideia é reviver a campanha das Diretas Já, forçando a antecipação das eleições presidenciais previstas para 2018.

Ontem duas reuniões trataram do assunto. Em Brasília, um grupo de senadores tentou engajar o ex-presidente Lula na causa. No Rio, a ex-senadora Marina Silva pediria o apoio de artistas e intelectuais, em encontro na casa da atriz Cássia Kis.

Os defensores das novas Diretas sustentam que Temer não terá legitimidade nem apoio popular para governar. Como a permanência de Dilma Rousseff se tornou uma hipótese remota, a melhor saída seria devolver o poder de decisão ao eleitor.

O vice-presidente não quer nem ouvir falar na proposta. Na terça-feira, ele se apropriou do discurso dos petistas e disse que a antecipação das eleições seria um "golpe" porque não está previsto na Constituição. Há apenas quatro meses, o mesmo Temer defendia a adoção de um regime "semiparlamentarista", que também não aparece na Carta.

Aliados pressionam Dilma a abraçar a tese. Ela teria um prazo curtíssimo, de duas semanas, para enviar a proposta ao Congresso antes que o Senado vote seu afastamento.

A ideia das novas Diretas parece utópica, para não dizer inviável. Para aprová-la por emenda constitucional, seria necessário convencer três quintos do Senado e da Câmara, onde a presidente acaba de sofrer uma derrota acachapante.

O único cenário possível seria o de um fracasso rápido e retumbante de Temer, seguido por uma gigantesca mobilização popular. Ocorre que o vice ainda nem sentou na cadeira, e a bandeira das novas eleições precisaria ganhar as ruas em tempo recorde.

Além disso, seria necessário unir forças rivais em torno da causa. Será que alguém imagina ver Lula e Marina no mesmo palanque?

29/04/2016
A lição de Erundina ao STF

Em dezembro do ano passado, o Supremo Tribunal Federal recebeu um pedido para afastar o deputado Eduardo Cunha da presidência da Câmara. O procurador-geral da República, Rodrigo Janot, sustentou que a medida era necessária e urgente para proteger a Lava Jato e a "dignidade do Parlamento".

Enquanto fosse mantido no cargo, escreveu Janot, o peemedebista continuaria a usá-lo "em benefício próprio e de seu grupo criminoso, com a finalidade de obstruir e tumultuar as investigações". Em 183 páginas, o procurador acusou o deputado de "destruir provas, pressionar testemunhas e intimidar vítimas".

"É imperioso que a Suprema Corte do Brasil garanta o regular funcionamento das instituições, o que somente será possível se [...] adotada a medida de afastamento do deputado Eduardo Cunha", afirmou Janot.

Apesar do pedido de urgência, os juízes do STF saíram de férias sem analisar o documento. Voltaram em fevereiro, mas a ação continuou na gaveta, onde adormece há 135 dias. Neste período, alguns ministros da corte foram à TV dizer que as instituições estão funcionando. Nunca explicaram por que o pedido para afastar Cunha ainda não foi julgado.

Enquanto o Supremo lavou as mãos, o deputado recuperou força política ao chefiar o processo de impeachment contra Dilma Rousseff. Conseguiu uma trégua da oposição e encorajou aliados a falarem abertamente numa "anistia" para salvá-lo.

Na quarta-feira, Cunha retomou uma prática antiga. Derrotado num debate que opunha a bancada evangélica à minoria feminina na Câmara, parou a sessão e forçou o plenário a votar de novo até reverter o resultado, em prejuízo das mulheres.

A deputada Luiza Erundina, do PSOL, subiu à presidência para protestar. O peemedebista se levantou, e ela se sentou por alguns minutos na cadeira que ele não deveria mais ocupar. Aos 81 anos, a paraibana deu uma lição aos ministros do Supremo que continuam de braços cruzados.

01/05/2016
Euforia e realidade

As primeiras notícias do governo Temer foram recebidas com festa e euforia pelos porta-vozes do PIB. O ainda vice-presidente promete um choque liberal na economia, com redução drástica dos gastos públicos e do tamanho do Estado.

Um novo plano elaborado por sua equipe fala em mudar a lei de licitações e em privatizar "tudo o que for possível". O anterior, batizado de "Ponte para o Futuro", defende a flexibilização das leis trabalhistas, o fim das despesas obrigatórias com a saúde e a desvinculação do salário mínimo aos benefícios sociais.

É difícil imaginar que algum candidato fosse eleito no Brasil com uma agenda assim, que faria muitos tucanos corar. Mas isso não vem ao caso, porque Temer não terá que consultar o povo para vestir a faixa.

Cada um é livre para torcer pelo projeto que lhe pareça melhor, mesmo que a preocupação com o próprio bolso venha antes do resto. No entanto, a prudência recomenda um olhar atento aos personagens do novo regime e um exame mínimo da viabilidade de suas promessas.

Quem sonha com uma máquina pilotada por técnicos apartidários, e livre dos vícios da era petista, vai acordar num país governado por deputados do PMDB e assemelhados.

A propaganda do corte de ministérios já começou a fazer água. Ontem a *Folha de S.Paulo* noticiou que o vice desistiu de reduzi-los a vinte para acomodar partidos que votaram pelo impeachment. A conta subiu para 26 e deve aumentar mais até a posse.

Há riscos de retrocesso em outros setores. A bancada evangélica, que se uniu para derrubar Dilma Rousseff, agora apresenta a fatura. Na quarta, Temer recebeu e orou com o pastor Silas Malafaia, conhecido pela pregação ultraconservadora na TV.

Ele cobrou o fim da distribuição de material didático que ensina as crianças a respeitarem a diversidade sexual. Dois dias depois, vazou-se que o vice deve entregar o Ministério da Educação ao DEM,* que abriga os políticos da igreja do pastor.

03/05/2016
Saída pela esquerda

Quase faltou tinta na caneta presidencial. No dia 1º de abril, Dilma Rousseff assinou nada menos que 25 decretos no Planalto. Desapropriou 35,5 mil hectares de terra para a reforma agrária e destinou outros 21 mil hectares a comunidades quilombolas.

Na mesma solenidade, ela liberou recursos para projetos de promoção da igualdade racial. Militantes do MST e do Movimento Negro, que andavam insatisfeitos com o governo, lotaram o maior salão do palácio e gritaram "Não vai ter golpe!".

"Entendemos que é uma retomada do processo da reforma agrária", declarou o presidente da Contag. Ele foi sutil. No primeiro mandato de Dilma, o país registrou o menor número de famílias assentadas desde a longínqua gestão de Itamar Franco.

---

* Temer entregaria o Ministério da Educação ao deputado Mendonça Filho, do DEM.

Ainda em abril, a presidente assinou decreto que permite aos transexuais usar o nome social no serviço público. Também participou de uma conferência LGBT. O setor estava irritado desde que ela vetou a distribuição de material didático contra a homofobia, no início de seu governo.

Na semana passada, a presidente assinou mais dois decretos de criação de reservas indígenas. Sua gestão foi uma decepção na área. A média de demarcações não era tão baixa desde o quinquênio de José Sarney.

Em cinco anos no poder, Dilma deu pouca atenção aos movimentos sociais e de minorias que ajudaram a elegê-la. Preferiu ceder às bancadas religiosas e ruralistas, que depois se uniriam a favor do impeachment.

Prestes a cair, a presidente ensaia uma guinada à esquerda. Não há mais tempo para agitar as ruas. Na melhor hipótese, ela terá plateia para aplaudi-la quando descer a rampa.

O procurador Rodrigo Janot levou 559 dias e quatro delações para decidir investigar Aécio Neves na Lava Jato. O senador foi citado pela primeira vez em 21 de outubro de 2014. Naquele dia, Alberto Youssef ligou o tucano a estranhezas em Furnas.

04/05/2016
Unidos contra a ciência

Dilma Rousseff e Michel Temer romperam relações, mas parecem ter se unido por um último objetivo em comum. A presidente e o vice decidiram humilhar os cientistas brasileiros, negociando as políticas para o setor no balcão de compra e venda de apoio parlamentar.

Há sete meses, Dilma entregou o Ministério da Ciência e Tecnologia a Celso Pansera, o pau-mandado do PMDB fluminense. O deputado entendia pouco da área, mas se revelou um profeta. Antes de ganhar o cargo em troca de votos, havia aberto um restaurante chamado Barganha.

Prestes a assumir a Presidência, Temer deu um passo para bater o recorde da ex-aliada. Ofereceu a pasta da ciência a um bispo da Igreja Universal, que prega o ensino do criacionismo e nega a teoria da evolução. A cadeira foi prometida a Marcos Pereira, presidente nacional do PRB.*

O objetivo do vice é garantir o apoio da Igreja e de seu partido, que tem 22 deputados e um senador. O PRB era aliado de Dilma, mas mudou de lado às vésperas do impeachment.

A escolha de um bispo para cuidar da ciência indica que a promessa de um "ministério de notáveis" não passou de propaganda enganosa do novo regime. Além disso, serve de mau presságio: tempos ainda mais obscuros parecem estar por vir.

Na mesma segunda-feira em que a transação veio à tona, a academia brasileira sofreu outro golpe doloroso. A neurocientista Suzana Herculano-Houzel, autora de estudos com repercussão internacional, anunciou que vai deixar o país. Pesquisadora da maltratada UFRJ, ela se cansou de lutar contra as condições precárias para a prática da ciência por aqui.

"Cheguei ao limite", desabafou a acadêmica à revista *piauí*. Ela ainda não devia ter lido os artigos do bispo Edir Macedo, futura eminência parda do setor. Num texto de 2009, ele chama o evolucionismo de "especulação", acusa Darwin de "confrontar a palavra de Deus" e diz que "os verdadeiros cristãos não precisam de teorias para sustentar sua fé".

05/05/2016
Tiros no velório

Se depender do ministro da Justiça, o governo vai cair atirando. A uma semana da votação do impeachment no Senado, Eugênio Aragão diz que a presidente é alvo de uma "acusação ridícula" e será afastada num processo "viciado".

Há cinquenta dias no cargo, o ministro volta a metralhadora contra a Procuradoria-Geral da República, o Supremo Tribunal Federal e o vice-presidente Michel Temer, prestes a assumir a cadeira de Dilma Rousseff.

---

* Sob críticas da comunidade científica, Temer desistiu da nomeação às vésperas de tomar posse. Ele remanejou o bispo para o Ministério da Indústria, Comércio Exterior e Serviços.

Procurador de carreira, Aragão se diz em "estado de choque" com a PGR, de onde se licenciou em março. Ele sustenta que não havia motivo para investigar a presidente e diz que o vazamento do pedido de abertura de inquérito foi uma "molecagem".

"Quem vazou isso teve um objetivo claro: interferir no processo político. Foi criminoso. O momento é muito grave para que as instituições se comportem como moleques", ataca. "As acusações chegam a ser pueris. É uma história sem pé nem cabeça. A presidente nunca fez nenhum pedido para obstruir investigações. Temos todos os motivos para acreditar que o processo é político."

Para o ministro, o STF foi conivente com abusos no processo de impeachment. "O Supremo lavou as mãos", critica. "Infringir o processo legal é muito grave, e ele está sendo violado o tempo todo. Mas só quiseram cuidar do aspecto formal."

Aragão também contesta as declarações de ministros do tribunal de que as instituições brasileiras estão funcionando bem. "É claro que não estão. Isso cheira a piada", afirma.

Ele se diz indignado com a desenvoltura de Temer, que distribui convites para seu futuro governo. "Isso é muito feio. É muito deselegante, para dizer o mínimo."

O ministro promete deixar um relatório de gestão, mas não transmitirá o cargo ao sucessor. "O que está sendo feito é um processo vil, um assalto a um governo constitucional. Não tem transição. O que tem, quando muito, é um velório", afirma, sobre o provável fim da era Dilma.

06/05/2016
Cunha tem razão

É estranho escrever isso, mas sou obrigado a concordar com Eduardo Cunha. Derrotado por 11 a 0 no Supremo, ele criticou o tribunal por ter levado quase cinco meses para decidir se deveria ou não afastá-lo. A Procuradoria apresentou o pedido em 16 de dezembro, em caráter de urgência. O ministro Teori Zavascki só concedeu a liminar ontem, após 141 dias de espera.

"Não havia mais urgência", disse o peemedebista. "Se havia urgência, por que levou seis meses?", perguntou, com a empáfia habitual.

Cunha tem razão ao questionar a demora, embora não tivesse mais legitimidade alguma para presidir a Câmara. Para o ministro Teori, sua presença no cargo era um risco às investigações da Lava Jato e "um pejorativo que conspirava contra a própria dignidade" da Câmara.

O relator concluiu que o deputado não possuía "condições pessoais mínimas" para permanecer na cadeira, em clara afronta aos "princípios de probidade e moralidade".

É tudo verdade, mas já era assim em dezembro, quando a Procuradoria recorreu ao Supremo. Enquanto o pedido de afastamento adormecia na corte, o correntista suíço comandou o processo de impeachment. É difícil dizer se o desfecho teria sido o mesmo sem sua presença na cadeira.

A derrocada tardia de Cunha não deve mudar o destino de Dilma Rousseff, mas terá impactos no provável governo Michel Temer. Aliados do vice dizem que ele está "aliviado" com o afastamento. É um discurso conveniente, que omite a velha aliança entre os dois e o potencial do deputado para tumultuar o novo regime.

Agora que está mais vulnerável, Cunha usará as armas de sempre para exigir proteção. Em uma mensagem interceptada pela Lava Jato, ele citou um repasse de 5 milhões de reais da OAS para Temer. Se quiser, terá mais a revelar. Como se diz em Brasília, o deputado dispõe de arsenal para fazer a maior delação premiada do mundo. Não é o tipo de alívio com o qual o PMDB gostaria de contar.

08/05/2016
O PT flerta com o autoengano

O PT deve ser apeado do Planalto daqui a três dias, com o afastamento da presidente Dilma Rousseff. A votação no Senado encerrará um ciclo de treze anos no poder, e o partido será despachado na manhã seguinte para a oposição.

Os petistas deveriam aproveitar o momento para pedir desculpas pelos descaminhos que aceleraram sua queda. Mas parecem mais preocupados com outras tarefas, como atacar o futuro governo Temer e tentar se descolar da presidente que sai de cena.

No dia 1º de maio, Lula alegou uma rouquidão para deixar a sucessora sozinha no palanque do Anhangabaú. Seus aliados têm alternado ataques públicos ao vice a queixas reservadas contra a presidente, a quem atribuem toda a culpa pelo impeachment.

Tratar Dilma como o único problema é escolher a via do autoengano. Ela pode ser a principal responsável pelos erros na política econômica, mas tem pouco a ver com a maré de escândalos que criou o ambiente para a derrubada do governo.

O cerco judicial ao PT voltou a se fechar na última semana. Na terça-feira, a Procuradoria-Geral da República denunciou Lula por tentativa de obstrução da Justiça. Na sexta, o governador de Minas Gerais, Fernando Pimentel, foi acusado de corrupção e lavagem de dinheiro para financiar a campanha de 2014.

Ele pode perder o cargo nos próximos dias. Se o Superior Tribunal de Justiça receber a denúncia, deverá ser afastado até o julgamento da ação penal. Por ironia, o vice-governador é um velho político do PMDB.

Ninguém espera que os petistas se imolem em praça pública, mas é improvável que a sigla sobreviva sem mudar as práticas e oferecer uma autocrítica convincente aos eleitores.

Quando o mensalão veio à tona, o ex-ministro Tarso Genro disse que o PT precisava se "refundar" e romper com a "cultura tolerante com a corrupção". O partido ignorou a cobrança e reforçou os laços com as empreiteiras. Deu nisso.

10/05/2016
Buzina neles!

"Eu vim para confundir, não vim para explicar". Abelardo Barbosa, o Chacrinha, seria o comentarista mais indicado para traduzir o noticiário político de hoje. Seu cassino televisivo parecia organizado perto do clima da anarquia que tomou o Congresso às vésperas da votação do impeachment.

Ontem o dia começou com uma surpresa. Waldir Maranhão,* o curioso substituto de Eduardo Cunha, anulou a abertura do processo contra Dilma

---

* Após o afastamento de Eduardo Cunha, Waldir Maranhão (PP-MA) virou presidente interino da Câmara. Político sem expressão, ele embarcou numa manobra do governo e anulou a sessão que abriu o processo de impeachment. Sua decisão não teve efeito: foi ignorada pelo presidente do Senado, Renan Calheiros (PMDB-AL).

Rousseff. A decisão foi recebida com festa no Planalto, onde ela comandava outra solenidade com cara de programa de auditório.

"Uh, é Maranhão! Uh, é Maranhão!", explodiram os estudantes. "Ô gente, eu não tenho garganta. Vou pedir um pouquinho de silêncio, depois nós tornamos a gritar", suplicou Dilma, sem sucesso. Alguém propôs ocupar os salões do palácio, mas a ideia foi abandonada a tempo.

Na Câmara, os defensores do impeachment bufavam contra o presidente interino. Líderes que silenciaram quando ele protegia Cunha agora esbravejavam contra o canetaço a favor de Dilma. Em poucos minutos, deputados da oposição prometeram cassar-lhe o mandato e expulsá-lo do partido. Mais um pouco e ameaçariam raspar seu frondoso bigode.

O circo logo se instalou no Senado. Quando Renan Calheiros chegou, a tribuna era ocupada por Zezé Perrela, o do helicóptero.* Ele definiu o ato de Maranhão como um "surto de psicopatia". "A galinha já está morta", prosseguiu. O tumulto era tão grande que ninguém prestou atenção.

No auge da bagunça, Renan fez um anúncio: "Vou suspender a sessão por dois minutos para que vossas excelências gritem em paz". Os senadores da oposição, que o tratavam como um despachante do governo, aplaudiram de pé quando ele prometeu tocar o impeachment adiante.

Tudo seria engraçado se o futuro do país não estivesse sendo decidido por esses personagens. Chacrinha não está mais aqui para nos ajudar, mas podia ter deixado a buzina.

11/05/2016
O governo que não começou

Ninguém espera surpresas na sessão convocada para determinar, hoje, o afastamento da presidente da República. Os senadores tratam a votação decisiva como uma mera formalidade. O impeachment será aprovado por ampla

---

* Dirigente de futebol e aliado de Aécio Neves, Perrela era suplente e virou senador na vaga de Itamar Franco, morto em 2011. Em novembro de 2013, a PF apreendeu mais de quatrocentos quilos de cocaína num helicóptero de sua família que sobrevoava o Espírito Santo. Ele não foi responsabilizado.

maioria, e Dilma Rousseff perderá o cargo dois anos e sete meses antes do fim do mandato.

Os governistas entrarão no plenário para cumprir tabela, como jogadores de um time que já foi rebaixado, mas precisa fazer figuração até o fim do campeonato. Pelas contas do Planalto, a presidente não deverá ter mais de vinte votos. Precisava garantir o dobro para se segurar na cadeira.

A folga não se deve à qualidade da denúncia ou aos longos debates no Senado. Dilma será afastada porque seu destino já foi selado na Câmara, quase um mês atrás, e porque a classe política formou um novo arranjo de poder que exclui o PT. Quase todos os partidos que lotearam a Esplanada nos últimos treze anos continuarão no mesmo lugar. A oposição voltará a ser governo, e o Planalto passará às mãos do PMDB, agora sem intermediários.

De alguma forma, o segundo governo Dilma terminará sem ter começado. Desde a reeleição, em 2014, a presidente foi tragada por uma espiral de crise e impopularidade. Ela rasgou os compromissos da campanha, fracassou ao copiar a política econômica dos adversários e sucumbiu à soma dos próprios erros com as trapaças de um Congresso cada vez mais fisiológico e conservador.

A agonia teve um desfecho tragicômico nesta semana, com a tentativa de anular o impeachment pela canetada de um deputado do baixo clero. O fiasco da operação resume a inabilidade do governo. No último lance pela sobrevivência, o Planalto confiou a sorte ao folclórico Waldir Maranhão. A manobra foi ridicularizada, e o palhaço Tiririca tirou o bigode para não ser confundido com o aliado derradeiro do petismo.* É um fim melancólico, que nem os rivais da presidente deveriam desejar.

12/05/2016
Cenas de um velório

No dia da votação do impeachment no Senado, o Palácio do Planalto ficou em clima de velório. Os corredores, sempre agitados pelo vaivém de

---

* Em 2010, o palhaço Tiririca (PR-SP) se tornou o deputado federal mais votado do país. Ele recebeu 1,3 milhão de votos com o bordão "Pior que tá, não fica". Em 2014, reelegeu-se como o segundo mais votado.

funcionários e jornalistas, viveram horas de monotonia e silêncio. O Salão Nobre, escuro e deserto, não parecia o palco dos atos barulhentos de apoio ao mandato de Dilma Rousseff.

A presidente acordou cedo como sempre, mas trocou a pedalada por um passeio protegido pelas grades do Alvorada. Depois recebeu ministros no gabinete de trabalho. Enquanto tratava de detalhes da despedida, servidores limpavam gavetas e enchiam caixas com documentos pessoais e lembranças.

Assessores que perderão os cargos no *Diário Oficial* de hoje conversavam sobre o futuro e a volta às cidades de origem. As secretárias passavam as últimas ligações, e o pessoal da limpeza arrastava sacos de lixo cheios de papel picado.

Com o destino político selado, só restou a Dilma escolher a porta de saída do palácio. Ela descartou a ideia de descer a rampa e optou por uma alternativa mais discreta: a portaria principal. Segundo auxiliares, vai caminhar em direção à praça dos Três Poderes, cumprimentar militantes e partir de carro rumo ao exílio na residência oficial.

A rampa foi descartada por dois motivos. O primeiro, a recusa de Lula, que não quis acompanhá-la numa cerimônia teatral de despedida. O segundo, a tentativa de não passar a imagem de fim definitivo do governo. Afastada por até 180 dias, Dilma acalenta a esperança de voltar ao cargo após o julgamento final no Senado. A maior parte de seus aliados pensa ser um sonho impossível.

À noite, antes de deixar o Planalto, a presidente apareceu na janela ao lado do chefe de gabinete, Jaques Wagner. Ele abriu a persiana, e os dois olharam para a pista vazia, interditada ao tráfego. Os manifestantes esperados pela polícia não apareceram. Talvez nem o ministro saiba o que a chefe pensou antes de ir embora.

4. Ordem e progresso

O Senado varou a madrugada para selar o destino de Dilma Rousseff. Às 6h34 da manhã do dia 12 de maio, após quase 22 horas de sessão, o painel eletrônico estampou o resultado antecipado pelos jornais. A presidente foi afastada por 55 votos a 22.

Dilma chegou ao Planalto pela última vez às 9h48. Ela se fechou no gabinete com ministros e assessores mais próximos para esperar a notificação oficial. A sala já estava pronta para mudar de inquilino. Três dias antes, funcionários haviam recolhido seus pertences pessoais, incluindo os retratos dos netos.

O ex-presidente Lula não subiu ao gabinete. Encontrou Dilma no térreo do palácio e, com o semblante fechado, passou a acompanhá-la na despedida. Na praça dos Três Poderes, militantes do PT sacudiam bandeiras da campanha de Dilma e exibiam cartazes com uma promessa que não se confirmou: "Voltaremos".

À tarde, a posse de Michel Temer trouxe de volta ao palácio dezenas de políticos que haviam passado os últimos treze anos na oposição. O vice assumiu como presidente interino e anunciou o novo lema do governo: "Ordem e progresso".

13/05/2016
Direita, volver

BRASÍLIA — A posse de Michel Temer deve marcar a mais brusca guinada ideológica na Presidência da República desde que o marechal Castelo Branco vestiu a faixa, em abril de 1964. Após treze anos de governos reformistas do PT, o país passa ao comando de uma aliança com discurso liberal na economia e conservador em todo o resto. O eleitor não foi consultado sobre as mudanças.

O cavalo de pau fica claro na escalação do ministério, que sugere desprezo à representação política das minorias. Ao substituir a primeira presidente mulher, Temer montou uma equipe só de homens, o que não acontecia desde a era Geisel. Os negros também foram barrados na Esplanada.

O Ministério da Educação foi entregue ao DEM, partido que entrou no Supremo contra as ações afirmativas.* A pasta do Desenvolvimento Social, responsável pelo Bolsa Família, acabou nas mãos de um deputado do PMDB que já se referiu ao benefício como uma "coleira política".

---

* O DEM pediu ao Supremo que declarasse inconstitucionais as cotas para negros e pardos em universidades públicas. Em abril de 2012, o tribunal negou a ação do partido, em votação unânime.

Para a Justiça, Temer escolheu o secretário de Segurança de São Paulo. Ele assume com explicações a dar sobre violência policial e maquiagem de estatísticas de criminalidade.

A fauna do Planalto também mudou radicalmente em poucas horas. Além dos políticos que restaram ao seu lado, Dilma Rousseff se despediu cercada por gente de esquerda, como sindicalistas, ex-presos políticos e militantes de movimentos sociais.

A chegada de Temer encheu o palácio de representantes da direita brucutu do Congresso, como os deputados Alberto Fraga e Laerte Bessa, da bancada da bala, e o ruralista Luis Carlos Heinze, que já se referiu a quilombolas, índios e homossexuais como "tudo que não presta".

Depois do pronunciamento de estreia, o presidente interino se reuniu a portas fechadas com líderes religiosos e parlamentares evangélicos. Estavam presentes os pastores Silas Malafaia e Marco Feliciano, que defendem ideias como o projeto da "cura gay".* Eles voltaram para casa entusiasmados com o novo regime.

15/05/2016
O pato e as panelas

As manifestações a favor do impeachment usaram dois símbolos além do verde e amarelo da bandeira: as panelas — batidas em protesto contra a corrupção — e o pato da Fiesp, mascote da campanha pela redução dos impostos.

Se este era o sentido das ruas, Michel Temer começou o governo interino dirigindo na contramão. Nos primeiros dias de presidente, ele nomeou políticos sob suspeita e indicou que vai elevar a carga tributária.

A nova Esplanada tem ao menos três ministros citados na Lava Jato. O titular do Planejamento, Romero Jucá, responde a dois inquéritos no Supremo

---

* Os pastores ficaram furiosos com a coluna. Em vídeo na internet, Malafaia chamou o autor de "abestado", "esquerdopata otário" e "miquinho adestrado do ativismo gay". Amigo de Eduardo Cunha, ele seria alvo da Operação Timóteo da PF, em dezembro de 2016. Foi indiciado por suspeita de lavagem de dinheiro.

Tribunal Federal. Ele é suspeito de receber propina em obras da Petrobras e da Eletronuclear.

O ministro do Turismo, Henrique Eduardo Alves, é alvo de dois pedidos de inquérito que ainda não foram analisados pelo STF. Seu nome circula nos papéis da OAS. Léo Pinheiro, o falante ex-presidente da empreiteira, já fez acordo de delação.

A OAS também liga a Lava Jato ao novo ministro da Secretaria de Governo, Geddel Vieira Lima. O ex-deputado é citado em mensagens sobre a liberação de empréstimos da Caixa, da qual foi vice-presidente.

Os três peemedebistas negam ter se beneficiado do petrolão e poderão se defender no Supremo, longe de Curitiba. Jucá já tinha foro privilegiado por ser senador. Alves e Geddel ganharam a proteção agora, ao serem nomeados ministros.

Temer também pegou a contramão da rua ao sugerir, pela voz do novo chefe da Fazenda, que elevará impostos para reequilibrar as contas públicas. "Caso seja necessário um tributo, ele será aplicado", prescreveu o dr. Henrique Meirelles. O remédio escolhido deve ser a velha CPMF, alvo da campanha da Fiesp.

As próximas semanas permitirão saber se a indignação contra a corrupção e os impostos era mesmo apartidária. Na outra hipótese, ela se limitava à corrupção e aos impostos patrocinados pelo PT. Até aqui, o pato e as panelas não se manifestaram.

17/05/2016
Diplomacia do porrete

No primeiro dia como ministro das Relações Exteriores, o tucano José Serra adotou uma linha pouco diplomática. Em duas notas oficiais, ele atacou os governos de cinco países e a direção da União das Nações Sul-Americanas, a Unasul.

O chanceler estreante se irritou com críticas ao processo que afastou Dilma Rousseff e promoveu seu novo chefe, Michel Temer. Na primeira nota, Serra mirou os governos de Bolívia, Cuba, Equador, Nicarágua e Venezuela. Ele acusou os cinco países de "propagarem falsidades sobre o processo político interno no Brasil".

A segunda nota foi um petardo contra o secretário-geral da Unasul. O ministro acusou Ernesto Samper de usar "argumentos errôneos", fazer "interpretações falsas" e expressar "juízos de valor infundados".

Para Serra, os comentários do colombiano seriam "incompatíveis com as funções que exerce e com o mandato que recebeu". Samper reagiu com ironia. "Fizeram o impeachment da presidente do Brasil, agora querem o impeachment do secretário-geral da Unasul", disse, segundo o jornal *Valor Econômico*.

Nesta segunda, o chanceler retomou a artilharia. O alvo da vez foi El Salvador, que suspendeu os contatos com o Brasil. O Itamaraty chegou a insinuar uma represália econômica, lembrando que o pequeno país é "o maior beneficiário" de cooperação brasileira na América Central.

A beligerância de Serra tem um sentido óbvio. Nomeado para uma pasta de pouca visibilidade, ele já conseguiu se projetar e garantir espaço nos jornais. A exposição é parte essencial do seu plano de ressurgir como candidato à Presidência da República em 2018 — pela terceira vez e não necessariamente no PSDB.

O tom inaugural do chanceler empolgou aliados, mas preocupou muitos diplomatas experientes. Parte da força do Brasil no exterior se deve ao esforço para manter a neutralidade e dialogar com todos os países. Essa aposta no *soft power* não combina com uma diplomacia do porrete.

18/05/2016
De recuo em recuo

Antes de assumir, Michel Temer anunciou que diminuiria o número de ministérios. Pressionado pelos partidos que apoiaram o impeachment, voltou atrás na decisão. Criticado pela imprensa, recuou do recuo.

Produziu um factoide e um problema. Deixou de poupar dinheiro público, porque a economia com os cortes foi irrelevante, e comprou uma guerra com a classe artística ao reduzir o Ministério da Cultura a um guichê da pasta da Educação.

O peemedebista também informou que montaria uma equipe de notáveis. Vazou convites a figuras de prestígio, mas sucumbiu outra vez ao apetite dos políticos.

Acabou por repetir o modelo de loteamento das gestões petistas, carimbando indicações partidárias sem examinar o currículo dos escolhidos. De quebra, garantiu proteção a citados na Lava Jato.

O vaivém da montagem do governo tem se repetido nos primeiros dias de interinidade. Temer e seus ministros batem cabeça, e propostas anunciadas à imprensa são abandonadas em menos de 24 horas.

Na segunda-feira, o novo ministro da Justiça defendeu mudanças no processo de escolha do procurador-geral da República. A ideia foi interpretada como uma ameaça à independência do Ministério Público. O presidente desautorizou o auxiliar, que foi obrigado a voltar atrás.*

Nesta terça o ministro da Saúde mexeu em outro vespeiro ao propor a "revisão" do tamanho do SUS. Diante da repercussão negativa, precisou recuar. Entre a ida e a vinda, soube-se que Temer entregou a saúde pública a um deputado que teve a campanha financiada por planos privados.**

Aliados do peemedebista alegam que a sucessão de tropeços era inevitável, já que ele precisou montar o governo às pressas. A explicação não resiste a um exame do calendário. Desde que Temer declarou que o país precisava de alguém para "reunificá-lo", insinuando-se para a cadeira presidencial, passaram-se mais de nove meses. É o tempo de uma gestação.

19/05/2016
O amigo oculto do presidente

Num discurso famoso, a presidente afastada disse que atrás de toda criança existe uma figura oculta, que é o cachorro.*** Nos últimos dias, os brasileiros estão percebendo que atrás do presidente interino existe uma figura nem tão oculta. É o Eduardo Cunha.

---

* "Temer desautoriza ministro e diz que manterá lista tríplice para a PGR." Portal G1, 16 maio 2016.
** "Ministro da Saúde recua e diz não ser preciso rever o tamanho do SUS." *Folha de S.Paulo*, 17 maio 2016.
*** Palavras de Dilma durante visita a Porto Alegre, em outubro de 2013: "O Dia da Criança é dia da mãe, do pai e das professoras, mas também é o dia dos animais. Sempre que você olha uma criança, há sempre uma figura oculta, que é um cachorro atrás, o que é algo muito importante".

Mesmo afastado da Câmara por decisão do Supremo, o correntista suíço está dando as cartas no governo de Michel Temer, seu velho aliado. Emplacou o advogado na Casa Civil. Emplacou um assessor na Secretaria de Governo. Emplacou um aliado como ministro dos Transportes.

Ajudou a emplacar outro advogado como ministro da Justiça. O escolhido vai comandar a Polícia Federal, que investiga políticos suspeitos de corrupção. Alguém pensou em conflito de interesses?

Agora Cunha deu a demonstração definitiva da ascendência sobre Temer. Emplacou André Moura, o mais fiel de seus escudeiros, como líder do governo na Câmara. Ele terá carta branca para negociar e dar entrevistas em nome do presidente.

Investigado na Lava Jato, Moura tem um prontuário de dar inveja ao padrinho. É réu em três ações penais no Supremo, acusado de desvio de verba. Responde a mais três inquéritos, um deles por tentativa de homicídio. Foi condenado por improbidade após torrar dinheiro público para promover um churrasco.

Filiado ao nanico PSC, o deputado gosta de ser chamado de André Cunha, tamanha a intimidade com o chefe. O petista Paulo Teixeira o batizou com outro apelido: Lambe-botas. As botas de Cunha, é claro.

A escolha indignou até deputados que apoiaram o impeachment. Jarbas Vasconcelos, do PMDB, definiu a nomeação como "um escárnio".

Ao promover o pau-mandado, Temer se apresenta ao país como um refém de Cunha. Se ele pretende terceirizar o governo ao correntista suíço, deveria entregar logo as chaves do palácio. Questionado sobre os processos, Moura disse não ter "nada a temer". É verdade. Nós é que temos.

20/05/2016
As verdades de Cunha

Com o broche de deputado na lapela, apesar de estar com o mandato suspenso por decisão do Supremo Tribunal Federal, Eduardo Cunha voltou ontem à Câmara para falar ao Conselho de Ética.

Em quase sete horas de depoimento, negou ter mentido aos colegas, negou ter recebido propina, negou ter contas no exterior e negou que esteja dando as cartas no governo Michel Temer. A sessão terminou antes que negasse o próprio nome.

"Eu não tenho conta no exterior", iniciou Cunha, ignorando tudo o que já foi revelado por procuradores do Brasil e da Suíça. O relator perguntou por que o nome da mãe dele era a senha registrada em formulários do banco Julius Baer. "Não é minha autoria. Não é minha letra", respondeu, sem mover um músculo da face.

E por que o lobista João Henriques, preso na Lava Jato, disse ter transferido 1 milhão de dólares para sua conta na Suíça?, questionou um deputado. "Isso não faz parte da representação", desconversou Cunha.

O peemedebista insistiu na versão de que os milhões na Suíça não são dele, e sim de um truste. "O truste não tem dono, não é conta, não é investimento, não é patrimônio. O truste é uma bênção!", ironizou o deputado Sandro Alex, do PSD. "Não existe bênção", respondeu Cunha, dono de uma empresa chamada Jesus.com.

"Se o dinheiro dessa conta compra um vinho de mil dólares, eu pergunto: quem bebe o vinho, o senhor ou o truste?", provocou Júlio Delgado, do PSB. O depoente fingiu não ouvir.

Em meio a tantas negativas, Cunha também ajudou a deixar algumas coisas mais explícitas. Depois de emplacar uma série de aliados no governo Temer, ele disse não ser responsável por nenhuma nomeação.

"Não tem um alfinete indicado neste governo por Eduardo Cunha", afirmou, falando de si mesmo na terceira pessoa. "Eu não indiquei nem indico ninguém. Mas se o tivesse feito, eu teria legitimidade, porque é o meu partido que está no poder."

Será que agora ficou claro?

22/05/2016
Um golpe no SUS

O PP exigiu o Ministério da Saúde para votar contra o impeachment. Não levou. Depois exigiu o Ministério da Saúde para votar a favor do impeachment. Levou.

A junta de salvação nacional entregou a pasta ao deputado Ricardo Barros. Ele não é médico, mas parece entender de operações. É tesoureiro do partido que tem mais políticos investigados pela Lava Jato.

O novo ministro estreou com uma polêmica. Em entrevista à *Folha de S.Paulo*, disse que é preciso rever o tamanho do SUS. A repórter Cláudia Collucci lembrou que o direito universal à saúde está previsto na Constituição.

"Nós não vamos conseguir sustentar o nível de direitos que a Constituição determina", respondeu Barros. Faltou explicar se a ideia é fechar hospitais ou cortar o fornecimento de remédios aos doentes.

Repreendido pelo Planalto, o ministro voltou atrás. Passou a dizer que o SUS é uma "garantia absoluta" do cidadão. No dia seguinte, novo susto. Barros declarou que não pretende fiscalizar a qualidade dos planos de saúde. "Ninguém é obrigado a contratar. Não cabe ao ministério controlar isso", afirmou ao jornal *O Estado de S. Paulo*.

O ministro parece indiferente aos pacientes, mas demonstra sensibilidade com os financiadores de campanha. Seu maior doador preside uma administradora de planos de saúde. A empresa é registrada na ANS, a agência federal criada para fiscalizar o setor. Será que ele já ouviu falar?

As ideias de Barros têm assustado profissionais da saúde. Em nota, o conselho da Fundação Oswaldo Cruz afirmou que suas declarações causam "profunda preocupação".

Para a professora Ligia Bahia, da UFRJ, "um bom ministro precisa pedir recursos e ser solidário com o sofrimento do povo. Ele está fazendo o contrário", critica. A doutora já andava desanimada com os rumos do governo Dilma. Agora define o início da gestão Temer como "um desastre total". "Já é possível ver um golpe no SUS", alerta.

24/05/2016
A solução mais fácil

Dois políticos em fuga discutem uma saída para escapar da polícia. "Tem que resolver essa porra. Tem que mudar o governo para poder estancar essa sangria", diz o mais afoito. "Tem que ser uma coisa política e rápida", emenda o colega.

A conversa avança em tom de urgência. "Tem que demorar três ou quatro meses no máximo", afirma o primeiro interlocutor. É a deixa para o outro fazer a proposta: "Rapaz, a solução mais fácil é botar o Michel". Assim foi feito. E foi fácil mesmo.

O diálogo entre Romero Jucá e Sérgio Machado ajudará os historiadores do futuro a explicar o impeachment de 2016.* O desastre na gestão da economia, as trapalhadas na articulação política e as prisões de dirigentes do PT ajudaram a empurrar Dilma para a beira do abismo.

Mas o medo do camburão, que deu o tom da conversa, foi o fator decisivo para estilhaçar a aliança parlamentar que sustentava o petismo. Esse medo alçou Michel Temer ao comando do que já se chamou, com elegância, de novo bloco de poder.

A gravação revelada pela *Folha* atesta como os investigados viram no impeachment a "solução mais fácil" para frear a Lava Jato, que ameaçava desmontar todo o sistema partidário.

"É um acordo. Botar o Michel num grande acordo nacional", diz Machado. "Com o Supremo, com tudo", responde Jucá. "Com tudo. Aí parava tudo", continua o ex-presidente da Transpetro. "É, delimitava onde está. Pronto", arremata o senador.

A queda de Jucá, que durou apenas doze dias como ministro da junta de salvação nacional, é a consequência menos importante do episódio. Agora é preciso esclarecer as questões que o grampo deixou no ar.

As delações dos empreiteiros são mesmo "seletivas", como afirma Jucá? Ministros do Supremo teriam aceitado participar de um acordão, como sugere o senador? O que os comandantes militares prometeram "garantir"? E Temer, o que pretendia fazer com a Lava Jato em nome de um "grande acordo nacional"?

25/05/2016
O silêncio de Temer

Em discurso para as câmeras de TV, o presidente interino deu um tapa na mesa, citou cinco vezes a palavra "moralidade" e disse que já "tratou" com

---

* "Em diálogo, Jucá fala em pacto para deter avanço da Lava Jato." *Folha de S.Paulo*, 23 maio 2016.

bandidos. Ficou devendo uma explicação sobre o grampo de Romero Jucá, que durou apenas doze dias em seu ministério.

Na véspera, sem transmissão ao vivo, Michel Temer cobriu o aliado de palavras elogiosas. Em nota, exaltou "o trabalho competente e a dedicação" de Jucá. Enalteceu sua "excepcional formulação", seu "correto diagnóstico" da crise e "sua imensa capacidade política". Parecia um discurso de entrega de medalha, mas era o anúncio da demissão do auxiliar.

Jucá caiu por causa da gravação, revelada pelo repórter Rubens Valente, em que discutia um "pacto" para "estancar a sangria" causada pela Lava Jato. Temer não opinou sobre a conversa. Dois de seus ministros saíram em defesa do peemedebista.

O chanceler José Serra disse que Jucá teve um "excelente desempenho como ministro", apesar da breve passagem pelo cargo. "O que espero é que ele resolva os problemas que o levaram a pedir licença e volte. É meu sincero desejo", afirmou. O chefe da Casa Civil, Eliseu Padilha, também lamentou a saída: "A equipe perde, espero que temporariamente, um dos seus grandes players".

Revigorado, Jucá voltou ao Senado e chamou os críticos de "atrasados", "irresponsáveis" e "babacas". "O presidente Michel Temer pediu que eu continuasse no ministério", acrescentou. O relato foi seguido por um novo silêncio presidencial.

O ministro Gilmar Mendes vai assumir a presidência da Segunda Turma do STF, responsável pelas ações da Lava Jato. No último dia 26, ele votou a favor da libertação do empreiteiro Marcelo Odebrecht. Há duas semanas, paralisou o inquérito contra o senador Aécio Neves. Nesta terça, perguntaram a ele se o senador Romero Jucá tentou obstruir as investigações. "Não vi isso", respondeu.

26/05/2016
O novo homem-bomba

Sérgio Machado, o novo delator da praça, é um exemplar típico do "*Homo brasiliensis*". Filho de político, dono de uma emissora de TV, não teve dificuldade para comprar a entrada no Congresso.

Começou no PMDB, elegeu-se deputado e senador pelo PSDB e voltou ao partido de origem para disputar o governo do Ceará, em 2002. Derrotado nas urnas, recorreu à proteção de amigos para continuar no poder.

Assim que o PT chegou ao Planalto, o senador Renan Calheiros o indicou para presidir a Transpetro, a subsidiária de transportes da Petrobras. Machado chefiou a estatal por doze anos. Só caiu em fevereiro de 2015, depois de sucessivas licenças para tentar escapar do foco da Lava Jato.

A tática da submersão não deu certo. Os procuradores continuaram a cercá-lo, acumulando indícios de corrupção. Quando a prisão se tornou iminente, o peemedebista resolveu virar delator. Pôs um gravador no bolso e saiu à caça de frases que comprometessem os padrinhos.

Sua primeira gravação derrubou o senador Romero Jucá do Ministério do Planejamento. Nesta quarta, surgiram novas fitas envolvendo Renan e o ex-presidente José Sarney. Investigadores dizem que é só o começo. Machado teria produzido mais provas contra políticos de diferentes partidos.

Embora o principal alvo seja o PMDB de Michel Temer, PSDB e PT não têm muito o que comemorar. Na conversa com Jucá, Machado afirma que o tucano Aécio Neves será "o primeiro a ser comido" pela Lava Jato.

Em outra gravação entregue ao Ministério Público, Sarney diz ao ex-presidente da Transpetro que Dilma Rousseff estaria "envolvida diretamente" num pedido de doações à Odebrecht. Não é possível saber a que campanha ele se refere.

O novo homem-bomba conhece os segredos de mais gente em Brasília. O ex-senador Delcídio do Amaral disse que sua delação vai "parecer a Disney" perto do que Machado ainda tem a revelar. Pelo clima de tensão na capital, ele pode estar certo.

27/05/2016
O partido do presidente

Para quem temia que a Lava Jato parasse com o afastamento de Dilma Rousseff, não deixa de ser uma boa surpresa. Desde que a presidente foi removida do cargo, a operação se aproximou como nunca do comando do PMDB.

O partido de Michel Temer acaba de sofrer abalos em seus dois núcleos de poder: o da Câmara e o do Senado. Foi a partir deles que o peemedebismo organizou o impeachment para destronar o PT e assumir o governo sem intermediários.

Na Câmara, a legenda está acéfala desde o afastamento de Eduardo Cunha, determinado no dia 5 pelo Supremo Tribunal Federal. Sua sucessão ainda está indefinida, mas tudo indica que um deputado de outra sigla assumirá a presidência.

No Senado, a investigação produziu as primeiras baixas nesta semana, com a delação de Sérgio Machado. As fitas do ex-presidente da Transpetro já derrubaram Romero Jucá do ministério de Temer. Agora comprometem o equilibrista Renan Calheiros e o imortal José Sarney.

Os novos diálogos revelados ontem mostram que os peemedebistas não apostaram apenas no impeachment como arma para frear as investigações. Eles também tentaram domesticar Teori Zavascki, relator dos processos da Lava Jato no Supremo.

No principal trecho divulgado pela TV Globo, Renan e Sarney discutem uma estratégia para influenciar o ministro. Os dois citam um advogado e um ex-presidente do STJ como possíveis aliados na operação.

O avanço das investigações sobre o PMDB é um fator a mais de instabilidade para o governo interino. Por isso, o Planalto quer acelerar o calendário do impeachment e evitar o surgimento de novas surpresas.

No primeiro discurso na nova função, Temer elogiou a Lava Jato e prometeu "protegê-la". Ele também disse que zelaria pela "moral pública". Logo depois, escolheu como líder do governo um deputado que é réu em três ações penais e investigado por tentativa de homicídio.

31/05/2016
Presidente a reboque

O governo Temer não completou três semanas e já sofreu a segunda baixa. Fabiano Silveira, o desconhecido ministro da Transparência, Fiscalização e Controle, está fora da Esplanada. Voltará ao anonimato antes de ter saído dele.

O motivo da queda parece uma piada de mau gosto sobre a bagunça geral em Brasília: o ministro encarregado de combater a corrupção foi flagrado em conversas para melar a Lava Jato. Em áudios divulgados pela TV Globo, ele critica a operação e orienta o senador Renan Calheiros, seu padrinho político, a despistar os procuradores que o investigam.

Silveira ainda não era ministro, mas integrava o Conselho Nacional de Justiça. A função do órgão é fiscalizar o Judiciário, e não ajudar suspeitos a escapar das garras da lei.

O diálogo foi gravado por Sérgio Machado, o ex-presidente da Transpetro que assinou um acordo de delação premiada e se transformou no homem-bomba do governo interino. Ele já havia feito uma vítima na semana passada, quando Romero Jucá caiu do Ministério do Planejamento. O motivo foi outro grampo, no qual o senador defendia acelerar o impeachment para frear a Lava Jato.

A gravação do ministro da Transparência foi igualmente constrangedora para o presidente interino. Até a Transparência Internacional emitiu nota, direto de Berlim, cobrando que ele fosse defenestrado do cargo.

A diferença entre os dois episódios é que Temer, desta vez, tentou segurar o auxiliar. Não por apreço a ele, mas por medo de contrariar Renan, responsável por sua nomeação.

O Planalto chegou a dizer à imprensa que Silveira ficaria no cargo por decisão do presidente interino. No início da noite, foi surpreendido com a carta de demissão.

01/06/2016
Em nome do pai

O impeachment já vencia de lavada quando o presidente da Câmara chamou o 371º deputado ao púlpito de votação. Embrulhado numa bandeira do Brasil, o tucano Caio Nárcio se postou em silêncio diante do microfone. Num gesto teatral, ergueu o pavilhão acima da cabeça, deixou que o pano deslizasse pelos ombros e começou a discursar.

"Por um Brasil onde meu pai e meu avô diziam que decência e honestidade não era possibilidade, era obrigação. Por um Brasil onde os brasileiros tenham decência e honestidade", disse, com ar compungido.

O deputado mineiro voltou a silenciar, como se meditasse sobre o momento grave da República. Olhou para os lados, respirou fundo e elevou a voz. "Por Minas, pelo Brasil, para os jovens que estão lá fora nas ruas. Verás que um filho teu não foge à luta! Siiiiiiiiiim!", concluiu, com um berro.

Nesta segunda, o país voltou a ouvir falar na decência e na honestidade do pai de Caio. Ex-presidente do PSDB mineiro, Nárcio Rodrigues foi preso sob suspeita de corrupção. Ele é acusado de cobrar 1,5 milhão de reais em propina quando era secretário do governo Anastasia. O tucano é aliado do senador Aécio Neves, que já o definiu como "um dos mais completos homens públicos do seu tempo".

A história dos Nárcio não chega a ser uma novidade. Eleita pelo PSD mineiro, a deputada Raquel Muniz dedicou outro "sim" exaltado ao marido, prefeito de Montes Claros. "Meu voto [...] é para dizer que o Brasil tem jeito e o prefeito de Montes Claros mostra isso para todos nós", discursou. No dia seguinte, o homenageado foi preso pela Polícia Federal, acusado de desviar verbas da saúde.

Em março de 2015, o senador Aloysio Nunes surpreendeu eleitores ao se dizer contrário ao impeachment. "Não quero que o Brasil seja presidido pelo Michel Temer", justificou, com ar de quem sabia mais do que falava. Ontem o tucano foi apresentado como líder do governo Temer.

02/06/2016
Fraude escancarada

Depois de sete meses e dezenove dias, veio à luz, enfim, o relatório que pede a cassação de Eduardo Cunha. O parecer do deputado Marcos Rogério é categórico. Em resumo, ele afirma que o correntista suíço praticou fraudes escancaradas para esconder suas contas na Suíça.

O relator desmontou a ladainha segundo a qual as contas não seriam contas. Na defesa, Cunha se apresentou como mero "usufrutuário em vida" de ativos administrados por um truste. Questionado sobre a origem do dinheiro, disse ter acumulado fortuna como exportador de carne moída.

"Os trustes instituídos pelo deputado Eduardo Cunha representaram, na verdade, instrumentos para tornar viável a prática de fraudes: uma escancarada tentativa de dissimular a existência de bens [...] para esconder os frutos do recebimento de propinas", afirma o parecer.

O texto enumera provas da fraude. O deputado contratou um advogado suíço para tentar desbloquear as contas; o nome da mãe dele aparece como senha para mexer no dinheiro; os gastos nos cartões da família são "completamente incompatíveis" com a renda declarada.

O parecer termina com uma descrição das práticas de Cunha: "O representado desvirtuou o uso do cargo de deputado federal, utilizando-o com o propósito de achacar particulares, criando dificuldades para, posteriormente, vender facilidades".

Mesmo afastado do cargo pelo Supremo, o dono da Jesus.com continua a atuar ostensivamente para obstruir o processo. Já derrubou um relator, atacou o presidente do Conselho de Ética e patrocinou a troca de integrantes do colegiado. Agora sua tropa tenta substituir a cassação por uma pena mais branda, como a suspensão temporária do mandato.

Para se salvar, o correntista suíço aposta no apoio do governo de Michel Temer, aquele que promete não atrapalhar a Lava Jato. Na terça-feira, Cunha recebeu uma visita do ministro Geddel Vieira Lima, que despacha no quarto andar do Planalto.

03/06/2016
Sacrifícios para quem?

Na manhã de quarta, o professor Michel Temer deu mais uma lição sobre a necessidade de cortar gastos. "Aqui devo dizer aquilo que em momentos de dificuldades se diz: nós teremos sacrifícios", afirmou em solenidade no Planalto.

Algumas horas depois, o governo interino indicou que nem todos serão sacrificados. A pedido de Temer, a Câmara aprovou um pacote de catorze projetos que cria mais de 11 mil cargos e aumenta salários de 38 carreiras do funcionalismo público.

A pauta-bomba engorda quem já ganha muito e institui penduricalhos inusitados, como uma gratificação por desempenho para gente que já se aposentou. No Judiciário, o reajuste chegará a 41%. O salário dos ministros do Supremo Tribunal Federal subirá para 39,3 mil reais, com efeito cascata sobre outras categorias.

A equipe econômica não fez uma projeção oficial do custo das benesses, cujo impacto será de ao menos 58 bilhões de reais até 2019. Na semana passada, o ministro Henrique Meirelles reclamou do rombo deixado pelo petismo e elevou a previsão do déficit público para 170 bilhões.

Os projetos de reajuste foram enviados ao Congresso na gestão de Dilma Rousseff. Temer tinha a opção de engavetá-los, mas escolheu aprovar tudo a toque de caixa, sem maiores explicações ao contribuinte.

Aliados dizem que o cálculo do interino foi político, não econômico. Ele agradou o funcionalismo para tentar evitar greves e esvaziar novos protestos. De quebra, fez um afago no ministro Ricardo Lewandowski, que comandará a fase final do processo de impeachment no Senado.

O tucano Nelson Marchezan Jr. foi um dos raros deputados a protestar contra os aumentos. "O governo deu um péssimo sinal para o mercado e a sociedade. Nós afastamos uma presidente que gastou demais e agora estamos deixando o substituto a fazer o mesmo", critica. PSDB e PT votaram a favor dos reajustes. Ontem, Temer pediu uma salva de palmas ao Congresso pela aprovação do pacote.

05/06/2016
Mulher errada no lugar errado

Com raras exceções, Michel Temer montou um ministério que se divide entre trapalhões e investigados. No primeiro grupo estão políticos que tropeçam na própria língua, expõem o governo a vexames e são obrigados a voltar atrás. No segundo, os que vão dormir sem saber se acordarão com o despertador ou com uma visita da Polícia Federal.

Agora o presidente interino conseguiu encontrar uma auxiliar que joga nos dois times ao mesmo tempo. Trata-se de Fátima Pelaes, a nova chefe da Secretaria da Mulher.

A rigor, a ex-deputada nem integra o ministério. Embora as mulheres sejam maioria na população brasileira, Temer escalou uma equipe só de homens brancos, honrando as tradições da República Velha.

Diante das críticas, prometeu escolher uma "representante do mundo feminino" para a Cultura. Após ouvir ao menos cinco recusas, anunciou a recriação da Secretaria da Mulher, agora como órgão de segundo escalão. Lá instalou a ex-deputada do PMDB, que exerceu cinco mandatos e foi rejeitada pelo povo do Amapá ao tentar o sexto em 2014.

Pelaes é a mulher errada no lugar errado. Quando estava na Câmara, defendeu a proibição do aborto em casos de estupro, o que significa submeter a mulher violentada a uma nova violência em nome das crenças religiosas de terceiros. Depois recuou e prometeu respeitar a lei em vigor, que permite a interrupção da gravidez nessas situações.

O vaivém garantiu a vaga da peemedebista no time dos trapalhões. Depois o repórter Leandro Colon revelou que ela também é investigada num escândalo de desvio de emendas parlamentares. O Ministério Público a acusa de integrar uma "articulação criminosa" que garfou 4 milhões de reais do Ministério do Turismo. Procurada, Pelaes disse estar "tranquila de que tudo será esclarecido".

A reportagem foi publicada pela *Folha de S.Paulo* na sexta. No mesmo dia, o *Diário Oficial* estampou a nomeação da nova auxiliar de Temer.

07/06/2016
Freio na guilhotina

O governo interino começou a semana com mais cabeças a prêmio. Na manhã de ontem, os candidatos à degola eram três: o ministro do Turismo, Henrique Eduardo Alves; a secretária da Mulher, Fátima Pelaes; e o advogado-geral da União, Fábio Medina Osório.

Alves voltou à mira da Lava Jato com a divulgação de um documento em que o procurador-geral da República, Rodrigo Janot, o acusa de receber verbas do "esquema criminoso montado na Petrobras".

Pelaes foi atingida por uma investigação sobre desvio de emendas parlamentares. Osório não sofreu acusações, mas virou alvo de intrigas no Planalto e no Jaburu.

Brasília amanheceu à espera de que Michel Temer demitisse ao menos um dos três auxiliares. Apesar da expectativa, o dia terminou sem demissões.

O presidente interino preferiu guardar a lâmina e não depositou nenhuma cabeça na bandeja.

Foi uma mudança de atitude em relação às últimas duas semanas, quando os ministros Romero Jucá e Fabiano Silveira perderam os cargos ao aparecer em grampos da Lava Jato. Desta vez, Temer arquivou a promessa de ser "implacável" e preservou o emprego dos subordinados.

O presidente foi aconselhado a aliviar por dois motivos. Por um lado, a série de demissões reforçava a ideia de que ele não é capaz de garantir a estabilidade que faltou a Dilma Rousseff. Por outro, os partidos estavam começando a se insurgir contra a fritura de seus indicados.

Como o governo está cheio de políticos sob suspeita, seria questão de tempo que Temer ficasse sem muita companhia no palácio. Na dúvida, ele parece ter seguido a dica de Noel Rosa no samba "Positivismo": "Também faleceu por ter pescoço/ O autor da guilhotina de Paris".

Notícia de ontem no site da *Folha de S.Paulo*: "Jurisprudência pode condenar Dilma e livrar Temer, aponta Gilmar Mendes".* Que surpresa, não?

08/06/2016
Terremoto no PMDB

BRASÍLIA — A Lava Jato mirou em quatro e acertou um: o PMDB. Com os pedidos de prisão revelados ontem, a operação fechou o cerco sobre o partido de Michel Temer. A ofensiva agrava o clima de instabilidade política e lança novas dúvidas sobre o futuro do governo interino.

A Procuradoria requereu a prisão preventiva dos peemedebistas mais poderosos do Congresso: o presidente do Senado, Renan Calheiros, o presidente da Câmara, Eduardo Cunha, e o presidente em exercício do partido, Romero Jucá. Completa o quarteto o ex-presidente José Sarney, que ainda influencia acordos e votações.

* Presidente do TSE, Gilmar lançou a tese de que o tribunal poderia dividir o julgamento da chapa Dilma-Temer, cassando a titular (Dilma) e salvando o vice (Temer).

O terremoto só não produziu mais estragos porque o Supremo ainda não decidiu sobre as prisões. É de se esperar que a corte não demore os mesmos 141 dias que levou até julgar o afastamento do correntista suíço.

Renan, Jucá e Sarney entraram na mira por causa das gravações de Sérgio Machado. Para o Ministério Público, os áudios atestam que eles agiram para melar a Lava Jato. Os procuradores afirmam ter outras provas da tentativa de obstruir a Justiça, que é negada pelos investigados.

Cunha é acusado de desrespeitar a decisão que o afastou da presidência da Câmara. O noticiário desta terça mostrou que ele continua a dar ordens no Conselho de Ética, onde é julgado por quebra de decoro.

Aliados de Temer tentam atenuar os danos do terremoto ao interino. Eles alegam que os pedidos de prisão transferiram o foco da crise do Planalto para o Congresso. É uma análise incompleta, porque o tremor pode derrubar pilares que sustentam a maioria parlamentar do governo.

O PT também não tem razões para comemorar a desgraça do PMDB. Com a iminência de novas delações, os dois partidos podem estar apenas se revezando na mira da Lava Jato.

"O Brasil conhece a minha trajetória, o meu cuidado no trato da coisa pública, a minha verdadeira devoção à Justiça." Palavras de José Sarney.

09/06/2016
O Japonês se deu mal

Está ficando difícil para os humoristas. Na manhã de ontem, o noticiário voltou a surpreender quem vive da criação de piadas. A Polícia Federal prendeu o Japonês da Federal, responsável por escolher os detentos da Lava Jato.

O agente Newton Ishii se tornou a face mais visível da megaoperação. Sempre de preto, com colete à prova de balas e indefectíveis óculos escuros, ele ficou famoso ao conduzir políticos, empreiteiros e ex-diretores da Petrobras à carceragem em Curitiba.

Seu álbum inclui fotos ao lado de réus ilustres como José Dirceu, Marcelo Odebrecht e Nestor Cerveró. A cada prisão de impacto, o "Japonês" se projetou como o braço da lei que consegue alcançar os poderosos.

Com o tempo, Ishii ganhou status de celebridade. Seu rosto foi replicado em milhares de máscaras de carnaval. Uma marchinha celebrou a imagem de implacável: "Ai, meu Deus/ Me dei mal/ Bateu à minha porta o Japonês da Federal!".

Muitos políticos aproveitaram a chance de faturar. Quando o policial visitou o Congresso, deputados fizeram fila para pedir selfies. Ele também demonstrou senso de oportunidade, insinuando planos de se candidatar nas próximas eleições.

Nesta semana, chegou a vez de Ishii ser recolhido ao xadrez. Ele foi condenado em segunda instância por facilitação de contrabando. O agente não é o primeiro e não será o último herói do combate à corrupção a cair nas malhas da Justiça, acusado de cometer outros desvios.

Depois dessa notícia, os humoristas brasileiros terão que se esforçar mais para competir com a vida real. O autor da marchinha famosa já arriscou um novo refrão: "Ai, meu Deus/ Se deu mal/ Foi preso em Curitiba o Japonês da Federal!".

O que Michel Temer tem a dizer sobre o pedido de prisão contra os principais líderes de seu partido? E sobre as manobras do aliado Eduardo Cunha para escapar da cassação?

10/06/2016
A Câmara que se lixa

Em 2009, o deputado Sérgio Moraes, do PTB gaúcho, atraiu holofotes ao defender um colega acusado de desvio de verba de gabinete. Questionado sobre as críticas, ele deu de ombros: "Estou me lixando para a opinião pública".

Sete anos depois, Moraes continua na Câmara. Também continua se lixando para o que os outros pensam dele. O petebista é um dos integrantes do Conselho de Ética que devem votar a favor da absolvição de Eduardo Cunha na próxima terça-feira.

Nos últimos dias, a Lava Jato moveu novas peças para encurralar o correntista suíço. Em Brasília, o procurador Rodrigo Janot pediu sua prisão preventiva por obstrução da Justiça. Em Curitiba, o juiz Sergio Moro recebeu denúncia contra a esposa dele, Cláudia Cruz, por lavagem de dinheiro e evasão de divisas.

A residência oficial da Câmara passou a ser habitada por dois réus: Cunha, processado no Supremo, e Cruz, na 13ª Vara Criminal do Paraná.

A nova denúncia acusa a ex-apresentadora de torrar cerca de 3 milhões de reais em artigos de grife no exterior. Segundo os procuradores, a gastança com bolsas, sapatos e vestidos foi bancada com propinas do petrolão.

Para Moro, Cunha e a esposa "são verdadeiros titulares das contas secretas no exterior". Em nota, o deputado disse que os milhões na Suíça "nada têm a ver com quaisquer recursos ilícitos ou recebimento de vantagem indevida".

O peemedebista tem repetido que vai escapar da cassação. O presidente do Conselho de Ética afirma que o governo interino "entrou no jogo" para salvar seu mandato. A maioria deve ser assegurada com o voto de Tia Eron, deputada do PRB baiano eleita pela máquina da Igreja Universal.

A blindagem tende a não durar muito, porque as condenações de Cunha e da esposa parecem ser questão de tempo. A Câmara ainda pode evitar o vexame de absolvê-lo, mas parece estar se lixando para a opinião pública e para a Justiça.

12/06/2016
Voltar para quê?

Hoje, completa-se um mês desde que Dilma Rousseff assinou a notificação do impeachment, deixou o Palácio do Planalto e se recolheu ao Alvorada. Na temporada de exílio, ela criticou o substituto e prometeu lutar para voltar à Presidência. Faltou responder a uma pergunta: voltar para quê?

Dilma deve uma explicação sobre o que pretende fazer na hipótese, por ora improvável, de o Senado revogar o seu afastamento. Na noite de quinta-feira, surgiu uma pista. Em entrevista à TV Brasil, ela indicou que convocaria um plebiscito sobre a realização de novas eleições.

"A consulta popular é o único meio de lavar e enxaguar essa lambança que está sendo o governo Temer", disse. "Eu acho que pode ser um plebiscito de alguma forma. Eu não vou aqui dar o menu total, mas essa é uma coisa que está sendo muito discutida", acrescentou.

Parte da esquerda sonha com uma volta em que Dilma retome o programa de 2014, que ela abandonou depois de se reeleger. Há dois problemas: o dinheiro para cumprir as promessas acabou e o Congresso deve impedi-la de governar.

A presidente foi afastada por 71,5% dos deputados e 67,9% dos senadores. No papel, ela só precisa virar cinco votos no Senado para enterrar o processo de impeachment. Na prática, teria que reconquistar mais de uma centena de parlamentares para reassumir com condições mínimas de tocar a máquina.

Ainda faltaria contabilizar a reação das ruas e o impacto de novas delações da Lava Jato. Dilma parece ter se dado conta das dificuldades, porque passou a admitir a alternativa de voltar ao poder para abrir mão dele, convocando novas eleições.

A alta rejeição ao presidente interino pode fortalecer essa bandeira, mas ela demandará um consenso mínimo entre os insatisfeitos e a coragem de enfrentar as urnas. Na noite de sexta, o ex-presidente Lula discursou para uma multidão na avenida Paulista, mas preferiu evitar o assunto.

15/06/2016
Cunha na fogueira

Meu cliente não tem conta na Suíça, não mentiu ao Conselho de Ética e não quebrou o decoro parlamentar. Quem ligou a TV durante a fala do advogado Marcelo Nobre deve ter pensado que ele fazia a defesa de um santo. Mas o sujeito das frases era Eduardo Cunha, o presidente afastado da Câmara.

A tropa do peemedebista chegou perto de propor sua canonização. O deputado Sérgio Moraes, do PTB, comparou o aliado à famosa heroína francesa. "Joana D'Arc foi queimada. Passou-se o tempo e ela virou santa", disse. "Se a população ficar contra nós, paciência", prosseguiu, antecipando o voto a favor do aliado.

Depois de oito meses de manobras, os cunhistas chegaram confiantes à votação. O correntista suíço contava com o apoio de Tia Eron, eleita pela máquina da Igreja Universal, para vencer a batalha no conselho. Ela sofreu forte pressão de seu partido, o PRB, que controla o Ministério do Desenvolvimento. Em seguida, a pena de cassação seria trocada por uma suspensão temporária.

A deputada indicou que cumpriria o roteiro, mas surpreendeu ao votar contra Cunha. O anúncio levou a uma cena inusitada. O anedótico Wladimir Costa, que havia acabado de elogiar o presidente afastado da Câmara, deu uma pirueta e se juntou à maioria favorável ao relatório.*

A deserção de última hora serviu como aviso: o chamado baixo clero, que obedecia cegamente às ordens de Cunha, começou a abandoná-lo. Agora a disputa vai ao plenário, onde o peemedebista comandou o impeachment em abril. A votação é aberta, e ele deverá ser cassado pela massa que costumava manobrar.

A dúvida em Brasília não é mais se Cunha sobrevive, e sim o que ele fará quando se vir arremessado na fogueira. O deputado, que não é santo, passou meses repetindo que não arderia sozinho na brasa. Se decidir contar o que sabe, ele tem potencial para carbonizar mais algumas dezenas de políticos. Isso explica o clima de apreensão no governo interino.

16/06/2016
Nuvens negras sobre o Planalto

A delação de Sérgio Machado instalou a bomba da Lava Jato sob a cadeira de Michel Temer. Depois de uma estreia tumultuada, o governo começava a desviar as nuvens negras da crise para o Congresso. Agora o tempo volta a se fechar sobre o Planalto, com uma acusação grave e direta ao presidente interino.

O ex-presidente da Transpetro afirma que Temer pediu dinheiro de propina para a campanha do afilhado Gabriel Chalita.** Segundo o delator, a conta foi empurrada à Queiroz Galvão, uma das empreiteiras mais comprometidas no petrolão.

"O contexto da conversa deixava claro que o que Michel Temer estava ajustando com o depoente era que este solicitasse recursos ilícitos das empresas que tinham contratos com a Transpetro na forma de doação oficial", afirma a delação de Machado.

O ex-senador diz que a negociação aconteceu na base aérea de Brasília, um cenário que o interino costuma usar para conversas reservadas. Temer já

---

* O relatório a favor da cassação de Cunha foi aprovado por 11 votos a 9.
** Segundo Machado, Temer pediu 1,5 milhão de reais para a campanha de Chalita.

havia sido citado por outros delatores, mas esta é a primeira vez que ele é diretamente acusado de pedir dinheiro ilegal para campanhas.

Em nota, o presidente afirmou que o relato é "absolutamente inverídico" e que "sempre respeitou estritamente os limites legais para buscar recursos". É impossível não ouvir o eco do discurso de outros políticos encrencados na Lava Jato.

A delação de Machado também complica o governo interino ao agravar a instabilidade da aliança que o sustenta no Congresso. Toda a cúpula do PMDB foi atingida, dos senadores Renan Calheiros e Romero Jucá ao ex-presidente José Sarney.

Os presidentes do PSDB, Aécio Neves, e do DEM, José Agripino, também entraram na mira. Os dois ajudaram a articular o impeachment e participaram da montagem do ministério de Temer. O caso do tucano parece o mais grave. Ao acusá-lo de financiar cerca de cinquenta deputados para comandar a Câmara, Machado sugere que Eduardo Cunha não inventou nada — foi apenas um aprendiz.

17/06/2016
Delatado e indignado

Michel Temer recorreu a uma velha tática para rebater a delação de Sérgio Machado. Apontado como beneficiário do esquema de corrupção na Petrobras, o presidente interino se disse indignado e passou a acusar o acusador. Apresentou-se como vítima de um depoimento "irresponsável", "leviano", "mentiroso" e "criminoso".

"Eu falo em primeiro lugar como homem, como ser humano", disse Temer, com o dedo indicador em riste. "Quero me dirigir à minha família, quero me dirigir aos muitos amigos e conhecidos que tenho no Brasil", prosseguiu. "Esta leviandade não pode prevalecer."

Sobrou retórica, mas faltou esclarecer o teor das acusações. Temer se recusou a responder perguntas e saiu apressado assim que terminou a declaração oficial. Deixou de falar sobre questões como o relato da propina de 1,5 milhão de reais, o encontro na base aérea de Brasília e as ligações com o ex-presidente da Transpetro, o novo homem-bomba da Lava Jato.

Quem ouviu o presidente interino se referir ao acusador como "sr. Machado" pode ter ficado com a impressão de que os dois se conhecem de vista. Não é bem assim. Delator e delatado são correligionários há mais de uma década. Temer comanda o PMDB desde 2001. O ex-senador se filiou ao partido no mesmo ano.

O Planalto preparava um pronunciamento para a noite desta sexta, em cadeia de rádio e TV. A ideia era evitar os problemas da Lava Jato e vender um discurso otimista sobre a economia, como se o governo se limitasse ao Ministério da Fazenda. Machado melou o plano, e Temer precisou antecipar a fala. Pelo menos escapou do apitaço que já começava a ser organizado nas redes sociais.

Antes de se despedir, o presidente disse que a delação não ia "embaraçar a atividade governamental". A promessa durou pouco. Horas depois, a queda de seu terceiro ministro alvejado pela Lava Jato* foi anunciada. Um embaraço e tanto para quem está há apenas 36 dias no cargo.

21/06/2016
A tentação da delação

A praia do Futuro é uma das mais procuradas por quem gosta de relaxar ao sol de Fortaleza. Em torno de suas areias cresceu o bairro Dunas, endereço de mansões protegidas por muros altos e cercas eletrificadas. É numa delas que repousa Sérgio Machado, o ex-presidente da Transpetro que abastecia políticos com dinheiro do petrolão.

Depois de delatar os comparsas, o peemedebista foi premiado com o regime de prisão domiciliar. Não passou um único dia na cadeia e foi autorizado a se recolher ao conforto do lar, onde poderá matar o tempo entre a piscina, a quadra poliesportiva e a churrasqueira. Ele ainda terá autorização para sair de casa em ao menos oito datas até 2018, quando se livrará da tornozeleira eletrônica.

Machado não é o único réu do petrolão a levar uma doce vida depois de fechar acordo de delação com a Lava Jato. Paulo Roberto Costa, o ex-diretor

---

* O então ministro do Turismo, Henrique Eduardo Alves, tornou-se a primeira vítima da delação de Sérgio Machado.

da Petrobras, habita um condomínio exclusivo em Itaipava, na região serrana do Rio. É vizinho de altos executivos e de um ministro do Supremo, que acumulou patrimônio como advogado de renome.

Pedro Barusco, o ex-gerente da estatal que organizava planilhas de propina, aproveita o mar em Angra dos Reis. No ano passado, foi fotografado à vontade numa cadeira de praia, dando baforadas num charuto e tomando cerveja. Ele cumpre pena em regime aberto, que dispensa a companhia da tornozeleira.

Eduardo Cunha, o deputado, levou uma vida de milionário no período em que a Petrobras era saqueada — na certa, uma coincidência. Hospedou-se nos hotéis mais caros do mundo, jantou nos melhores restaurantes e colecionou carros importados, alguns registrados no nome da empresa Jesus.com.

Agora Cunha está ameaçado de prisão e ouve conselhos para oferecer uma delação à Lava Jato, hipótese que assombra figurões no Congresso e no governo interino. Os exemplos de Machado, Costa e Barusco devem ajudá-lo a decidir.

22/06/2016
O réu comentarista

O anúncio teve ar de suspense. Afastado da Câmara por decisão do Supremo, Eduardo Cunha convocou a imprensa para uma coletiva sem antecipar o assunto. O Congresso se preparou para uma bomba, mas a montanha pariu um rato. Ou um "papabiru", como PC Farias costumava chamar o pupilo.

Cunha não renunciou, não confessou, não delatou e não contou nada de novo. Num monólogo de uma hora e meia, repetiu os argumentos de sua defesa e fez um retrospecto da própria carreira. Ainda encontrou tempo para criticar os adversários e dissertar sobre temas diversos, como a última eleição presidencial.

Sem os afazeres do mandato, o deputado tenta se reocupar como réu comentarista. O problema é que há cada vez menos gente disposta a ouvi-lo. Os canais de telejornalismo transmitiram o início da fala, mas cortaram o sinal quando perceberam que não haveria nenhuma notícia relevante.

A cobertura ao vivo só continuou na TV Câmara, que não tinha justificativa para estar no local. O peemedebista teve o mandato suspenso e não exerce atividade parlamentar há um mês e meio. A presença da emissora oficial foi uma nova prova de que ele continua a dar ordens na Casa, embora esteja proibido de pisar lá.

A discurseira teve passagens curiosas. Cunha alegou que está sofrendo ameaças, embora não tenha registrado ocorrência porque "não fica fazendo drama". Depois admitiu sua influência no governo Temer, para recuar em seguida. "Qual o crime de ter nomeado quem quer que seja? Nomear é motivo de prisão? Mas eu não nomeei ninguém", disse. Em outro momento, deu o recado que desejava: "Eu não tenho o que delatar".

A entrevista não rendeu manchetes, mas serviu para mostrar como o correntista suíço está isolado. Até outro dia, ele só andava cercado por uma tropa de choque. Ontem apenas dois deputados apareceram no local marcado, sem se sentar a seu lado. Cunha discursou sozinho, cercado por cinco cadeiras vazias.

23/06/2016
A regra do jogo

O escândalo do mensalão mostrou por que tantos políticos se estapeiam pelo controle de estatais. A disputa pelas empresas públicas é parte do jogo sujo das eleições. Os órgãos mais cobiçados são chamados de "fabriquinhas". Produzem milhões de incentivos para bancar partidos e campanhas.

Quem nomeia passa a influir em contratos e licitações. Também garante acesso privilegiado aos fornecedores, que pagam pedágios e retribuem favores com doações. Assim funciona a parceria ancestral entre políticos e empreiteiros, foco das investigações da Lava Jato.

A regra é tão conhecida que passou a ser vista como o padrão normal da política. "Alguém imaginava que os partidos disputavam diretorias de estatais para fazerem coisa boa?", ironizou ontem o ministro Luís Roberto Barroso, em julgamento no Supremo Tribunal Federal.

A corte discutia o caso do deputado Eduardo Cunha, que virou réu pela segunda vez sob a acusação de desviar dinheiro da Petrobras para as contas que ele diz não ter na Suíça.

"Isso faz parte da rotina brasileira há muito tempo. O propósito era este mesmo: desviar recursos", afirmou Barroso, ao comentar a guerra por cargos na estatal. "É triste. Dá uma sensação muito ruim de que o jogo é jogado de uma forma muito feia."

Apesar do diagnóstico sombrio, o ministro concluiu o voto com uma mensagem positiva. "Há uma coisa nova acontecendo no Brasil. Não é mais aceitável desviar dinheiro público, seja para o financiamento eleitoral ou para o próprio bolso", disse.

Ele lembrou que a sociedade já deixou de ser tolerante com outros males antigos, como o racismo e a violência contra a mulher. "Estamos vivendo o fim de uma era de aceitação do inaceitável", afirmou.

Gostaria de compartilhar do otimismo do ministro, mas as ofertas de Dilma Rousseff para barrar o impeachment e de Michel Temer para aprová-lo sugerem que a regra do jogo ainda não mudou.

24/06/2016
A prisão que atrapalha Dilma

É cada vez mais difícil ver PT e PMDB dizendo a mesma coisa. Os ex-aliados voltaram a concordar ontem ao avaliar os efeitos da prisão do ex-ministro Paulo Bernardo. Nos dois partidos, a ação policial foi vista como um baque na defesa de Dilma Rousseff no Senado.

O ex-ministro é marido da petista Gleisi Hoffmann, uma das vozes mais ativas na comissão do impeachment. Ex-chefe da Casa Civil, a senadora continua a desempenhar o papel de escudeira de Dilma. Ela costuma se sentar na primeira fila e não perde uma chance de discursar a favor da presidente afastada.

Para o governo interino, a prisão de Paulo Bernardo vai abalar o moral da tropa dilmista. A ação ocorre num momento em que o noticiário policial se voltava contra o PMDB de Michel Temer. Por isso, a desgraça do ex-ministro foi motivo de comemoração discreta no Planalto.

No front petista, a reação foi de perplexidade e desânimo. "Isso vai dar um alívio para o Temer e uma desarticulada na gente", comentou um senador, em conversa reservada.

Em público, a ordem foi questionar as razões da prisão temporária. A liderança do PT no Senado classificou a decisão como "abuso de poder". Em nota, o partido sugeriu uma ação coordenada para encobrir "fatos gravíssimos de corrupção que atingem diretamente o governo".

Além de atingir a imagem de Gleisi, a nova operação da Polícia Federal resvala na gestão de Dilma. Os investigadores relataram um esquema que teria desviado verbas federais até o ano passado.*

A prisão de Paulo Bernardo produziu outra união entre políticos que estão em lados opostos na batalha do impeachment. Líderes de vários partidos reclamaram da entrada da PF num prédio habitado por senadores. Muitos acordaram assustados com o barulho de um helicóptero nas primeiras horas da manhã. Como as investigações não param, ninguém sabe quem receberá a próxima visita indesejada.

30/06/2016
A aliada improvável

Na noite de 11 de abril, a comissão especial da Câmara aprovou o parecer favorável ao impeachment. Enquanto os deputados batiam boca em Brasília, milhares de petistas e simpatizantes faziam um ato em defesa de Dilma Rousseff no Rio. A multidão gritou palavras de ordem a favor da presidente e se uniu num coro: "Fora, Kátia Abreu!".

O alvo era a ministra da Agricultura, prócer da bancada ruralista filiada ao PMDB de Michel Temer. Dois meses e meio depois, os petistas não se aventuram mais a atacá-la. Kátia desafiou o próprio partido e continuou no cargo enquanto a gestão Dilma desmoronava. Nesta terça, ela virou membro da comissão do impeachment do Senado para defender a presidente afastada.

Na estreia, a peemedebista disse que Dilma é vítima de "intolerância" e "incompreensão". Acrescentou que os decretos de crédito suplementar citados no pedido de impeachment também foram editados durante os governos Lula e FHC.

"Estou estudando muito, chamei até um professor de economia para tirar dúvidas", conta Kátia. "A opinião pública está dividida. Temos que lutar para virar o jogo."

---

* O ex-ministro foi preso sob suspeita de fraude em contratos de informática.

A senadora reconhece que não imaginava travar uma guerra política na mesma trincheira dos petistas. Dona de fazendas no Tocantins, ela chegou ao Congresso pelo velho PFL, fez oposição ferrenha a Lula e pediu votos para os tucanos José Serra e Geraldo Alckmin. Quando Dilma decidiu nomeá-la, o MST ocupou terras para protestar.

Agora, segundo aliados, a presidente passou a chamá-la de "queridinha do PT". "É surpreendente, né? Mas a vida é assim", diz Kátia. "O preconceito emburrece. Eu também tinha preconceito contra o PT."

A senadora promete continuar a defender Dilma, embora seu partido tenha chegado ao poder. "Não tenho nada contra Michel, mas não concordo com isso que está acontecendo", afirma. "Acredito na defesa dela e vou falar até a garganta secar."

06/07/2016
Novo Temer, velho Michel

Em campanha para se efetivar no cargo, o presidente interino adotou uma dupla personalidade. Para o público externo, ele tenta se vender como o novo Temer, um líder austero e comprometido com o ajuste fiscal. Para os políticos, continua a ser o velho Michel, especialista em barganhar cargos e verbas em troca de votos no Congresso.

O novo Temer buscou o apoio de empresários do agronegócio na segunda-feira, em São Paulo. Ele prometeu limitar o gasto público, pregou uma era de "muita contenção" e se disse pronto a anunciar "medidas, digamos assim, mais impopulares".

Faltou explicar o que isso significa, mas a plateia se deu por satisfeita com a manifestação de desprendimento. "As pessoas me perguntam: mas você não teme propor medidas impopulares? Não, meu objetivo não é eleitoral", recitou o peemedebista.

Ontem, em Brasília, o interino voltou a atuar como o velho Michel. Abriu o gabinete presidencial para uma comitiva de nove senadores e prometeu abrir o cofre para concluir um pacote de obras a serem escolhidas pelos próprios políticos. O objetivo da generosidade é claro: assegurar votos a favor do impeachment.

Fora do mundo da propaganda, o velho Michel está ganhando do novo Temer de goleada. Seu pacote bilionário de bondades já incluiu aumentos para o funcionalismo, alívio nas dívidas dos estados e uma ampla liberação de emendas parlamentares.

O economista Gil Castelo Branco, crítico da gastança no governo Dilma, aponta uma ação "completamente contraditória" com o discurso de austeridade. "Desde que ele [Temer] assumiu, o que temos, na verdade, é o crescimento de despesas", disse ao jornal *El País*.*

A dupla personalidade do interino também se manifesta na ocupação da máquina. O novo Temer promete conter indicações políticas e combater o "aparelhamento" da era petista. O velho Michel acaba de descolar uma chefia regional do Incra para o filho do deputado Paulinho da Força.

07/07/2016
Três homens de sorte

O deputado Fernando Giacobo, do PR, é um homem de sorte. Em 1997, ele ganhou doze vezes na loteria num intervalo de apenas quinze dias. A feliz coincidência lhe rendeu 443 mil reais, em valores atualizados. A Polícia Federal abriu inquérito para investigar o caso, mas o parlamentar não se abalou. Ele atribuiu a sequência de prêmios à graça divina. "Existe Deus, ele deu uma olhadinha lá e uma benzida", disse.**

Dezenove anos depois, o acaso voltou a sorrir para o deputado. Segundo vice-presidente da Câmara, ele cuidava de tarefas burocráticas como o ressarcimento de despesas médicas dos colegas. Em maio, Eduardo Cunha foi afastado e o vice Waldir Maranhão se inviabilizou. A cadeira da presidência sobrou para o afortunado Giacobo, que passou a comandar as sessões no plenário.

O deputado André Moura, do PSC, é outro homem de sorte. Réu em três ações penais, sob a acusação de desviar verbas públicas, ele continua a

---

* "Apesar do discurso de ajuste, Temer só eleva despesas desde que assumiu." *El País*, 4 jul. 2016.
** A declaração foi publicada pela *Folha de S.Paulo* em setembro de 2004.

desfrutar das mordomias do mandato. Sua ficha ainda inclui três inquéritos, um deles por tentativa de homicídio. Para completar, ele foi condenado por improbidade após usar verba pública num churrasco.

Numa democracia madura, um político com esse currículo não ocuparia nenhum cargo relevante enquanto não fosse inocentado de todas as acusações. No Brasil de 2016, Moura conseguiu ser promovido a líder do governo na Câmara.

Ontem Giacobo abriu a ordem do dia com a leitura de mensagens presidenciais. Encaminhados por Moura, os textos retiraram a urgência na tramitação de um pacote de projetos contra a corrupção. Com isso, o Planalto adiou a votação de medidas como a criminalização do caixa dois e a tipificação do crime de enriquecimento ilícito.

Se a manobra ocorresse em outro governo, o país seria varrido por uma onda de protestos e panelaços. Mas as mensagens foram assinadas por Michel Temer, que também é um homem de sorte.

08/07/2016
Chorando se foi

Na história recente do Brasil, é difícil encontrar outro personagem com a ousadia, a ganância e a ambição de Eduardo Cunha. As três características o ajudaram a se tornar um dos políticos mais poderosos das últimas décadas. Ao mesmo tempo, aceleraram sua queda, consumada ontem com sua renúncia à presidência da Câmara.

Cunha construiu a carreira nos bastidores, à sombra de padrinhos como Fernando Collor, Anthony Garotinho e Michel Temer. Aprendeu a manejar o submundo do Congresso e forjou alianças com lobistas e grandes empresários. Assim se transformou em intermediário entre os donos do dinheiro e políticos em busca de financiadores de campanha.

A desarticulação do governo Dilma abriu espaço para voos mais altos. O deputado farejou a oportunidade, candidatou-se à presidência da Câmara e impôs uma derrota humilhante ao Planalto. Ao assumir a cadeira, criou uma bancada particular maior do que qualquer partido e passou até a sonhar com a Presidência da República.

A Lava Jato interrompeu a ascensão meteórica, mas Cunha não jogou a toalha. Chantageou governo e oposição e, ao se sentir rifado pelo PT, abriu o processo de impeachment como ato deliberado de vingança.

A ousadia que o ajudou a abrir portas já havia começado a atrapalhá-lo. O deputado se fragilizou ao travar brigas simultâneas com o Planalto, o presidente do Senado e o procurador-geral da República. Conseguiu derrubar o governo, mas não foi capaz de parar as investigações. Ao virar a bola da vez, acabou abandonado pelos aliados de ocasião.

Sua queda era negociada havia semanas, mas ele insistia em negar as articulações. Ontem voltou a mentir ao dizer que sai para "pôr fim à instabilidade" na Câmara. Na verdade, seu único objetivo é tentar evitar a cassação e uma mudança forçada para Curitiba. No último ato, Cunha só surpreendeu numa coisa: conhecido pela frieza, embargou a voz e chorou diante das câmeras.

10/07/2016
Corrida ao pote

O próximo presidente da Câmara exercerá um mandato-tampão de apenas seis meses. Neste curto período, comandará uma Casa desmoralizada e esvaziada pelas eleições municipais. Será pressionado a proteger colegas em apuros e terá a vida devassada pela imprensa e pelos órgãos de investigação.

Não parece o melhor emprego do mundo, mas ao menos quinze deputados já se candidataram a ocupá-lo. A lista pode crescer nos próximos dias, embora ainda não se saiba ao certo nem a data da eleição.

A disputa começa com o favoritismo do centrão, que agrupa mais de duzentos deputados de siglas médias e pequenas. Essa massa partidária foi fermentada por Eduardo Cunha e resultou num bolo com o triplo do tamanho do PMDB. Seus principais ingredientes são o conservadorismo e a subordinação ao correntista suíço, que tenta salvar o mandato.

A mistura arrisca desandar pelo excesso de candidatos. Personagens pouco conhecidos até outro dia, como os cunhistas Rogério Rosso (PSD), Beto Mansur (PRB) e Fernando Giacobo (PR), tendem a roubar votos uns dos outros. No sentido figurado, é claro.

Correm por fora deputados como Rodrigo Maia (DEM) e Marcelo Castro (PMDB). Os dois têm histórico com o agora ex-presidente da Câmara, embora tenham se descolado dele recentemente. Ambos buscam apoio da esquerda, que não chega a uma centena de votos.

O governo interino finge não se envolver, mas fará o possível para emplacar um presidente dócil, que aprove as "medidas impopulares" anunciadas por Michel Temer. O pacote deve incluir a reforma da Previdência, o corte de direitos trabalhistas e o aumento de impostos.

Quem oferecer mais proteção a Cunha e mais segurança a Temer terá maiores chances de comandar a Câmara. A capacidade para resgatar o prestígio da Casa, que o correntista suíço atirou na lama, é o atributo menos lembrado na disputa.

12/07/2016
A anticandidata da esquerda

A disputa pela presidência da Câmara terá dois favoritos, alguns azarões e uma anticandidata: a deputada Luiza Erundina, do PSOL. Aos 81 anos, ela se lançou ontem como alternativa de esquerda à sucessão de Eduardo Cunha.

Sem chances reais de vencer, a ex-prefeita quer marcar posição contra o duelo entre Rogério Rosso, do PSD, e Rodrigo Maia, do DEM. Ela acusa os dois de participarem de um acordão com o Planalto para salvar o mandato do correntista suíço. "É um jogo de cartas marcadas. Um representa o Cunha, o outro, o Temer. E os dois representam o retrocesso", afirma.

A deputada decidiu se lançar quando parte do PT passou a negociar uma aliança com Maia. O ex-ministro Tarso Genro, principal voz da esquerda do partido, definiu a estratégia como "sombria e suicida".

Para Erundina, qualquer negociação com o DEM é "incompreensível". "Foi por causa desse pragmatismo absurdo que o PT e o governo Dilma chegaram ao ponto que chegaram", critica. "Estamos vendo um partido submisso e sem compromisso com sua história." Depois que conversamos, a sigla desistiu da aliança, mas não descartou apoiar Maia em caso de segundo turno contra Rosso.

Apesar das críticas ao PT, que deixou em 1998, Erundina busca votos dos ex-companheiros. Ela se reaproximou das bases do partido ao combater o impeachment e se refere ao governo Temer como "golpista" e "ilegítimo". A ex-prefeita também ataca o centrão, representado por Rosso e subordinado a Cunha: "É um ajuntamento de interesses fisiológicos e personalistas", afirma.

Recém-filiada ao PSOL, que tem apenas seis deputados, Erundina reconhece ter chances remotas na eleição da Câmara. A situação deve se repetir em outubro, quando ela voltará a disputar a Prefeitura de São Paulo. "Às vezes o processo é mais importante que o resultado. Esse jogo no Congresso precisa ser desmascarado. Nossa candidatura é para alertar a sociedade para isso", afirma.

13/07/2016
Efeito Orloff

Eduardo Cunha renunciou, chorou, mas não mudou. Ao reaparecer ontem na Câmara, o deputado afastado voltou a empunhar sua arma mais conhecida: a ameaça. Em tom agressivo, ele bateu na mesa, elevou a voz e disse que quem não ajudá-lo já pode entrar na fila do precipício. Nem parecia o político lacrimejante da semana passada.

Como a teoria dos trustes não engana mais ninguém, Cunha decidiu partir para o ataque. Disse que não é o único investigado na Câmara e que os algozes do presente correm o risco de virar as vítimas do futuro. Ele citou uma antiga propaganda de vodca para reforçar o aviso. "Hoje sou eu. É o efeito Orloff. Vocês, amanhã. Não tenho a menor dúvida", disse.

No anúncio dos anos 1980, o consumidor era aconselhado a comprar uma bebida mais cara para evitar a ressaca no dia seguinte. "Eu sou você amanhã", dizia o slogan. Cunha quer convencer os colegas de que é melhor pagar o preço de salvá-lo a enfrentar os custos de uma retaliação.

O correntista suíço conhece os esqueletos no armário de muitos colegas, mas suas ameaças não surtem mais o mesmo efeito. Ele perdeu a aura de imbatível e já foi abandonado por muitos aliados que o apoiaram até conseguir o impeachment. A votação no Conselho de Ética mostrou que a pressão para cassá-lo passou a falar mais alto que o medo de uma retaliação.

Os deputados costumam ter forte instinto de sobrevivência. Entre duas opções no bar, quase sempre sabem escolher a que dará menos dor de cabeça no dia seguinte.

14/07/2016
A saideira do Maranhão

Parecia impossível, mas a Câmara conseguiu produzir uma nova aberração depois do reinado de Eduardo Cunha. Foi a interinidade de Waldir Maranhão, o vice que assumiu a presidência depois do afastamento do correntista suíço.

Típico representante do baixo clero, a massa de deputados inexpressivos movida a cargos e vantagens, o maranhense teve uma gestão curta e marcante. Estreou com uma tentativa bizarra de anular o impeachment, foi ridicularizado pelas constantes trapalhadas e conseguiu desagradar esquerda, direita e centro.

Rejeitado por todas as siglas, Maranhão perdeu as condições mínimas para comandar o plenário. Outros deputados tiveram que improvisar um rodízio para substituí-lo na presidência, exercendo o estranho papel de interinos do interino.

Maranhão foi escolhido vice para não fazer sombra a Cunha. Enquanto o peemedebista estava no comando, cumpriu a missão à risca. Permaneceu calado e assinou pareceres sob medida para protelar o processo de cassação do chefe.

Depois que o Supremo afastou Cunha, Maranhão tentou se aliar ao petismo. Com uma canetada, anulou a sessão que autorizara a abertura do processo de impeachment por 367 votos. A decisão foi tão esdrúxula que sua beneficiária se recusou a comemorá-la. "Vivemos uma conjuntura de manhas e artimanhas", alertou Dilma Rousseff, quando aliados festejavam no Planalto.

A manobra durou pouco. Desmoralizado, o deputado teve que assinar um ofício à noite para anular o ofício que assinara de manhã.

No dia seguinte, Maranhão passou a ser hostilizado em plenário. Deixou uma sessão sob gritos de "Fora!" e passou a se esconder para não ouvir novos protestos. Ontem aprontou a última, ao mudar duas vezes o horário da eleição do novo presidente. Fez mais um discurso confuso e se despediu com outra frase para o anedotário político: "Muito obrigado e me desculpem".

14/07/2016
Dupla ressurreição

A eleição de Rodrigo Maia à presidência da Câmara representa uma dupla ressurreição: de seu partido, o DEM, e de seu clã familiar, que enfrentava uma fase de declínio na política carioca.

O antigo PFL parecia condenado à extinção. Fundada a partir de uma costela da ditadura, a legenda engordou nos governos Collor e FHC, mas sucumbiu ao ser despachada para a oposição na era petista. A mudança de nome não interrompeu a trajetória de queda. A bancada da sigla despencou de 105 deputados eleitos em 1998 para apenas 21 em 2014. Pela primeira vez, o DEM não elegeu nenhum governador.

A sigla já estava na UTI, mas voltou a dar sinais de vida no ano passado, em aliança com Eduardo Cunha. Por fim, encontrou a redenção com o impeachment de Dilma Rousseff. O interino Michel Temer recompensou o DEM com o cobiçado Ministério da Educação.

A eleição de Maia também representa uma reviravolta inesperada para sua família. Seu pai, Cesar Maia, foi prefeito do Rio três vezes e chegou a sonhar com a Presidência da República em 2006.

Transformado em alvo do PT, viu seu prestígio minguar depois de uma intervenção do governo Lula nos hospitais municipais. Foi abandonado por aliados, perdeu duas eleições para o Senado e se conformou com uma cadeira de vereador. Rodrigo manteve o mandato de deputado, mas não conseguiu alçar voos maiores. Em 2012, tentou a prefeitura e sofreu uma derrota acachapante, com menos de 3% dos votos.

Uma conjunção improvável de fatores o transformou em presidente da Câmara. Isso só foi possível devido ao apoio da esquerda e à reação dos grandes partidos às manobras de Eduardo Cunha e do centrão.

Agora Maia terá que provar que se livrou da influência do correntista suíço e não usará o cargo para salvá-lo. Os gritos de "Fora, Cunha!" que ecoaram ontem no plenário apontaram o caminho certo a seguir.

15/07/2016
Cunha no corredor da morte

Para quem se gabava de mandar e desmandar na Câmara, deve ter sido um baque e tanto. Com o mandato por um fio, o deputado Eduardo Cunha sofreu duas derrotas em apenas doze horas. Fracassou na disputa pela presidência da Casa e não conseguiu usar a Comissão de Constituição e Justiça (CCJ) para melar seu processo de cassação.

O deputado-réu tentava anular outro revés, sofrido no Conselho de Ética. Em junho, depois de oito meses de manobras, o órgão conseguiu enfim aprovar o parecer que pede sua cassação por quebra de decoro. Cunha evocou uma série de miudezas para contestar o resultado. Entre outros detalhes, alegou que a votação deveria ter sido feita pelo sistema eletrônico, e não por chamada nominal.

A queixa atrasou o processo por mais um mês. Durante esse período, o peemedebista acionou sua tropa de choque para alongar debates até o infinito, sempre com a intenção de adiar a votação do relatório. Contou com a ajuda do presidente da CCJ, Osmar Serraglio (PMDB-PR), que patrocinou manobras para protegê-lo. Em abril, o paranaense já havia declarado que o correntista suíço merecia uma "anistia" por ter comandado o processo de impeachment.

Apesar do empenho para se salvar, Cunha viveu nesta quinta um dia de más notícias. Na madrugada, seu candidato à presidência da Câmara, Rogério Rosso (PSD-DF), foi massacrado por Rodrigo Maia (DEM-RJ). No início da tarde, a CCJ rejeitou o relatório que o favorecia por 48 votos a 12. Alguns de seus aliados mais antigos, como o notório Paulinho da Força (SD-SP), nem apareceram na sessão.

As duas derrotas empurraram o deputado-réu para o corredor da morte. Seu destino deve ser ir a plenário em agosto, depois de duas semanas de recesso branco. Ao deixar a CCJ, Cunha anunciou uma última cartada: vai recorrer ao Supremo para tentar parar o processo. É difícil que funcione. Nas últimas três vezes em que tentou a sorte no tribunal, ele perdeu por unanimidade.

17/07/2016
Curto-circuito à vista

No slogan bolado por marqueteiros, a estatal Furnas Centrais Elétricas se apresenta como "a energia que impulsiona o Brasil". Fora da propaganda, a empresa tem impulsionado escândalos em série. A disputa por seus contratos está por trás das maiores crises políticas recentes: o mensalão e o impeachment de Dilma Rousseff. Um novo curto-circuito começa a ser montado pela gestão de Michel Temer.

A guerra pela estatal precipitou os choques entre o deputado Roberto Jefferson e o governo Lula. Os fusíveis se queimaram quando o Planalto decidiu substituir o diretor Dimas Toledo, que era ligado ao tucanato mineiro e também prestava serviços ao PTB. Irritado, Jefferson passou a contar o que sabia sobre a distribuição de mesadas no Congresso.

No segundo mandato de Lula, Furnas passou à influência do deputado Eduardo Cunha. Sua cruzada contra a presidente Dilma Rousseff começou quando ela decidiu tirá-lo de perto dos cofres da estatal. "Dilma teve praticamente que fazer uma intervenção na empresa para cessar as práticas ilícitas, pois existiam muitas notícias de negócios suspeitos e ilegalidades", contou o ex-senador Delcídio do Amaral aos procuradores da Lava Jato. "Esta mudança na diretoria de Furnas foi o início do enfrentamento de Dilma Rousseff com Eduardo Cunha", acrescentou.

Delcídio também ligou o senador Aécio Neves a suspeitas de desfalques na estatal durante o governo Fernando Henrique Cardoso. O Supremo Tribunal Federal instaurou inquérito para investigar o tucano.

Na semana passada, Temer anunciou que entregará Furnas à bancada do PMDB de Minas Gerais na Câmara, um aglomerado de aprendizes de Cunha. "Vou devolver a estatal a eles. Furnas pode ser mais expressiva politicamente do que o Turismo. Tem Chesf, Eletronorte, Eletrosul, Itaipu...", disse o interino ao jornal *O Estado de S. Paulo*. No dialeto de Brasília, "expressiva politicamente" quer dizer isso mesmo que você está pensando.

21/07/2016
Sai a CLT, entra o quê?

O ministro do Trabalho, Ronaldo Nogueira, disse que o governo Temer vai propor a "atualização" da CLT até o fim do ano. Mexer nas leis trabalhistas é um velho sonho do empresariado, e o novo regime parece disposto a realizá-lo. Falta informar que mudanças serão feitas e quem sairá perdendo com elas.

Ontem o ministro se saiu com uma explicação genérica. "Nós pretendemos aprimorar a CLT, atualizá-la, preservando os direitos fundamentais do trabalhador", disse, em café com jornalistas. Dublê de deputado do PTB e pastor evangélico, Nogueira começou louvando a "generosidade do Criador". Depois sugeriu que será generoso com os empregados de carteira assinada. "O trabalhador não vai ter nenhum prejuízo com a atualização", disse.

Como mexer na CLT sem atingir os assalariados? O ministro não explicou a mágica. Disse apenas que buscará "um formato que prestigie a negociação coletiva" sobre a lei em vigor. Num cenário de crise, é difícil imaginar que os interesses dos empregados prevaleçam na negociação.

A CLT preserva alguns entulhos autoritários da ditadura getulista. Um deles é o princípio da unicidade sindical, que já deveria ter sido extinto. Como o governo não toca no assunto, fica a impressão de que seu alvo é o que a lei tem de bom: a garantia de direitos trabalhistas.

No início do mês, o presidente da Confederação Nacional da Indústria (CNI) deu pistas sobre os planos do empresariado. "Nós estamos ansiosos para ver medidas muito duras", afirmou Robson Andrade. "No Brasil, temos 44 horas de trabalho semanais. A França, que tem 36 horas, passou agora para oitenta [sic]. [...] O mundo é assim. A gente tem que estar aberto para fazer essas mudanças."

A declaração causou espanto, e a CNI se apressou a dizer que Andrade "jamais defendeu aumento da jornada de trabalho". Se isso é verdade, faltou esclarecer o que ele defende. Neste aspecto, o ministro de Temer também não foi muito original.

22/07/2016
O marqueteiro confessa

O depoimento de João Santana fixa um novo marco na Lava Jato. O marqueteiro mais badalado do país admitiu ter recebido 4,5 milhões de dólares em caixa dois na corrida presidencial de 2010. Ele comandou a primeira campanha vitoriosa de Dilma Rousseff e Michel Temer.

A confissão fornece novos elementos para entender como a aliança PT--PMDB se lambuzou no petrolão. Além disso, ajuda a derrubar um segredo de polichinelo da política brasileira. Santana contou, em primeira pessoa, como funcionam os pagamentos "por fora" nas eleições.

"Acho que se precisa rasgar o véu de hipocrisia que cobre as relações político-eleitorais no Brasil", afirmou o publicitário. Ele descreveu o caixa dois como "prática generalizada nas campanhas" e disse que empresários e empreiteiros sempre buscaram "caminhos extralegais" para financiar partidos políticos.

"Os preços são altos, eles não querem estabelecer relação explícita entre os doadores de campanha, e se recorre a esse tipo de prática", afirmou.

Em tom penitente, Santana disse que considerava o método "equivocado" e "nefasto", mas alegou que não tinha como atuar dentro da lei. "Você vive dentro de um ambiente de disputa, de competição", argumentou. "Ou faz a campanha dessa forma ou não faz. Vem outro que vai fazer."

O juiz Sergio Moro perguntou se o caixa dois não representa uma trapaça nas eleições. "Acho que significa, antes de tudo, um constrangimento profundo. É um risco. É um ato ilegal", respondeu Santana. Ele admitiu, em seguida, que conhecia o risco ao assumi-lo. "Ninguém me colocou revólver [na cabeça]", disse.

No escândalo do mensalão, Duda Mendonça já havia confessado que o PT abasteceu suas contas no exterior. Ele foi inocentado pelo STF, e tudo continuou como antes. A novidade da Lava Jato é que o caixa dois passou a dar cadeia aos magos da propaganda. "Eu jamais imaginaria que pudesse ser preso", desabafou Santana, há cinco meses em Curitiba.

28/07/2016
Michelzinho é um fenômeno

Michelzinho é um fenômeno. Aos sete anos, o caçula do presidente interino já produziu três manchetes desde que o pai assumiu o poder. A primeira revelou sua vocação para as artes gráficas. Com o dedinho em riste, o menino escolheu a nova logomarca do governo federal.

"Ele olhou e falou 'que lindo!', com uma expressão de criança mesmo, verdadeira e emocional", contou o marqueteiro Elsinho Mouco ao repórter Silas Martí.* Designers de verdade criticaram a marca, tão retrô quanto o lema "Ordem e progresso".

Duas semanas depois, Michelzinho demonstrou seu talento precoce para os investimentos. O jornal *O Estado de S. Paulo* noticiou que ele é proprietário de dois imóveis comerciais no Itaim Bibi. Somado, o valor dos conjuntos ultrapassa a cifra de 2 milhões de reais.

O colunista José Simão observou que aos sete anos só era dono de um punhado de bolas de gude. Temer informou que doou as posses ao herdeiro. Em 2014, ele declarou ter um patrimônio de 7,5 milhões. Os números reais devem ser bem maiores, entre outros motivos, porque a lei eleitoral não obriga os políticos a atualizarem o valor de imóveis.

Anteontem, Michelzinho voltou ao noticiário na condição de filho decorativo. Acompanhado da esposa, que é 43 anos mais nova, Temer foi buscá-lo numa escola particular de Brasília. Não foi uma mera atividade familiar. A assessoria do Palácio do Planalto montou a cena e convocou a imprensa para registrá-la. Um cinegrafista da Presidência chegou a entrar no colégio. Pais de outros alunos reclamaram da presença dos repórteres.

Segundo auxiliares, a ideia era suavizar a imagem do interino. Pesquisas indicam que o estilo dele, excessivamente formal e quase sempre soturno, não atrai a simpatia dos eleitores. Temer tem manifestado o desejo de se tornar mais popular. Apesar de seus talentos, é possível que nem o fenômeno Michelzinho consiga operar este milagre.

---

* "Marca do governo Temer foi escolhida por Michelzinho, seu filho de 7 anos." *Folha de S.Paulo*, 16 maio 2017.

31/07/2016
Vingança quase perfeita

O ex-senador Delcídio do Amaral deu o empurrão final para o impeachment ao acusar Dilma Rousseff de interferir na Lava Jato. Agora ele desfere um novo cruzado no queixo de Lula, que começava a deixar a lona para voltar ao palanque nas eleições municipais.

A delação de Delcídio está na origem da notícia mais importante da semana: a decisão da Justiça Federal que transformou o ex-presidente em réu, sob acusação de obstruir as investigações do petrolão. A denúncia do Ministério Público se baseia na palavra do ex-senador. Ao se sentir abandonado pelo PT, ele apontou Lula como chefe da trama para comprar o silêncio de Nestor Cerveró.

Enquanto a defesa do ex-presidente voltava os olhos para Curitiba, a ação foi aberta por um juiz federal de Brasília. Isso reforçou as dúvidas sobre a estratégia de recorrer à ONU contra a atuação de Sergio Moro. Para um velho amigo de Lula, a ofensiva internacional pode ter estimulado uma reação corporativa contra ele. Na quinta-feira, a Associação dos Magistrados Brasileiros divulgou nota contra o ex-presidente. Na sexta, o juiz Ricardo Leite o mandou pela primeira vez ao banco dos réus.

A abertura da ação não significa que Lula será condenado, mas produz um novo revés no momento em que ele se esforçava para sair do isolamento. O giro recente pelo Nordeste havia reanimado o petista, que voltou a aparecer na liderança isolada das pesquisas para o Planalto.

No curto prazo, o recebimento da denúncia deve atrapalhar a atuação do ex-presidente nas disputas municipais. Mais adiante, pode abrir caminho para tirá-lo do jogo em 2018. Os adversários já torcem abertamente para que ele seja barrado pela Lei da Ficha Limpa, caso sofra uma condenação em segunda instância até lá.

Para Delcídio, seria a vingança perfeita se ele não tivesse que enfrentar seus próprios fantasmas. A Procuradoria acaba de pedir que o delator volte à cadeia por descumprir as regras da prisão domiciliar.*

---

* Apesar do pedido, Delcídio continuou solto.

02/08/2016
Ponte para o futuro

O Senado ainda não confirmou o impeachment de Dilma Rousseff, mas Michel Temer já faz planos para se enraizar na cadeira de presidente. É o que se depreende das conversas, mais ou menos públicas, em que aliados do interino dizem que ele deve se candidatar ao Planalto em 2018.

O projeto foi escancarado pelo novo presidente da Câmara, Rodrigo Maia, em entrevista ao jornal O *Estado de S. Paulo* no domingo. No mesmo dia, a *Folha de S.Paulo* mostrou que ao menos três ministros do novo regime têm falado em lançar o chefe na próxima corrida presidencial.

A rigor, Temer não disputaria a reeleição. O peemedebista foi eleito vice-presidente duas vezes, em 2010 e 2014, de carona nos votos de Dilma. Mudou de cargo graças ao afastamento da petista, que ele ajudou a articular no Congresso. Uma candidatura em 2018 seria seu primeiro teste como cabeça de chapa numa disputa majoritária, após mais de três décadas na política.

A hipótese Temer-2018 só se tornará viável se ele conseguir cumprir três tarefas: estabilizar a economia, reverter sua impopularidade e escapar das próximas delações da Lava Jato. Como nada disso será resolvido no curto prazo, o debate sobre a sucessão parece precipitado.

Mesmo assim, as articulações já começam a causar atrito. A base que sustenta o interino reúne ao menos quatro políticos com aspirações presidenciais: os ministros José Serra (Relações Exteriores) e Henrique Meirelles (Fazenda), o governador Geraldo Alckmin e o senador Aécio Neves.

Temer sabe que depende da boa vontade deles para se equilibrar no cargo. Por isso se apressou a dizer que não pretende ser candidato em 2018, repetindo o que disse antes do afastamento de Dilma. Os presidenciáveis ouviram a promessa, mas ao menos um deles se mantém desconfiado. Em meados do ano passado, o mesmo Temer dizia que o impeachment era algo "inviável e impensável".

03/08/2016
PT e PSDB, lado a lado

A 33ª fase da Lava Jato levantou novas suspeitas de pagamento de propina ao PT e PSDB. Os partidos rivais aparecem lado a lado nos papéis da Operação Resta Um. Ambos são acusados de receber dinheiro sujo da Queiroz Galvão, envolvida no escândalo da Petrobras.

O procurador Carlos Fernando dos Santos disse que a empreiteira abasteceu ilegalmente a campanha de reeleição do ex-presidente Lula em 2006. Ele citou dois delatores que relataram a entrega de 2,4 milhões de reais em espécie ao comitê petista.

Mais cauteloso, o juiz Sergio Moro reproduziu os depoimentos, mas anotou que "até o momento" não há provas que confirmem o repasse. O PT sustenta que todas as suas doações foram declaradas à Justiça. A prisão de executivos da construtora poderá ajudar a esclarecer o caso.

A suspeita sobre o PSDB envolve valores mais altos. O ex-senador Sérgio Guerra, que morreu em 2014, teria cobrado 10 milhões de reais para travar uma CPI sobre a Petrobras. Ele não era um tucano qualquer. Presidiu o partido e coordenou a última campanha de José Serra ao Planalto.

O PSDB afirma apoiar a Lava Jato e evita discutir o caso concreto, com o argumento de que Guerra não pode mais se defender. É verdade, mas falta esclarecer se a propina ficava com ele ou era distribuída entre outros políticos do partido. As delações de Paulo Roberto Costa e Fernando Baiano apontam para a segunda hipótese. Mais uma vez, Moro diz que ainda não há "prova de fato".

04/08/2016
Rumo ao pódio

Ao assumir a presidência da Câmara, o deputado Rodrigo Maia prometeu encerrar a novela da cassação de Eduardo Cunha. Ninguém aguenta mais a trama, mas ela ainda deve ganhar novos capítulos. Uma articulação liderada pelo Planalto está prestes a prorrogar a sobrevida do correntista suíço.

Antes do recesso branco, Maia indicou que a cassação seria votada na primeira quinzena de agosto. Nesta semana, ele mudou o tom e sugeriu que o caso pode ficar para setembro. Se a manobra colar, o problema passará a ser a eleição municipal, que costuma deixar Brasília às moscas até o fim de outubro.

O Planalto quer adiar o desfecho do caso para evitar que a cassação seja votada antes do julgamento final do impeachment no Senado. O motivo é simples: Cunha já avisou que vai retaliar quem não demonstrar empenho para salvar seu mandato.

Quem conhece o arsenal do peemedebista sabe que ele tem munição suficiente para atingir o núcleo do governo Temer. Por isso, o governo interino quer mantê-lo calmo e sob controle. Pelo menos até se tornar permanente, com o afastamento definitivo de Dilma Rousseff.

No próximo dia 20, completará um ano a primeira denúncia contra Cunha ao Supremo. Ele já virou réu por corrupção e já foi afastado do cargo. Mesmo assim, continua a ter influência e a receber salário de deputado.

Nesta semana, Rodrigo Maia foi pressionado por vários partidos a marcar data para o fim da novela. Ele só se comprometeu a ler o pedido de cassação do correntista suíço. Isso incluirá o caso na pauta, mas não garante que ele será votado.

Aliados do novo presidente da Câmara já o avisaram de que ele será responsabilizado caso Cunha consiga se salvar. Nesta quarta, o deputado teve uma amostra disso. Em tempo de Jogos Olímpicos, a pequena bancada do PSOL montou um "pódio da cumplicidade" para protestar contra o novo adiamento da cassação. Maia foi agraciado com o primeiro lugar.

05/08/2016
Malditos adjetivos

A comissão do impeachment terminou sem surpresas. Os senadores que defendem Dilma Rousseff repetiram o discurso do golpe. Os senadores que preferem Michel Temer repetiram o discurso das pedaladas. Como o segundo grupo estava em maioria, o relatório foi aprovado com folga, por 14 votos a 5.

A sessão foi tediosa porque todos já sabiam o placar por antecipação. O clima só esquentou devido a uma polêmica inusitada: os senadores bateram boca sobre a forma como os discursos ficarão registrados nas notas taquigráficas.

A polêmica começou depois que a petista Fátima Bezerra chamou o relatório de Antonio Anastasia de "fraudulento". O tucano permaneceu impassível, mas o peemedebista Raimundo Lira não gostou. Usando os poderes de presidente da comissão, mandou os servidores apagarem o adjetivo dos anais da Casa.

A ordem foi a senha para os dilmistas iniciarem um motim. "Vossa excelência não pode censurar nossa opinião!", protestou o petista Lindbergh Farias. "É fraude, fraude, fraude! Eu quero que isso fique para a história!", prosseguiu.

Irritado, Lira disse que fez o mesmo quando aliados de Temer chamaram Dilma de "criminosa" e os petistas de "quadrilheiros". "Isso não é censura!", bradou. Depois, mais calmo, acrescentou que o regimento interno do Senado proíbe o uso de "expressões descorteses ou insultuosas".

Os dilmistas usaram o episódio como pretexto para ganhar alguns minutos antes da derrota anunciada. Mesmo assim, é risível que alguém ainda fale em apagar palavras de notas taquigráficas numa era em que todas as sessões podem ser assistidas em áudio e vídeo na internet.

Os piores diálogos do impeachment acontecem longe dos microfones, onde senadores negociam votos em troca de cargos, emendas e outros incentivos mais. Se os vícios do julgamento se limitassem a alguns adjetivos malcriados, ninguém teria razão para se preocupar.

07/08/2016
A feira do impeachment

A proximidade do impeachment transformou o Senado numa verdadeira feira. O ambiente de pechincha é o mesmo, mas as frutas dão lugar a cargos em ministérios e estatais. Na semana passada, uma gravação expôs o clima das negociações. Foi estrelada pelo senador Hélio José, do PMDB do Distrito Federal.

O parlamentar é conhecido em Brasília pelo apelido de Hélio Gambiarra. A alcunha surgiu em 1995, quando ele abriu sua casa para um churrasco com a presença de políticos ilustres. Depois, descobriu-se que a festa havia sido iluminada graças a um gato da rede elétrica.

Hélio era suplente de Rodrigo Rollemberg, do PSB. Ganhou quatro anos de mandato quando o titular virou governador, em 2014. Na época da eleição, ele pertencia ao PT. Depois foi para o PSD. Em seguida, pousou no anedótico

PMB, o Partido da Mulher Brasileira. Ao se filiar, disse que as mulheres trazem aos homens "alegria e prazer".

No início deste ano, o senador mostrou que é um feirante astuto e escolheu a fruta da estação: o PMDB. Em março, montou sua barraca na sigla. Em abril, foi recebido por Michel Temer. Saiu com a sacola cheia de promessas de nomeações.

O presidente interino agraciou Hélio com a chefia da Secretaria de Patrimônio da União em Brasília. O órgão administra os próprios federais na capital, onde a grilagem de terras públicas sempre foi um negócio lucrativo.

Na última terça, o senador foi à repartição. Servidores de carreira reclamaram dos aliados que ele indicou. A resposta foi gravada e acabou na internet: "Isso aqui é nosso. Isso aqui eu ponho quem eu quiser aqui. A melancia que eu quiser aqui eu vou colocar!".

Dilma Rousseff se despediu do poder em clima de xepa. Chegou a negociar o Ministério da Saúde em troca de um punhado de votos na Câmara. Temer adotou as mesmas práticas. A diferença é que agora a nova feira parece estar só no começo.

10/08/2016
Fora do tempo

Um clima de desalento tomou os aliados de Dilma Rousseff no dia em que o Senado se reuniu para transformá-la em ré no processo de impeachment. Afastada há quase três meses, a presidente não conseguiu reverter um único voto a seu favor. Ao contrário: na noite de ontem, todas as previsões indicavam que ela sofreria uma derrota pior que a de maio, quando foi retirada do cargo.

O desinteresse pelos discursos era visível no plenário. Alheios à tribuna, senadores consultavam os celulares em busca de notícias dos Jogos Olímpicos. Enquanto os atletas competiam no Rio, a sensação em Brasília era de jogo encerrado.

Fora do alcance das câmeras, os náufragos do governo afastado buscavam explicações para o fracasso anunciado. Muitos repetiam que Dilma perdeu o *timing* para esboçar uma reação. A ideia de divulgar uma carta aos senadores, com os últimos apelos contra o impeachment, teria sido tomada tarde demais.

"Esta foi a tônica do governo dela. Até as decisões certas saíram na hora errada", lamentava um senador petista. Os aliados também criticaram a hesitação em propor novas eleições. Quando Dilma finalmente aceitou a tese, alguns autores da ideia já haviam sido cooptados pelo grupo de Michel Temer.

Fora do poder, a presidente afastada voltou a esbarrar num problema antigo: a falta de sintonia com seu partido. Na semana passada, a direção do PT a desautorizou publicamente ao rejeitar a antecipação das eleições. Os choques com a sigla desmobilizaram entidades como MST e CUT, que prometiam ocupar as ruas para defender o "Volta, Dilma".

Cercado pela Lava Jato, Lula também se afastou da defesa de Dilma. Ontem ele desembarcou na capital quando a maioria dos senadores já havia anunciado seus votos. Aliados diziam que o ex-presidente não via mais tempo hábil para salvar a sucessora. Sua missão era discutir o pós-impeachment e a sobrevivência do PT nas eleições municipais.

11/08/2016
João foi com os outros

Dos 22 senadores que votaram contra o impeachment em maio, só um mudou de lado nesta semana. O vira-casaca foi João Alberto Souza, do PMDB do Maranhão. Aos oitenta anos, o senador é um dos mais antigos escudeiros de José Sarney. Segue o ex-presidente há cinco décadas, do apoio à ditadura militar à aliança com o petismo na era Lula.

Há três meses, João Alberto não via motivo para afastar Dilma Rousseff. Na madrugada de ontem, deu um empurrãozinho para despejá-la do Palácio da Alvorada.

Perguntei ao peemedebista se ele concluiu que a presidente cometeu crime de responsabilidade, condição exigida pela Constituição para cassá-la. "Olha, minha convicção é de que o processo é político. Num julgamento político, você faz uma abstração de outras coisas que podem acontecer", respondeu João Alberto.

Pedi ao senador que fosse um pouco mais claro. Afinal, Dilma praticou o crime? "Veja bem: eu considero que ela é uma mulher séria. Mas o processo é mais político, em função da realidade. Minha decisão foi conjuntural", afirmou.

Segundo João Alberto, a conjuntura era a seguinte: "havia uma intranquilidade no país" e Michel Temer "deu equilíbrio à nação". "Se o Brasil fosse parlamentarista, a Dilma já teria sido afastada", disse. Comentei que o Brasil é presidencialista, mas o senador mudou de assunto e passou a falar sobre o Maranhão.

A conjuntura no PMDB também mudou, informou João Alberto. "São dezoito senadores, e dezesseis já estavam apoiando o impeachment. Eu não posso ficar isolado no meu partido", disse.

Ameaçado pela Lava Jato e derrotado nas urnas do Maranhão, o clã Sarney ressurgiu das cinzas ao abandonar Dilma. O deputado Sarney Filho virou ministro de Temer, e o patriarca voltou a comandar a máquina federal no Estado. João Alberto disse que só manteve os cargos que já tinha. Que cargos? "Aí eu teria que ver. Essa coisa eu tenho que ver com a minha assessoria", desconversou.

12/08/2016
O ministro que não se contém

Michel Temer atrasou o relógio da história em quatro décadas ao nomear um ministério sem nenhuma mulher. Agora o titular da Saúde, Ricardo Barros, mostrou que está em sintonia com o chefe. Ele declarou que os homens vão menos ao médico porque "trabalham mais".

A afirmação é desmentida por dados oficiais. Segundo o IBGE, as mulheres trabalham quatro horas a mais por semana, somando o tempo que dedicam às atividades domésticas. O ministro nem precisava saber disso para evitar o palpite infeliz. Bastava ler a pesquisa que ele mesmo divulgou. Nela, menos de 3% dos homens apontam o horário de funcionamento das unidades de saúde como razão para não frequentá-las.

Desde que virou ministro da Saúde, há três meses, o engenheiro Barros se destaca pelas declarações desastradas. Em maio, ele usou um argumento religioso para defender o uso da fosfoetanolamina, a "pílula do câncer", sem a realização de testes clínicos. "Se ela não tem efetividade, mas as pessoas acreditam que tem, a fé move montanhas", disse.

Depois o ministro defendeu que o governo inclua as igrejas nas discussões sobre o aborto. Padres e pastores têm o direito de pregar o que quiserem, mas não deveriam se meter nas políticas públicas de saúde.

A incontinência verbal evidencia o despreparo de Barros, mas não chega a ser o pior traço de sua gestão. O que mais preocupa é a forma como ele defende abertamente os interesses das seguradoras, setor que mais forneceu doações à sua campanha a deputado em 2014.*

O ministro já afirmou que não cabe ao governo fiscalizar a qualidade dos planos privados. Em outra ocasião, criticou o fato de milhões de pacientes recorrerem à Justiça para receber atendimento médico.

Agora Barros quer criar um tipo de plano de saúde "popular", com cobertura menor do que o mínimo exigido hoje pela ANS. Não é preciso ter diploma de medicina para saber quem vai lucrar com a ideia.

16/08/2016
O último dilema de Dilma

Na reta final do impeachment, Dilma Rousseff enfrenta seu último dilema: comparecer ou não ao julgamento do Senado, que começará no próximo dia 25.

A rigor, a decisão deve influir pouco no desfecho do caso. A maioria contra a presidente está consolidada. Os senadores que se diziam indecisos estavam menos interessados em argumentos do que em melancias.

O que está em questão é a forma como Dilma se despedirá do cargo. Numa avaliação realista, ela parece ter duas opções: perder enfrentando os adversários ou perder por W.O.

Se for ao Senado, Dilma será ouvida na condição de ré. Seu plano original era usar a tribuna para atacar o processo de impeachment e o interino Michel Temer, que ela tem chamado de "traidor" e "usurpador".

O problema é que a petista não será a única a falar. Os 81 senadores terão direito a fazer perguntas ou simplesmente discursar. Ela terá que ouvi-los por horas a fio, num teste de nervos transmitido ao vivo na TV.

Como Dilma é conhecida pelo temperamento explosivo, aliados temem que ela se descontrole diante de tipos como o pastor Magno Malta, que foi seu cabo eleitoral na campanha de 2010, e o ruralista Ronaldo Caiado.

O líder do PSDB, Cássio Cunha Lima, diz que a presidente afastada não tem o que temer. "Se ela for ao Senado, o tratamento será respeitoso. Não

---

* O presidente do Grupo Aliança, que administra planos de saúde, doou 100 mil reais a Barros em 2014.

haverá nenhum tipo de provocação, mas as perguntas serão feitas com a contundência necessária."

O líder da minoria, Lindbergh Farias, é um dos petistas que insistem para que Dilma compareça ao julgamento. "Acho que ela tem que ir. É a hora de chamar a atenção do país, e ela cresce muito nos momentos de enfrentamento", afirma.

Dilma ainda não anunciou uma decisão, mas tem indicado a aliados que pretende ir ao Senado. Os favoráveis à ideia relativizam o risco de um bate-boca diante das câmeras. Se os adversários exagerarem na agressividade, dizem eles, a presidente poderá sair do plenário como vítima.

23/08/2016
Primeira vez

A tocha olímpica mal se apagou e a Lava Jato voltou a incendiar o noticiário. A Procuradoria-Geral da República interrompeu as negociações com Léo Pinheiro, o ex-presidente da OAS. Ele acenava com uma delação capaz de implodir boa parte do sistema político.

O empreiteiro sugere ter dinamite para abalar todas as facções em guerra pelo poder. Até ser preso, ele era próximo de altos personagens do governo afastado e do interino. Também circulava na cúpula do Judiciário, uma zona de sombra que começa a ser iluminada pela investigação.

Pinheiro já deu pistas sobre Lula, Michel Temer e Aécio Neves, para citar apenas três políticos graúdos que orbitam sua delação. Ele participou das obras no sítio de Atibaia, negociou um repasse de 5 milhões de reais com o presidente interino e relatou o suposto pagamento de propinas na maior obra do tucano em Minas.

Os três citados negaram qualquer irregularidade, e o ônus das provas cabe ao empreiteiro, que ainda precisaria apresentá-las. O que importa aqui é mostrar como sua rede de contatos era ecumênica — e, por isso, tornou-se especialmente explosiva.

Agora surgiu um fato novo: a revista *Veja* noticiou que Pinheiro citou o ministro Dias Toffoli, do STF, em conversas para fechar a delação. A menção parece frágil à primeira vista, mas elevou ao máximo a tensão entre a corte e os investigadores.

Sob forte pressão, a Procuradoria anunciou nesta segunda que a negociação com o empreiteiro foi interrompida. Fontes da operação alegam que o motivo foi a quebra de confidencialidade. Ao evitar uma explicação pública, a Lava Jato jogou água no moinho de especulações.

Há diversas teorias na praça, mas nenhuma delas pode driblar um fato concreto. É a primeira vez que o vazamento de informações é usado como motivo para melar um acordo de delação. As acusações de Delcídio do Amaral, Sérgio Machado e Ricardo Pessoa jorraram à vontade antes de os três se livrarem da cadeia.

24/08/2016
Indignação de ocasião

A crise entre o Ministério Público e o Supremo alcançou ontem um novo patamar. A água que esquentava desde o fim de semana atingiu o ponto de ebulição. Coube ao ministro Gilmar Mendes soprar o apito. Ele atacou os procuradores da Lava Jato, a quem acusou de vazar uma pré-delação para constranger o tribunal.

Gilmar abriu o verbo depois de a operação esbarrar na proximidade entre o empreiteiro Léo Pinheiro e o ministro Dias Toffoli. Ele sugeriu à colunista Mônica Bergamo que os procuradores seriam movidos a "delírios totalitários". "Me parece que [eles] estão possuídos de um tipo de teoria absolutista de combate ao crime a qualquer preço", afirmou.

Mais tarde, ao jornal *O Estado de S. Paulo*, o ministro disse que "é preciso colocar freios" nos investigadores, que se sentiriam "onipotentes". Sem apresentar provas, ele disse que os procuradores "decidiram vazar a delação" para fazer um "acerto de contas" com seu colega.

O procurador Rodrigo Janot aderiu ao bate-boca. Depois de suspender a delação sem explicar suas razões, ele disse que a menção a Toffoli teria sido inventada. Em seguida, num recado a Gilmar, questionou: "A Lava Jato está incomodando tanto? A quem e por quê?".

O ministro tem certa razão ao pedir que os procuradores calcem as "sandálias da humildade", embora ele nunca tenha encontrado um par do seu número. Desde o início da Lava Jato, é comum ver investigadores exagerando na autopromoção e no ativismo político. No entanto, chama a atenção que Gilmar tenha resolvido protestar quando a operação ameaça atingir um de seus colegas.

Os ministros do Supremo merecem respeito, mas não podem ser tratados como indivíduos acima da lei. Em março, quando a Lava Jato divulgou gravação de Lula e Dilma Rousseff, Gilmar não manifestou a mesma indignação com o vazamento. Na época, o que importava para ele era discutir "o conteúdo" do grampo.

25/08/2016
O PT rasga a bandeira de Dilma

Às vésperas do julgamento final do impeachment, a direção do PT rasgou a última bandeira de Dilma Rousseff: a realização de um plebiscito para antecipar as eleições presidenciais de 2018.

A presidente afastada levou meses para encampar a ideia levada por senadores amigos. Quando finalmente decidiu aceitá-la, foi sabotada por seu próprio partido. A executiva petista rejeitou a proposta por ampla maioria: 14 votos a 2.

A decisão é um presente para os escudeiros de Michel Temer. Na próxima segunda, quando Dilma enfrentar o plenário do Senado, eles poderão fazer uma pergunta irrespondível: "Como a senhora vem cobrar nossa adesão a uma ideia que nem seu partido apoia?".

O plebiscito surgiu como uma ideia exótica e de difícil execução. Depois que o processo de impeachment avançou, tornou-se uma proposta extemporânea. Ainda assim, parecia manter amplo apoio popular. No mês passado, 62% dos entrevistados pelo Datafolha defenderam a realização de novas eleições presidenciais.

A pesquisa mostrou um quadro de insatisfação geral com a chapa eleita em 2014. Por um lado, apenas 32% dos eleitores eram favoráveis à volta de Dilma. Por outro, só 14% aprovavam o governo Temer.

Se a promessa do plebiscito não seria mais capaz de salvar o mandato de Dilma, ao menos permitiria a ela se despedir com um discurso de apelo popular. Isso explica por que os políticos que ainda frequentam o Palácio da Alvorada ficaram tão irritados com o desdém do PT.

O partido avalia que antecipar a eleição seria um tiro no pé. O petismo só teria chances de voltar ao poder em 2018, e na hipótese de o governo Temer se desmanchar até lá. Neste cenário, Lula poderia ser candidato com a promessa de retorno aos tempos de bonança. O problema deste raciocínio é que o futuro do ex-presidente depende cada vez menos dele e cada vez mais da Lava Jato.

26/08/2016
Nem as aparências

O ministro Ricardo Lewandowski abriu o julgamento do impeachment com uma advertência. Os senadores deveriam atuar como "verdadeiros juízes", deixando de lado "opções ideológicas, preferências políticas e inclinações pessoais". Caberia a cada um "atuar com a máxima isenção e objetividade, considerando apenas os fatos".

"Espera-se do juiz que utilize uma linguagem escorreita, polida, respeitosa", prosseguiu o presidente do Supremo Tribunal Federal. Todos deveriam se expressar de "forma cortês", observando a "imparcialidade", a "honra" e o "decoro".

Se alguém acreditou no roteiro civilizado, a ilusão durou pouco. Antes do meio-dia, os senadores já trocavam insultos em cadeia nacional. O tumulto começou quando a petista Gleisi Hoffmann disse que ninguém ali teria moral para julgar a presidente afastada Dilma Rousseff.

"Não sou assaltante de aposentado!", gritou o líder do DEM, Ronaldo Caiado. "Você é de trabalhador escravo!", devolveu Gleisi. O petista Lindbergh Farias tomou as dores da aliada. "Você é canalha!", bradou, apontando o dedo para o ruralista.

O nível da discussão baixaria ainda mais. Exaltados, os senadores passaram a se acusar de ligação com o jogo do bicho e até de uso de drogas. Lewandowski precisou interromper a sessão para evitar que Lindbergh e Caiado se engalfinhassem em plenário.

Quando os ânimos se acalmaram, o ministro tentou retomar a ordem. Seguindo as regras dos tribunais, ele declarou suspeita a principal testemunha da acusação, um procurador que havia participado de ato contra Dilma. A ala pró-impeachment deve pedir o mesmo tratamento a uma testemunha da defesa que foi convidada para trabalhar num gabinete do PT.

O primeiro dia confirmou o que já se esperava: o julgamento do Senado será uma rinha política, com os dois lados atuando como torcidas organizadas. Apesar dos apelos de Lewandowski, ninguém parece preocupado em manter as aparências.

28/08/2016
Fim de caso

No dia em que comparou o Senado a um hospício, Renan Calheiros se envolveu num exaltado bate-boca com defensores de Dilma Rousseff. Mais tarde, ele se queixaria da agressividade dos petistas. "Vou propor o agravamento da pena por ingratidão", provocou.

O senador havia declarado, em plenário, que usou sua influência para frear uma ofensiva da Lava Jato contra Gleisi Hoffmann. Logo ele, que responde a oito inquéritos por suspeita de envolvimento no petrolão. A ex-ministra reagiu com fúria, e os dois tiveram que ser apartados.

Seria apenas mais uma desavença se Renan não fosse o presidente do Senado. O governo interino comemorou. Conhecido por calcular cada movimento, o peemedebista parece ter ensaiado uma cena pública para cortar os laços com o PT.

O senador e o partido passaram muito tempo em trincheiras opostas. Líder do governo Collor, ministro de FHC, Renan era visto pelos petistas como um símbolo da velha política e do clientelismo. Bastou a sigla chegar ao poder para as divergências ficarem para trás. Nos governos Lula e Dilma, o alagoano seria alçado quatro vezes à presidência do Senado.

Os petistas encontraram um escudeiro capaz de manobrar o plenário. Renan garantiu proteção para sobreviver a outros escândalos. Foi um casamento de interesses, que chega ao fim junto com o julgamento do impeachment.

Antigo desafeto de Michel Temer, o senador passou os últimos meses em cima do muro. Há poucos dias, desistiu de manter as aparências. Primeiro cancelou um encontro com Dilma para viajar com o presidente interino para o Rio. Depois confirmou presença na comitiva de Temer à China, programada para esta semana.

Na noite de sexta, Renan ensaiava o discurso para justificar a nova união. "O Legislativo também é governo. Estarei pronto para ajudar o presidente", anunciou. O PT voltará à oposição. O senador continuará no poder, de onde nunca saiu.

30/08/2016
Dilma escolheu cair de pé

Nos estertores do processo de impeachment, Dilma Rousseff poderia atear fogo ao circo ou tentar apagar o incêndio. Escolheu o caminho do meio. Evitou confrontar os senadores, mas também não se curvou para pedir clemência.

Parte da esquerda torcia para ela espalhar gasolina e riscar o fósforo. Sem nada a perder, Dilma poderia abrir a caixa-preta do governo e constranger dezenas de ex-aliados que mudaram de lado. Seria um espetáculo interessante, mas sem chances de dar certo. A presidente conflagraria o plenário e se jogaria na fogueira com um sorriso no rosto.

Outros aliados sugeriram que ela abaixasse a cabeça, pedisse desculpas e evitasse falar em golpe. A fala se transformaria num ato de penitência, se possível temperado com lágrimas. Talvez funcionasse com outra personagem. Na pele de Dilma, soaria apenas falso e artificial.

Ao optar pelo meio-termo, a presidente indicou que não tinha mais esperança de virar votos, mas conseguiu deixar sua versão sobre o impeachment. Defendeu sua biografia, negou ter cometido crime e se disse vítima de um golpe parlamentar. Como ela manteve o tom respeitoso, ninguém ousou interrompê-la.

Dilma apontou o dedo para três algozes: Eduardo Cunha, Aécio Neves e Michel Temer. Só precisou mencionar o nome do deputado afastado. Todos entenderam a quem ela se referia quando falou em maus perdedores e companheiros desleais.

Sem vocação para a autocrítica, a presidente insistiu em culpar o cenário externo pela ruína econômica deixada por seu governo. Também driblou os fatos quando omitiu o envolvimento do PT em escândalos e tentou responsabilizar a oposição por suas derrotas no Congresso.

Apesar das omissões, Dilma demonstrou coragem ao ir ao Senado. Em vez de se esconder, ela escolheu cair de pé, na esperança de ser absolvida pela história. É significativo que muitos dos aliados que a abandonaram tenham preferido o silêncio.

31/08/2016
Céu sem santos

O Senado deve cassar hoje o mandato de Dilma Rousseff. Dos quatro presidentes eleitos depois da ditadura militar, ela será a segunda a sair antes da hora. Não é um bom retrospecto para a jovem democracia brasileira.

O longo processo de impeachment chega ao fim num momento de anticlímax. Na véspera da votação, pouca gente se animou a protestar contra ou a favor em frente ao Congresso. Sem o povo na rua, a cena foi dominada pelos advogados, que ocuparam a tribuna pela última vez.

Pela acusação, a dra. Janaina Paschoal ofereceu o espetáculo esperado: fez careta, chorou e disse que pensava nos netos de Dilma ao propor seu afastamento.* Na versão dela, foi Deus, e não Eduardo Cunha, quem arregimentou as tropas para derrubar o governo.

O ex-ministro Miguel Reale Júnior dissertou sobre o "Brasil alegre, do sorriso, do gingado e do samba no pé". Depois reclamou da "esperteza malandra" e disse que o país precisa valorizar a persistência e a labuta. Não parecia, mas ele estava defendendo a destituição da chefe de Estado.

Pela defesa, o ex-ministro José Eduardo Cardozo também tentou apelar à emoção. Numa passagem, disse que Dilma foi discriminada por ser mulher. Noutra, insistiu em comparar o processo legal do impeachment com a desumanidade da tortura.

No último dia de debates, a maioria dos votantes não parecia preocupada em discutir decretos ou pedaladas. "É evidente que o que julgamos aqui é um detalhe diante do conjunto da obra", reconheceu o ex-tucano Álvaro Dias, hoje no PV.

O placar estava praticamente definido, mas alguns senadores ainda se diziam indecisos para arrancar mais cargos no governo. O peemedebista Garibaldi Alves Filho, que foi ministro de Dilma e agora apoia Michel Temer, arriscou uma piada: "Dizia-se que o Senado era o céu. E eu, quando ocupei a presidência desta Casa, disse: 'Pode ser o céu, mas não tem nenhum santo'".

---

* "Eu peço que ela um dia entenda que eu fiz isso pensando também nos netos dela", discursou Janaína.

5. A nova guerra

No último dia de agosto, o Senado encerrou a novela do impeachment. Dilma Rousseff, que já havia deixado o governo, teve que desocupar o Palácio da Alvorada. Michel Temer, que já era presidente, livrou-se do rótulo de interino.

Ele aproveitou o novo status para declarar guerra a outra palavra incômoda. No primeiro pronunciamento, instou os aliados a confrontarem quem o chamasse de golpista. "Agora nós não vamos levar ofensas para casa", ameaçou.

O presidente também passou a zombar dos insatisfeitos. Em viagem à China, ele disse que os protestos contra seu governo eram "inexpressivos".

A soberba inflamou quem já estava disposto a enfrentá-lo. Em São Paulo, cerca de 100 mil marcharam contra o novo regime. No Rio, Temer recebeu uma vaia retumbante na cerimônia de abertura dos Jogos Olímpicos.

Começava uma nova fase da crise. Na Câmara, o deputado Eduardo Cunha começava a sucumbir. Pouco depois de entregar a cabeça de Dilma, ele perderia o mandato e a liberdade. Da cadeia, passaria a ameaçar os aliados que o abandonaram.

01/09/2016
O dia seguinte

Após nove meses de processo, o Senado condenou Dilma Rousseff ao impeachment. A primeira mulher a governar o país virou um retrato na galeria de ex-presidentes. Sua cadeira foi ocupada por Michel Temer, o vice que articulou uma aliança parlamentar para derrubá-la.

Pela terceira vez, o PMDB chega ao Planalto sem passar pelas urnas.* O novo presidente deve o cargo aos 61 senadores e 367 deputados que o alçaram ao poder. Sem a força do voto popular, terá que saciar os apetites do Congresso para enfrentar a recessão e cumprir a promessa de "recolocar o Brasil nos trilhos".

A agenda econômica será o principal desafio do dia seguinte ao impeachment. Temer perdeu a desculpa da interinidade, sacada para justificar cada concessão à gastança. Se não aprovar reformas em tempo hábil, ele corre o risco de ser abandonado pelos mesmos atores que patrocinaram sua ascensão ao governo.

A superação da crise é a única saída para o novo presidente se tornar menos impopular que a antecessora. A boa vontade do mercado não resolverá tudo.

* José Sarney assumiu em 1985. Era vice de Tancredo Neves, que adoeceu antes da posse. Itamar Franco assumiu em 1992. Era vice de Fernando Collor, que teve o mandato cassado.

O Planalto terá que obter apoio da sociedade a seu plano, que prevê cortes de direitos trabalhistas e redução do gasto social.

A aposta em "medidas impopulares" pode reagrupar a esquerda, que buscava uma bandeira para ressurgir das cinzas deixadas por Dilma. Ela sugeriu um mote no discurso de despedida, ao prometer uma oposição "firme, incansável e enérgica" ao "governo golpista".

Entre muitas incertezas pela frente está o futuro da Lava Jato. Num diálogo famoso, dois barões do PMDB defenderam a queda da presidente como um atalho para frear a operação, que ameaça implodir os maiores partidos brasileiros. "Tem que mudar o governo para poder estancar essa sangria", disse Romero Jucá.

Dos treze senadores investigados, dez votaram pelo impeachment. Os próximos meses mostrarão se eles se iludiram ou se estamos diante de um "grande acordo nacional".

02/09/2016
A nova guerra de Temer

Depois de vencer a batalha pelo poder, Michel Temer decidiu declarar guerra a uma palavra. No primeiro ato após a confirmação do impeachment, ele reuniu a tropa e determinou que os ministros reajam a cada vez que seu governo for chamado de "golpista".

"Agora nós não vamos levar ofensas para casa", anunciou, em discurso transmitido pela emissora oficial do Planalto. Ele disse que "as coisas se definiram" e que "é preciso muita firmeza" para defender a reputação do novo regime.

Com o cenho franzido, Temer descreveu uma situação com a qual a sua equipe passou a conviver. "De vez em quando você vai num lugar e [ouve]: 'Golpista!'. Golpista é você que está contra a Constituição, né?", perguntou, sem esperar resposta.

"Todos que estão aqui são elegantes. Mas é preciso firmeza, digo eu. E firmeza para quando disserem golpista", ordenou o presidente. "Nós precisamos responder. Agora, falou, nós respondemos. Não pode deixar uma palavra, porque senão eles tentarão desvalorizar", prosseguiu. Ele encerrou a preleção com um aviso: "Não pode tolerar essa espécie de afirmação. Quem tolerar, confesso que vou trocar uma ideia sobre isso".

Temer citou as expressões "golpe" e "golpista" oito vezes, embora tenha manifestado o desejo de retirá-las de circulação. No mesmo discurso, reclamou da imagem do novo governo no "plano internacional". "Tentaram muito e conseguiram, até com algum sucesso, dizer que aqui no Brasil houve um golpe", disse.

Apesar da queixa do presidente, parte da imprensa estrangeira continua a usar os termos que o incomodam. Ontem o jornal espanhol *El País* descreveu a derrubada de Dilma Rousseff como um "golpe baixo" na democracia brasileira.

A guerra de Temer contra as palavras pode ser mais longa que a disputa por votos no Congresso. A não ser, é claro, que ele aproveite a reunião do G20 para importar métodos chineses de convencimento.

06/09/2016
O ministro exaltado

No fundo de um auditório, um grupo de estudantes inicia o coro de "golpista". O alvo do protesto se exalta e responde com gritos e gestos ofensivos. Parte do público dá as costas ao palco e aplaude os manifestantes. O político ameaça avançar na direção deles, mas é contido por assessores e abandona o evento.

Aconteceu na sexta passada, num festival de cinema em Petrópolis. Os militantes que iniciaram a provocação eram da juventude do PCdoB. A autoridade que reagiu com o fígado era o ministro da Cultura, Marcelo Calero. A cena foi filmada com celulares e viralizou nas redes sociais.

Segundo participantes do protesto, Calero gritou, com ironia, que era "golpista sim, com muito orgulho". A assessoria do ministro diz que ele berrou "golpistas são vocês". Concedendo-se o benefício da dúvida a Calero, o que sobra é uma autoridade incapaz de manter o controle diante de uma manifestação de estudantes.

Em nota, o MinC disse que o ministro foi vítima de ação "agressiva e intimidatória". "O público presente ficou estarrecidos [sic] com as manifestações de intolerância", afirmou, apesar de as imagens indicarem outra coisa. O texto não cita nem pede desculpas pelo destempero do ministro.

Recém-saído do anonimato, Calero deve o cargo a uma sucessão de acasos. Após extinguir o Ministério da Cultura, o novo governo recuou e tentou entregar a pasta para uma mulher. A imprensa registrou ao menos seis recusas, inclusive de uma cantora de axé, até o diplomata ser nomeado.*

O início de sua gestão foi marcado por protestos e trapalhadas. Numa delas, o ministro exonerou a diretora da Cinemateca Brasileira alegando combater o "aparelhamento político". Voltou atrás dias depois, ao perceber que demitira uma servidora respeitada e com trinta anos de casa.

Uma semana antes de ser hostilizado em Petrópolis, Calero foi vaiado no Festival de Gramado. É recomendável que ele se acalme logo. Vêm aí, no mês que vem, o Festival do Rio e a Mostra Internacional de São Paulo.

07/09/2016
Reencontro marcado

A Polícia Federal e o Ministério Público começaram a abrir a caixa-preta dos fundos de pensão. Os investigadores terão muito trabalho pela frente. Pelas estimativas iniciais, o rombo deixado pelo esquema pode alcançar os 50 bilhões de reais.

O dinheiro pertencia a servidores de estatais como Petrobras e Correios. Por anos a fio, eles fizeram depósitos para garantir uma aposentadoria tranquila. Agora descobrem que as economias foram torradas em negócios "temerários" ou "fraudulentos", segundo os investigadores.

À primeira vista, a Operação Greenfield ameaça rivalizar com a Lava Jato. Na estreia, bloqueou 8 bilhões de reais e listou 78 investigados. Alguns personagens do petrolão ressurgem no novo escândalo, como o empreiteiro Léo Pinheiro, da OAS, e o ex-tesoureiro petista João Vaccari.

Entre as 38 empresas sob suspeita, aparecem grandes bancos e a holding da JBS, a maior financiadora de campanhas políticas em 2014. Até quatro meses atrás, seu conselho de administração era presidido pelo dr. Henrique Meirelles. Nesta terça, o ministro evitou comentar a operação e disse que "ainda vai se informar do que está acontecendo".

---

* A lista de recusas incluiu a jornalista Marília Gabriela, a atriz Bruna Lombardi, a cantora Daniela Mercury e a senadora Marta Suplicy, que já tinha sido ministra da Cultura no governo Dilma.

Quem buscou se informar nos últimos anos sabe que os fundos sofreram forte interferência política nos governos petistas. O PT dominava a Petros (Petrobras) e a Funcef (Caixa Econômica Federal), e o PMDB dava as cartas no Postalis (Correios).

O primeiro relatório da operação descreve a existência de um "núcleo político" que atuava "de forma mais obscura e, em geral, sem deixar muitos rastros". Quando seus protagonistas forem identificados oficialmente, o caso deverá subir ao Supremo Tribunal Federal.

"Investigação é fio de novelo, vai puxando e vamos ver o que vem", disse ontem o procurador Rodrigo Janot. Quando este novelo for puxado, teremos uma situação curiosa: separados pelo impeachment, políticos do PT e do PMDB devem se reencontrar no banco dos réus.

08/09/2016
Míni, míni... míni?

Na primeira entrevista como presidente efetivo, no lobby de um hotel de Hangzhou, Michel Temer foi questionado sobre as manifestações que começavam a pipocar contra seu governo. "As quarenta pessoas que quebram carro?", desdenhou.

Refestelado numa confortável poltrona de couro, o presidente classificou os protestos como "inexpressivos". "Foram grupos pequenos e depredadores, né? Não foi uma manifestação democrática", menosprezou. "São quarenta, cinquenta, cem pessoas, nada mais do que isso. No conjunto de 204 milhões de brasileiros, acho que é inexpressivo", disse.

Os repórteres enviados à China repetiram a pergunta a José Serra. "Manifestações onde?", debochou o ministro. Ao ser lembrado de que o governo começava a ser alvo de protestos em várias cidades brasileiras, ele voltou a esnobar os atos. "Míni, míni, míni, míni, míni, míni", disse.

Ao jornal *El País* Serra arriscou uma conta parecida com a do chefe. "São muito pequenas, quase nada. Cinquenta, cem pessoas."

No dia seguinte às declarações, cerca de 100 mil pessoas marcharam em São Paulo contra o governo. Assessores de Temer reconheceram que ele errou ao depreciar os protestos. Para eles, o presidente passou imagem de soberba e ajudou a inflamar quem estava insatisfeito.

Subestimar a rua não é uma boa tática para governantes impopulares. Em 1992, Fernando Collor chamou a oposição de "minoria que atrapalha" e instou o povo a se vestir de verde e amarelo para defendê-lo. Uma multidão preferiu sair de preto, com os resultados conhecidos.

Ontem Temer foi alvo de vaias e gritos de "Fora!" no desfile militar em Brasília. Protegidos por um forte esquema de segurança, seus ministros voltaram a zombar dos manifestantes. "Que protesto? Quinze pessoas?", perguntou Geddel Vieira Lima. "Não havia mais de dezoito", provocou Eliseu Padilha. À noite, o presidente ouviria outra vaia no Maracanã. E não foi míni.

09/09/2016
O bumerangue de Cunha

O espírito de vingança, que incentivou Eduardo Cunha a abrir o processo de impeachment, agora ameaça se voltar contra ele. Deputados que se sentiram esnobados durante o reinado do correntista suíço indicam que votarão a favor da cassação de seu mandato.

Os sinais de abandono se acumulam. Em conversas reservadas, antigos aliados de Cunha dizem que até gostariam de ajudá-lo, mas sabe como é, não têm como resistir à pressão dos eleitores e da imprensa local.

Alguns deixam escapar que se sentiram maltratados ou deixados de lado quando o ex-presidente da Câmara despontava como o político mais poderoso de Brasília. A votação marcada para a próxima segunda pode ser o encontro do pescoço de Cunha com o bumerangue.

Alvo de apelos nos últimos dias, deputados que integraram a tropa de choque do peemedebista agora dizem que ele é o único culpado pela própria desgraça. Eles listam uma série de erros que isolaram Cunha e dinamitaram pontes a seu redor.

Os exemplos são muitos. Com seu estilo desafiador, o correntista suíço declarou guerra ao governo petista, comprou briga com o Ministério Público e constrangeu ao menos dois ministros do Supremo.

Sentindo-se invencível na Câmara, ele montou a CPI da Petrobras e compareceu voluntariamente para depor. Lá, falou demais e forneceu base jurídica para a cassação, ao negar a posse de contas no exterior.

Nos últimos dias, Cunha procurou dezenas de deputados para pedir clemência. Ele acreditava que seria salvo por causa do grande número de aliados que já contaram com seu apoio para financiar campanhas e outras despesas particulares.

A receptividade não foi a esperada. Nas palavras de um parlamentar, Cunha já obteve o que queria ao virar presidente da Câmara. Agora que não tem mais nada a oferecer, ele perdeu a força para exigir sacrifícios em seu nome. Como se vê, o bumerangue está bem afiado.

13/09/2016
Fora da ordem[*]

A posse da ministra Cármen Lúcia virou um grande encontro de investigados e investigadores da Lava Jato. Seguindo o protocolo, a nova presidente do Supremo convidou os próceres da República para a solenidade. O plenário do tribunal ficou pequeno para tantos personagens do petrolão.

Do lado direito da ministra sentou-se o senador Renan Calheiros, indiciado em oito inquéritos. Do esquerdo, o presidente Michel Temer, citado por ao menos três delatores. Outros alvos da operação, como os ex-presidentes Lula e José Sarney, circularam pela corte recebendo abraços e tapinhas nas costas.

Como ninguém aparentava constrangimento, coube ao ministro Celso de Mello instaurar algum desconforto no salão. Em discurso incisivo, ele criticou a "captura das instituições do Estado por organizações criminosas" e chamou os políticos corruptos de "delinquentes", "marginais da República" e "indignos do poder".

"Os cidadãos desta República têm o direito de exigir que o Estado seja dirigido por administradores íntegros, legisladores probos e juízes incorruptíveis", disse. Ministro mais antigo do Supremo, ele afirmou que os "infiéis

---

[*] Esta coluna foi publicada na primeira edição do jornal, concluída antes da cassação de Eduardo Cunha.

da causa pública" enfrentarão a "severidade das sanções criminais" e serão "punidos exemplarmente" por "práticas desonestas".

Diante dos chefes dos Três Poderes, o procurador Rodrigo Janot proclamou a "falência do nosso sistema de representação política" e disse que "forças do atraso" tentam parar a Lava Jato. Ele pediu apoio para enfrentar o que chamou de "reação vigorosa do sistema adoecido".

Em tom mais brando, Cármen Lúcia também deu seu recado ao cumprimentar "sua excelência, o povo" antes das autoridades. Ela disse que o país vive "tempos tormentosos" e, por um instante, pareceu comentar a presença dos investigados na festa. "Alguma coisa está fora da ordem", disse, citando a música de Caetano Veloso.* Os políticos ouviram tudo em silêncio.

13/09/2016
Crônica da cassação anunciada

Na noite em que iam cassá-lo, Eduardo Cunha entrou no plenário da Câmara com uma estratégia clara. Ele subiria à tribuna para atacar o PT e se apresentar como vítima de uma retaliação política. O processo por quebra de decoro seria uma mera vingança por seu papel central na derrubada de Dilma Rousseff.

"Estão me cobrando o preço de ter conduzido o processo de impeachment", discursou o correntista suíço. "É o preço que eu estou pagando para o Brasil ficar livre do PT."

De gravata amarela, cor das manifestações contra Dilma, Cunha foi imodesto ao lembrar seu peso no afastamento da presidente. "Alguém tem dúvida de que se não fosse a minha atuação, [não] teria havido impeachment?", questionou. Ninguém tinha, mas ele continuou a falar sozinho: "O que quer o PT? Um troféu para dizer que é golpe".

Como nenhum deputado da antiga oposição saísse em sua defesa, o peemedebista ensaiou uma guinada no discurso. A agressividade deu lugar a um tom

---

* Caetano cantou o hino nacional na posse de Cármen Lúcia. Foi um alívio para todos os convidados. É preciso muito patriotismo para se animar com as bandas militares que tocam nas solenidades de Brasília.

suplicante, quase choroso. "Atacar, tudo bem. Agora, poderiam ter o mínimo de respeito pela minha família", disse, embargando a voz.

Alguém gritou "Chora!", e o plenário explodiu numa risada coletiva. Sentindo-se ridicularizado, o deputado passou a apelar ao corporativismo dos colegas. "Eu não votei para cassar ninguém no mensalão", disse. Após novo fracasso, ele se despediu com uma demagogia religiosa: "Que Deus possa iluminar vocês".

A sessão de ontem foi a crônica da cassação anunciada. Após cumprir sua tarefa, o ex-presidente da Câmara foi abandonado por partidos como PSDB e DEM, que o apoiaram até a confirmação do impeachment. O ex-vice Michel Temer, seu velho aliado, também lavou as mãos.

Depois de cultivar a fama e o apelido de "malvado", Cunha sentiu na pele a maldade da política. Na noite derradeira, só dois deputados do baixo clero se aventuraram a defendê-lo. A votação que cassou seu mandato foi um massacre: 450 a 10.

14/09/2016
Ameaças do subterrâneo

Sentindo-se abandonado pelo grupo que ajudou a alçar ao poder, Eduardo Cunha caiu atirando. Na primeira entrevista após a cassação, ele ameaçou abrir fogo contra o governo de Michel Temer e atacou o deputado Rodrigo Maia, que o substituiu no comando da Câmara.

O correntista suíço começou a dar recados na madrugada de ontem, antes mesmo de deixar o Congresso. Assim que saiu do plenário, ele reuniu jornalistas e avisou que pretende lançar um livro com revelações sobre a engenharia da derrubada do governo Dilma Rousseff.

"Vou contar tudo o que aconteceu no impeachment, com todos os personagens que participaram de diálogos comigo. Esses serão tornados públicos em toda a sua integralidade. Todos, todos, todos. Todo mundo que conversou comigo", prometeu o agora ex-deputado. Questionado se havia gravado as conversas, ele respondeu com um sorriso irônico: "Tenho boa memória".

Magoado, o peemedebista culpou o Planalto por sua desgraça. Seu primeiro alvo foi o ex-ministro Moreira Franco, a quem batizou de "eminência parda" por trás de Temer.

Poucas horas depois, ele voltou a mira contra o presidente do Senado, Renan Calheiros. "Espero que os ventos que nele chegam através de mais de uma dezena de delatores e inquéritos no STF, incluindo [o delator] Sérgio Machado, não se transformem em tempestade", provocou.

As ameaças do ex-presidente da Câmara viraram o principal assunto em Brasília depois da sua cassação. Ninguém sabe ao certo o que ele está disposto a contar e, principalmente, se o governo Temer seria capaz de resistir a uma possível delação.

Desde os tempos da Telerj, no governo Collor, Cunha cultiva a reputação de fabricar dossiês contra adversários. A diferença é que ele não pode mais usá-los para acumular poder ou ampliar os negócios. Agora as informações do subterrâneo da política se tornaram a sua última arma para tentar escapar da cadeia.

15/09/2016
O alvo principal

A força-tarefa de Curitiba elegeu Lula como o principal alvo da Lava Jato. A escolha já era conhecida, mas havia certo pudor em anunciá-la. Isso acabou ontem, quando o procurador Deltan Dallagnol chamou o ex-presidente de "comandante máximo" do esquema de corrupção na Petrobras.

Em apresentação transmitida ao vivo pela TV, o procurador acusou Lula de estar no centro de uma organização criminosa destinada a "saquear os cofres públicos" e assegurar sua "perpetuação criminosa no poder". Ele resumiu a tese com um diagrama em que todas as setas apontam para o ex-presidente.

Repetindo o nome do petista a cada frase, Dallagnol o acusou de instaurar uma "propinocracia" no país. Nas palavras dele, o ex-presidente seria o "grande general" ou o "maestro da orquestra criminosa" — as metáforas transitavam entre os campos de batalha e as salas de concerto.

Num arroubo retórico, o procurador chegou a comparar Lula a um homicida que "foge da cena do crime após matar a vítima e depois busca silenciar as testemunhas".

Apesar da contundência verbal, a força-tarefa não denunciou o petista por organização criminosa. Ele foi acusado de receber vantagens de uma só empresa, a OAS, no total de 3,7 milhões de reais. A quantia é expressiva, mas não chega perto das somas desviadas por alguns funcionários de segundo escalão da Petrobras.

Por um lado, sobram indícios de que Lula manteve relações próximas demais com as empreiteiras do petrolão. Ele ainda não deu explicações convincentes para a generosidade das empresas, que não costumam agradar políticos por filantropia.

Por outro lado, a força-tarefa parece não ter provas suficientes para sustentar que o ex-presidente era o líder de uma organização criminosa que usava as horas vagas para governar o país. Para bancar essa acusação, Dallagnol e seus colegas precisariam apresentar menos frases de efeito e mais evidências.

16/09/2016
Lula tenta salvar o mito

No momento mais dramático de sua carreira, o ex-presidente Lula entra em duas batalhas simultâneas. Sua prioridade é se defender da Lava Jato, que ameaça levá-lo para a cadeia e suspender seus direitos políticos. Ao mesmo tempo, ele tentará salvar o mito que começou a construir há mais de três décadas, nas greves do ABC.

Lula superou a miséria, enfrentou a ditadura, fundou um grande partido e se tornou o primeiro operário a chegar à Presidência da República. Essa trajetória épica foi posta em xeque pela denúncia da força-tarefa de Curitiba, que o acusou de ter sido o "comandante máximo" de um esquema bilionário de corrupção.

Num longo discurso de defesa, o ex-presidente apelou à emoção e chorou ao menos três vezes diante das câmeras. Ele disse ser inocente, lembrou a infância pobre e reclamou de desrespeito à sua família. As lacunas da acusação e a agressividade dos procuradores o ajudaram a se apresentar como vítima de excessos.

"A perseguição contra mim é por causa das coisas boas que nós fizemos neste país", discursou, sem responder a perguntas sobre as acusações. A fala ofereceu novo mote à militância petista. A ordem é apresentar a ofensiva da Lava Jato como prova de um "golpe continuado" que, depois de cassar Dilma Rousseff, tentaria tirar Lula da eleição de 2018.

Num primeiro momento, o bombardeio tende a servir de alívio ao governo. Nas últimas semanas, a esquerda começava a voltar às ruas com duas bandeiras: "Fora, Temer" e "Nenhum direito a menos". Agora o PT e o lulismo serão empurrados mais uma vez para a defensiva.

Por outro lado, líderes da nova ordem admitem que a agressividade dos procuradores e a defesa emocional de Lula podem virar parte da opinião pública a favor do ex-presidente. Isso ajuda a explicar por que grão-tucanos como Fernando Henrique Cardoso e Aécio Neves adotaram tom de cautela e evitaram comemorar a denúncia contra o velho rival.

18/09/2016
Um processo todo peculiar

O Tribunal Superior Eleitoral consultou o calendário e, surpresa, concluiu que o processo que pede a cassação da chapa Dilma-Temer não poderá mais ser julgado até o fim do ano. O anúncio sepulta oficialmente a possibilidade de novas eleições diretas para presidente.

Quem conhece o pôquer brasiliense sabe que essa carta já estava fora do baralho. Mesmo assim, era mantida sobre a mesa para iludir os jogadores mais desavisados.

No fim de 2014, o PSDB pediu ao TSE que anulasse os votos de Dilma Rousseff e entregasse a faixa a Aécio Neves. A ação dizia que a petista teve uma "pífia vitória nas urnas" e a acusava de crimes eleitorais.

O processo foi arquivado em fevereiro de 2015. Oito meses depois, uma articulação liderada pelo ministro Gilmar Mendes permitiu a sua reabertura. A ação passou a ser um dos principais fatores de desestabilização do governo petista.

A ameaça do TSE aumentou a carga sobre Dilma ao apontar elos entre o petrolão e a campanha. Ao mesmo tempo, acelerou o processo de impeachment no Congresso. O PMDB percebeu que corria o risco de perder tudo se ficasse à espera do tribunal.

Na tarde de 12 de maio, quando Michel Temer assumiu a Presidência, ficou claro que ninguém mais tinha interesse no processo judicial. Os tucanos, que pediam a cassação da chapa, indicaram três ministros do governo interino. Um Aécio sorridente prestigiou a posse do ex-vice.

Poucas horas depois, Gilmar Mendes assumiu a presidência do TSE. A ação que poderia cassar o mandato de Temer passou a se arrastar como um zumbi, e o ministro se tornou presença assídua no Planalto.

Nesta sexta, Gilmar foi questionado sobre o desfecho do processo. Um trecho de sua resposta merece lugar nos livros de história: "O futuro a Deus pertence. Vamos aguardar. Nem sei se haverá julgamento este ano. Nós não sabemos também se haverá condenação. Em suma, nós temos um processo todo peculiar".

21/09/2016
Golpe da madrugada

"Nas noites de Brasília, cheias de mordomia, todos os gastos são pardos." A frase de Millôr Fernandes provou sua atualidade nas últimas horas de segunda-feira. Por muito pouco, a Câmara não aprovou uma anistia a todos os políticos flagrados na prática de caixa dois.

O coelho saiu da cartola quando o plenário se encaminhava para a última votação do dia. Na pauta oficial, havia uma medida provisória sobre despesas com os Jogos Olímpicos. Na paralela, escondia-se uma tábua de salvação para investigados da Lava Jato.

A manobra foi ardilosa. Seus autores desengavetaram um projeto antigo, de 2007, que prometia punir quem faz caixa dois. O diabo morava no detalhe. A pretexto de moralizar as campanhas, o texto perdoaria os políticos que já receberam dinheiro "por fora" em eleições passadas.

A operação fracassou graças a um pequeno e barulhento grupo de deputados. O primeiro a protestar foi Miro Teixeira, da Rede. "Nós não estamos aqui para nos lançarmos num poço de suspeitas", reclamou.

Ivan Valente, do PSOL, foi mais direto: "Isso é uma falcatrua, um escárnio, uma bandalheira para livrar a cara de dezenas de parlamentares". Coube a Esperidião Amin, do PP, a melhor definição para a tramoia. "É o golpe da madrugada", cravou.

Com o plenário em chamas, ninguém quis se responsabilizar pelo incêndio. O presidente da Câmara, Rodrigo Maia, estava convenientemente refugiado no Planalto. Os líderes que apoiam o governo silenciaram. A bancada do PT sumiu misteriosamente de cena. O deputado Beto Mansur, que comandava a sessão, foi obrigado a retirar o texto da pauta.

Aos poucos, ficou claro que havia um acordão entre os grandes partidos, igualmente interessados num perdão ao caixa dois. A anistia ficou mais urgente por causa da delação da Odebrecht, que promete arrastar políticos de várias legendas. Quando menos se esperar, os deputados tentarão de novo. Eduardo Cunha pode ter caído, mas o cunhismo continua.

22/09/2016
Crime sem castigo

Sobravam convicções, mas faltavam provas do aval do Planalto ao plano de anistiar a prática de caixa dois. Agora não faltam mais. O ministro Geddel Vieira Lima, articulador político do governo Temer, saiu em defesa do perdão a quem ocultou dinheiro de campanha.

O peemedebista disse ao jornal *O Globo* que a existência de projetos para tipificar o crime de caixa dois significa que a prática ainda não é ilegal. Por isso, argumentou ele, quem ocultou dinheiro da Justiça Eleitoral não deve ser punido.

"Anistia serve a quem cometeu um crime. No caso do caixa dois, se não tem crime, não tem anistia", afirmou o ministro. "Agora, quem foi beneficiado no passado, quando não era crime, não pode ser penalizado."

Especialistas em direito eleitoral apontam ao menos duas leis que já enquadram o financiamento ilegal de campanhas. O Código Eleitoral prevê pena de até cinco anos de prisão para quem "omitir" ou "inserir declaração falsa ou diversa da que devia ser escrita para fins eleitorais".

A lei de crimes contra o sistema financeiro proíbe "manter ou movimentar recurso ou valor paralelamente à contabilidade exigida". Neste caso, a pena é de um a cinco anos.

A procuradora Silvana Batini, professora da FGV no Rio, explica que o caixa dois sempre foi crime. "O problema é que temos um baixíssimo histórico de punição no Brasil", afirma. Ela diz que políticos e financiadores fazem um cálculo de custo e benefício antes de tapear a Justiça Eleitoral. "Como a chance de punição era baixa, o caixa dois sempre foi um bom negócio", conclui.

Se restar alguma dúvida no Planalto, recomenda-se ouvir a ministra Cármen Lúcia. Em 2012, ela enquadrou réus do mensalão que diziam que o escândalo era "só caixa dois". "Caixa dois é crime. Caixa dois é uma agressão à sociedade brasileira", afirmou. "E isso não é só, isso não é pouco." Para azar de quem discorda, a ministra acaba de assumir a presidência do Supremo.

23/09/2016
Passo em falso

A prisão de Guido Mantega deu nova munição a quem aponta excessos na Lava Jato. O ex-ministro foi capturado num hospital, onde esperava a esposa se submeter a uma cirurgia. Se havia alguma dúvida de que a operação deu um passo em falso, ela foi eliminada pelo próprio Sergio Moro. No início da tarde, o juiz revogou a decisão cumprida cinco horas antes pela PF.

No pedido de prisão, a força-tarefa alegou que Mantega representava risco à "garantia da ordem pública". Os procuradores também disseram que ele ameaçava a "estabilidade econômica", "mediante a perturbação na circulação livre de bens no mercado", e poderia combinar versões ou destruir provas do processo.

Pela jurisprudência respeitada no país até a Lava Jato, todo acusado tinha direito a se defender em liberdade. A prisão cautelar, sem julgamento, só deveria ser autorizada em caso de necessidade. Mantega tem endereço conhecido, e o Ministério Público não apontou nenhum indício de que ele planejava destruir provas ou fugir da Justiça. O argumento de ameaça à ordem econômica também não para em pé. O ex-ministro deixou o governo há quase dois anos, e seu partido está na oposição desde abril.

Uma operação capaz de rastrear contas secretas no exterior deveria saber que seu alvo da vez estaria num hospital. Ao revogar a prisão, Moro disse que a situação era "desconhecida" das autoridades. Pode ser verdade, mas não é boa propaganda para a Lava Jato, que afirma não ter viés político e se esforça para projetar uma aura de infalibilidade.

O prende-solta acabou tirando o foco do teor das suspeitas, que são graves e devem ser apuradas com rigor. Numa espécie de delação preventiva, o empresário Eike Batista disse que Mantega lhe pediu 5 milhões de reais para pagar dívidas de campanha do PT. O dinheiro teria sido repassado no exterior, o que reforça o peso da acusação. Se não fosse a batida no hospital, o ex-ministro seria o único com explicações a dar.

06/10/2016
Tarso faz ultimato ao PT

Principal derrotado nas eleições municipais, o PT precisa ter humildade, evitar o discurso de vítima e fazer mudanças radicais de métodos e de direção. O diagnóstico é do ex-ministro Tarso Genro, um dos principais líderes do partido.

O fiasco nas urnas exige transformações na sigla, diz o ex-governador gaúcho. "O PT sofreu um isolamento na sociedade, e isso foi bem explorado pelos adversários. É hora de lamber as feridas. O partido errou e tem que compreender que a reação foi a redução drástica de sua votação."

Tarso faz um ultimato: não participará mais de debates internos enquanto o partido não trocar a direção. "Só voltarei se houver uma mudança completa na executiva. Isso não significa jogar suspeição sobre os companheiros que estão lá. Mas precisamos compreender que fomos derrotados e temos que mudar."

Ele se diz contrário à ideia de entronizar o ex-presidente Lula no comando da sigla, em substituição a Rui Falcão. "Acho que Lula não quer e não deve ser presidente do K. Ele é uma liderança maior que o partido, tem que ficar solto."

Para o ex-ministro, a Lava Jato ajudou a projetar uma "monstruosa onda antipetista que se disseminou no país". "Agora precisamos avaliar que erros o partido cometeu para facilitar este cerco, que direcionou as investigações quase de maneira exclusiva contra o PT", afirma. "É verdade que o partido contribuiu para isso."

Na contramão de alguns rivais, Tarso diz que o PT não vai se dissolver na crise em que mergulhou. "Não acho que o PT vá definhar ou desaparecer. Mas precisamos fazer uma revolução democrática. Estamos numa curva histórica."

"Uma sociedade democrática precisa de partidos de esquerda. O PT precisa olhar seus parceiros com humildade e abandonar a postura hegemonista", prossegue o ex-ministro, em aceno a siglas como PCdoB e PSOL. "Não vamos sobreviver com dignidade se voltarmos a contar com aliados como o PMDB", conclui.

11/10/2016
Barrados no banquete

O governo prometeu "cortar na carne", mas ofereceu filé-mignon a duzentos deputados para aprovar a PEC do teto de gastos. Antes de servir o banquete, Michel Temer disse que está "fazendo história" e que movimentos contra a proposta "não podem ser admitidos". A imodéstia do presidente parece um bom motivo para ouvir quem se opõe ao texto.

Um estudo do Ipea, instituto ligado ao Ministério do Planejamento, sustenta que a PEC causará danos profundos ao sistema público de saúde. Os pesquisadores Fabiola Vieira e Rodrigo Benevides afirmam que o setor perderá até 743 bilhões de reais se as despesas forem congeladas por vinte anos, como deseja o Planalto.

Para os autores, o plano usa o "pressuposto equivocado de que os recursos públicos para a saúde já estão em níveis adequados". Não estão. Em 2013, o gasto brasileiro foi de 591 dólares per capita. Isso equivale à metade do argentino (1.167 dólares) e a um sétimo do americano (4.307 dólares).

O estudo mostra que a despesa do Brasil com saúde se mantém estável há quinze anos, na casa de 1,7% do PIB. Com o congelamento, deverá encolher para até 1%.

Ao apresentar o plano, o Planalto ignorou problemas como o envelhecimento da população. A participação dos idosos deve saltar de 12,1% para 21,5% nas próximas duas décadas. Isso aumentará a pressão sobre o SUS e elevará gastos com doenças como diabetes e hipertensão.

O presidente do Conselho Nacional de Secretarias Municipais de Saúde, Mauro Junqueira, diz que o congelamento vai agravar as filas nos hospitais e castigar os mais pobres — que não foram convidados para o banquete no Alvorada. Ele está inconformado com o discurso governista de que protestar contra a PEC é "ser contra o Brasil". "Isso não é uma luta partidária. É uma luta em defesa do SUS", afirma. O secretário atua em São Lourenço (MG), município administrado pelo PSDB.

14/10/2016
Longe do céu

O professor Darcy Ribeiro dizia que o Senado é melhor do que o céu, porque não é preciso morrer para frequentá-lo. Melhor do que ser senador, só ser suplente. Além de continuar vivíssimo, o felizardo não tem que passar pelo desconforto de pedir votos para chegar lá.
Gim Argello foi um suplente de sorte. Passou menos de seis meses na reserva de Joaquim Roriz, o notório ex-governador do Distrito Federal. Acusado de corrupção, o senador renunciou pouco depois da posse. Assim, o substituto foi presenteado com sete anos e meio de mandato.
Ex-vendedor de carros, Gim levou o gosto por negócios para a política. Começou como assessor de Mário Andreazza, o ministro das obras faraônicas da ditadura. Depois, especializou-se na Câmara Legislativa de Brasília, laboratório de escândalos recentes como o mensalão do DEM.
No Senado, mostrou rapidamente que não seria um suplente qualquer. Aproximou-se de caciques do PMDB, como José Sarney e Renan Calheiros. Em outra frente, bajulou a então ministra Dilma Rousseff até cair nas graças do governo petista.
Em 2014, o suplente participou de duas CPIs da Petrobras que terminaram em pizza. Mais tarde, o delator Léo Pinheiro contaria à Lava Jato que ele cobrou 7,35 milhões de reais para abafar as investigações e evitar a convocação de empreiteiros. Numa das planilhas da corrupção, Gim era identificado como "Alcoólico", um trocadilho com o seu apelido.
Ontem o petebista foi condenado a dezenove anos de prisão por corrupção passiva, lavagem de dinheiro e obstrução da Justiça. Depois de roçar as estrelas, Gim deve passar uma longa temporada longe do céu.

Todo cidadão tem direito de se indignar com o que lê nos jornais, mas nada justifica a agressão física sofrida por Eduardo Cunha.* O correntista suíço que acerte suas contas com a Justiça — mesmo que, no caso dele, a fatura demore tanto a chegar.

16/10/2016
O Ipea censurou o Ipea

Na última terça, esta coluna publicou um estudo do Ipea que projeta cortes bilionários na saúde após a aprovação da PEC do teto de gastos. No mesmo dia, o presidente do instituto, Ernesto Lozardo, chamou a seu gabinete uma das autoras do texto, a nota técnica nº 28.

Doutora pela Universidade Federal de São Paulo, Fabiola Sulpino Vieira entrou na sala do chefe como coordenadora de estudos de saúde do Ipea. Saiu exonerada do cargo e alvo de uma censura pública, fato inédito nos 52 anos do instituto.

Na reunião, a pesquisadora ouviu de Lozardo que seu trabalho criou constrangimento ao governo. Foi avisada de que ele divulgaria uma nota contestando o estudo do próprio órgão e endossando a versão do Planalto sobre a PEC. Sob pressão, decidiu entregar o posto de chefia.

Na nota nº 28, Fabiola e o colega Rodrigo Benevides projetaram quatro cenários para a saúde no novo regime fiscal. No pior, a perda chegaria a 743 bilhões de reais. O estudo reconhece a penúria do governo, mas sustenta que um ajuste focado nas despesas primárias "afeta particularmente as políticas sociais". É possível concordar ou discordar, mas não há nada no texto que autorize a desqualificação dos pesquisadores.

Nomeado há quatro meses pelo presidente Michel Temer, de quem é amigo, Lozardo reagiu com a ferocidade de um cão de guarda. Tachou o estudo de "irrealista" e "desconectado" e afirmou que suas conclusões "são de inteira responsabilidade dos autores" e "não representam a posição" do Ipea. Entre outras coisas, omitiu que o trabalho foi submetido previamente à direção do instituto.

* Uma mulher agrediu o deputado no saguão do Aeroporto Santos Dumont, no Rio.

A censura do dr. Lozardo é preocupante porque sugere que o novo regime está disposto a barrar estudos que contrariem suas teses. Se a regra prevalecer no Ipea, pode se alastrar para o IBGE e as universidades federais. Em outros tempos, a tentativa de submeter órgãos técnicos à vontade política do governo era chamada de aparelhamento.

20/10/2016
Um silêncio eloquente

O silêncio do Planalto não poderia ser mais eloquente. A prisão de Eduardo Cunha deu um baque no governo Temer e pôs fim à ilusão de que a tormenta teria ficado para trás. Depois de semanas de calmaria, o novo regime volta a navegar em mar revolto, com o vento soprando forte a partir de Curitiba.

A ameaça de uma delação premiada espalhou pânico em Brasília. Daqui para a frente, passará a perturbar o sono de parlamentares, de ministros e do presidente Michel Temer, velho aliado do novo detento.

No pedido de prisão, o Ministério Público deixa claro que o correntista suíço nunca deixou o núcleo do poder. "Mesmo afastado da Câmara dos Deputados, Cunha ainda mantém influência nos seus correligionários, tendo participado de indicações de cargos políticos do governo Temer", afirmam os procuradores.

O ex-deputado pode ter sumido dos palácios, mas seus apadrinhados continuam lá. Um dos mais notórios é o líder do governo na Câmara, André Moura. Foi a ele que Temer delegou a articulação para aprovar a PEC do congelamento de gastos.

Nem os desafetos de Cunha se aventuraram a provocá-lo após a prisão. "O que importa saber o que eu acho?", desconversou o senador Renan Calheiros sobre a notícia do dia. Alvo de oito inquéritos na Lava Jato, ele deve ter boas razões para não festejar a desgraça do rival.

Quem aposta no silêncio do ex-deputado pode botar as barbas de molho. Antes de virar réu, ele disse que não entraria na mira da Lava Jato. Entrou. Depois disse que não perderia o mandato. Perdeu. Nos últimos dias, repetia que não fará delação premiada. Alguém acredita? "Ele sabe que não tem mais saída, não tem escapatória", resume o deputado Jarbas Vasconcelos, um dos raros peemedebistas tranquilos.

Além de lançar dúvidas sobre o futuro, a prisão de Cunha deixa uma pergunta incômoda sobre o passado. Diante do que o país inteiro sabe, como ele ainda podia estar solto?

21/10/2016
A hora e a vez dos jabutis

Os políticos não devem ser os únicos alvos da esperada delação de Eduardo Cunha. Para negociar um acordo, a Lava Jato quer exigir que o ex-deputado entregue as empresas que frequentaram seu movimentado balcão de negócios. A lista é longa e eclética. Inclui bancos, empreiteiras, seguradoras, frigoríficos e grupos de mineração.

O correntista suíço forjou alianças de sangue com boa parte do PIB brasileiro. Com apetite voraz, intermediou lobbies milionários e usou sua influência para ditar a pauta econômica do Congresso. Foi coroado o rei dos jabutis, as emendas exóticas incluídas em medidas provisórias.

De acordo com as investigações, Cunha construiu um gigantesco propinoduto entre as empresas e a política. Assim, engordou seu caixa pessoal e financiou mais de uma centena de campanhas, pavimentando a rota até a presidência da Câmara.

Quem acompanhou a ascensão do dono da Jesus.com sabe onde encontrar alguns fios do novelo. Se os procuradores quiserem, podem começar a puxar pela MP dos Portos, aprovada em maio de 2013. Então líder do PMDB, Cunha peitou o governo e capitaneou uma iniciativa que foi apelidada de "emenda Tio Patinhas".

A alteração favoreceu empresas poderosas como o Grupo Libra, que opera no porto de Santos. No ano seguinte, seus sócios ajudariam a financiar a campanha de Michel Temer à vice-presidência da República.

Como bom monarca, o rei dos jabutis sabia agradar os súditos. Sua corte chegou a reunir políticos de diferentes partidos, como PT, PP, PSDB e DEM. "Tinha meia dúzia que participava de tudo, e o resto recebia a ração depois que a MP era aprovada", conta um peemedebista que frequentava o gabinete do novo detento.

A clientela de Cunha era maior e mais ampla que o cartel de empreiteiras do petrolão. As referências à companhia aérea Gol, citada em seu pedido de prisão preventiva, parecem ser apenas um aperitivo do que ainda está por vir.

23/10/2016
*Denúncia para collorir**

No dia seguinte à prisão de Eduardo Cunha, o Supremo Tribunal Federal começou a remover a blindagem que ainda protege seu primeiro chefe na política: o ex-presidente Fernando Collor.

Depois de um ano e dois meses, o ministro Teori Zavascki permitiu a divulgação da denúncia da Lava Jato contra o senador. O documento estava em sigilo desde agosto de 2015, quando a Procuradoria-Geral da República acusou Collor de embolsar ao menos 29 milhões de reais do petrolão.

Em 278 páginas, o procurador Rodrigo Janot sustenta, de forma clara e detalhada, que o ex-presidente usou sua influência na BR Distribuidora para receber propina. A história começa em 2010, quando Collor se aproximou do governo Lula e apoiou a eleição de Dilma Rousseff.

De acordo com Janot, o esquema collorido cobrou pedágio em diversos contratos da subsidiária da Petrobras. Os exemplos vão da troca de bandeira em postos de gasolina à construção de cais flutuantes para abastecer barcos na Amazônia.

A denúncia afirma que a verba desviada da estatal de combustíveis foi investida na compra de carros de alto consumo. Na frota, destacam-se uma Lamborghini Aventador Roadster de 3,2 milhões de reais e uma Ferrari 458 Italia de 1,45 milhão.

Segundo a Lava Jato, Collor chegou a usar o caseiro e o funcionário que cuida de seus barcos em Maceió como laranjas para disfarçar a movimentação de dinheiro. Os dois estavam lotados em seu gabinete.

"O parlamentar exercia posição de comando no grupo criminoso, o qual era integrado por funcionários públicos, tanto do Senado Federal quanto da Polícia Federal", diz Janot. Ele ainda acusa o senador de "impedir e atrapalhar as investigações".

Na sexta-feira, a PF mostrou como até a Polícia Legislativa atuou para blindar Collor. Em nota, ele declarou que "não tem conhecimento acerca dos fatos" e que "a verdade vai prevalecer diante da acusação vil". Agora falta a opinião do Supremo.

---

* Na época em que a coluna foi publicada, os livros para colorir haviam se tornado uma febre no mercado editorial brasileiro. Foram um sucesso imediato entre os adultos.

25/10/2016
Cabral, o imortal

Dizem que certos políticos têm sete vidas, tamanha sua capacidade de sobreviver a escândalos. Se for verdade, Sérgio Cabral deve ter catorze. O ex-governador do Rio é alvo de acusações de corrupção há quase duas décadas, mas as suspeitas contra ele nunca foram a julgamento.

Em 1998, o Ministério Público abriu a primeira investigação sobre Cabral. Ele era suspeito de enriquecimento ilícito por comprar uma mansão em Mangaratiba, perto de Angra dos Reis. O caso foi arquivado pelo procurador Elio Fischberg, que seria afastado por falsificação de documentos em ação contra outro peemedebista ilustre: Eduardo Cunha.

O escândalo à beira-mar não interrompeu a escalada de Cabral. Ele acumulou poder e se elegeu senador e governador por duas vezes. Chegou a se insinuar à vice-presidência da República, mas foi abatido em voo pelas manifestações de 2013.

Um acidente aéreo na Bahia expôs sua intimidade com empresários que prosperaram em terras fluminenses. Um deles, o empreiteiro Fernando Cavendish, presenteou a esposa do peemedebista com um anel avaliado em 800 mil reais. O valor da joia parece gorjeta diante das cifras atribuídas a ele na Lava Jato.

Cabral já foi acusado de receber propina em várias obras milionárias, como a reforma do Maracanã, o complexo petroquímico, o Arco Metropolitano e a reurbanização de favelas. Ele anda sumido, mas continua a atuar nos bastidores. Há poucas semanas, treinava o aliado Pedro Paulo para os debates da eleição municipal.

Encastelado no Leblon, o peemedebista acaba de entrar na mira de outra operação de nome sugestivo: Saqueador. Para o juiz Marcelo da Costa Bretas, as apurações apontam para um "gigantesco esquema de corrupção" no estado, "com o apadrinhamento" do ex-governador.

Em nota, Cabral disse que "repele com veemência" e manifesta "indignação e repúdio" contra seus acusadores. Se sobreviver a mais essa, ele poderá reivindicar o título de imortal.

27/10/2016
Cabeça a prêmio

Nas últimas semanas, o presidente do Senado, Renan Calheiros, recebeu duas más notícias do Supremo Tribunal Federal.

No início do mês, o ministro Edson Fachin liberou para julgamento a denúncia em que ele é acusado de receber dinheiro de uma empreiteira para pagar pensão a uma ex-namorada. O caso se arrasta há nove anos, e o senador pode ser finalmente mandado para o banco dos réus.

Agora a ministra Cármen Lúcia marcou para o próximo dia 3 o julgamento da ação que remove da linha sucessória da Presidência todo político que responda a processo. Se a tese for aceita, nenhum réu poderá comandar a Câmara ou o Senado.

Ligando os pontos, fica claro que Renan está com a cabeça a prêmio e pode ser afastado do cargo a partir da semana que vem. Isso explica a fúria e o destempero com que o peemedebista reagiu à Operação Métis, que prendeu policiais legislativos sob suspeita de sabotar a Lava Jato.

Sentindo-se ameaçado, o senador foi ao ataque. Acusou a PF de usar "métodos fascistas", chamou um juiz federal de "juizeco de primeira instância" e se referiu ao ministro da Justiça como "chefete de polícia".

Ontem ele saiu em defesa de uma proposta que acaba com a "aposentadoria como prêmio" para juízes condenados por improbidade. A ideia seria bem-vinda, se não estivesse sendo reduzida a um mero instrumento de retaliação política.

Por enquanto, o esperneio de Renan deu em nada. Em vez de se intimidar, Cármen Lúcia agiu como se espera de uma presidente do Supremo: cobrou respeito à Justiça e se solidarizou com o magistrado que foi ofendido pelo peemedebista.

Em seguida, ela recusou convite para um encontro que reuniria os chefes dos Três Poderes. Alegou estar com a agenda cheia, num claro recado de que não está interessada em ouvir as queixas do senador.

Apesar das mordomias do cargo, a vida de Renan parece não estar fácil. E em novembro, deve piorar.

30/10/2016
A anistia vem a galope

Enquanto a torcida se distrai com as eleições municipais, os deputados articulam uma nova jogada na Câmara. O plano é driblar o Ministério Público e aprovar uma anistia geral ao caixa dois. Se der certo, será um gol de placa do sistema político ameaçado pela Lava Jato.

A ideia é ousada: usar um pacote moralizador para legalizar o financiamento ilegal de campanhas. Os parlamentares prometem aprovar a criminalização do caixa dois, uma das chamadas dez medidas contra a corrupção. Parece boa notícia, mas há um detalhe: ao proibir o trambique no futuro, a Câmara quer perdoar quem o praticou no passado.

O lance já foi ensaiado em setembro. A bola não entrou graças a deputados da Rede e do PSOL, que se insurgiram contra o acordo fechado pelos grandes partidos. Agora a anistia ameaça voltar a galope. O motivo da pressa é a delação da Odebrecht, que deve entregar mais de duzentos políticos de todas as siglas.

O novo acordão para "estancar a sangria" tem o aval do governo Temer e do presidente da Câmara, Rodrigo Maia. Na quarta, ele repetiu uma tese dos réus do mensalão: caixa dois e corrupção seriam "coisas distintas", sem ligação entre si.

Em entrevista a Mario Sergio Conti, na *Globo News*, o deputado indicou que apoia o perdão ao financiamento irregular das eleições passadas. "Nós temos que dar um corte e dizer que daqui para a frente está criminalizado", disse, apesar de a lei já prever punições ao caixa dois.

Questionado se estava defendendo uma anistia a criminosos, Maia abriu o jogo: "Alguma solução vai ter que ser dada. Eu acho que anistia é uma palavra forte". De falta de transparência, não poderemos acusá-lo.

02/12/2016
Lágrimas e charutos

A noite de quarta-feira, 30 de novembro, foi daquelas que ficarão na memória. Em Medellín, na Colômbia, um estádio lotou sem nenhum time em campo. A torcida estava lá para homenagear as 71 vítimas da queda do avião da Chapecoense, a maior tragédia do esporte brasileiro. A cerimônia emocionou milhões de pessoas nos dois países.

Enquanto a multidão chorava, um grupo de 52 pessoas confraternizava animadamente em Brasília. Eram senadores reunidos na casa do líder do PMDB, Eunício Oliveira. No fim da noite, a festa ganhou o reforço do presidente Michel Temer, que distribuiu gracejos e degustou um legítimo havana oferecido pelo anfitrião.

O contraste entre lágrimas e charutos resume a distância crescente entre o mundo político e as ruas. O fosso se ampliou nesta semana, quando o Congresso afrontou a sociedade ao aprovar medidas de arrocho e costurar amarras para conter o Ministério Público e o Judiciário.

Na terça, o Legislativo aproveitou o luto nacional para acelerar votações impopulares. O Senado aprovou, em primeiro turno, a emenda que congelará gastos sociais nos próximos vinte anos. Do lado de fora, a polícia reprimia os descontentes com bombas de gás e balas de borracha.

Poucas horas depois, a Câmara desfigurou as chamadas dez medidas contra a corrupção. O pacote incluía ideias reprováveis, como a validação de provas obtidas de forma ilegal, mas sua mutilação foi uma mera revanche de políticos na mira da lei.

O desprezo pela opinião pública não tem sido exclusividade dos congressistas. No início da semana, Temer chamou de "fatozinho" o escândalo que acaba de derrubar mais dois ministros de seu governo.* Ele ainda deve explicações convincentes sobre o caso, em que é acusado de pressionar um auxiliar para favorecer interesses particulares de outro.

No coquetel dos senadores, a preocupação do presidente era outra: não ser filmado ou fotografado enquanto dava suas alegres baforadas.

---

* O ministro Marcelo Calero (Cultura) relatou pressões do colega Geddel Vieira Lima (Secretaria de Governo) para liberar a construção de um edifício em uma área tombada em Salvador. Calero denunciou o episódio em entrevista à *Folha de S.Paulo*, e os dois ministros deixaram o governo. Ele ainda acusou Temer de defender o lobby de Geddel.

04/12/2016
Marketing do arrependimento

"Desculpe, a Odebrecht errou." Assim começa o anúncio de duas páginas que a maior empreiteira do país publicou nos jornais de anteontem. Na propaganda, a empresa "reconhece que participou de práticas impróprias".

"Não importa se cedemos a pressões externas", prossegue o texto, insinuando que os empresários corruptos foram forçados a financiar os políticos corruptos. "Foi um grande erro, uma violação dos nossos próprios princípios, uma agressão a valores consagrados de honestidade e ética", continua o comunicado.

O discurso pode sugerir arrependimento, mas é apenas marketing. Há um ano e meio, a mesma empresa manifestava "indignação com as ordens de prisão de cinco de seus executivos". "A Odebrecht nega ter participado de qualquer cartel", dizia a peça publicitária de junho de 2015.

Entre as duas propagandas, publicadas em formato idêntico, o que mudou foi o contexto. A construtora esperava se safar de bico calado, mas foi atropelada por um caminhão de provas e teve que negociar um acordo de delação com a Lava Jato.

As investigações revelaram que a empresa mantinha um departamento exclusivo para o pagamento de propina. Suas planilhas ligam valores milionários a mais de trezentos políticos de todos os grandes partidos.

Um pedido de desculpas pode ser melhor do que nenhum, mas seria ainda melhor se a Odebrecht, em vez de posar de Madalena arrependida, fosse direto ao ponto. Num comunicado objetivo, poderia dizer quem subornou, quanto pagou e que obras fraudou, embolsando dinheiro público.

O anúncio desta sexta ainda ilude os leitores ao sugerir que os malfeitos recentes destoaram do histórico de "princípios" da empresa. Velha freguesa do noticiário de corrupção, a Odebrecht deve sua força à ditadura militar. Apoiada pelo regime, saltou do 19º lugar para o topo do ranking do setor. Numa curiosa coincidência, a escalada começou com a construção do edifício-sede da Petrobras.*

---

* Os dados estão no livro *Estranhas catedrais: As empreiteiras brasileiras e a ditadura civil-militar, 1964-1988*, de Pedro Henrique Pedreira Campos (Eduff, 2014).

06/12/2016
Presente de grego

O afastamento de Renan Calheiros* tem tudo para se tornar um presente de grego para o governo. Nas últimas semanas, o Planalto comemorou cada passo do peemedebista na direção ao abismo. Agora que ele caiu, o presidente Michel Temer ganhará motivos para sentir sua falta no comando do Senado.

Com a decisão do ministro Marco Aurélio Mello, a Casa passa a ser chefiada por um petista: o senador Jorge Viana, ex-governador do Acre. O governo deixa de ter um aliado problemático e passa a ter um oposicionista declarado na cúpula do Congresso.

A substituição ameaça o calendário das reformas econômicas. Apesar dos atritos com o Planalto, Renan prometia aprovar a PEC do teto de gastos na semana que vem. Com a reviravolta, a oposição ganhará força para tentar barrar a medida.

A queda de Renan também produzirá efeitos nas ruas. No domingo, o governo respirou aliviado quando o peemedebista virou o principal alvo das manifestações verde-amarelas. O senador parecia um biombo ideal para proteger o Planalto da ira contra os políticos. Agora o "Fora, Renan!" pode dar espaço ao "Fora, Temer!", apesar do esforço de grupos como o MBL para blindar o presidente.

O afastamento coroa uma série de más notícias para o alagoano. Na semana passada, ele sofreu duas derrotas. Na quarta, subestimou a pressão popular e fracassou ao tentar aprovar a versão Frankenstein das medidas anticorrupção. No dia seguinte, virou réu no Supremo, acusado de ter despesas pessoais pagas pela empreiteira Mendes Júnior.

Um Renan enfraquecido, visto como inimigo público número um, era garantia de relativa tranquilidade no Congresso. Com o PT no comando, o governo deve voltar a navegar em águas turbulentas para aprovar suas medidas impopulares. Cercado por aliados em apuros, Temer ainda terá que torcer para não virar a bola da vez. O ano ainda não acabou e já derrubou três presidentes: da República, da Câmara e, agora, do Senado.

* Numa decisão que surpreendeu o mundo político, o ministro Marco Aurélio Mello, do STF, afastou Renan Calheiros da presidência do Senado. Ele considerou que o peemedebista não poderia continuar na linha sucessória da República após se tornar réu numa ação penal.

07/12/2016
O coronel desafia o Supremo

A rebelião de Renan Calheiros contra o Supremo agravou o clima de confronto entre os Poderes. O peemedebista desafiou o tribunal ao ignorar a ordem para deixar a presidência do Senado. Além disso, radicalizou a crise com ataques ao ministro Marco Aurélio Mello, que determinou seu afastamento do cargo.

Chamado pelos adversários de "cangaceiro", Renan agiu, na hipótese mais benigna, como coronel de província. Insatisfeito com uma decisão judicial, resolveu desobedecê-la, como se estivesse acima da lei. Todo cidadão tem direito a reclamar da Justiça, mas não há democracia onde suas ordens são descumpridas.

O comportamento do senador é digno de uma República de Bananas. Desde a noite de segunda, ele se recusa a receber o oficial encarregado de notificá-lo. A birra gerou uma situação inusitada: o peemedebista deu entrevista e ajuizou um recurso contra o afastamento, mas oficialmente ainda não foi comunicado da decisão que contesta.

Encorajado pelo apoio de colegas, Renan dobrou a aposta ao acusar Marco Aurélio de "tremer na alma" quando "ouve falar em acabar com os supersalários". O discurso moralizante mereceria mais atenção se o senador não fosse réu em ação por peculato (desvio de dinheiro público). Ele ainda responde a onze inquéritos, sendo oito da Lava Jato.

Com a corda no pescoço, o peemedebista foi pedir socorro ao governo. Se o Supremo não se curvar ao coronel, a operação está fadada ao fracasso. Há duas semanas, Michel Temer se julgava capaz de manter o amigo Geddel Vieira Lima no Planalto.

O governo quer obrigar os brasileiros a contribuir durante 49 anos para ter direito à aposentadoria integral. Temer obteve o benefício aos 55 anos de idade. Pela regra que deseja impor aos outros, ele precisaria ter começado a trabalhar aos seis anos, o que o impediria de frequentar as aulas de alfabetização.

08/12/2016
Meia-sola constitucional

Uma "meia-sola constitucional". Assim o ministro Marco Aurélio Mello, do Supremo Tribunal Federal, definiu o acordão tramado na corte para manter Renan Calheiros na presidência do Senado.

O julgamento ainda estava começando, mas os juízes e a plateia já conheciam seu desfecho. O tribunal daria uma pirueta jurídica para salvar o peemedebista, com patrocínio do governo e transmissão ao vivo na TV.

A ação contra Renan seguia uma lógica cristalina. Em novembro, seis ministros do Supremo estabeleceram que um réu não pode suceder o presidente da República. Na semana passada, o alagoano passou a responder a um processo por peculato.

Como o presidente do Senado está na linha sucessória, Renan teria perdido as condições de ocupar o cargo. Foi o que Marco Aurélio entendeu ao determinar a sua saída em caráter provisório, na segunda-feira.

Contrariado, o senador decidiu afrontar a decisão. Numa atitude que levaria qualquer cidadão para a cadeia, recusou-se a assinar a notificação e desobedeceu a ordem judicial.

O presidente Michel Temer recebeu o amotinado no Planalto, em sinal público de apoio. O governo, que fritava Renan, passou a negociar votos para salvá-lo no Supremo. Tudo pelo compromisso, assumido pelo senador, de aprovar a emenda do teto de gastos na semana que vem.

Sensibilizada pelo governo, a corte adotou uma solução "deplorável", nas palavras de Marco Aurélio: Renan sai da linha sucessória, mas permanece no cargo. O ministro alertou que o casuísmo seria recebido como "deboche" e levaria a uma "desmoralização ímpar do Supremo".

O apelo não surtiu efeito, e o tribunal aprovou a "meia-sola" por 6 a 3. Ao apoiá-la, o ministro Luiz Fux deixou claro que os juízes não estavam pensando só na Constituição. "Estamos agindo com a responsabilidade política que se nos impõe", disse. Vitorioso, Renan elogiou a "decisão patriótica" e declarou que sua confiança na Justiça "continua inabalada".

09/12/2016
Instituições funcionando

Os roteiristas de ficção têm muito a aprender com o Congresso brasileiro. Depois de protagonizar uma grave crise institucional e afrontar decisão do Supremo, o Senado amanheceu ontem como se nada tivesse acontecido.

A cadeira de presidente voltava a ser ocupada por Renan Calheiros, réu por peculato e investigado da Operação Lava Jato. À vontade na poltrona de couro azul, ele distribuía ordens, organizava a lista de oradores e fazia piadas ao microfone.

"A oposição não costuma cansar nunca!", disse a Magno Malta, dublê de senador e cantor evangélico, recusando uma sugestão para que deixasse a minoria falar "até cansar".

Pouco depois, Renan passou a anunciar a criação de um novo órgão: a Comissão Permanente Senado do Futuro. Lendo uma folha de papel sobre a mesa, ele enumerou as questões a serem debatidas.

"A saúde dos oceanos e dos rios; o mundo pós-energia fóssil; as novas fronteiras da vida, inclusive com a inteligência artificial e o potencial das células-tronco; as novas fronteiras do universo, inclusive o potencial de viagens espaciais", recitou.

Para completar o surrealismo da cena, o senador-réu leu o último item da lista: "a evolução da moral e da conduta humana". Em seguida, passou a palavra a Romero Jucá, também investigado na Lava Jato e primeiro dos seis ministros a cair em seis meses de governo Temer.

Na Câmara, não houve votações relevantes. Oposicionistas apresentaram outro pedido de impeachment, mas o presidente Rodrigo Maia nem apareceu para recebê-los. O documento foi lido diante de uma poltrona vazia. No plenário, deputados-pastores promoviam uma sessão solene. Homenagem ao Dia da Bíblia.

6. A pinguela balança

A Lava Jato demorou, mas chegou à porta de Michel Temer. Em dezembro, o presidente entrou na mira da delação da Odebrecht.

Um lobista da empreiteira acusou o peemedebista de pedir 10 milhões de reais "direta e pessoalmente", em jantar no Palácio do Jaburu. Ele disse que parte do dinheiro foi entregue em espécie ao melhor amigo do presidente.

O escândalo derrubou José Yunes, então assessor especial da Presidência. E passou a ameaçar a sobrevivência do governo, que o ex-presidente Fernando Henrique Cardoso havia apelidado de "pinguela".

Ao tomar posse, Temer prometeu um gabinete de "salvação nacional". Agora sua administração passava a operar no modo "salve-se quem puder".

11/12/2016
O tsunami chegou

Os vazamentos de sexta à noite começaram a confirmar as previsões mais apocalípticas sobre a delação da Odebrecht. Estamos diante de um tsunami de proporções inéditas, com potencial para varrer os principais partidos e pré-candidatos à Presidência em 2018.

A primeira onda quebrou com força sobre o atual inquilino do Planalto. O delator Cláudio Melo Filho afirma que Michel Temer pediu "direta e pessoalmente", em jantar no Palácio do Jaburu, que Marcelo Odebrecht repassasse 10 milhões de reais para as campanhas do PMDB em 2014.

Ex-diretor da empreiteira, ele diz que a distribuição dos recursos foi organizada pelo ministro Eliseu Padilha, a quem chama de "preposto" do presidente. Segundo o relato, parte da bolada foi entregue em dinheiro vivo no escritório de José Yunes, amigo e assessor de Temer.

O delator também cita repasses e apelidos de outros caciques do PMDB, como Moreira Franco (o "Angorá"), Romero Jucá ("Caju"), Renan Calheiros ("Justiça") e Eunício Oliveira ("Índio"). O presidente da Câmara, Rodrigo Maia ("Botafogo"), é a velha novidade do pacote.

Ao atingir o Planalto, o tsunami encontra um presidente impopular e emparedado pela própria base, incapaz até de nomear um ministro que escolheu.

Para seu consolo, tucanos e petistas também estão com água no pescoço — vide as novas acusações a Alckmin e Serra e a abertura da quarta ação contra Lula.

O executivo da Odebrecht é apenas o primeiro dos 77 que fecharam acordo de delação. Diante do cenário de devastação na política e da ameaça de naufrágio do governo, a economia voltará a ser usada como pretexto para a costura de um "grande acordo nacional". Quem está prestes a se afogar fará de tudo para tentar melar o que vem por aí.

Até a semana passada, a hipótese de acordão parecia remota, já que exigiria a participação do Supremo. Depois do que a corte fez para salvar Renan, nada mais é impossível.

14/12/2016
Salve-se quem puder

Ao tomar posse como presidente interino, Michel Temer anunciou um governo de "salvação nacional". Sete meses depois, sua administração parece reduzida a um "salve-se quem puder". O peemedebista chega ao fim do ano com a popularidade na lona* e o pescoço ameaçado pelas delações da Odebrecht.

No fim de semana, Temer recebeu a sugestão de demitir todos os auxiliares citados pelo lobista Cláudio Melo Filho. A ideia esbarrou num problema: a cabeça seguinte seria a do próprio presidente, acusado de pedir 10 milhões de reais à empreiteira. Segundo o delator, parte do dinheiro foi entregue em espécie no escritório do melhor amigo, José Yunes.

Quando a história veio à tona, Temer disse, em nota, que "repudia com veemência as falsas acusações". Como a negativa não foi suficiente para estancar a crise, ele decidiu trocar a defesa pelo ataque. Passou a reclamar da divulgação de informações, um expediente muito usado pelo governo deposto em maio.

Em carta aberta ao procurador-geral da República, o presidente alegou que as iniciativas do governo "vêm sofrendo interferência pela ilegítima divulgação de supostas colaborações premiadas". Isso equivale a repetir o discurso petista de que o noticiário da Lava Jato atrapalha o país.

---

* A aprovação popular a Temer havia caído de 14% para 10%, segundo Datafolha divulgado em 11 de dezembro.

Em tom professoral, Temer disse que "o fracionado ou porventura lento desenrolar de referidos procedimentos pré-processuais, a supostamente envolver múltiplos agentes políticos, funciona como elemento perturbador de uma série de áreas de interesse da União". Na verdade, as delações perturbam os políticos delatados, que o governo de "salvação nacional" tenta proteger.

A carta termina com uma contradição. O presidente defende "celeridade na conclusão das investigações", mas pede que nada seja revelado enquanto não for "completado e homologado o procedimento da delação", o que não acontecerá tão cedo. Nos sonhos do Planalto, tudo ficaria na gaveta até o fim de 2018.

18/12/2016
A pinguela balança

Deve-se a Fernando Henrique Cardoso a melhor definição até aqui do governo Temer. Vendida como uma vistosa "ponte para o futuro", a administração se resume, nas palavras do ex-presidente, a uma pinguela. Na descrição do Houaiss: "ponte tosca, feita de um tronco ou uma prancha de madeira".

Em sete meses, sete ministros já caíram no rio. Na última semana foi a vez de José Yunes, assessor especial e primeiro-amigo de Temer. Ele se tornou a primeira baixa provocada pelas delações da Odebrecht, que ameaçam outros figurões do governo. Os riscos da travessia se multiplicam, e a hipótese de a pinguela quebrar passou a ser discutida abertamente no Congresso e nos jornais.

O Planalto tem dois trunfos para segurar Temer na cadeira: o apoio do empresariado, que patrocinou o impeachment, e o fantasma de uma eleição indireta, no caso de nova vacância da Presidência. Como ninguém deseja entregar as chaves do palácio ao Congresso, o peemedebista seria preservado como um "mal menor" até 2018.

Este ainda é o cenário mais provável, mas há turbulências pela frente. A calamidade nas contas dos estados, a ameaça de greves no serviço público, a impaciência com o marasmo econômico e o bombardeio da Lava Jato prometem um verão quente.

O governo já detectou que uma bandeira pode unir os insatisfeitos: a convocação de novas eleições. Por isso, iniciou uma operação para sufocar a proposta de emenda que permitiria uma votação direta em 2017. A ideia ofereceria uma saída democrática para a crise, devolvendo ao povo o direito de escolher o presidente.

Na quarta, o Planalto acionou o trator para impedir que o texto fosse votado na Comissão de Constituição e Justiça da Câmara. A manobra foi comandada pelo histriônico Carlos Marun, do PMDB. O deputado que tenta salvar a pinguela é o mesmo que liderou a tropa contrária à cassação de Eduardo Cunha. Na primeira missão, ele fracassou.

21/12/2016
Um negócio lucrativo

Além de revelar apelidos e valores repassados a políticos de vários partidos, a delação de Cláudio Melo Filho tem uma função didática. O lobista explica, em detalhes, como se compra uma lei ou medida provisória no Congresso.

A aula de corrupção é um capítulo à parte no acordo do ex-diretor da Odebrecht com a Lava Jato. Em dezesseis páginas, ele conta como a empreiteira subornou parlamentares para aprovar projetos de seu interesse. O relato cita figurões como Renan Calheiros, Romero Jucá, Rodrigo Maia, Eunício Oliveira e Delcídio do Amaral.

O lobista descreve o passo a passo das transações no balcão parlamentar. Em abril de 2013, sua missão era aprovar uma medida provisória que alterava a cobrança de impostos federais sobre a indústria química. O assunto foi negociado com o atual líder do governo no Congresso.

"O senador Romero Jucá, em reunião realizada no seu gabinete, solicitou-me apoio financeiro atrelado à aprovação do texto que interessava à companhia", conta o lobista.

Ele identifica o ex-ministro como "centralizador" e "organizador dos repasses" ao PMDB no Senado. "Jucá sempre deixou claro para mim que, em momentos como o ocorrido aqui de solicitação de vantagem pecuniária, ele também o fazia em nome de Renan Calheiros", afirma.

Ontem os repórteres Julio Wiziack e Camila Mattoso informaram que a empreiteira ganhou ao menos 8,4 bilhões de reais com duas MPs citadas na delação. É difícil imaginar um negócio mais lucrativo, considerando que o "investimento" em propinas foi de 16,9 milhões.

As provas entregues à Procuradoria também mostram como Marcelo Odebrecht se envolvia pessoalmente nas negociações. Num e-mail enviado em agosto de 2013, ele demonstra impaciência ao saber que o senador Eunício estava atrasando a tramitação de uma MP de seu interesse. "Que maluquice! O que ele ganha com isto?", pergunta. "O de sempre", responde Melo Filho.

22/12/2016
Um alento para os réus

No julgamento do mensalão, muitos réus apostaram na chamada tese do caixa dois para tentar escapar da cadeia. Eles admitiram ter movimentado milhões em dinheiro vivo, mas alegaram que não se tratava de corrupção. Tudo se resumiria a "recursos não contabilizados", uma mera infração da lei eleitoral.

A estratégia foi demolida pelo Supremo Tribunal Federal no início de outubro de 2012. "Esta corte assentou que o denominado caixa dois equivale a corrupção", disse o ministro Luiz Fux. Ele relatou "perplexidade" com o discurso das defesas. "Os parlamentares recebem sua remuneração. Se recebem dinheiro por fora, cometem corrupção!", fulminou.

O ministro Carlos Ayres Britto, que presidia a corte, disse que os advogados tentavam "converter em pecadilhos eleitorais os mais graves delitos contra a administração pública". "A pretensa justificativa do caixa dois parece tão desarrazoada que toca os debruns da teratologia argumentativa", afirmou, no seu estilo peculiar.

O ministro Gilmar Mendes também criticou o discurso dos réus. "Sequer há de se falar em caixa dois, entendido aqui como recurso não contabilizado", disse. "Essa tese foi usada amplamente na mídia", prosseguiu, em tom de reprovação.

A ministra Cármen Lúcia, atual presidente do Supremo, foi ainda mais rigorosa. "Caixa dois é crime. Caixa dois é uma agressão à sociedade brasileira. Caixa dois, mesmo que tivesse sido isso ou só isso. E isso não é só, e isso não é pouco", afirmou.

Passados quatro anos, os políticos investigados pela Lava Jato ensaiam ressuscitar a tese do caixa dois. A ideia não parecia muito promissora, mas os réus acabam de ganhar um alento. O ministro Gilmar Mendes, ele mesmo, declarou que "a simples doação por caixa dois não significa a priori propina ou corrupção".

"O caixa dois não revela per se a corrupção, então temos de tomar todo esse cuidado", advertiu o magistrado. Os réus do mensalão não contaram com tanta boa vontade.

23/12/2016
Impopular, sem se incomodar

Em café da manhã com jornalistas, Michel Temer voltou a esnobar a opinião das ruas. Ele disse que o fato de ser rejeitado pela maioria da população não o "incomoda". Segundo o Ibope, 72% dos brasileiros não confiam no presidente. De cada dez pessoas, só uma aprova o governo, diz pesquisa Datafolha.

Os números deixariam qualquer político preocupado, mas parecem não tirar o sono do atual inquilino do Planalto. "Dizem que há impopularidade. Isso me incomoda? Não, digamos assim, é desagradável, mas não me incomoda para governar", disse Temer.

O presidente, que assumiu o cargo pela via indireta, comparou a aprovação popular a uma jaula. "Estou aproveitando a suposta impopularidade para tomar medidas que são fundamentais para o país", afirmou.

Ele citou um conselho do publicitário Nizan Guanaes, que o incentivou a acelerar reformas sonhadas pelo empresariado como a flexibilização da CLT. "Aproveite sua impopularidade. Tome medidas amargas", sugeriu o marqueteiro, recém-nomeado para o Conselho de Desenvolvimento Econômico e Social.

Ninguém defende que os governantes se guiem apenas pela busca do aplauso. No entanto, é estranho ser governado por quem diz saber o que é "fundamental para o país" e demonstra pouco interesse em ouvir a opinião da sociedade.

O presidente poderia aproveitar o Natal para refletir sobre o que o levou, em pouco tempo, a ser tão rejeitado quanto a antecessora. Segundo o Datafolha, 75% dos brasileiros acreditam que ele defende os ricos, e 58% o consideram desonesto.

Nesta quinta, Temer convidou o presidente da Fiesp para falar a favor da reforma trabalhista, que dá vantagens aos empregadores e tira direitos dos empregados. Mais cedo, ele saiu em defesa do chefe da Casa Civil, acusado de receber propina da Odebrecht. "Não vou trocar o ministro Padilha", informou. "Na verdade, ele continua firme e forte."

25/12/2016
Por favor, me esqueça!

Se pudessem, muitos políticos apagariam 2016 da nossa memória. O ano produziu um impeachment e levou poderosos para a cadeia. A seguir, uma seleção de frases que eles gostariam de esquecer.

"Tem que mudar o governo para poder estancar essa sangria" — Romero Jucá, senador, sugerindo um pacto para frear a Operação Lava Jato.
"Rapaz, a solução mais fácil é botar o Michel" — Sérgio Machado, ex-senador, na conversa com Jucá.
"Eu tô mandando o Bessias" — Dilma Rousseff, ex-presidente, tentando transformar Lula em ministro.
"Tchau, querida" — Lula, ex-presidente, ao se despedir de Dilma.
"Eduardo Cunha, você é um gângster. O que dá sustentação à sua cadeira cheira a enxofre" — Glauber Braga, deputado, encarando o correntista suíço na votação do impeachment.
"O caráter. A sinceridade" — Cláudia Cruz, esposa de Cunha, explicando o que a atraiu no ex-deputado.
"Não fale em crise, trabalhe" — Michel Temer, presidente, citando a propaganda de um posto falido como lema para seu governo.
"Isso é um salafrário dos grandes" — Ciro Gomes, ex-ministro, descrevendo o novo presidente.
"É o que tem" — Fernando Henrique Cardoso, ex-presidente, sobre o governo Temer. Ele já havia definido a gestão como uma "pinguela".
"Se ela não tem efetividade, mas as pessoas acreditam que tem, a fé move montanhas" — Ricardo Barros, ministro da Saúde, chocando médicos ao defender a "pílula do câncer".
"Deixar cargo por isso? Pelo amor de Deus" — Geddel Vieira Lima, ex-ministro, cinco dias antes de cair.

"Se eu fosse escolher um codinome para esse delator, ficaria em dúvida entre Todo Horroroso ou Mentiroso" — Inaldo Leitão, ex-deputado, o "Todo Feio" da lista da Odebrecht.

"Vossa excelência, por favor, me esqueça!" — Ricardo Lewandowski, ministro do STF, para o colega Gilmar Mendes. Mas também serviria para 2016.

27/12/2016
As previsões e os fatos

"Rombo nas contas do governo é o maior em vinte anos." "Utilização de capacidade da indústria cai à mínima histórica." "Pela primeira vez em doze anos shoppings fecham mais lojas do que abrem." "Varejo tem queda no Natal." "Mercado reduz projeção do PIB." "Desemprego deve subir ainda mais em 2017."

Todas as manchetes acima foram recolhidas no noticiário on-line de ontem. Elas ilustram o desânimo da economia brasileira na reta final do ano, em que os fatos insistem em contrariar as previsões oficiais.

No início de 2016, era comum ouvir que o impeachment resultaria na retomada imediata do crescimento. Em março, o empresário Flávio Rocha, dono da Riachuelo, dizia que a volta dos investimentos seria "instantânea". Em setembro, o ministro Eliseu Padilha se gabava: "A esperança está se convertendo em confiança".

Os dois parecem ter confundido desejo com realidade. Os investimentos sofreram um tombo de 3,1% no terceiro trimestre, segundo o IBGE, e, de acordo com a FGV, a confiança da indústria acaba de registrar o menor índice em seis meses.

As previsões róseas se baseavam na crença de que bastava trocar de presidente para tirar a economia do atoleiro. Com lama pelas canelas, os mais otimistas deveriam dar uma olhada no exemplo da Argentina.

Quando Michel Temer nomeou sua equipe econômica, os entusiastas da "fada da confiança" festejaram semelhanças com o time ultraliberal de Mauricio Macri. Nesta segunda, o presidente argentino demitiu o ministro da Fazenda. Se é possível fazer alguma previsão para o início de 2017, é de que a pressão sobre Henrique Meirelles vai aumentar.

28/12/2016
Um processo estranho

Na última semana do ano, a Polícia Federal apreendeu documentos em gráficas suspeitas de fraude na campanha de Dilma Rousseff e Michel Temer. É difícil que a operação dê grandes resultados, já que as empresas tiveram tempo para se livrar das provas. Mesmo assim, serve como lembrete de que ainda há, no Tribunal Superior Eleitoral, quem esteja interessado em julgar a chapa vitoriosa em 2014.

Embora haja um clima de acordão no ar, o relator Herman Benjamin parece estar fora dele. O ministro tem demonstrado independência e sinaliza estar disposto a levar a investigação até as últimas consequências.

Ao autorizar as buscas, ele anotou que o TSE vê "indícios de fraude na destinação final dos recursos eleitorais". O ministro citou a "aparente ausência de capacidade operativa de subcontratadas" e o "recebimento de altos valores por pessoas físicas e jurídicas sem justa causa demonstrada". Em português claro, ele apontou suspeitas de que a campanha usou laranjas para lavar dinheiro.

Esses sinais já estão na praça há pelo menos um ano e meio. Em julho de 2015, a *Folha de S.Paulo* mostrou que a chapa pagou 6,15 milhões de reais a uma gráfica sem nenhum funcionário registrado. Outros casos levantados pela Lava Jato sugerem que as empreiteiras do petrolão reinvestiram parte das verbas desviadas na campanha.

O processo no TSE tem sido marcado por estranhezas. O autor da ação é o PSDB, que se desinteressou pelo caso desde que Dilma foi afastada. O presidente do tribunal é o ministro Gilmar Mendes, que demonstra fina sintonia política com Temer.

O Planalto defende a tese esdrúxula da divisão da chapa, como se presidente e vice não tivessem sido eleitos pela mesma campanha. Por via das dúvidas, tenta esticar a ação até a metade de 2017, quando Temer terá trocado dois ministros da corte. Pelos planos do governo, tudo acabará em nada. No limite, o TSE se limitaria a determinar a "cassação" de quem já foi cassada pelo Congresso.

29/12/2016
Fiscalizar os fiscais

Os tribunais de contas foram criados para vigiar o uso do dinheiro público. No país das empreiteiras, é sempre bom ter alguém para fiscalizar os fiscais.

Há duas semanas, a Polícia Federal amanheceu na porta do presidente do Tribunal de Contas do Estado do Rio, Jonas Lopes. Ele virou alvo da Lava Jato por suspeita de envolvimento nos esquemas de corrupção do governo Sérgio Cabral.

O chefe do TCE foi citado por delatores de ao menos três empreiteiras: Andrade Gutierrez, Odebrecht e Carioca Engenharia. Os executivos afirmam que ele cobrava propina para fazer vista grossa às estripulias das empresas no estado.

As suspeitas envolvem obras milionárias ligadas à Copa do Mundo e aos Jogos Olímpicos, como a reforma do Maracanã e a expansão de metrô até a Barra da Tijuca. De acordo com as investigações, o TCE cobrava pedágio de 1% do valor de cada projeto.

Leandro Azevedo, ex-diretor da Odebrecht, descreveu em detalhes o caso do estádio de futebol. Ele conta que procurou Lopes em 2013, por orientação de um secretário do governo Cabral, para acertar o parcelamento dos repasses ilegais.

No fim do ano seguinte, o chefe do TCE teria marcado outra reunião para reclamar de atraso no crediário da propina. Na época, os primeiros presos da Lava Jato já contavam alguns meses de cana em Curitiba.

Há duas semanas, Lopes se declarou indignado e disse "repudiar com veemência" as acusações. Ontem ele aproveitou o clima de férias para ensaiar uma saída à francesa. Pediu licença de três meses para "cuidar de projetos pessoais", segundo sua assessoria.

Os avanços da Lava Jato sugerem que o TCE fluminense está longe de ser uma exceção. Ao menos três ministros do Tribunal de Contas da União são formalmente investigados por suspeita de corrupção. Um deles, Raimundo Carreiro, acaba de ser premiado. No início do mês, foi eleito o novo presidente da corte.

30/12/2016
Exageraram na propaganda

O governo lançou uma campanha publicitária para tentar convencer a população de que não é tão ruim quanto ela pensa. É uma missão árdua, e a propaganda já começa pisando na bola. Contabiliza apenas 120 dias de gestão, quando Michel Temer assumiu há exatos 232.

O anúncio usa a expressão "posse efetiva" para justificar a contagem marota. Faltou combinar com o chefe. Em discurso recente, o próprio Temer disse que ignorou a condição de interino e governou desde maio "como se efetivo fosse".

Na primeira linha da propaganda, lê-se a palavra "coragem", em letras garrafais. Parece um exagero do redator, já que o presidente tem evitado comparecer a palanques, estádios e até velórios por medo de ser vaiado.* Seu último pronunciamento na TV foi transmitido na noite de Natal, quando as panelas estavam ocupadas com peru e farofa.

Mais adiante, o anúncio enumera quarenta medidas "que já se tornaram realidade". A lista mistura fatos positivos, como o apoio da Aeronáutica ao transplante de órgãos, a decisões altamente questionáveis, como a reforma do ensino médio por medida provisória. O procurador-geral da República, Rodrigo Janot, já afirmou que a MP viola a Constituição e precisa ser anulada.

Na área econômica, o Planalto também se gaba de medidas polêmicas. Diz que a reforma da Previdência vai garantir a aposentadoria "das gerações atuais e futuras", mas não explica como isso ocorrerá em estados onde a expectativa de vida dos homens mal passa dos 65 anos.

Apesar de ocupar uma página inteira de jornal, a propaganda não cita uma única vez a palavra "corrupção", que dominou o noticiário de 2016. Em outro exagero de marketing, afirma-se que o governo assegurou a "moralização das nomeações nas estatais". Há poucas semanas, Temer loteou seis vice-presidências da Caixa entre partidos aliados. As nomeações atenderam a PSDB, PP, PR, PSB, DEM e PRB.

---

* Com medo de ser vaiado, Temer faltou ao velório de dom Paulo Evaristo Arns, arcebispo emérito de São Paulo. Símbolo da resistência à ditadura militar, ele morreu em 14 de dezembro de 2015, aos 95 anos.

13/01/2017
Lula na estrada

Lula voltou à estrada. Nesta semana, o ex-presidente reapareceu no alto do palanque em Salvador e Brasília. Discursou contra o governo Temer e repetiu que, "se for necessário", será candidato ao Planalto mais uma vez.

"Nós voltaremos a governar este país", prometeu, no comício da capital baiana. A frase parece ecoar o slogan "Ele voltará", lançado pelos seguidores de Getúlio Vargas antes da campanha eleitoral de 1950.

Os getulistas preparavam o retorno de um presidente que havia sido enxotado do poder ao fim do Estado Novo. Os lulistas sonham com a volta de um presidente que saiu por cima, mas perdeu prestígio com a Lava Jato e a crise que derrubou a sucessora.

Lula retomou um papel que sempre dominou: o de líder da oposição. Tem explorado a impopularidade de Temer para atacar os novos donos do poder. Não é uma tarefa difícil. O governo tropeça nas próprias pernas e continua a anunciar medidas amargas para os brasileiros mais pobres.

O ex-presidente lidera todas as simulações de primeiro turno, mas não sabe se poderá ser candidato. Réu em cinco ações penais, corre o risco de ser barrado pela Lei da Ficha Limpa caso venha a ser condenado em segunda instância até 2018.

Mas seus adversários não deveriam apostar todas as fichas nisso. Sem comparar os dois personagens, vale lembrar que o deputado Paulo Maluf chegou a ter os votos invalidados em 2014, mas recorreu ao TSE e foi autorizado a tomar posse mais uma vez.

Na dúvida, Lula veste o figurino de presidenciável para rodar o país e tentar sair da defensiva. Pode ser o suficiente para reanimar a militância, mas ele não sairá do lugar pregando apenas para convertidos.

Enquanto não provar que abandonou as práticas que o levaram para o buraco, o PT deve continuar sem perspectivas reais de poder. E é difícil acreditar em mudanças quando figuras como Delúbio Soares, condenado no mensalão, circulam à vontade nos comícios do ex-presidente.

15/01/2017
Boca de Jacaré

Numa mensagem interceptada pela Polícia Federal, o doleiro Lúcio Funaro chama Geddel Vieira Lima de "Boca de Jacaré". É uma referência à gula que, de acordo com ele, o ex-ministro demonstrava nas negociações para liberar empréstimos da Caixa. "Esse cara acha que eu tenho uma impressora", reclama. Uma impressora de dinheiro, claro.

Na sexta-feira 13, a PF fez buscas em dois endereços de Geddel na Bahia. Os investigadores suspeitam que o ex-ministro beneficiou empresas e traficou informações sigilosas em troca de propina. Ele é acusado de integrar uma "quadrilha" com o ex-deputado Eduardo Cunha.

Geddel e Cunha são velhos integrantes do PMDB da Câmara. No segundo volume dos *Diários da presidência*, Fernando Henrique Cardoso reclama do apetite do grupo para devorar nacos da máquina federal. Ele conta que Geddel ameaçou retaliar o governo se o aliado Eliseu Padilha não fosse promovido a ministro. "Não vou nomear Eliseu Padilha nenhum, porque esta pressão está cheirando mal", anotou FHC, em abril de 1997. No mês seguinte, Padilha virou ministro dos Transportes.

Geddel, Cunha e Padilha são velhos aliados de Michel Temer. Os peemedebistas continuaram a trocar apoio por cargos nos governos petistas. Com o impeachment, passaram a mandar sem intermediários.

Depois da batida na casa de Geddel, o Planalto tentou disseminar a versão de que Temer estaria "aliviado". O presidente não teria motivos para se preocupar, já que o aliado deixou de ser ministro.

Ao menos dois fatos sugerem que o discurso tem pouca conexão com a realidade. O relatório da PF vincula Roberto Derziê, ligado a Temer, a uma operação suspeita de 50 milhões de reais na Caixa. Em dezembro, o presidente assinou sua nomeação para a cúpula do banco. Sem foro privilegiado, o falante Geddel também ficou mais próximo da fila das delações. Quem conhece o jacaré sabe o estrago que sua boca pode causar.

17/01/2017
Corrupção sem fronteiras

Um dos símbolos mais conhecidos do poder é o Rolls-Royce preto que transporta os presidentes da República. Comprado em 1953, o conversível sai da garagem nos dias de posse e nos desfiles de Sete de Setembro. Em outros tempos, já deu carona à rainha Elizabeth e ao general De Gaulle.

Ontem a marca britânica voltou ao noticiário político por uma razão menos nobre: divulgou um acordo para encerrar investigações por corrupção no Brasil. A Rolls-Royce pagará multa de 25,6 milhões de dólares por ter sido flagrada no petrolão. (Desde os anos 1970, a RR se divide em duas firmas com acionistas diferentes: uma produz automóveis, e a outra, investigada na Lava Jato, fabrica turbinas e aviões militares.)

A Rolls-Royce entrou na mira do Ministério Público Federal quando Pedro Barusco, ex-gerente da Petrobras, admitiu ter recebido suborno na compra de equipamentos para plataformas. Seu depoimento dá uma boa amostra da banalização da roubalheira. Ele diz que "não se recorda exatamente quem foi beneficiado na divisão das propinas, mas lembra que foi beneficiado com pelo menos 200 mil dólares".

Enquadrada pelo órgão antifraude do seu país, a Rolls-Royce também pagará multas milionárias às autoridades britânicas e americanas. O valor total das punições supera a cifra de 2,7 bilhões de reais.

O acordo fechado pela empresa parece um roteiro para a Odebrecht. A empreiteira baiana é suspeita de distribuir propinas em ao menos doze países. As investigações indicam que a prática era sempre a mesma, só mudava o idioma do acerto.

Na economia globalizada, a gatunagem também ultrapassa fronteiras. Não importa a cor do passaporte, e sim a relação custo-benefício de tentar embolsar dinheiro fora da lei. O caso da Rolls-Royce deveria servir de lembrete para quem pensa que basta trocar empresas brasileiras por multinacionais para acabar com a corrupção.

20/01/2017
Pontos de interrogação

A morte de Teori Zavascki lança um grande ponto de interrogação sobre o futuro da Lava Jato. O ministro conduzia o caso mais importante entre os milhares que aguardam julgamento no Supremo Tribunal Federal. O novo relator terá forte influência sobre o ritmo e o desfecho das investigações.

Estavam nas mãos de Teori todos os processos do petrolão que envolvem políticos com foro privilegiado. Sua próxima tarefa seria homologar as delações da Odebrecht, que comprometem figurões do governo Temer e das gestões petistas.

Avesso aos holofotes, o ministro era conhecido por trabalhar com sobriedade, discrição e independência. As três características impunham um misto de respeito e temor em Brasília. Ninguém era capaz de prever suas decisões, e poucos se atreviam a tentar influenciá-lo.

Teori era visto como uma esfinge, como mostra o célebre diálogo entre Sérgio Machado e Romero Jucá. Afobados para "estancar a sangria" provocada pela Lava Jato, os dois reconheciam, em privado, a impossibilidade de cooptar o ministro.

"Um caminho é buscar alguém que tem ligação com o Teori, mas parece que não tem ninguém", disse o ex-presidente da Transpetro na gravação. "Não tem. É um cara fechado", concordou o senador.

Nos últimos meses, o ministro contrariou todas as facções que disputam o comando do Estado brasileiro. Foi ele quem mandou prender o senador Delcídio do Amaral, então líder do governo Dilma. Também foi ele quem afastou Eduardo Cunha, o capitão do impeachment, do trono de presidente da Câmara. Teori ainda enquadrou Sergio Moro quando considerou que o juiz cometeu excessos e invadiu a área do Supremo.

O choque causado pela morte do ministro exige uma investigação rápida e transparente sobre a queda do avião. Com tantos interesses em jogo, é fundamental que não reste, no futuro, nenhum ponto de interrogação sobre os motivos da tragédia.

24/01/2017
Utilidades da tragédia

A política sabe ser hipócrita. Na tarde em que o avião de Teori Zavascki caiu no mar, parlamentares que tentam escapar da Lava Jato divulgaram notas consternadas e lacrimosas sobre a tragédia.

"É uma grande perda para o país", declarou o senador Romero Jucá, o "Caju" da lista da Odebrecht. "O Brasil, a sociedade e o mundo jurídico perdem um de seus maiores expoentes", reforçou o senador Renan Calheiros, titular do codinome "Justiça" nas planilhas da empreiteira.

No velório, outros investigados disputaram espaço ao redor do caixão de Teori. Ao menos cinco foram citados nas delações, com seus respectivos apelidos: Michel Temer ("MT"), Eliseu Padilha ("Primo"), Rodrigo Maia ("Botafogo"), José Serra ("Careca") e Geraldo Alckmin ("Santo").

A política sabe ser cruel. Antes de o corpo baixar à sepultura, aspirantes já se insinuavam para a vaga aberta no Supremo. Alguns nem buscaram ser discretos. Julio Marcelo de Oliveira, o procurador das pedaladas fiscais, divulgou a própria candidatura nas redes sociais. "Extremamente honrado com a lembrança de meu nome para missão tão grandiosa", escreveu.

O advogado Heleno Torres se desmanchou em elogios a Temer, a quem caberá escolher o novo ministro. "Não conheço pessoa mais elegante e equilibrada", disse à repórter Thais Bilenky. Ele acrescentou que o peemedebista é o "melhor presidente" que o país poderia ter. Se não chegar ao tribunal, talvez consiga uma vaga na comunicação do Planalto.

A política sabe ser oportunista. Figurões de todos os partidos, do PT ao PSDB, torcem para que o desastre atrase a Lava Jato. Isso ocorrerá se a ministra Cármen Lúcia não homologar logo as delações premiadas.

No governo, a tragédia ainda é vista como um imprevisto útil para acelerar votações no Congresso. "A morte, por certo, vai fazer com que a gente tenha, em relação à Lava Jato, um pouco mais de tempo", sentenciou o ministro Padilha. Ele não parecia aflito com o prognóstico.

25/01/2017
O candidato da Fiesp

A mulher deve obedecer ao marido assim como os filhos devem obedecer aos pais. A legalização do divórcio aumentou o número de filhos desajustados. A união entre pessoas do mesmo sexo é tão imprópria quanto o casamento de um homem com um cavalo.

As ideias lembram o século XIX, mas foram defendidas por Ives Gandra Filho em artigo publicado em 2012. Presidente do Tribunal Superior do Trabalho e amigo de Michel Temer, ele desponta entre os favoritos para ocupar a vaga de Teori Zavascki no Supremo. O ministro Gilmar Mendes é seu maior cabo eleitoral.

Ligado ao Opus Dei, Gandra encarna o ultraconservadorismo de toga. No site do TST, ele informa que adotou o celibato por "decisão de Deus". A crença e as opções do ministro só dizem respeito a ele, mas sua ideia de sociedade interessa a todos — se for alçado ao Supremo, ele decidirá sobre temas que afetam a vida e os direitos de milhões de brasileiros.

No texto em que defende a submissão da mulher, Gandra critica decisões da corte que legalizaram a união civil de homossexuais e as pesquisas com células-tronco. Arautos da bancada religiosa no Congresso, como o pastor Marcos Feliciano, aderiram ao lobby por sua nomeação.

Os políticos fazem barulho, mas quem mais investe na campanha é o empresariado. O presidente da Fiesp, Paulo Skaf, lidera a mobilização. Ele me disse que Gandra "é um grande brasileiro e poderá ser um grande ministro do Supremo". Citado nas delações da Odebrecht, o peemedebista afirma não ter "nenhuma preocupação" com a Lava Jato.

Para a associação dos juízes trabalhistas, Gandra virou o candidato da Fiesp porque defende os interesses dos patrões em prejuízo dos trabalhadores. "Ele é um aliado dos empresários na missão de desmontar a CLT. Nomeá-lo para o Supremo seria um erro histórico", afirma o presidente da Anamatra, Germano Siqueira. A assessoria de Gandra diz que ele não quer dar entrevistas.

26/01/2017
Nas mãos de Cármen

Os políticos ameaçados pela Lava Jato querem que o Supremo Tribunal Federal deixe a delação da Odebrecht para depois. Até a semana passada, a coalizão de investigados tinha pouca esperança de atrasar o acordo da empreiteira com a Justiça. O relator Teori Zavascki estava decidido a homologar os depoimentos em fevereiro. Com isso, o fim do mundo chegaria antes do Carnaval.

A morte do ministro deu um alento a quem sonha em frear a operação. Isso explica o impasse e as disputas em torno da indicação do novo relator dos casos. A escolha será decisiva para o futuro de deputados, senadores, ministros e do presidente Michel Temer, citado 43 vezes por um lobista da construtora.

Como não é possível garantir que o novo relator seguirá o ritmo de Teori, as delações correm um risco real de acabar na geladeira. Isso não ocorrerá se a presidente do Supremo, Cármen Lúcia, homologar os depoimentos até a próxima terça, último dia do recesso do Judiciário.

Se a ministra confirmar o acordo, ninguém mais será capaz de "estancar a sangria", pelo menos nesta fase das investigações. É por isso que Cármen tem sido aconselhada a homologar logo as delações, numa "homenagem" à memória de Teori.

No início da semana, dois movimentos abriram caminho para essa solução. Numa das frentes, o procurador Rodrigo Janot fez um pedido formal de urgência para o caso. Na outra, a presidente do Supremo autorizou os três juízes que auxiliavam Teori a retomar os trabalhos. Agora a decisão está nas mãos da ministra.

Enquanto ela não age, as pressões se avolumam. Ontem o ministro Gilmar Mendes foi visitá-la e declarou que aceitaria com "naturalidade" a tarefa de ser o novo relator da Lava Jato. No domingo, ele passou horas fechado com Temer no Palácio do Jaburu. Segundo a assessoria do ministro, tratou-se de um encontro de "amigos há mais de trinta anos". É melhor Cármen se apressar.

27/01/2017
O amigo bilionário

Nos últimos anos, poucos empresários brasileiros foram tão próximos do poder quanto Eike Batista.* Sua ascensão meteórica foi impulsionada por uma intensa troca de favores com políticos. O dono do grupo X era o amigo bilionário, sempre disposto a bancar campanhas, emprestar jatinhos e abrir portas no mundo dos negócios.

O empresário procurava agradar a todos, sem distinção partidária. Em 2006, fez doações idênticas de 1 milhão de reais para Lula e Geraldo Alckmin. Em 2010, repetiu a dose com Dilma Rousseff e José Serra. Até Marina Silva, que não tinha chances de vitória, recebeu sua cota de 500 mil.

A lei permitia o financiamento privado, e Eike dizia que seu objetivo era contribuir com a democracia. Suas tacadas dependiam de ações do poder público, como a liberação de licenças ambientais e empréstimos do BNDES, mas ninguém parecia preocupado com o conflito de interesses. Se todos estavam felizes com o patrocínio, quem haveria de reclamar?

Em Brasília, o então bilionário era visto como um parceiro das gestões petistas. No governo Lula, virou campeão de multas por desmatamento, mas foi recebido com festa pelo ministro do Meio Ambiente.** No governo Dilma, conseguiu vestir a presidente da República com o macacão laranja de sua petroleira.

No Rio, Eike investiu pesado na relação com Sérgio Cabral. Além de apoiar campanhas, financiou vitrines da gestão do peemedebista, como as unidades de polícia pacificadora e a candidatura para sediar os Jogos Olímpicos. Em 2008, quando a PF levantou as primeiras suspeitas sobre o empresário, o governador abriu o palácio para defendê-lo. Foi um amor eterno enquanto durou.

---

* Em 26 de janeiro, a PF tentou cumprir um mandado de prisão de Eike Batista, acusado de pagar propina de 16,5 milhões de reais a Sérgio Cabral. Ele estava no exterior e foi incluído na lista de procurados da Interpol.

** Em outubro de 2008, Eike foi recebido por Carlos Minc, então ministro do Meio Ambiente, como um mecenas a serviço da preservação das florestas. O autor cumpriu o papel de estraga-festa ao perguntar se ele pagaria os 29,4 milhões de reais que devia ao Ibama em multas por desmatamento no Pantanal.

Nove anos depois, Cabral está preso em Bangu e Eike é procurado pela Interpol, acusado de ocultar dinheiro de propina. O mecenas que bancava os poderosos já deixou de ser bilionário. O próximo passo é deixar de ser amigo, quando tiver que escolher entre a cadeia e o acordo de delação.

31/01/2017
O apocalipse ficou para depois

A ministra Cármen Lúcia evitou o pior ao homologar as delações da Odebrecht. Desde a morte de Teori Zavascki, o acordo da empreiteira com o Ministério Público Federal corria sério risco. A depender do novo relator da Lava Jato, os 77 depoimentos poderiam acabar no fundo de uma gaveta.

A presidente do Supremo frustrou a operação-abafa, mas escolheu não dar o passo seguinte. Mineiramente, ela evitou contrariar mais interesses e manteve a papelada em sigilo. A decisão foi recebida com alívio pelos investigados, que temiam a divulgação imediata das delações.

A opção de Cármen dá uma sobrevida aos políticos dedurados pela Odebrecht. Alguns deles estão prestes a acumular mais poder. É o caso de Rodrigo Maia, o "Botafogo", e Eunício Oliveira, o "Índio". Mesmo citados na lista da empreiteira, os dois são favoritos para vencer as eleições internas da Câmara e do Senado.

O governo também ganha tempo. Com vários ministros na berlinda, Michel Temer continuará livre para tocar a agenda sem ser incomodado pela polícia. Isso explica seu ar despreocupado ao dizer, em Pernambuco, que a presidente do Supremo "fez o que deveria fazer".

Há motivos razoáveis para se defender o sigilo sobre as delações. A divulgação pode atrapalhar o trabalho dos investigadores, e todas as acusações dependem de provas para ter valor legal.

Por outro lado, o sigilo dá uma vantagem extra aos políticos que têm foro privilegiado. Na primeira instância, onde a transparência se tornou regra, os depoimentos costumam ser divulgados em poucas horas. No Supremo, delações e processos se arrastam por tempo indefinido, sem a garantia de que irão a julgamento.

Já que o apocalipse é inevitável, seria melhor que ele chegasse logo. Se a investigação demorar demais, muita gente poderá se safar antes de prestar contas à Justiça. Seria um bom negócio para dezenas de políticos, mas não para o eleitor.

01/02/2017
Hoje é Dia do Índio

Até o fim do dia, Eunício Oliveira deve ser eleito o novo presidente do Senado. Citado em três delações da Lava Jato, ele atende pelo apelido de "Índio" na famosa planilha da Odebrecht. Sua tribo é o PMDB, onde exerce a sugestiva função de tesoureiro.

Filho de um lavrador cearense, Eunício se tornou um prodígio nos negócios. Aos catorze anos, trabalhava no estoque de uma fábrica de biscoitos. Cinco décadas depois, voa num jatinho particular. Seu patrimônio declarado chega a 99 milhões de reais.

Na origem da fortuna estão empresas especializadas em vencer licitações. Só na Petrobras, uma firma do senador faturou 978 milhões. O maior contrato, de "apoio à gestão empresarial", teve o valor reajustado nove vezes. Os repasses do Banco do Brasil, do Banco Central e da Caixa somam mais 703 milhões de reais.

Genro de Paes de Andrade, um deputado folclórico que chegou a presidir a Câmara, Eunício também se destaca no papel de sogro. Em 2015, presenteou o marido da filha caçula com uma diretoria da Anac. A associação dos pilotos protestou contra a "nomeação política, baseada na mais asquerosa troca de favores", mas o rapaz continua no cargo.

O primeiro delator a acusar o peemedebista foi Delcídio do Amaral. Segundo o ex-senador, Eunício "jogou pesado" para emplacar diretores da ANS e da Anvisa. Ele associou as indicações à cobrança de propina de laboratórios e seguradoras.

Nelson Melo, ex-diretor da Hypermarcas, disse ter repassado 5 milhões de reais ao peemedebista por meio de contratos fictícios. Cláudio Melo, ex-diretor da Odebrecht, relatou pagamentos de 2,1 milhões pela aprovação de uma medida provisória.

Apoiado pelo governo Temer, Eunício nega todas as acusações e diz que os colaboradores da Lava Jato "inventam" e "mentem" para incriminá-lo.

Enquanto o Supremo não liberar todas as delações, teremos que ficar com a palavra dele. Até lá, todo dia no Senado será Dia do Índio.

02/02/2017
O pouso suave de Renan

Renan Calheiros é um vencedor. Réu em ação por desvio de dinheiro público, alvo de onze inquéritos no STF, ele acaba de completar o terceiro mandato na presidência do Senado. Seu último discurso ajuda a explicar por que a sucessão de escândalos não foi capaz de derrubá-lo da cadeira.

Ao se despedir, o peemedebista reafirmou um dos valores mais prezados pelos senadores: o corporativismo. Ele atacou a Lava Jato, reclamou da Polícia Federal e saiu em defesa de colegas que também são acusados de receber propina.

"A política exige reflexão, responsabilidade e altivez", disse, em tom professoral. Segundo Renan, os políticos não podem ser "uma manada tangida pelo medo e subjugada pela publicidade opressiva". "Jamais seria presidente do Senado pra me conduzir com medo", congratulou-se.

A título de exaltar a própria coragem, o alagoano passou a criticar as ofensivas da Lava Jato contra senadores suspeitos de corrupção. Ele acusou a operação de promover "conduções coercitivas impróprias", "buscas e apreensões ilegais" e "vazamentos manufaturados".

O peemedebista não citou nomes, mas falava em defesa de aliados notórios, como o ex-presidente Fernando Collor e o lobista Milton Lyra.* Em outra passagem do discurso, ele condenou a prisão do ex-senador Delcídio do Amaral, flagrado numa trama para obstruir as investigações.

Fiel ao estilo de dizer uma coisa para defender seu oposto, o alagoano jurou defender a "continuidade da Lava Jato". Na mesma frase, pregou a "pacificação" do país. "Depois das turbulências, é hora de um pouso suave para o Brasil", recitou.

Ninguém sabe o que acontecerá com o Brasil após a delação da Odebrecht, mas o pouso de Renan não poderia ter sido mais suave. No fim do discurso,

---

* Ligado a Renan, o lobista Milton Lyra foi alvo das operações Sépsis e Omertà, fases da Lava Jato que investigaram esquemas de corrupção do PMDB.

ele ainda defendeu a eleição de Eunício Oliveira, a quem definiu como "mais que um amigo". O "Índio" ganhou de lavada, com os votos de três quartos dos senadores.

03/02/2017
Os novos ministros de Temer

Michel Temer vai nomear três novos ministros. As escolhas devem mudar pouca coisa no governo, mas podem resolver alguns problemas na vida do presidente.

Temer sofria forte cobrança para dar mais poder ao PSDB. Isso explica a indicação, protelada há quase dois meses, de Antonio Imbassahy para a Secretaria de Governo.

A pasta estava vaga desde dezembro, quando o peemedebista Geddel Vieira Lima caiu num escândalo de tráfico de influência. Ao entregá-la ao PSDB, o presidente aplaca a fome do partido e reforça os laços que o amarram à sua gestão impopular.

A segunda novidade também é tucana: a ex-desembargadora Luislinda Valois será ministra dos Direitos Humanos. Ela perdeu uma eleição para deputada pelo PSDB em 2014, mas foi escolhida por outro motivo. O governo quer parar de ser criticado pela ausência de mulheres negras no primeiro escalão.

Temer vai recriar uma pasta que ele mesmo extinguiu ao assumir o poder. A explicação para o recuo é a série de vexames na área de direitos humanos. O último foi protagonizado por Bruno Júlio, o ex-secretário da Juventude que defendeu "uma chacina por semana" nas cadeias.

Por último, Temer ressuscitou a Secretaria-Geral da Presidência para dar status de ministro a Moreira Franco, um de seus aliados mais próximos. Citado 34 vezes na delação da Odebrecht, o peemedebista voltará a contar com foro privilegiado no Supremo Tribunal Federal.

A utilidade da blindagem é resumida numa frase famosa em Brasília: "Sem foro, é Moro". O novo ministro diz não ter intenção de se proteger do juiz. "Isso nunca esteve entre as minhas preocupações", afirma.

O prefeito do Rio, Marcelo Crivella, não pode ser acusado de descumprir o que promete. Ao tomar posse, ele jurou "proteger a família". Agora presenteou o filho, Marcelinho, com o cargo de secretário da Casa Civil.

05/02/2017
O mito do corruptor bonzinho

Eike Batista não é a musa de Caetano, mas nasceu com o dom de iludir. No papel de empresário, convenceu investidores a financiar projetos mirabolantes e irrealizáveis. Na pele de investigado, tenta se vender como uma vítima do sistema que o levou ao topo.

Antes de se entregar à polícia, o ex-bilionário apostou no mito do corruptor bonzinho. Ele repetiu a fábula de que empresários inocentes são obrigados a corromper políticos malvados. O conto ainda ludibria muita gente, a julgar pelos pedidos de selfie no aeroporto de Nova York.*

"A Lava Jato está passando o Brasil a limpo", disse o ex-bilionário, como se não tivesse nada a ver com a sujeira. "O Brasil que está nascendo agora vai ser diferente, tá certo? Porque você vai pedir suas licenças, vai passar pelos procedimentos normais, transparentes, e se você for melhor, você ganhou."

As declarações de Eike sugerem que ele defendia a normalidade e a transparência, mas foi forçado a pagar propina para sobreviver. Esse discurso omite o fato de que a corrupção é uma via de mão dupla. O corruptor compra uma vantagem ilegal sobre os concorrentes e busca uma recompensa maior do que o suborno.

Numa única transação com o governo Sérgio Cabral, o dono do grupo X pagou 37,5 milhões de reais por um terreno avaliado em 1,2 bilhão. Diante do lucro na operação, a propina de 16,5 milhões de dólares ao peemedebista ganha a dimensão de uma gorjeta.

Na decisão em que mandou prender Eike, o juiz Marcelo Bretas lembrou que não existe corrupto sem corruptor e vice-versa. "Se por um lado chama nossa atenção a figura do agente público que se deixa corromper, por outro

---

* O empresário estava em Nova York quando teve a prisão decretada. Antes de se entregar, foi tratado como celebridade por brasileiros que o reconheceram no aeroporto.

lado não se deve olvidar da figura do particular, pessoa ou empresa corruptora que promove ou consente em contribuir para o desvio de conduta", escreveu.

Uma boa novidade da Lava Jato é que megaempresários, empreiteiros e lobistas acostumados a subornar políticos também passaram a ser punidos.

08/02/2017
Plano de emergência

Há nove dias, a ministra Cármen Lúcia validou as delações de 77 executivos da Odebrecht. A visão do tsunami levou o governo a acionar o plano de emergência. A partir de agora, vale tudo para reforçar os diques e proteger os aliados do avanço da Lava Jato.

A primeira medida foi tomada na sexta-feira, com a criação de um ministério para dar foro privilegiado a Moreira Franco. A segunda é a indicação de Alexandre de Moraes para o Supremo Tribunal Federal.

Ao escolher um subordinado para a corte; Michel Temer deixou claro que não está preocupado com cobranças éticas. Moraes não é técnico nem discreto, para citar duas qualidades que costumavam ser atribuídas ao ministro Teori Zavascki. Suas virtudes são outras, a começar pela lealdade canina aos superiores.

O futuro das investigações que ameaçam o novo regime está nas mãos do Supremo. Nos próximos meses, a corte vai se deparar com ao menos duas encruzilhadas: o que fazer com réus condenados em segunda instância e como lidar com os habeas corpus que chegam de Curitiba.

As respostas a essas questões vão determinar se a Lava Jato será mesmo diferente ou repetirá o enredo de operações como a Castelo de Areia e a Satiagraha, que ameaçaram poderosos até serem fulminadas nos tribunais superiores de Brasília.

Até a morte de Teori, o tribunal se mostrava inflexível com os réus do petrolão. O ministro Gilmar Mendes, sempre ele, acaba de sinalizar uma possível mudança de ventos. "Temos um encontro marcado com as alongadas prisões que se determinam em Curitiba."

A fila de interessados numa guinada da corte seria suficiente para dar a volta na praça dos Três Poderes. O cordão de delatados atravessaria as duas Casas do Congresso e escalaria a rampa do Planalto até o gabinete presidencial.

No Paraná, há outro réu ansioso. Ele se chama Eduardo Cunha e já pagou honorários ao novo ministro do Supremo.*

09/02/2017
Estados à deriva

Diante da escalada da violência em diversos estados, o governo federal decidiu tomar uma medida enérgica: trocou o nome do Ministério da Justiça. A pasta foi rebatizada de Ministério da Justiça e da Segurança Pública, com direito a solenidade no Palácio do Planalto.

A mudança no letreiro agradou aos deputados da bancada da bala, mas não tirou um só criminoso das ruas. Pelo contrário: a situação tomou contornos dramáticos no Espírito Santo, que já contabiliza 95 mortos em cinco dias de greve da PM.

Enquanto as ruas de Vitória fervem com saques e arrastões, o ministério renomeado está acéfalo. Empossado pela segunda vez na semana passada, Alexandre de Moraes deixou o cargo apenas três dias depois, ao ser indicado para o STF.

Ontem ele tomava cafezinho com senadores no momento em que o governador Paulo Hartung (PMDB) foi à TV implorar que os policiais voltem ao serviço. Moraes estava ocupado com outro assunto: pedir votos para que o Senado aprove sua promoção a juiz.

Ninguém esperava que o tucano resolvesse a crise com sua verborragia diante das câmeras. Mas a inexistência de um ministro da Justiça, qualquer que seja, agrava a sensação de descontrole e omissão diante do drama capixaba.

Se 2016 ficou marcado pela queda do governo petista, 2017 promete fortes turbulências nos estados. Sem dinheiro para pagar médicos e professores, o Rio de Janeiro agora está prestes a ficar também sem governo.

A decisão do TRE que cassou os mandatos do governador Luiz Fernando Pezão (PMDB) e do vice Francisco Dornelles (PP) ainda pode ser revista, mas tende a agravar o quadro de instabilidade. A União dificulta as coisas, apresentando novos entraves para um socorro financeiro.

---

* Alexandre de Moraes defendeu Cunha em ação por uso de documento falso. O Supremo absolveu o ex-deputado em agosto de 2014. O caso era ligado a denúncias na Cehab no governo de Anthony Garotinho.

Ao deixar os estados à deriva, o novo regime parece crer que só tem responsabilidade pelas crises iniciadas em Brasília. É um erro grave, que ainda pode se voltar contra o Planalto.

10/02/2017
Uma dupla confiável

O deputado Carlos Marun não se incomoda em fazer o papel de vilão. No ano passado, o peemedebista se notabilizou como o último defensor de Eduardo Cunha. Enquanto dezenas de aliados saíam de fininho, ele permaneceu até o fim ao lado do correntista suíço.

A relação sobreviveu à derrocada de Cunha. Em dezembro, Marun foi visitá-lo na cadeia. Na volta, tentou espetar a conta no contribuinte. Chegou a receber reembolso de 1242,62 reais, mas foi obrigado a devolver a verba gasta de forma irregular.

O deputado Arthur Maia não tem medo de protestos. Em 2015, foi relator do projeto que elimina restrições à terceirização do trabalho. Quando o texto começou a ser criticado, ele deixou claro que desprezava opiniões divergentes. "Dei muita risada", disse, ao ser questionado sobre uma manifestação na avenida Paulista.

Maia se projetou como líder do Solidariedade, o partido do notório Paulinho da Força. Depois migrou para o PPS, que tem dois ministérios no governo Temer. O deputado atende pelo apelido de "Tuca" na planilha da Odebrecht. Segundo o delator Cláudio Melo Filho, ele pedia dinheiro por "ser baiano e possuir confiabilidade dentro da empresa".

Aos olhos do Planalto, Marun e Maia são aliados confiáveis. Os dois foram escolhidos presidente e relator da comissão da reforma da Previdência. Vão comandar a tramitação da proposta, que é altamente impopular e dificultará a aposentadoria de milhões de brasileiros.

Ontem a oposição criticou a dupla e tentou afastar Maia do posto de relator. O regimento da Câmara proíbe os deputados de relatar projetos que interessem a seus financiadores de campanha. Em 2014, Maia recebeu 1,2 milhão de reais de bancos e seguradoras, que esperam lucrar muito mais com a reforma.

O governo acionou o rolo compressor e manteve o aliado no cargo. O presidente Marun prometeu aprovar a proposta "o mais rápido possível", como deseja o Planalto.

12/02/2017
A censura do dr. Moro

Em novembro, o acusado Eduardo Cunha fez 41 perguntas a Michel Temer, sua testemunha de defesa nos processos de Curitiba. O juiz Sergio Moro censurou metade do questionário. Afirmou que oito indagações não tinham "pertinência" e outras treze eram "inapropriadas".

Cunha e Temer são velhos aliados, e as perguntas vetadas por Moro forneciam um bom roteiro para a Lava Jato. Numa delas, o correntista suíço queria saber: "O sr. José Yunes recebeu alguma contribuição de campanha para alguma eleição de vossa excelência ou do PMDB?".

Em dezembro, Yunes foi acusado por um delator da Odebrecht de receber dinheiro em espécie para Temer. Ele se disse indignado e deixou o cargo de assessor do presidente.

Nesta sexta, Moro recusou um pedido para soltar Cunha. Na decisão, voltou a reclamar das perguntas a Temer. Disse que tinham como objetivo "constranger o excelentíssimo senhor presidente da República e provavelmente buscavam com isso provocar alguma espécie de intervenção indevida da parte dele". Faltou explicar que tipo de intervenção estaria ao alcance presidencial.

De acordo com Moro, Cunha recorre a "extorsão, ameaça e intimidações" para tentar escapar da lei. Os métodos do ex-deputado são conhecidos, mas o juiz deveria parecer mais interessado no que ele tem a revelar. A tarefa de evitar constrangimentos a Temer pode ser deixada para os advogados do presidente.

Lula teve um surto autoritário em 2004, quando tentou expulsar um correspondente estrangeiro do país. Recuou graças a um conselheiro que ocupava o Ministério da Justiça.

Temer teve dois surtos autoritários na semana passada, quando restringiu a circulação de jornalistas no Planalto e pediu a censura de uma reportagem da *Folha de S.Paulo*. O presidente não tem ministro da Justiça e seus outros conselheiros estão ocupados, tentando fugir da Lava Jato.

14/02/2017
Temer oficializou a blindagem

Alguns políticos são mestres em fazer uma coisa e anunciar o seu contrário. Michel Temer lembrou ontem que domina a arte, ao divulgar novas regras para a demissão de ministros.

Com uma penca de auxiliares na mira da Lava Jato, o presidente convocou a imprensa para dizer o seguinte: "O governo não quer blindar ninguém e não vai blindar". Em seguida, ele acrescentou: "Não há nenhuma tentativa de blindagem".

Não é preciso ir longe para ver que o discurso não para em pé. Há menos de duas semanas, Temer recriou um ministério para Moreira Franco. O cargo deu foro privilegiado ao peemedebista, que foi citado 34 vezes numa delação da Odebrecht. Ou seja: Temer nomeou o aliado para blindá-lo da Justiça.

Ao anunciar a nova cartilha, o presidente afirmou: "Se alguém converter-se em réu, estará afastado". Parecia uma medida moralizadora, mas era o oposto disso. O presidente deu um salvo-conduto aos auxiliares investigados por corrupção. A partir de agora, eles poderão ser delatados à vontade até que os inquéritos se transformem em ações penais.

De acordo com Temer, só será "afastado provisoriamente" quem for alvo de denúncia formal da Procuradoria-Geral da República. A demissão será reservada ao ministro que conseguir a proeza de virar réu no Supremo Tribunal Federal.

Na prática, o presidente oficializou a blindagem dos auxiliares encrencados com a Justiça. A lentidão do Supremo se encarregará de manter a equipe unida. Em quase três anos de Lava Jato, a corte só recebeu cinco denúncias contra políticos.

O subsecretário de Assuntos Jurídicos da Casa Civil, Gustavo do Vale Rocha, foi autor da ação do governo que censurou a *Folha de S.Paulo*.* Ele

---

* Em 13 de fevereiro, um juiz de Brasília censurou reportagem da *Folha de S.Paulo* sobre tentativa de extorsão a Marcela Temer. O texto "Hacker ameaçou jogar nome de Temer na lama com divulgação de áudio" foi retirado do ar por cinco dias, até a decisão ser reformada. O jornal *O Globo* também foi censurado.

tem experiência no ramo. Como advogado de Eduardo Cunha, moveu uma série de processos contra jornalistas que escreveram sobre o correntista suíço.

15/02/2017
Confraternizando com os réus

Imagine um tribunal em que os réus tenham o poder de escolher quem vai julgá-los. É o que acontece neste momento com o Supremo Tribunal Federal, responsável pelos processos contra parlamentares acusados de corrupção.

Citado 43 vezes na delação de um lobista da Odebrecht, o presidente Michel Temer indicou seu ministro da Justiça, Alexandre de Moraes, para a vaga aberta na corte. Agora a nomeação precisa ser confirmada pelo Senado, que reúne mais de uma dezena de investigados na Lava Jato.

Apesar de o governo ter ampla maioria da Casa, Moraes não tem poupado esforços para ser aprovado. Desde que foi anunciado, ele se dedica em tempo integral a cortejar senadores e pedir votos, como um candidato em campanha eleitoral.

O beija-mão tem exposto o futuro ministro a cenas constrangedoras. Na semana passada, ele participou de um animado jantar na chalana *Champanhe*, ancorada no lago Paranoá. O barco pertence a um suplente goiano e é conhecido como "*love boat*". Nas noites de Brasília, costuma receber políticos e belas mulheres em festas sem hora para terminar.*

Ontem Moraes fez nova romaria pelo Senado. Numa das paradas, posou sorridente ao lado de Fernando Collor, acusado de receber 29 milhões de reais no petrolão. O ministro tem dado atenção especial aos integrantes da Comissão de Constituição e Justiça, que reúne dez suspeitos de envolvimento no esquema.

A Constituição estabelece que os ministros do Supremo são escolhidos pelo presidente e referendados pelo Senado. A regra é antiga, e Moraes não pode ser responsabilizado pela ficha corrida dos parlamentares.

No entanto, as circunstâncias deveriam impor uma atitude mais sóbria de quem pretende vestir a toga de ministro do Supremo. Não pega bem que o

---

* O "*love boat*" pertencia a Wilder Morais, suplente que assumiu a vaga do senador cassado Demóstenes Torres.

futuro juiz confraternize tão abertamente com os políticos que terá que julgar. Moraes deveria ser mais comedido, nem que seja só para manter as aparências.

16/02/2017
A aula do professor Padilha

Na campanha pelo impeachment, Michel Temer prometeu montar um ministério de notáveis. Ele nomearia uma equipe de auxiliares reconhecidos pelo talento, e não pela ficha corrida ou pelo apoio de deputados e senadores.

O balão de ensaio murchou rapidamente. Ao tomar posse, o presidente imitou os antecessores e loteou a Esplanada em troca de votos no Congresso. Prevaleceu o velho "toma lá, dá cá", no qual ele se especializou como poderoso chefão do PMDB.

Na semana passada, o ministro Eliseu Padilha relembrou o truque em tom de galhofa. Em palestra para funcionários da Caixa Econômica Federal, ele narrou os bastidores da escolha do ministro da Saúde, Ricardo Barros. A fala foi transcrita pelo jornal *O Estado de S. Paulo* e vale como uma aula de fisiologismo.

"Lembram que quando começou a montagem do governo diziam: 'Só queremos nomear ministros que são distinguidos na sua profissão em todo o Brasil, os chamados notáveis'? Aí nós ensaiamos a conversa de convidar um médico famoso em São Paulo, até se propagou que ele ia ser ministro da Saúde", contou.

Padilha se referia ao respeitado cirurgião Raul Cutait, livre-docente da Faculdade de Medicina da USP. "Aí nós fomos conversar com o PP. 'O Ministério da Saúde é de vocês, mas gostaríamos de ter um ministro da Saúde assim'", prosseguiu.

Animado com o interesse da plateia, o peemedebista narrou o desfecho do diálogo: "Diz para o presidente que nosso notável é o deputado Ricardo Barros". "Vocês garantem todos os nomes do partido em todas as votações?" "Garantimos." "Então o Ricardo será o notável."

Há nove meses no cargo, Barros se notabilizou por dizer besteiras e defender os interesses dos planos de saúde. Apesar do desempenho pífio, tem recebido boas notas do professor Padilha. O PP também parece satisfeito.

Desde que assumiu o ministério, não deixou de cumprir um dever de casa dado pelo Planalto.

17/02/2017
Cunha tem mais perguntas

Eduardo Cunha planejava passar o Carnaval no Rio. Obrigado a ficar em Curitiba, decidiu retaliar antigos companheiros de folia. É o que indica o novo questionário que ele enviou à Justiça Federal.

O correntista suíço voltou a arrolar Michel Temer como testemunha de defesa num processo por corrupção. Desta vez, na ação que investiga fraudes em fundos administrados pela Caixa Econômica Federal.

Cunha fez dezenove perguntas, reproduzidas pelo site da revista *Época*. Elas tratam de acertos com empreiteiras para bancar campanhas do PMDB e falam explicitamente no pagamento de "vantagens indevidas", eufemismo jurídico para propina.

O questionário começa com uma dúvida singela: "Em qual período o senhor foi presidente do PMDB?". Em seguida, Cunha faz perguntas sobre Moreira Franco, promovido a ministro após o Supremo homologar as delações da Odebrecht.

O ex-deputado questiona Temer sobre a vice-presidência de Fundos de Governo e Loterias da Caixa, feudo do PMDB no governo Dilma. Também menciona a campanha de Gabriel Chalita em 2012, lançada e patrocinada pelo atual presidente.

O questionário joga na roda o nome de Joaquim Lima, que tem passado incólume pelo noticiário da Lava Jato. Ele foi nomeado presidente interino da Caixa dias depois do impeachment. Pelo que Cunha sugere, é um arquivo ambulante sobre fatos investigados pela Polícia Federal.

O ex-deputado também menciona outros dois personagens pouco conhecidos: André de Souza, do conselho do FI-FGTS, e uma tal Érica, cujo sobrenome não é informado.

As perguntas foram encaminhadas à 10ª Vara Criminal Federal de Brasília. Se o juiz Vallisney de Souza Oliveira não seguir o exemplo de Sergio Moro, que barrou o primeiro questionário de Cunha a Temer, o Planalto tem motivos para se preocupar. Não é à toa que continua a pressão pelo fim da "alongada prisão" do correntista suíço.

21/02/2017
O historiador do Senado

Na semana passada, o senador Romero Jucá apresentou uma proposta ousada. Ele queria mudar a Constituição para impedir que os presidentes da Câmara e do Senado sejam alvo de investigações.

Os ocupantes dos dois cargos atendem pelos apelidos de "Botafogo" e "Índio" na lista da Odebrecht. Se o texto fosse aprovado, eles poderiam tatuar o nome da empreiteira na nuca com a certeza de que jamais seriam incomodados pela polícia.

Para azar da dupla, a manobra veio à tona antes da hora e teve que ser abortada. O Congresso escapou de mais um vexame, mas Jucá não se convenceu de que a ideia era imprópria. Ontem ele subiu à tribuna para reclamar do episódio.

"Parece que estamos vivendo o período da Inquisição. Alguém gritava 'ele é um bruxo!', e em uma semana estava na fogueira", protestou.

Os senadores não pareceram sintonizados com a Idade Média, e Jucá improvisou um salto na história. "Estamos vivendo a Revolução Francesa. Um '*j'accuse*' levava as pessoas sumariamente para um tribunal do povo e para a guilhotina", discursou.

A lembrança de Robespierre não foi capaz de comover o plenário, e o senador arriscou uma última comparação: "Estamos vivendo a época do nazismo. Diz-se que um político é judeu. Então a Gestapo, o grupo de extermínio, toma conta dele".

Como candidato a historiador, Jucá é um grande presidente do PMDB. Se ele estiver mesmo interessado no ofício, poderia começar com um tema mais contemporâneo: seu famoso diálogo com Sérgio Machado.

O líder do governo Temer poderia esclarecer, por exemplo, por que defendeu o impeachment como a única saída para "estancar a sangria". Ele também teria a chance de explicar como funcionaria um acordo nacional "com o Supremo, com tudo".

Na tribuna, o senador preferiu deixar essa aula para depois. "Nós só vamos comentar isso no processo. Não vou comentar aqui, porque investigação se faz nos autos", desconversou.

22/02/2017
Aprovado com louvor

"Vossa excelência é reconhecidamente capaz, qualificado e experiente", exaltou o líder do PSDB, Paulo Bauer. "É um homem de coragem cívica, que se coloca sempre a serviço do Brasil", reforçou o presidente do DEM, José Agripino.

À primeira vista, os discursos passariam como homenagens a Ruy Barbosa. Mas os senadores tratavam de um personagem controvertido: Alexandre de Moraes, futuro ministro do Supremo Tribunal Federal.

Apesar da polêmica que cercou a escolha, a sabatina foi um passeio. Com ampla maioria, os governistas mantiveram a Comissão de Constituição e Justiça esvaziada. Quando apareciam, tocavam a bola para o lado, deixando o tempo correr com elogios e perguntas inofensivas.

Ninguém esperava muito rigor de uma sabatina chefiada por Edison Lobão, mas o próprio Moraes deve ter se surpreendido com a docilidade dos inquisidores. Investigados na Lava Jato falavam despreocupadamente sobre temas como o excesso de partidos e a lei da vaquejada.

O senador Aécio Neves chegou a arriscar um gracejo. Disse que o futuro juiz, defensor de sua campanha em 2014, poderia ter atuado de graça. "Eu até gostaria que ele tivesse oferecido os serviços ao partido. Infelizmente, não o fez naquele momento", lamentou. Moraes deixou o PSDB há apenas duas semanas.

À vontade, o ex-tucano conseguiu se esquivar das investidas da oposição. Coube ao folclórico Magno Malta, defensor do governo Temer, fazer a pergunta que interessava: "O senhor está sendo indicado para blindar os seus amigos?". O ex-advogado de Eduardo Cunha respondeu que não, e a conversa parou por aí.

Satisfeito, Malta revelou a última dúvida que o afligia: "Quando um senadorzinho ou um deputado pedir audiência, o senhor vai receber no gabinete ou vai receber de pé naquele salão, no meio de um monte de gente?". "Uma autoridade recebe outra autoridade no gabinete", respondeu Moraes.

Foi aprovado com louvor.

23/02/2017
Uma pessoa incomum

Em junho de 2009, José Sarney balançava no trono de presidente do Senado. O imortal estava acossado pelo escândalo dos atos secretos. Era acusado de ocultar portarias em que distribuía cargos para parentes e aliados.

Em viagem ao Cazaquistão, o então presidente Lula saiu em defesa do antecessor. Criticou a imprensa, reclamou do "denuncismo" e soltou uma frase que ficaria famosa: "Sarney tem história no Brasil suficiente para que não seja tratado como se fosse uma pessoa comum".

Oito anos depois, o peemedebista continua a ser tratado como uma pessoa incomum. Foi o que indicou o Supremo Tribunal Federal ao proibir o juiz Sergio Moro de analisar todas as menções ao ex-senador na grampolândia de Sérgio Machado.

Por 4 votos a 1, a Segunda Turma do STF aceitou um recurso de Sarney e impediu que ele seja investigado na primeira instância. Ocorre que o peemedebista não é mais senador desde o início de 2015, quando perdeu o direito ao foro privilegiado.

Ao reivindicar o benefício, o ex-presidente alegou que foi citado junto a dois políticos com mandato: Renan Calheiros e Romero Jucá. O argumento não valeu para outros políticos, mas foi aceito no caso de Sarney.

A decisão é importante porque foi a primeira derrota do ministro Edson Fachin como relator da Lava Jato. Ele seguiu a opinião de Teori Zavascki e votou contra a blindagem a Sarney. Foi atropelado por quatro colegas: Gilmar Mendes, Dias Toffoli, Ricardo Lewandowski e Celso de Mello.

O placar animou advogados que contam com uma guinada do STF na Lava Jato. Eles receberam duas boas notícias na mesma semana: a vitória de Sarney e a nomeação de Alexandre de Moraes para a vaga de Teori.

Sarney não é o único investigado que resiste a ser julgado como uma "pessoa comum". Há dezenas de políticos ansiosos para se livrar de Curitiba e entrar na "suruba selecionada", para citar a fina expressão do senador Jucá. O imortal já conseguiu.

24/02/2017
O novo sr. Justiça

Na semana em que a Câmara abriu o processo de impeachment, um grupo de deputados lançou a ideia de anistiar Eduardo Cunha. Os parlamentares diziam que o peemedebista teria prestado um bom serviço ao dinamitar o governo Dilma. Por isso, deveria ser perdoado pelas acusações de receber propina e mentir sobre as contas milionárias no exterior.

"Eduardo Cunha exerceu um papel fundamental para aprovarmos o impeachment da presidente. Merece ser anistiado", declarou um dos porta-vozes do movimento, o deputado Osmar Serraglio (PMDB-PR).

O ruralista não se limitou às palavras em defesa do correntista suíço. Como presidente da Comissão de Constituição e Justiça da Câmara, patrocinou uma série de manobras para protelar o processo de cassação do aliado. Numa delas, encerrou a sessão antes da hora marcada, ignorando protestos de colegas. Teve que deixar o plenário às pressas, sob gritos de "Vergonha!".

"Serraglio foi escolhido a dedo para ser o homem do Cunha na CCJ", diz o deputado Júlio Delgado (PSB-MG).

Às vésperas do Carnaval, o peemedebista foi escolhido a dedo para outra missão: assumir o Ministério da Justiça. No novo cargo, terá voz de comando sobre a Polícia Federal, que investiga políticos, lobistas e empreiteiros acusados de envolvimento no escândalo da Petrobras.

A prudência aconselharia Michel Temer a entregar a pasta a um jurista respeitado, independente e sem ligação com os réus da Lava Jato. O presidente fez o contrário: nomeou um deputado do PMDB que tentou anistiar o alvo mais notório da operação.

Ao indicar o novo sr. Justiça, Temer deixa claro que desistiu de simular indiferença sobre a condução da Lava Jato. Ele também parece não se importar em ser cobrado pelo que diz. Na semana passada, o presidente afirmou que a escolha do ministro seria "pessoal, sem conotações partidárias". Nove dias depois, entregou o galinheiro a um amigo das raposas.

26/02/2017
A mula, o preposto e o chefe

"Sempre soube que Eliseu Padilha representava a figura política de Michel Temer." Assim começa o item 2.5 do depoimento de Cláudio Melo Filho à Lava Jato. Nele o lobista descreve a relação de "extrema proximidade" entre o chefe da Casa Civil e o presidente da República.

Diante dos procuradores, Melo Filho contou o que sabia sobre o ministro, apelidado de "Primo" nas planilhas da Odebrecht. "Pelo que pude perceber ao longo dos anos, a pessoa mais destacada desse grupo para falar com agentes privados e centralizar as arrecadações financeiras é Eliseu Padilha", disse.

"Atua como um verdadeiro preposto de Michel Temer e deixa claro que muitas vezes fala em seu nome. [...] Concentra as arrecadações financeiras desse núcleo político do PMDB para posteriores repasses internos", explicou.

Na noite de 28 de maio de 2014, Padilha abriu a porta do Palácio do Jaburu para Melo Filho e Marcelo Odebrecht. "Como Michel Temer ainda não tinha chegado, ficamos conversando amenidades", contou o lobista. Quando o chefe entrou na sala, o encontro se tornou mais objetivo: "Temer solicitou, direta e pessoalmente para Marcelo, apoio financeiro para as campanhas do PMDB".

O martelo foi batido em 10 milhões de reais. Segundo o delator, Padilha determinou que parte da bolada fosse entregue em dinheiro vivo no escritório do advogado José Yunes.

O relato produziu a primeira baixa em dezembro, quando Yunes deixou o cargo de assessor especial do Planalto. Às vésperas do Carnaval, ele admitiu ter recebido um "pacote" do doleiro Lúcio Funaro e culpou o braço direito do presidente. "Fui mula do Padilha", desabafou. O chefe da Casa Civil se licenciou na sexta-feira, alegando motivos de saúde.

Com ministros sendo abatidos como moscas, o governo Temer começa a lembrar o governo Dilma em sua fase terminal. Depois da mula e do preposto, talvez esteja se aproximando a hora do chefe.

28/02/2017
O stand-up de Cabral

Antes de vestir o uniforme de presidiário, Sérgio Cabral gostava de usar outras fantasias. Uma de suas preferidas era a de político incorruptível, que se indignava com qualquer questionamento ético.

Bastava que um repórter tentasse abordar o assunto para Cabral subir nas tamancas. Ele alterava a voz, franzia o cenho e se dizia ofendido por ouvir uma simples pergunta.

O YouTube guarda um momento em que o ex-governador começava a encenar o número diante das câmeras. Foi há mais de duas décadas, nas eleições de 1996, quando ele disputou a Prefeitura do Rio pelo PSDB.

Em entrevista à TV Bandeirantes, Cabral se irritou quando um repórter quis saber que setores da economia financiariam sua campanha. "Não posso especificar, não é responsabilidade minha. Eu jamais conversei com empresário sobre dinheiro", respondeu, enfatizando o "jamais".

O jornalista perguntou então se ele seguia o exemplo do ex-presidente Collor, que também dizia desconhecer seus patrocinadores.

"Não me compare com Fernando Collor porque eu vou me sentir ofendido", rebateu Cabral, em tom indignado. "Eu estou me sentindo ofendido por você. Essa comparação é absolutamente indelicada com a minha pessoa."

Ao longo dos anos, o entrevistado foi aprimorando a performance. Voltaria a encená-la em 2012, já governador do Rio e filiado ao PMDB. Numa solenidade, o repórter Cássio Bruno quis saber se ele temia a quebra de sigilo da empreiteira Delta.

"Por que eu temeria? Acho até um desrespeito da sua parte me perguntar isso", reagiu Cabral. "Essas ilações são de uma irresponsabilidade completa. Um desrespeito completo com a minha pessoa", reforçou, bufando e encerrando a entrevista.

Em outros tempos, as respostas indignadas expunham o peemedebista como um político arrogante. Hoje as caras e bocas mostram algo mais: Cabral tinha talento para stand-up comedy.

01/03/2017
Imposto nos outros é refresco

Em fevereiro de 2016, parlamentares do PSDB encheram o Congresso de placas com a inscrição "Xô, CPMF". Eles combatiam a ideia de recriar a Contribuição Provisória sobre Movimentações Financeiras. Era a última cartada do governo Dilma Rousseff para tentar tapar o rombo nas contas federais.

O deputado Luiz Carlos Hauly despontava entre os críticos mais ácidos da proposta. Em entrevista à rádio Câmara, o tucano anunciou uma oposição radical ao imposto de quatro letras, que classificou como "inaceitável" e "inadmissível".

"As pesquisas estão aí: rejeição total à recriação da CPMF. Com a oposição também não há diálogo", avisou o paranaense. "Nós somos radicalmente contra", reforçou.

O deputado lançou mão de um discurso em voga na época: o contribuinte não aguentaria mais pagar impostos ao governo. "A sociedade rejeita o aumento de impostos, e nós da oposição estamos em linha com a sociedade brasileira", disse.

As barricadas funcionaram, e Dilma não conseguiu recriar a CPMF. O resto é história: o país foi rebaixado pelas agências de classificação de risco, a crise fiscal se agravou, as manifestações de rua engrossaram e o Congresso derrubou o governo.

Um ano depois, Hauly e a CPMF estão de volta ao noticiário. A novidade é que o tucano mudou de discurso. Escolhido para relatar a reforma tributária, ele abandonou as críticas e se converteu num entusiasmado defensor do imposto.

"A CPMF vai substituir o IOF", disse o deputado na semana passada, ao sair de uma reunião no Palácio do Planalto. "A contribuição será mínima, como antigamente. E tudo é para o bem e para fazermos com transparência", acrescentou.

Em nome da transparência, Hauly poderia explicar como uma contribuição "inaceitável" no governo Dilma poderá ser recriada "para o bem" na gestão de Michel Temer. O pato da Fiesp não foi encontrado para comentar o assunto.

02/03/2017
Uma grande Sapucaí

O ministro Herman Benjamin começou a ouvir os executivos da Odebrecht sobre o financiamento da campanha vitoriosa em 2014. Se eles confirmarem as suspeitas da Lava Jato, o relator deverá pedir a cassação da chapa Dilma-Temer. É por isso que o governo está botando o bloco na rua para melar o processo no Tribunal Superior Eleitoral.

O Planalto opera em três frentes para estancar a sangria na corte. Na primeira, articula novas chicanas para protelar ainda mais a investigação. Na segunda, prepara a troca de três ministros antes do julgamento. Na terceira, aposta na pressão política para convencer o TSE a poupar o presidente da guilhotina.

A ordem para empurrar o processo com a barriga é antiga. Na Quarta-Feira de Cinzas, surgiu uma novidade: assessores de Temer informaram que ele estuda pedir a anulação dos depoimentos da Odebrecht. No mínimo, o novo recurso retardará mais o julgamento. Se possível, até 2018.

A outra aposta do Planalto é a troca dos ministros do tribunal. Dois já serão substituídos até maio. Agora o governo passou a contar também com a saída do relator Benjamin. É como se um time que corre o risco de perder pudesse substituir o juiz e os bandeirinhas antes do fim do jogo.

Se nada disso funcionar, o Planalto sacará a arma política. Aliados de Temer já argumentam que a cassação do mandato seria uma pena rigorosa demais para o crime de financiamento irregular de campanha. Além disso, as reformas estão aí e a elite econômica quer evitar novas incertezas. Mesmo que para isso seja necessário deixar de aplicar a lei.

No dia em que Marcelo Odebrecht depôs ao TSE, a liga do samba carioca produziu um típico acordão à brasileira. A poucas horas da apuração, os barões do bicho se reuniram e rasgaram o regulamento. O pacto impediu que uma grande escola fosse rebaixada após o desabamento de um carro alegórico.* Se deixarem, os marqueses de Brasília ainda transformam o Brasil numa grande Sapucaí.

---

* O Carnaval carioca de 2017 foi marcado por acidentes que deixaram ao menos 35 feridos no Sambódromo. Para evitar o rebaixamento da Unidos da Tijuca, a Liga das Escolas de Samba mudou o regulamento depois do desfile.

03/03/2017
O príncipe e os bobos

O empreiteiro Marcelo Odebrecht abriu os arquivos para a Justiça Eleitoral. Na Quarta-Feira de Cinzas, ele descreveu um carnaval de doações irregulares a políticos. Entre outros pecados, confirmou que sua empresa abasteceu o caixa dois da chapa Dilma-Temer em 2014.

Em quatro horas de depoimento, o empresário fez acusações para todos os gostos. Complicou o presidente Michel Temer ao confirmar que foi chamado ao Palácio do Jaburu para acertar contribuições ao PMDB. Também deixou mal a ex-presidente Dilma Rousseff ao dizer que ela sabia da origem dos repasses ao PT.

O delator agravou a situação de Eliseu Padilha, o cambaleante chefe da Casa Civil, ao contar que ele negociava valores em nome do chefe. De volta ao antigo regime, jogou lama sobre os ex-ministros Antonio Palocci e Guido Mantega, apontados como arrecadadores do petismo.

Sobrou ainda para Aécio Neves, o perdedor da eleição presidencial. Odebrecht disse que o tucano pediu um patrocínio de 15 milhões de reais. Todos os citados terão direito a se defender, mas o empreiteiro prometeu apresentar provas do que disse.

Entre tantas acusações, um desabafo chamou a atenção dos procuradores. O herdeiro da maior construtora do país se descreveu como um "otário" a serviço do governo. "Eu era o bobo da corte", afirmou.

É compreensível que Odebrecht se sinta passado para trás. Ele está preso há quase dois anos em Curitiba, enquanto a maioria dos políticos que subornou continua livre em Brasília. Isso acontece por causa do foro privilegiado, que protege os investigados com mandato.

Mesmo assim, é difícil acreditar que o príncipe dos empreiteiros tenha sido apenas um "otário". A Lava Jato já demonstrou que a promiscuidade com a corte ajudou as grandes construtoras a superfaturar obras e desviar dinheiro público. Enquanto políticos e empresários aproveitaram o circo, o papel de bobo ficou reservado para o eleitor.

05/03/2017
Tiro pela culatra

Uma investigação aberta a pedido do PSDB virou motivo de dor de cabeça para o próprio partido. O PSDB terminou a semana na mira do processo que ele mesmo moveu para tentar cassar a chapa Dilma-Temer, que o derrotou em 2014.

Na quinta-feira, o delator Benedicto Júnior disse ao TSE que a Odebrecht repassou 9 milhões de reais em caixa dois aos tucanos. Segundo o executivo, a dinheirama foi entregue ao marqueteiro de Aécio Neves e a três protegidos dele: Antonio Anastasia, Pimenta da Veiga e Dimas Fabiano.

Na véspera, Marcelo Odebrecht fez outra revelação embaraçosa para o PSDB. Ele disse que Aécio o procurou pessoalmente para pedir um socorro de 15 milhões. A abordagem ocorreu quando o senador corria o risco de ficar fora do segundo turno.

Ao se ver atingido por um tiro que disparou, o partido apelou à esperteza. Alegou que não é alvo do processo e pediu ao ministro Herman Benjamin que suprima as citações que o comprometem. Pode ser que cole, mas as acusações voltarão à tona assim que o Supremo retirar o sigilo das 77 delações da Odebrecht.

O avanço da Lava Jato está deixando claro que o PT não foi o único partido a se lambuzar na farra das empreiteiras, para usar a célebre expressão do ex-ministro Jaques Wagner. Siglas que não foram convidadas para o petrolão encontraram outros meios para fazer negócios, como o controle de máquinas estaduais.

Dois executivos da Odebrecht já ligaram Aécio, o "Mineirinho", a fraudes na construção da Cidade Administrativa de Minas. Os tucanos paulistas José Serra e Geraldo Alckmin, que se revezam no governo de São Paulo há dezesseis anos, também ganharam apelidos na planilha da empreiteira.

Na sexta-feira, o ex-presidente Fernando Henrique Cardoso defendeu Aécio e disse que palavra de delator não é prova. É verdade, mas poucos tucanos se lembraram disso quando viram os rivais na fogueira. Na nota, FHC também reclamou da imprensa. Nada como um dia após o outro.

07/03/2017
O joio e o trigo

O governador Geraldo Alckmin está preocupado com as delações da Odebrecht. Ontem ele usou uma parábola bíblica ao comentar o que vem por aí: "É preciso separar o joio do trigo. Ter cuidado para não misturar pessoas que fizeram corrupção, se enriqueceram, patrimonialismo, com outros casos".

O tucano não explicou o que seriam "outros casos". Nem precisava. Ele se referia ao caixa dois, o velho financiamento ilegal de campanhas.

Na semana passada, o ex-presidente Fernando Henrique Cardoso foi mais explícito. "Há uma diferença entre quem recebeu recursos de caixa dois para financiamento de atividades político-eleitorais, erro que precisa ser reconhecido, reparado ou punido, daquele que obteve recursos para enriquecimento pessoal, crime puro e simples de corrupção", disse.

A frase é longa, mas o argumento é simples. Na visão de FHC, quem recebeu dinheiro sujo para comprar um iate praticou um "crime", e quem recebeu dinheiro sujo para se eleger cometeu um "erro". Por essa lógica, o ex-governador Sérgio Cabral é um criminoso, mas um tucano que recebeu 23 milhões na Suíça para bancar sua campanha apenas "errou".*

É preciso dizer que Alckmin e FHC não reinventaram a roda. No escândalo do mensalão, petistas usaram o mesmo discurso para tentar driblar a Justiça. O advogado de Delúbio Soares chegou a afirmar, diante dos onze ministros do Supremo Tribunal Federal: "Ele fez caixa dois de campanha, isso ele não nega. Agora, ele não corrompeu ninguém".

A divulgação das delações da Odebrecht vai revelar um segredo de polichinelo: as empreiteiras financiaram todos os grandes partidos brasileiros por meio do ilegal caixa dois. O dinheiro não deixou de ser declarado por timidez, e sim porque estava ligado a fraudes em obras públicas.

Há uma torcida suprapartidária para que o Supremo abrace a teoria do joio e do trigo. No julgamento do mensalão, não funcionou. Foram todos condenados por corrupção.

---

* Executivos da Odebrecht disseram à Lava Jato que o tucano José Serra recebeu 23 milhões de reais da empreiteira na campanha presidencial de 2010. A verba teria sido depositada no exterior, via caixa dois.

08/03/2017
Corrupção tipo exportação

O executivo Hilberto Mascarenhas contou ao TSE que o departamento de propinas da Odebrecht movimentou 3,39 bilhões de dólares. Pelo câmbio atual, a bolada ultrapassa a cifra dos 10,5 bilhões de reais.

De acordo com o delator, uma fatia de 15% a 20% do total abasteceu o caixa dois de campanhas eleitorais no Brasil. O resto foi para o bolso de políticos com quem a empreiteira fez negócios no exterior.

No ano passado, o Departamento de Justiça dos Estados Unidos já havia identificado onze países em que a construtora brasileira pagou propina. Por ordem alfabética: Angola, Argentina, Colômbia, Equador, Guatemala, México, Moçambique, Panamá, Peru, República Dominicana e Venezuela.

O relatório deu origem a uma série de investigações nos moldes da Lava Jato. Em lugares como o Peru, a Odebrecht passou a dominar o debate político. A Justiça local decretou a prisão de um ex-presidente acusado de envolvimento no escândalo.

A novidade da delação de Mascarenhas é numérica. Os americanos estimaram o total movimentado em 599 milhões de dólares (1,8 bilhão de reais). Agora se sabe que isso era um trocado diante da dimensão real do esquema. As apurações no exterior têm apontado uma prática semelhante à desvendada no Brasil. A empresa oferecia vantagens para ganhar licitações e superfaturar obras. Em troca, bancava campanhas ou simplesmente ajudava políticos a enriquecer.

No passado, a engenharia brasileira se ufanou de megaprojetos como Itaipu, que consumiu concreto suficiente para erguer 210 Maracanãs. Hoje, resta comemorar o porte do nosso propinoduto tipo exportação.

O presidente Michel Temer declarou que quem reclama da reforma da Previdência é "quem ganha mais". Em janeiro, o procurador aposentado Michel Temer recebeu 45 mil reais brutos (22 mil reais líquidos) dos cofres públicos de São Paulo. Não consta que tenha reclamado.

09/03/2017
Perdido no tempo

Em mais um esforço para tentar melhorar a imagem presidencial, o governo organizou uma solenidade em homenagem ao Dia Internacional da Mulher. O palácio ficou cheio, mas a ideia se revelou um desastre. E desta vez não há como jogar a culpa no marqueteiro.

Diante de uma plateia majoritariamente feminina, Michel Temer cometeu deslizes em série. "Tenho absoluta convicção, até por formação familiar e por estar ao lado da Marcela, do quanto a mulher faz pela casa, do quanto faz pelo lar", disse. "Na economia, também, a mulher tem uma grande participação. Ninguém mais é capaz de indicar os desajustes, por exemplo, de preços em supermercados."

O discurso constrangeu parlamentares e servidoras convidadas para a cerimônia. Nas redes sociais, a repercussão foi ainda pior.

A secretária de Políticas para as Mulheres, Fátima Pelaes, tentou defender o chefe. "O presidente Michel é muito mais do que palavras", disse. Fora dos microfones, aliados reconheceram a bola fora. Não foi a primeira neste campo.

Ao suceder a primeira presidente mulher, Temer montou um ministério só de homens, num retrocesso à era Geisel. Completou a obra ao rebaixar a Secretaria das Mulheres ao segundo escalão do governo.

Em outro trecho do discurso de ontem, Temer reforçou a impressão de não ter entendido que estamos em 2017. Ele exaltou o fato de que as brasileiras passaram a votar. "A mulher representa, e representava no passado, 50% da população brasileira. E, sem embargo, o fato é que 50% estava excluído", disse.

O voto feminino foi instituído em 1932. Oitenta e cinco anos depois, a exclusão persiste de outras formas. Apesar de serem maioria no eleitorado, as mulheres não ocupam nem 12% das vagas no Congresso. No mercado de trabalho, a discriminação também continua. É o que mostram os dados oficiais sobre renda e emprego, que Temer deveria conhecer.

10/03/2017
Trabalho sem Justiça?

O presidente da Câmara, Rodrigo Maia, costuma se dizer um político pró-mercado. Nesta semana, ele radicalizou. Defendeu a extinção da Justiça do Trabalho, sem explicar o que ficaria no seu lugar.

O deputado do DEM acusou os juízes da área de atuarem de forma "irresponsável". Ele alegou que decisões favoráveis aos trabalhadores teriam provocado a falência de bares e restaurantes no Rio de Janeiro.

"Foi quebrando todo mundo pela irresponsabilidade da Justiça brasileira, da Justiça do Trabalho, que não deveria nem existir", atacou.

A ofensiva não parou por aí. Maia culpou as leis trabalhistas pelo aumento do desemprego: "O excesso de regras no mercado de trabalho gerou 14 milhões de desempregados".

Não é preciso simpatizar com sindicalistas para perceber que o deputado exagerou. A velha CLT tem problemas, mas está longe de ser a maior culpada pelo desemprego.

As vagas sumiram porque o país entrou em colapso, com um tombo recorde de 9% no PIB desde 2014. Maia não concluiu a faculdade de economia, mas sabe que as causas da recessão foram outras, como a intensa crise fiscal no governo Dilma.

"A ideia de que as empresas estão em dificuldade por culpa da Justiça do Trabalho é uma mentira, uma bravata. A CLT era a mesma quando a economia brasileira estava crescendo", lembra o presidente da Associação dos Magistrados da Justiça do Trabalho, Germano Siqueira.

Ele afirma que os juízes podem errar, mas são necessários para arbitrar os conflitos entre capital e trabalho. "O Congresso também comete equívocos, e ninguém defende a sua extinção por causa disso", argumenta.

O ministro Marco Aurélio Mello, do STF, também discorda de Maia. Ele diz que a crise reforçou a importância da mediação entre patrões e empregados. "Temos um mercado desequilibrado, com excesso de oferta de mão de obra e escassez de vagas. Mais do que nunca, a Justiça do Trabalho é indispensável", sustenta.

14/03/2017
Música para assustados

Emílio Odebrecht, dono da maior empreiteira do país, disse à Justiça que o caixa dois não nasceu ontem. "Sempre existiu. Desde a minha época, da época do meu pai e também de Marcelo", contou.

Como o patriarca Norberto fundou a empresa em 1944, isso significa que a prática tem ao menos sete décadas. Sobreviveu a quatro regimes políticos, sete trocas de moeda, múltiplos arranjos partidários.

"Sempre foi o modelo reinante no país", resumiu Emílio, que deve calçar uma tornozeleira eletrônica durante os próximos quatro anos. Marcelo, seu herdeiro, ocupa uma cela em Curitiba desde junho de 2015.

Nos próximos dias, as delações do clã abrirão um novo capítulo na crise brasileira. A Procuradoria-Geral da República pedirá ao STF a abertura de ao menos oitenta inquéritos contra políticos. A lista, ainda secreta, assusta figurões do governo e da oposição.

Todos se beneficiaram do mesmo "sistema ilegal e ilegítimo de financiamento", para usar a expressão cunhada pela própria Odebrecht.

A visão do fim da linha produziu um fenômeno curioso. Nas últimas semanas, os exércitos que se enfrentaram na guerra do impeachment passaram a ensaiar uma trégua.

Líder maior do PSDB, o ex-presidente Fernando Henrique Cardoso ecoou o PT no mensalão e afirmou que o caixa dois é diferente do "crime puro e simples de corrupção". O petista José Eduardo Cardozo, ministro de Dilma, disse ontem que a prática é "eticamente reprovável, mas não se confunde necessariamente com corrupção".

Era previsível que os políticos buscassem um discurso comum para se salvar. O inusitado é que integrantes da cúpula do Judiciário se associem a essa corrida pela sobrevivência.

O presidente do Tribunal Superior Eleitoral, Gilmar Mendes, deu a senha. Ele disse à BBC Brasil que o caixa dois "tem que ser desmistificado" e que "vai ter que se fazer alguma coisa". Aos ouvidos mais assustados deve ter soado como música.

15/03/2017
A nova lista

A nova lista de Janot lança ao menos cinco ministros de Estado, os presidentes da Câmara e do Senado e os últimos dois presidentes da República numa corrida pela sobrevivência. O material provocará mais baixas num sistema político que já vive há dois anos sob ameaça permanente da Lava Jato.

A megadelação da Odebrecht atinge em cheio o governo Temer. Os dois ministros mais próximos do presidente, Eliseu Padilha e Moreira Franco, devem passar à condição formal de investigados. Os peemedebistas tentarão se agarrar nos cargos para não perder o foro privilegiado.

A Procuradoria também pediu a abertura de inquéritos contra dois ministros do PSDB: Aloysio Nunes e Bruno Araújo. Os senadores José Serra e Aécio Neves, que ainda sonham em disputar a Presidência, reforçam o grupo de tucanos na berlinda.

No Congresso, a lista de delatados é encabeçada pelos presidentes Rodrigo Maia, do DEM, e Eunício Oliveira, do PMDB. Eles estão entre dezenas de parlamentares que precisarão se defender no Supremo.

Apesar da artilharia contra o Planalto, o PT não tem motivos para festejar. Os ex-presidentes Lula e Dilma Rousseff e os ex-ministros Antonio Palocci e Guido Mantega também entraram na mira de Janot e serão investigados na primeira instância.

Antes de conhecer a lista completa, a cúpula do novo regime já buscava rotas de fuga. A primeira aposta é ressuscitar a anistia ao caixa dois, embalada numa reforma política de ocasião. Hoje Temer receberá Maia, Eunício e o ministro Gilmar Mendes para discutir o assunto.

Pouco antes de as delações chegarem ao STF, um ministro do governo comparou seu impacto ao de uma bomba nuclear. "Agora só dá para ver o cogumelo de fumaça. Vamos esperar para saber quem morreu, quem ficou ferido e quem tem chance de escapar", disse. O ministro comentou que esperava não ser lembrado por Janot. Em seguida, levantou-se e bateu três vezes na madeira.

17/03/2017
Suicidas de paletó

A cada nova delação, cresce a aposta dos políticos numa anistia ao caixa dois. A ideia ganha força em Brasília, mas há quem acredite que seu efeito será o oposto do esperado. É o que alerta o deputado Jarbas Vasconcelos, de 74 anos, uma das vozes mais experientes da Câmara.

Para o peemedebista, os colegas pensam ter encontrado a fórmula da sobrevivência, mas estão caminhando na direção do precipício. "Falar em anistia é um suicídio coletivo do Congresso. Isso seria um desastre", afirma. "Estamos vivendo um momento muito perigoso. Na política, um passo em falso como esse dificilmente se recupera depois."

A anistia aos delatados é o que falta para detonar uma nova onda de revolta contra o sistema político, avisa Jarbas. Ele diz que os colegas deveriam se importar com a irritação da sociedade, mas só pensam em escapar da Lava Jato. "Hoje a maior preocupação é se salvar. Quando a pessoa entra nessa situação, qualquer coisa passa a ser válida."

Aos olhos do peemedebista, a Câmara vive "entre a perplexidade e a pasmaceira". "Estamos na metade de março e as comissões nem sequer foram constituídas. Está tudo paralisado", critica. "E isso é porque só uma parte da lista do Janot vazou. Ainda vai piorar."

Apesar de esperar uma enxurrada de inquéritos no Supremo, Jarbas não acredita na abertura de processos de cassação contra os delatados. Ele diz que o espírito de corpo tende a prevalecer entre deputados do governo e da oposição. "Se acontecer alguma coisa, será positivo. Mas acho que não vamos ter consequências no Conselho de Ética", prevê.

A delação do fim do mundo emudeceu alguns dos políticos mais falantes do Congresso. Para explicar o fenômeno, o deputado Heráclito Fortes lembra uma máxima repetida por Vitorino Freire (1908-77), raposa do antigo PSD: "Quando o pasto pega fogo, preá corre pro brejo...".

19/03/2017
A carne continuará fraca

Não é só a carne que está podre. A nova ofensiva da PF expôs o grau de decomposição avançada das relações entre o dinheiro, a política e os órgãos que deveriam proteger o consumidor no Brasil.

A Operação Carne Fraca flagrou práticas de embrulhar o estômago: reembalagem de comida estragada, uso de substâncias cancerígenas para maquiar produtos vencidos, mistura de papelão nas salsichas.

Tudo era permitido graças à promiscuidade entre frigoríficos e funcionários do Ministério da Agricultura. A bancada ruralista é quem dá as ordens na pasta. Deputados nomeiam e demitem fiscais, travam ações sanitárias e fazem pressão para afrouxar o controle das mercadorias.

Um dos grampos fisgou a intimidade entre o novo ministro da Justiça, Osmar Serraglio, e o fiscal apontado como "líder da organização criminosa". Na ligação, o peemedebista chama o funcionário suspeito de corrupção de "grande chefe".

Há poucos meses, ele prestava a mesma reverência a Eduardo Cunha. Chegou a defender que o amigo fosse anistiado pelas acusações que o levaram à cadeia em Curitiba.

Se a fiscalização é fraca, a ligação entre frigoríficos e política é fortíssima. Em 2014, o setor despejou quase 400 milhões de reais em campanhas. O grosso do dinheiro foi fatiado como um bife entre PT, PMDB e PSDB.

A investigada JBS, que controla as marcas Friboi e Seara, aparece como a maior financiadora de Serraglio. A empresa também abriu os cofres para os comitês de Dilma Rousseff e Aécio Neves. O recado era claro: queria continuar bem com o governo, seja quem fosse o presidente eleito.

O escândalo deve produzir mais um forte abalo na economia. Os frigoríficos empregam milhares e o Brasil se tornou o maior exportador do mundo no setor. Nada disso, é claro, pode servir como desculpa para salvar corruptos. Além de punir os culpados, é preciso reforçar os controles para que o caso não se repita. Afinal, a carne continuará fraca.

21/03/2017
Um silêncio conveniente

O que Michel Temer tem a dizer sobre seus seis ministros delatados pela Odebrecht? Até aqui, nada. A nova lista de Janot já está na praça há uma semana, mas o presidente ainda não deu uma única palavra sobre o assunto.

Na última terça, a Procuradoria pediu ao Supremo Tribunal Federal a abertura de uma penca de inquéritos. A relação inclui meia dúzia de auxiliares do presidente: Eliseu Padilha, Moreira Franco, Aloysio Nunes, Bruno Araújo e Marcos Pereira.

Os pedidos estão em sigilo, mas o assunto é conhecido. A Lava Jato encontrou indícios de que os políticos negociaram repasses ilegais da empreiteira. As suspeitas vão de caixa dois a corrupção em obras públicas.

O caso de Padilha é o que mais complica o governo. Chefe da Casa Civil, ele foi acusado por ao menos três delatores de negociar um repasse de 10 milhões de reais ao PMDB. Parte do dinheiro teria sido entregue ao advogado José Yunes. Ele afirma ter sido usado como "mula" pelo ministro.

Quando o caso veio à tona, Padilha saiu em licença médica. Treze dias depois, voltou como se nada tivesse acontecido. Ao chegar, disse que não falaria "sobre o que não existe" e se recolheu ao seu gabinete. Comparado com o chefe, falou até demais.

Não que Temer tenha passado a semana calado. Pelo contrário: em seis dias, ele fez seis discursos, somando uma hora e 42 minutos no microfone. Comentou temas como a falta d'água em Brasília, os números do desemprego, a reforma da Previdência e a crise da carne. Sobre os ministros delatados, nem um pio.

Em ao menos duas ocasiões, o presidente deu as costas a repórteres que mencionaram o assunto. O silêncio é conveniente para ele, mas não para a sociedade, que tem o direito de cobrar explicações.

Ao fugir das perguntas incômodas, Temer tenta ganhar tempo. Seu objetivo é blindar os auxiliares e deixar a crise esfriar, se possível até 2018. Chegando lá, a plateia estará mais preocupada com a eleição.

22/03/2017
Os vilões da história

O escândalo da carne conseguiu algo que parecia impossível: fez os políticos esquecerem a Lava Jato, mesmo que por tempo limitado. Ontem o assunto dominou os discursos do Congresso. Com raras exceções, os parlamentares defenderam os frigoríficos e atacaram a Polícia Federal.

"O delegado que fez essa operação é um irresponsável", bradou o senador Ivo Cassol, do PP. "Isso é um abuso!", exclamou o ruralista, sobre a prisão de 36 pessoas acusadas de integrar uma quadrilha que subornava fiscais e adulterava alimentos.

A senadora Kátia Abreu, do PMDB, classificou a Operação Carne Fraca como um "festival de horrores". Ela acusou "um delegado e meia dúzia de chefes da PF" de praticarem "crime de lesa-pátria". "Tentaram, com uma ação medíocre, infantil e baixa, destruir um dos setores mais importantes deste país", disse.

"Sempre me coloquei aqui contra a espetacularização da Polícia Federal. Agora estão vendo o monstro que criaram", endossou a senadora Gleisi Hoffmann, do PT.

O senador Renan Calheiros, do PMDB, aproveitou para dissertar sobre o estado da nação. "Este país está emburrecendo", disse. "O que nós assistimos com essa Operação Carne Fraca explicita o fato de nós não termos limite nenhum para nada."

Na Câmara, os discursos corriam na mesma toada. "A Polícia Federal não conhece a questão sanitária dos produtos da agropecuária brasileira", criticou o deputado Valdir Colatto, do PMDB. "Uma unidade da PF joga no chão todo um trabalho que vem sendo feito com muito sacrifício pelas empresas", emendou Delegado Edson Moreira, do PR.

A Polícia Federal não está imune a críticas, e há fortes indícios de exageros na divulgação da Operação Carne Fraca. Mesmo assim, é difícil sustentar que os vilões da história são os investigadores, e não os frigoríficos investigados. Foram eles que compraram fiscais, enganaram consumidores e, claro, financiaram campanhas.

23/03/2017
Um cenário ingrato

A turma que tenta melar a Lava Jato ganhou mais um motivo para sonhar. O ministro Gilmar Mendes sugeriu que a delação da Odebrecht pode ser anulada pelo Supremo Tribunal Federal. Seria um tiro fatal nas investigações sobre os repasses da empreiteira a políticos.

O motivo alegado por Gilmar é a publicação de informações sigilosas na imprensa. Ele acusou a Procuradoria-Geral da República de tratar o Supremo como "fantoche" e afirmou que o vazamento de informações é "eufemismo para um crime".

"Cheguei a propor no final do ano passado o descarte do material vazado, uma espécie de contaminação de provas colhidas licitamente e divulgadas ilicitamente. Acho que nós devemos considerar esse aspecto", afirmou Gilmar.

As declarações irritaram o procurador-geral da República, Rodrigo Janot. Numa reação furiosa, ele sugeriu que o ministro padece de "decrepitude moral" e "disenteria verbal".

"Procuramos nos distanciar dos banquetes palacianos. Fugimos dos círculos de comensais que cortejam desavergonhadamente o poder", acrescentou o procurador, numa referência à presença constante de Gilmar em almoços e jantares com o presidente Michel Temer.

A troca de amabilidades é lamentável, mas a questão que importa é outra: afinal, a delação pode mesmo ser anulada pelo Supremo?

Em conversas reservadas, três ministros da corte garantem que não. A divulgação de uma lista de investigados não comprometeu a Lava Jato, e a sociedade não aceitaria que a sujeira revelada pela operação fosse varrida para baixo do tapete.

Além disso, a anulação do caso poria em risco todas as investigações em curso no país. Daqui para a frente, os advogados passariam a adotar um método infalível: vazar provas contra os próprios clientes e pedir sua absolvição sumária. Seria um cenário ingrato até para os criminalistas, que se veriam obrigados a baixar o valor dos honorários.

24/03/2017
Em nome do país

"É mais uma vitória no caminho do Brasil que queremos", comemorou o presidente da Fiesp, Paulo Skaf. "É um avanço para o Brasil", endossou o presidente da Associação Comercial de São Paulo, Alencar Burti.

Os empresários falaram em nome do país ao festejar a manchete dos jornais de ontem: a Câmara liberou a terceirização irrestrita do trabalho. Faltou esclarecer se a notícia é mesmo boa para todos, ou apenas para os donos do dinheiro.

A Associação Nacional dos Procuradores do Trabalho sustenta que a mudança não é nada patriótica: na prática, vai tirar direitos dos trabalhadores. Para a entidade, o objetivo do projeto é aumentar os lucros das empresas com a precarização dos vínculos dos funcionários.

Um estudo do Ipea revela que os terceirizados recebem 17% a menos no fim do mês. De acordo com o Dieese, eles sofrem cerca de 80% dos acidentes de trabalho e permanecem 2,6 anos a menos no emprego.

Numa estratégia negociada com o governo Temer, a Câmara desengavetou um projeto de 1998 para liberar a terceirização irrestrita. Com a manobra, o texto não precisará ser votado no Senado, onde haveria mais resistência à sua aprovação.

O texto foi encaminhado à sanção presidencial. No dia seguinte, as empresas estarão livres para demitir funcionários e obrigá-los a formar cooperativas ou a se "pejotizar" para continuar trabalhando.

Governo e empresários repetem que a mudança vai reduzir o desemprego. Falta explicar por que a taxa atingiu o menor nível histórico no fim de 2014, quando a legislação trabalhista era rigorosamente a mesma.

Os defensores do projeto também acenam com um salto social para os terceirizados. O presidente do Sebrae, Guilherme Afif Domingos, descreveu um cenário em que "o operário vira empresário". Se os procuradores do Trabalho estiverem certos, o operário vai continuar operário. Só que com menos direitos.

26/03/2017
De volta para o futuro

"CPI desvenda esquema de corrupção envolvendo empreiteiras e políticos." A manchete parece resumir o noticiário de hoje, dominado pela cobertura da Lava Jato. Saiu em 2 de dezembro de 1993, na capa do finado *Jornal do Brasil*.

Naquele dia, a imprensa apresentou o relatório preliminar da CPI do Orçamento. O documento mostrava como as construtoras se organizaram para corromper parlamentares e superfaturar obras públicas.

Ainda não havia delação premiada, mas planilhas apreendidas pela Polícia Federal citavam deputados e senadores de diversos partidos. A investigação trazia outra conclusão atualíssima: o cartel das empresas era chefiado pela Odebrecht.

"A papelada revela a existência de um verdadeiro governo paralelo, tocado pelas grandes empreiteiras", afirmava a *Folha de S.Paulo*. "O comprometimento se dava em três níveis: pagamento de propinas, ajuda para as campanhas políticas e presentes", contava o *Jornal do Brasil*.

A dimensão do caso assombrou o Congresso, onde a investigação passou a ser tachada de ameaça à democracia. Dois senadores foram ao Planalto dizer ao presidente que temiam um golpe. A CPI consultou os ministros militares e desistiu de divulgar a lista completa dos suspeitos.

O escândalo do Orçamento abalou a República, mas terminou muito aquém do que se esperava. A maior parte da conta foi paga pelos "anões", deputados de baixa estatura e pouca expressão política. Houve quatro renúncias e seis cassações.

Do outro lado do balcão, tudo continuou como antes. Isso explica por que Emílio Odebrecht diria, 23 anos depois, que o caixa dois "sempre foi o modelo reinante no país".

O noticiário de 1993 traz outra lembrança curiosa: o PT, que liderava a oposição, escapou invicto da lista de propinas. No ano seguinte, Lula se lançaria em campanha presidencial com um anúncio à praça: "Em princípio, nós não aceitaremos dinheiro da Odebrecht".

28/03/2017
A hora da verdade no TSE

O ministro Herman Benjamin prometeu e cumpriu. Depois de dois anos, o processo que pode levar à cassação da chapa Dilma-Temer está pronto para ser julgado pelo Tribunal Superior Eleitoral.

A conta pela demora não pode ser debitada ao ministro. Ele assumiu o caso há apenas seis meses, quando o cheiro de pizza já podia ser farejado a quilômetros de Brasília.

Em vez de saborear sua fatia, Benjamin devolveu o prato e foi ao trabalho. Colheu novas provas, encontrou fraudes em notas que já haviam sido aprovadas e decidiu ouvir pessoalmente os delatores da Odebrecht.

O esforço deu resultado. Os executivos destrincharam o funcionamento do caixa dois e confirmaram o elo entre o dinheiro da campanha e o pagamento por obras públicas.

Os depoimentos de Marcelo Odebrecht e Cláudio Melo Filho foram os mais comprometedores. O empreiteiro disse que Dilma sabia do caixa dois, e o lobista confirmou que Temer pediu pessoalmente o patrocínio da construtora. Segundo o relato, parte do dinheiro foi entregue em espécie a mando de Eliseu Padilha, principal ministro do novo regime.

Com a entrega do relatório de Benjamin, o TSE chega à hora da verdade. O tribunal terá que escolher entre julgar com independência ou se dobrar às pressões do governo.

A bola agora está nos pés do ministro Gilmar Mendes, que poderá levá-la à marca do pênalti ou chutá-la para escanteio. Ele tem sido criticado pela proximidade excessiva com o Planalto e será cobrado para não adiar ainda mais o julgamento.

Uma nova demora será interpretada como manobra para proteger o governo e impedir o voto dos ministros Henrique Neves e Luciana Lóssio, que estão prestes a deixar a corte.

Depois o TSE terá que decidir se aceita o pedido do PMDB para dividir a chapa. Neste caso, a corte teria que rasgar sua jurisprudência em nome de uma tese exótica: os votos de Dilma valeram para eleger Temer, mas deixariam de valer para cassá-lo.

29/03/2017
A rua esfriou

À esquerda ou à direita, é difícil encontrar um veredicto diferente. Os protestos verde-amarelos convocados para o último domingo foram um fracasso retumbante. Depois de dois anos de ebulição, a rua esfriou. Era o que se ouvia no retorno dos parlamentares a Brasília.

O esvaziamento foi visível em todo o país, da avenida Paulista à orla de Copacabana. Na capital federal, a Esplanada dos Ministérios ficou quase deserta. O número de policiais quase empatou com o de manifestantes. Os organizadores esperavam 100 mil pessoas, mas só compareceram 630, de acordo com a PM.

Apesar de convergirem no diagnóstico, petistas e tucanos apontam razões diferentes para o encolhimento dos protestos. O secretário-geral do PSDB, deputado Sílvio Torres, culpa a dispersão dos movimentos que lideraram os atos pelo impeachment de Dilma Rousseff. Sem um inimigo forte a ser combatido, cada tribo aderiu a uma causa, do apoio à Lava Jato à revogação do Estatuto do Desarmamento.

"Faltou foco. Ficou uma coisa sem definição, que não sensibilizou ninguém. As pessoas ficaram desinteressadas e não saíram de casa", diz o tucano. Ele afirma que os movimentos pareceram "inseguros": demoraram a se acertar e chegaram a cogitar o cancelamento dos protestos.

O líder da oposição no Senado, Humberto Costa, atribui o encolhimento das manifestações à insatisfação com o governo Temer. O petista afirma que a maioria dos brasileiros que pediram a saída de Dilma não está feliz com quem a substituiu.

"As pessoas começaram a sentir que foram ludibriadas. Tiraram a Dilma com a ilusão de que tudo ia melhorar da noite para o dia, mas isso não aconteceu", afirma.

Para o governo, a rua vazia foi uma boa notícia. Apesar dos nove ministros na lista de Janot, os movimentos verde-amarelos não se animaram a encampar o "Fora, Temer!". A indignação dos seus líderes murchou, a exemplo do pato da Fiesp.

30/03/2017
Rio, capitania do PMDB

A Polícia Federal deu mais um golpe na quadrilha que saqueou o Rio de Janeiro. O ex-governador Sérgio Cabral já estava preso desde novembro, acusado de comandar um gigantesco esquema de corrupção. Agora chegou a vez do Tribunal de Contas do Estado, que nada fez para impedir a pilhagem.

Em vez de proteger os cofres públicos, a corte ajudou a esvaziá-los. Cinco dos sete conselheiros foram levados para o xadrez sob suspeita de cobrar propina de empreiteiras. Um sexto só está solto porque delatou os colegas. Com o plenário vazio, a sessão de hoje foi suspensa. Aparentemente, ninguém teve a ideia de transferi-la para a cadeia.

A PF também amanheceu na porta do presidente da Assembleia Legislativa, Jorge Picciani, o poderoso chefão do PMDB do Rio. Ele mora ao lado de Eduardo Cunha num condomínio de luxo na Barra da Tijuca. Não é a única semelhança entre os dois.

Picciani fez sua primeira campanha a bordo de um Corcel velho. Hoje passeia de Porsche e divide com os herdeiros um patrimônio declarado de quase 30 milhões de reais. O deputado atribui a fortuna a negócios como pecuarista, que lhe renderam o apelido de Rei do Gado. Enquanto os bois engordavam, ele se eternizou no comando do Legislativo estadual.

Nas últimas três décadas, o peemedebista se aliou a todos os governos do Rio. Com Cabral, ganhou peso nacional e foi alçado a conselheiro de Dilma. Depois mudou de lado e apoiou o impeachment. Ao assumir a Presidência, Temer presenteou seu filho mais velho com um ministério.*

A PF batizou a nova operação de Quinto do Ouro, em referência ao imposto cobrado na época da Colônia. O PMDB transformou o Rio numa grande capitania hereditária. Cabral só deixou de explorá-la ao ser mandado para Bangu. Pezão continua no Palácio Guanabara, e Picciani ainda se julga em condições de chefiar a Assembleia. Depois da condução coercitiva, só a bancada do PSOL ousou defender seu afastamento do trono.

---

* Leonardo Picciani foi nomeado ministro do Esporte.

31/03/2017
Baleado, mas não morto

A condenação de Eduardo Cunha indica que o ex-deputado não voltará tão cedo para casa. O peemedebista contava com um habeas corpus do Supremo Tribunal Federal para sair da cadeia antes da Páscoa. Com a sentença do juiz Sergio Moro, essa hipótese se torna remota, quase impossível.

A defesa de Cunha questionava a legalidade da prisão provisória. Seus recursos já haviam sido negados pelo Tribunal Regional Federal da 4ª Região e pelo Superior Tribunal de Justiça. No entanto, havia a expectativa de que o Supremo se mostrasse mais compreensivo com o ex-deputado.

O julgamento do habeas corpus chegou a ser marcado para dezembro na Segunda Turma do STF, comandada pelo ministro Gilmar Mendes. O relator Teori Zavascki sentiu o cheiro de queimado e pediu que o caso fosse submetido ao plenário da corte. Cunha chiou, mas teve que passar o Natal e o réveillon em Curitiba.

Teori morreu, o Supremo voltou das férias e o correntista suíço apelou mais uma vez para sair da tranca. Seu pedido original foi negado no mês passado, por questões processuais. Apesar disso, ministros do tribunal continuaram a discutir caminhos que poderiam libertá-lo. O ministro Gilmar deu a senha ao dizer que a corte tinha um "encontro marcado com as alongadas prisões que se determinam em Curitiba".

Ao condenar Cunha a quinze anos e quatro meses de prisão, Moro devolve a articulação à estaca zero. O réu acusou o golpe ao dizer, em nota, que o juiz assinou a sentença para "evitar a apreciação do habeas corpus no Supremo". Agora que não há mais prisão provisória a ser contestada, a libertação do peemedebista tende a ficar mais distante.

O correntista suíço foi baleado, mas isso não significa que esteja morto. Ele mantém amigos em Brasília e dispõe de um arsenal de informações que amedronta o governo. Sem a perspectiva de um habeas corpus, pode organizá-las numa robusta e histórica delação premiada.

02/04/2017
A crítica que Millôr não fez

"Quem avisa amigo é. Se o governo continuar deixando que certos jornalistas falem em eleições; se o governo continuar deixando que determinados jornais façam restrições à sua política financeira; se o governo continuar deixando que alguns políticos teimem em manter suas candidaturas; se o governo continuar deixando que algumas pessoas pensem por sua própria cabeça [...], dentro em breve estaremos caindo numa democracia."

A advertência foi feita por Millôr Fernandes no oitavo número da *Pif Paf*, em agosto de 1964. O governo não achou graça: fechou a revista.

Na segunda-feira, o país completou cinco anos sem Millôr. Poucos brasileiros incomodaram o poder durante tanto tempo e com tanto humor, sob regimes militares ou civis.

Sua mira era precisa. Às vezes, bastava-lhe uma frase contra o presidente da vez. Sobre FHC: "Fernando Henrique Cardoso acha que essas são as três palavras mais bonitas do mundo". Sobre Lula: "A ignorância lhe subiu à cabeça". Sobre Collor: "Deu ao povo uma coroa de espinhos e ainda ficou com os trinta dinheiros".

Millôr tinha predileção por políticos que se julgam escritores. Quando Sarney lançou *Brejal dos Guajas*, sentenciou: "Não é caso de crítica literária. É caso de impeachment".

Ele desprezava a censura e não confiava em imprensa a favor. "Todo governante se compõe de 3% de Lincoln e 97% de Pinochet", dizia. Seu lema: "Jornalismo é oposição. O resto é armazém de secos e molhados".

Anteontem o presidente Temer expôs ideias diferentes. Ele elogiou a "imprensa livre", mas cobrou que os fatos sejam relatados "convenientemente". Em fevereiro, o Planalto pediu censura judicial a uma reportagem que citava a primeira-dama.

Quando Millôr morreu, Temer ainda era apenas um "vice decorativo". Azar o nosso. Seria divertido ler sua crítica aos poemas do presidente.

05/05/2017
Brasileiro, profissão desesperança

O espetáculo da Lava Jato já está em cartaz há mais de três anos, mas ainda não convenceu a plateia de que o país vai mudar. De acordo com o Datafolha, 51% dos brasileiros acham que a corrupção deve continuar igual ou até aumentar. A pesquisa mostra que a sociedade está mais cética — o que não é necessariamente uma má notícia.

O levantamento retrata um clima de descrença geral. A população apoia e torce pelas investigações, mas não acredita em milagres. Isso reforça a ideia de que a fiscalização do poder deve ser permanente. Não pode se esgotar com uma operação, por mais eficiente que ela pareça.

A experiência mostra que o ceticismo é sempre a opção mais prudente. O Brasil já festejou o fim da inflação, da corrupção e de outras mazelas ancestrais. Quando a sociedade relaxa, os problemas voltam ao lugar de sempre. Vale até para o mosquito da dengue, que chegou a ser declarado extinto na década de 1950.

A lista do ministro Edson Fachin mostrou que a contaminação do sistema político é mais grave do que alguns gostariam de acreditar. O propinoduto da Odebrecht abasteceu campanhas de todos os grandes partidos. "Sempre foi o modelo reinante no país", ensinou o dono da empreiteira.

A pesquisa foi concluída na semana passada, antes de o Supremo Tribunal Federal libertar réus ilustres como o ex-bilionário Eike Batista e o ex-ministro José Dirceu.* Se o Datafolha repetir a pergunta hoje, é provável que as respostas sejam ainda mais pessimistas. Num país que já elegeu Fernando Collor como salvador da pátria, esse ceticismo não deixa de ser um alento.

Ainda segundo o Datafolha, a maioria esmagadora dos brasileiros (73%) acredita que o presidente da República teve participação direta ou indireta no petrolão. É com essa fama que Michel Temer pede à população que se sacrifique para ajudar seu governo a fechar as contas.

---

* O ministro Gilmar Mendes libertou Eike em 28 de abril. Quatro dias depois, a segunda turma do STF soltou Dirceu.

07/05/2017
O trator avança

Durou 112 dias a gestão de Toninho Costa na presidência da Funai. Demitido na sexta-feira, ele saiu atirando. Convocou a imprensa e acusou o ministro da Justiça, Osmar Serraglio, de interferir no órgão para favorecer o lobby ruralista.

Especialista em saúde indígena, Costa relatou pressões para entregar cargos técnicos a políticos aliados ao governo. Acrescentou que Serraglio, filiado ao PMDB de Michel Temer, atua como despachante do agronegócio na Esplanada. "Ele não está sendo ministro da Justiça, está sendo ministro de uma causa", resumiu.

A captura da pasta e a intervenção na Funai são faces da mesma ofensiva. Ela também desossou o Ministério do Meio Ambiente, que perdeu quase metade do orçamento, e abriu caminho para uma nova escalada da violência no campo. Só nas últimas três semanas, a pistolagem matou nove lavradores em Mato Grosso e feriu dez índios no Maranhão.

O trator avança com combustível garantido pelo Planalto. A bancada ruralista nunca mandou tanto num governo, e tem aproveitado cada chance para demonstrar força e acertar contas com adversários.

Há quatro dias, o deputado tucano Nilson Leitão[*] apresentou o relatório final da CPI da Funai e do Incra. Propôs o indiciamento de mais de cem pessoas, incluindo antropólogos, líderes indígenas, ativistas católicos e até procuradores que defendem a demarcação de terras. Como os ruralistas dominam a comissão, o texto deve ser aprovado com folga.

Leitão é o mesmo deputado que quer abolir a CLT no campo e permitir que os trabalhadores rurais passem a receber parte do salário na forma de casa e comida. Se deixarem, a turma ainda propõe a revogação da Lei Áurea, prestes a completar 129 anos.

O agronegócio é vital para a economia brasileira e pode ajudar o país a sair da crise. Para isso, não precisa tratorar índios, devastar florestas ou ser representado por gente que defende ideias retrógradas, derrotadas pelo movimento abolicionista.

---

[*] O deputado Nilson Leitão era presidente da Frente Parlamentar da Agropecuária, que representa os ruralistas.

09/05/2017
Encontro marcado

Nunca na história deste país houve tanta expectativa por um depoimento à Justiça. O primeiro encontro do ex-presidente Lula com o juiz Sergio Moro promete ser um divisor de águas na Lava Jato. O jogo que será jogado em Curitiba ajudará a determinar o futuro da operação, do petismo e das eleições de 2018.

A tensão já começou antes da audiência. A pedido da Polícia Federal, que alegou razões de segurança, Moro adiou a sessão em uma semana. Foi um péssimo negócio para Lula. Em sete dias, o juiz ouviu mais três delatores que apontaram o dedo para o ex-presidente.

Ontem Moro acusou o petista de tentar transformar o interrogatório num "evento político-partidário". Ele fez a queixa ao vetar a presença de um fotógrafo do Instituto Lula no depoimento. Na véspera, o juiz divulgou um novo vídeo nas redes sociais. Pediu que os seguidores da página "Eu MORO com ele", administrada por sua esposa, não acampem em Curitiba para apoiá-lo.

Em outra frente, a juíza Diele Denardin Zydek proibiu os militantes petistas de se aproximarem da sede da Justiça Federal. A polícia anunciou um esquema de segurança comparável ao da Copa do Mundo. Depois disso tudo, outra surpresa: a defesa do ex-presidente pediu que o depoimento seja adiado mais uma vez.

O clima de tensão, que levou duas revistas semanais a compararem a audiência a uma luta entre o réu e o juiz, não parece saudável para a Lava Jato. A estratégia de Lula é se dizer vítima de perseguição política. Ao falar fora dos autos e divulgar vídeos caseiros no Facebook, Moro faz um favor a quem defende esta tese.

Há fortes indícios de que o ex-presidente manteve uma relação no mínimo imprópria com empreiteiras envolvidas no petrolão. O que interessa, ou deveria interessar, é definir se ele cometeu os crimes dos quais é acusado pelo Ministério Público. Se a partida se deslocar da arena jurídica à política, só haverá um especialista em campo: o próprio Lula.

11/05/2017
Um ato nada banal

Segundo o juiz Sergio Moro, seria apenas um "ato banal". Não foi bem isso, no entanto, o que se viu ontem em Curitiba. O depoimento de Lula durou quase cinco horas, mobilizou um exército de 1700 policiais, interditou quarteirões inteiros e dividiu a capital paranaense em duas cidades.

De um lado, manifestantes de vermelho repetiam palavras de ordem em defesa do ex-presidente. Do outro, militantes em verde e amarelo gritavam o nome de Moro e agitavam um boneco inflável do petista com uniforme de presidiário. Parecia uma viagem no tempo de volta aos dias mais quentes da batalha do impeachment. Até a ex-presidente Dilma Rousseff reapareceu, desta vez para apoiar o padrinho político.

Enquanto Curitiba vivia a tensão do depoimento, Brasília assistia a cenas de bate-boca no Congresso. No plenário da Câmara, deputados do PT e do PSDB trocaram insultos. "Lave a boca para falar do presidente Lula!", berrou o petista João Daniel. "Lave a sua!", devolveu o tucano João Gualberto. "Mafioso", "bandido", "canalha" e "ladrão" foram outros termos gritados ao microfone.

A situação chegou a ponto de um rottweiler da bancada da bala, o deputado-policial Alberto Fraga, pedir moderação aos colegas. "Daqui a alguns dias, vai vencer quem sair no tapa com o outro", avisou.

Em Curitiba, Lula negou as acusações e se declarou vítima da "maior caçada jurídica" que um político brasileiro já sofreu. Moro disse não ter "desavença pessoal" com o petista e prometeu decidir com base na lei.

Não há quem acredite que o ex-presidente será absolvido em todos os processos da Lava Jato. A questão é saber se ele conseguirá evitar uma condenação em segunda instância, que o tiraria da eleição de 2018.

Embora Moro tenha dito que o encontro não seria "um confronto", este foi o tom do fim da sessão. Juiz e réu trocaram acusações pelos ataques que têm recebido. O depoimento acabou, mas o embate vai continuar.

12/05/2017
O fogo amigo do marqueteiro

João Santana é um personagem central na história do PT no poder. Quando a crise do mensalão ameaçou varrer o partido do mapa, Lula recorreu a ele para reconstruir sua imagem. O marqueteiro bolou um slogan sob medida para calar os críticos. Com o mote "Deixa o homem trabalhar", o petista superou o desgaste e se reelegeu.

No segundo mandato, Santana recebeu uma missão impossível. Precisava transformar uma ministra de nome difícil, com fama de turrona, em herdeira da popularidade do chefe. Sem ter disputado uma eleição na vida, Dilma Rousseff chegou lá.

O mago das campanhas ganhou prestígio e virou eminência parda do governo. Passou a opinar sobre tudo e foi apelidado de "40º ministro". Quando Dilma recebeu a notícia de que podia comemorar a reeleição, voltou a pedir o seu socorro: "Vou com roupa de que cor?".

Santana caiu em desgraça junto com o petismo. Virou alvo colateral da Lava Jato, que rastreou pagamentos secretos à sua empresa. Em fevereiro de 2016, ele foi preso com a esposa, Mônica Moura. Depois de uma temporada na cadeia, o casal de marqueteiros assinou um acordo de delação. Ontem o Supremo liberou os depoimentos.

Santana disse que Lula dava a "palavra final" no esquema de caixa dois. Mônica contou que Dilma usou um e-mail secreto para vazar investigações. As delações não são atestado de culpa, mas agravam muito a situação dos ex-presidentes.

Em 2014, Aécio Neves e Marina Silva atribuíram suas derrotas ao bombardeio do publicitário. O que eles sofreram não se compara ao dano que o fogo amigo de Santana promete causar a Lula e Dilma. O mago que recuperou a imagem do petismo agora ajuda a desconstruí-la.

Michel Temer festeja um ano no cargo com uma proeza: aprovado por 9%, é mais impopular que a antecessora às vésperas do impeachment.

14/05/2017
O escudeiro de Lula desabafa

"Acho bom todo mundo fazer delação logo. Para acabar com esse sofrimento de uma vez." O desabafo é do ex-ministro Gilberto Carvalho, principal escudeiro de Lula em seus oito anos de governo. Na tarde de sexta-feira, ele parecia abatido com a confirmação de que Antonio Palocci será o próximo a entregar ex-companheiros à Lava Jato.

Um ano depois do impeachment, o PT voltou a viver uma semana de péssimas notícias. Na quarta, Lula teve que se sentar no banco dos réus em Curitiba. Na quinta, ele e Dilma Rousseff foram fritados por seus marqueteiros de campanha. Na sexta, seu ex-ministro da Fazenda deu a partida para mais uma delação.

"Eu confio no Palocci. Duvido que ele vá dizer que o Lula mandou fazer alguma coisa", disse Carvalho. "O Lula nunca quis saber de dinheiro. Ele dizia: 'Tem coisa que eu não quero saber. Eu não quero saber'".

Perguntei por que o ex-presidente se recusaria a conhecer a origem do dinheiro que bancava suas campanhas. "O candidato não pode fazer tudo. É claro que ele espera que ninguém faça bobagem", respondeu.

Que tipo de bobagem? O petista esclareceu que se referia ao caixa dois. "É um erro gravíssimo que nós cometemos. Nós seguimos um padrão que condenávamos", disse. Lembrei que o PT já havia confessado o crime no mensalão, mas voltou a praticá-lo nas eleições seguintes. "Foi repetido. Infelizmente", afirmou Carvalho.

O ex-ministro disse que as acusações contra Lula são "ridículas" e que a Lava Jato abusa da prisão preventiva para forçar os réus a delatar. "É uma forma de tortura. Se o cara não confirma a tese dos procuradores, passa a ser visto como inimigo."

Carvalho definiu a delação dos marqueteiros como "uma tragédia". "O João Santana não vai destruir o PT. Mas é claro que isso nos prejudica", reconheceu. "O imperdoável é o cara mentir. Eu não perdoo, mas tenho um grau de compreensão pela tortura que ele sofreu. O que sinto é um misto de tristeza e decepção."

16/05/2017
A caixa-forte de Palocci

A iminente delação de Antônio Palocci não provoca calafrios apenas no mundo político. Banqueiros e empresários de renome estão preocupados com o que o ex-ministro pode contar à Lava Jato e a outras operações, como a Zelotes.

Palocci foi o petista mais próximo dos donos do dinheiro. Em 2002, ajudou a acalmar o mercado para a chegada do partido ao poder. Idealizou a "Carta ao Povo Brasileiro", na qual Lula se comprometeu com a responsabilidade fiscal e o controle da inflação. A receita deu certo, e o médico foi nomeado ministro da Fazenda.

No cargo, Palocci ampliou os laços com a elite do capitalismo brasileiro. Chegou a sonhar com a Presidência, mas foi abatido no escândalo do caseiro. Voltaria ao Planalto no início de 2011, como chefe da Casa Civil do governo Dilma Rousseff.

A nova temporada no poder não durou um semestre. Em maio, a *Folha de S.Paulo* revelou que o petista havia multiplicado seu patrimônio por vinte com uma consultoria de pouca visibilidade e muito sucesso. Ele caiu, mas se recusou a abrir a lista de clientes.

O segredo começou a ser desfeito em setembro passado, quando a Lava Jato prendeu Palocci e começou a abrir sua caixa-preta — ou caixa-forte, a julgar pelos valores envolvidos.

Numa das frentes de investigação, descobriu-se que a consultoria do ex--ministro recebeu 81,3 milhões de reais de 47 empresas. A lista inclui bancos, seguradoras, imobiliárias e montadoras de veículos. É uma clientela ampla, que teve milhões de motivos para bater na porta do petista.

João Doria encerrou um discurso nesta segunda, em Nova York, com a seguinte frase: "Minha bandeira não é vermelha. É verde e amarela".

Em 1989, outro presidenciável encerrou um debate pedindo um "não definitivo à bandeira vermelha". "Vamos dar sim à nossa bandeira. A bandeira do Brasil. A bandeira verde, amarela, azul e branca", pregou.

O candidato era Fernando Collor.

17/05/2017
O TSE deve marcar no peito

O Natal vai cair em dezembro, um artista famoso vai morrer este ano e o TSE vai salvar Michel Temer. As três profecias acima andam com a mesma cotação em Brasília. Apesar da enxurrada de provas de caixa dois na campanha de 2014, não há mais quem acredite na hipótese de o presidente vir a ser cassado pela Justiça Eleitoral.

O processo contra a chapa Dilma-Temer se arrasta há quase dois anos e meio. Enquanto esteve no cargo, a petista fez de tudo para adiá-lo. Depois do impeachment, o peemedebista assumiu a tarefa com gosto.

No último capítulo da novela, o TSE decidiu que não estava pronto para decidir. A corte deu mais prazo para as defesas e o ministro Gilmar Mendes parou o julgamento sem marcar data para retomá-lo. Com ar atarefado, informou que teria compromissos inadiáveis no exterior.

Depois de dois giros pela Europa, Gilmar encontrou uma brecha para bater ponto no tribunal. Ele marcou a reabertura do caso para o próximo dia 6. O último capítulo da novela ainda não está escrito, mas quem acompanha a trama de perto já sabe que Temer ganhará um final feliz.

No último mês, o presidente trocou dois dos sete ministros que vão julgá-lo. O Planalto passou a considerar certos os votos de Admar Gonzaga e Tarcísio Vieira. O raciocínio também vale para Gilmar, o juiz que vai decidir o futuro do presidente e não vê problema em viajar no avião presidencial.* Com três votos na manga, Temer só precisaria de mais um. Seus aliados contam com dois: de Luiz Fux e Napoleão Nunes Filho.

Se Brasília não for atingida por um raio capaz de mudar este roteiro, restará saber de que forma o TSE vai "matar no peito" o julgamento. Há duas alternativas na mesa: o tribunal manda o processo para o arquivo ou aceita a tese de separação da chapa. Se a última opção prevalecer, o caso terminará de forma inusitada: o tribunal vai salvar o presidente e declarar a cassação da antecessora — que já foi cassada há um ano.

---

* Em 9 de janeiro, Gilmar Mendes pegou carona no avião presidencial para ir a Portugal. Michel Temer viajou para o funeral do presidente Mário Soares (1924-2017). O ministro do STF estava em férias.

7. "Tem que manter isso, viu?"

O país nunca tinha visto nada igual. Ou melhor, nunca tinha ouvido. Parecia história de filme: um empresário na mira da polícia entra no palácio escondido, tarde da noite, para negociar com o presidente da República.

Os dois trocam amenidades e vão ao que interessa: a compra do silêncio de um presidiário que ameaçava implodir o governo. "Tem que manter isso, viu?", pede o anfitrião. "Todo mês", responde o visitante.

O diálogo de Michel Temer e Joesley Batista veio à tona na noite de 17 de maio. Assim que o áudio foi divulgado, políticos e analistas passaram a tratar do que parecia impossível: a queda do segundo presidente em pouco mais de um ano.

A gravação não era tudo. Um homem de confiança do presidente ainda havia sido filmado recebendo uma mala com 500 mil reais em propina. Seria o suficiente para derrubar muitos governantes mais populares, mas Temer decidiu resistir a todo custo.

Agarrado à cadeira, ele se tornaria o primeiro presidente a ser alvo de uma denúncia criminal no exercício do cargo. Uma não, três: por corrupção, obstrução da Justiça e organização criminosa. Além do julgamento político na Câmara, ele ainda teria que enfrentar o processo de cassação no Tribunal Superior Eleitoral.

A crise se arrastou por cinco meses. Seu desfecho inverteria o sentido das palavras de Sérgio Machado na célebre conversa com Romero Jucá. Desta vez, o "grande acordo nacional" ajudaria a salvar, e não a derrubar o governo.

18/05/2017
O raio caiu sobre Temer

O ato falho do apresentador William Bonner, que chamou Michel Temer de ex-presidente na abertura do *Jornal Nacional*, reflete a gravidade da nova crise que se instalou no Planalto.

A notícia de que Temer aprovou a compra do silêncio de Eduardo Cunha deu início a conversas sobre o que parecia quase impossível: a segunda queda de governo em um ano.

A hipótese de afastamento do presidente passou a dominar as rodas no Congresso poucos minutos depois de o jornal *O Globo* revelar a gravação feita pelo empresário Joesley Batista no Palácio do Jaburu.*

Se Temer não provar que foi dublado por um imitador de raro talento, sua situação tende a ficar insustentável. Não há registro, na história recente do país, de um flagrante tão grave envolvendo a conduta pessoal de um presidente no cargo.

A gravação entregue pelo dono da JBS à Procuradoria é demolidora. O empresário avisa ao presidente que está pagando uma mesada para manter Cunha calado. A resposta de Temer dispensa qualquer explicação: "Tem que manter isso, viu?".

Todo brasileiro bem informado sabia do potencial do ex-deputado, hoje preso, para implodir o governo do velho aliado. Agora Cunha pode entrar nos livros como protagonista da derrubada de dois presidentes.

Um dos líderes mais impopulares da história do Brasil, Temer se sustentou até aqui com apoio do mercado e do empresariado, que viram nele um aliado capaz de aprovar reformas igualmente impopulares. Se ficar claro que o presidente perdeu as condições de cumprir a tarefa, ele tende a ser abandonado com rapidez.

Entre os caminhos que já começaram a ser discutidos por aliados do governo estão renúncia, impeachment e cassação via TSE, o que poderia abrir caminho a uma nova eleição presidencial. Na coluna de ontem, escrevi que a

---

* A reportagem de Lauro Jardim foi publicada no site do jornal *O Globo* com o título "Dono da JBS grava Temer dando aval para compra de silêncio de Cunha". O texto foi ao ar às 19h30 do dia 17/05/17.

última hipótese estava praticamente descartada, a não ser que um raio caísse sobre Brasília. O raio acaba de cair sobre Temer.

19/05/2017
Um zumbi no Planalto

Michel Temer, o presidente sem votos, agora quer ser presidente sem governo. Flagrado numa trama de corrupção e obstrução da Justiça, ele vê sua autoridade se esfarelar em praça pública. Mesmo assim, insiste em se agarrar à cadeira.

O governo começou a respirar por aparelhos na noite de quarta. Assim que o diálogo com o dono da JBS foi divulgado, aliados passaram a discutir quando deveriam desligar as máquinas. As conversas avançaram pela madrugada de Brasília.

Na residência do presidente da Câmara, quatro ministros discutiram as exéquias do chefe.* Todos trataram Temer como um cadáver político. Restaram divergências sobre a forma de removê-lo do palácio: renúncia, impeachment ou cassação no TSE.

A situação se agravaria nas horas seguintes. O Supremo autorizou a abertura de inquérito criminal contra o presidente. A OAB falou em fatos "estarrecedores, repugnantes e gravíssimos". A Bolsa despencou, o dólar disparou e o mercado passou a cobrar um desfecho rápido para a crise.

Temer ouviu de vários aliados que chegou ao fim da linha, mas decidiu resistir, mesmo que seja na condição de zumbi. Seguiu o conselho de aliados que dependem do foro privilegiado para não embarcar no próximo voo da Polícia Federal para Curitiba.

Em vez de demonstrar força, o discurso do "fico" forneceu um atestado de fraqueza política. Em tom irritadiço, o presidente esbravejou e elevou a voz, mas não esclareceu nenhuma das suspeitas que o cercam.

Temer apostou tudo na estratégia do terrorismo econômico. Sugeriu que sem ele o Brasil mergulhará no caos e o esforço pela retomada será jogado no

---

* A reunião na residência oficial de Rodrigo Maia incluiu os ministros Mendonça Filho (Educação), Raul Jungmann (Defesa), Roberto Freire (Cultura) e Fernando Coelho Filho (Minas e Energia).

"lixo da história". Quando disse que não ia renunciar, ouviu aplausos tímidos e constrangidos.

Ao prolongar a agonia de um governo cambaleante, o presidente mostrou que está menos preocupado com o país do que com o próprio destino. Talvez não tenha entendido que este pode ser o caminho mais curto para a lata de lixo.

20/05/2017
*Temer quer tempo**

A estratégia de Michel Temer é clara. Ao pedir a suspensão do inquérito no Supremo Tribunal Federal, ele tenta ganhar tempo para estancar a sangria política que ameaça sua sobrevivência no cargo.

Os sinais de anemia têm se multiplicado desde o início da crise. Hoje cedo o presidente foi abandonado pelo PSB, que anunciou o rompimento com o governo. Se o movimento se alastrar, ficará claro que ele perdeu as condições de se sustentar no Planalto.

Temer parecia abatido quando começou a ler seu segundo pronunciamento em três dias. Aos poucos, elevou o tom e passou a atacar o empresário Joesley Batista, dono da JBS e autor da delação-bomba à Lava Jato.

Acusado, o presidente buscou desqualificar o acusador. Disse que ele praticou um "crime perfeito", "prejudicou o Brasil" e agora está "livre e solto em Nova York".

Sem citar o nome de Rodrigo Janot, Temer também mirou o procurador-geral da República ao se dizer alvo de uma "acusação pífia" de corrupção. O ministro Edson Fachin parece discordar, já que autorizou a abertura do inquérito no STF.

O presidente se agarrou à tese, levantada por peritos, de que o áudio da conversa com Joesley teria sofrido edições. "Essa gravação clandestina foi adulterada e manipulada com objetivos subterrâneos", acusou.

A polêmica é útil a Temer porque permite que ele direcione o foco para a gravação, deixando de esclarecer outras suspeitas graves. Sobre elas, continuam

---

* Este texto foi publicado no caderno Poder da *Folha de S.Paulo*, com o título "Temer atacou o delator, mas não esclareceu suspeitas".

a faltar explicações convincentes. O presidente disse que indicou o deputado Rodrigo Rocha Loures para "ouvir as lamúrias" do dono da JBS. No entanto, a PF o filmou fazendo outra coisa: recebendo uma mala de dinheiro de um lobista enviado por Joesley.

Temer também disse que "não acreditou" quando o empresário contou ter subornado dois juízes. A lei obriga o servidor que ouve o relato de um crime a comunicá-lo às autoridades competentes. O presidente não poderia silenciar sobre a confissão por considerar que seu autor é um "falastrão".

Outras acusações de Joesley, como as cobranças de propina e mensalinho para aliados, foram solenemente ignoradas no pronunciamento.

Por fim, Temer entrou em contradição com seu próprio discurso inicial. Na quinta-feira, ele defendeu uma investigação "muito rápida" e disse que o desfecho do caso "não poderia tardar". Agora, recorre ao STF para tentar paralisar o inquérito em sua fase inicial.

21/05/2017
Três homens e um destino

"O presidente Michel sempre acreditou, e eu acho que o Eduardo e o Lúcio também sempre acreditou [sic], que eu era meio que obrigado a sustentá-los."

A queixa é de Joesley Batista, em depoimento à Lava Jato. Acostumado a pagar as contas de políticos de múltiplos partidos, ele admitiu ter se espantado com a gula do trio.

A delação do dono da JBS expõe as entranhas do grupo que tomou de assalto a Presidência da República. Está tudo lá: da roubalheira no Porto de Santos, antigo feudo de Temer, até a compra de deputados para instalar Cunha no comando da Câmara.

O terceiro elemento do grupo é o doleiro Lúcio Funaro. Ele escapou da cadeia no mensalão e permaneceu na ativa até o ano passado.

Joesley relatou que esteve com Temer "não menos de vinte vezes". Disse que os pedidos de propina se estenderam de 2010 até dois meses atrás. Num episódio, afirmou que o então vice-presidente pediu 300 mil reais para recauchutar a imagem às vésperas do impeachment. Temer era chamado de "golpista" e queria se defender com vídeos na internet.

O dono da JBS disse que entregou o dinheiro ao marqueteiro Elsinho Mouco. Ele confirmou o encontro, mas se esqueceu de mencionar o repasse. Virou candidato a uma delação capaz de fazer com o PMDB o que João Santana fez com o PT.

Na conversa gravada no Jaburu, Temer instrui Joesley a tratar de seus interesses no governo com Rodrigo Rocha Loures, que tinha acesso livre ao gabinete presidencial. Depois da reunião, a PF filmou o aspone recebendo 500 mil reais em propina.*

Os três personagens citados no início da coluna foram obrigados a se separar. Hoje Cunha está preso na região metropolitana de Curitiba. Funaro foi recolhido a uma cela da Papuda, em Brasília. Temer é investigado no STF por suspeita de corrupção, organização criminosa (antigo crime de quadrilha) e obstrução da Justiça. No fim da semana, ainda podia ser encontrado no Palácio do Planalto.

23/05/2017
A entrevista do presidente

Investigado por suspeita de corrupção, organização criminosa e obstrução da Justiça, Michel Temer quer convencer os brasileiros de que é vítima de uma conspiração motivada por "interesses subterrâneos". Ele repetiu a cantilena na entrevista publicada ontem pela *Folha de S.Paulo*.

O presidente disse coisas que fariam corar a Velhinha de Taubaté, a personagem do escritor Luis Fernando Verissimo que acreditava em todas as lorotas dos políticos.

Temer alegou ter recebido Joesley Batista à noite, sem registro na agenda oficial, para discutir os efeitos da Operação Carne Fraca. Isso só seria possível se o empresário fosse vidente nas horas vagas: o encontro do Jaburu aconteceu dez dias antes da operação da PF.

O presidente disse que "nem sabia" que Joesley era alvo de investigações. Na data da conversa, nenhum leitor de jornais poderia ignorar que o empre-

---

* Rocha Loures foi filmado com uma mala de dinheiro em São Paulo. Nas imagens gravadas pela Polícia Federal, ele saía de uma pizzaria e entrava correndo num táxi.

sário era suspeito de provocar desfalques em fundos de pensão, no FI-FGTS e no BNDES.

Temer foi questionado sobre Rodrigo Rocha Loures, que foi filmado correndo na rua com uma mala de dinheiro. Respondeu que o deputado é uma pessoa "de muito boa índole".

Apesar de contestar a integridade do áudio, o presidente confirmou os principais trechos da gravação. "Não é prevaricação se o senhor ouve um empresário na sua casa relatando crimes?", indagaram os repórteres. "Você sabe que não?", devolveu.

Diante de tantas negativas, o jornal perguntou a Temer qual seria, afinal, a sua culpa no episódio. "Ingenuidade. Fui ingênuo", respondeu.

A Velhinha de Taubaté ficou famosa como a última brasileira que confiava no governo. Morreu em 2005, quando assistia ao noticiário do mensalão. Na época, Temer exercia o quinto mandato de deputado.

Os movimentos que diziam não ter "corrupto de estimação" desistiram de ir às ruas no último domingo.

Seus líderes trocaram a camisa amarela pela chapa branca.

24/05/2017
Gritos e sussurros

O Congresso vive dias de gritos e sussurros enquanto Michel Temer tenta ignorar os fatos e se acorrentar à cadeira. Em público, a oposição se esgoela para acelerar a queda do presidente. Em privado, governistas murmuram opções para sucedê-lo numa eleição indireta.

Nesta terça, a gritaria quase descambou para a agressão física no Senado. Ataídes Oliveira, do PSDB, e Randolfe Rodrigues, da Rede, trocaram insultos numa sessão em que o Planalto tentava avançar com a reforma trabalhista a toque de caixa.

"Bandido!", gritou um. "Vagabundo!", devolveu o outro. O tucano tentou bater no colega, mas foi contido por Lindbergh Farias, do PT. "Te pego lá fora, seu moleque!", ameaçou Ataídes, enquanto era arrastado para longe. "Fiquei de segurança do Randolfe porque ele é franzino", divertiu-se o petista, depois do tumulto.

No fundo da sala, sindicalistas berravam "Fora, Temer!", "Jucá na cadeia" e "Cadê o Aécio?". O tucano está proibido de pisar ali.* Mais cedo, a Procuradoria voltou a pedir que o Supremo o despache para a cadeia.

Na Câmara, a oposição abriu faixas contra Temer e ensaiou uma greve parlamentar pelo impeachment. O presidente Rodrigo Maia, ainda fiel ao aliado, sabotou a votação da emenda que prevê eleições diretas.

Fora dos microfones, os governistas só falam nas indiretas. O PSDB cita Tasso Jereissati, mas aposta em FHC ou Nelson Jobim, conselheiro de empreiteiras flagradas na Lava Jato. O DEM sonha com Maia, que enfrenta resistências no Senado. O PMDB não tem candidato: seus caciques estão ocupados tentando escapar da polícia.

Tadeu Filippelli, outro assessor enrolado de Temer, acaba de perder a batalha. Foi recolhido ao xadrez, sob suspeita de embolsar propina dos estádios da Copa. Veterano em escândalos, o senador Renan Calheiros insiste que o presidente precisa "compreender seu papel histórico". Seria um apelo à renúncia? "É o que estou fazendo há dias... até quando ninguém pergunta!", ele responde.

25/05/2017
Brasília em chamas

A crise que emparedou o governo atingiu ontem um novo patamar. O primeiro grande protesto pela saída de Michel Temer se transformou em batalha campal na Esplanada. Com Brasília em chamas, o presidente fez uma aposta arriscada e pôs o Exército na rua. A medida acirrou os ânimos no Congresso, onde voltou a haver tumulto e gritaria por renúncia ou impeachment.

---

* Aécio Neves foi o segundo grande alvo da delação da JBS. Sua irmã, Andrea, foi presa preventivamente sob acusação de negociar propina com o frigorífico. O senador teve o mandato suspenso pelo ministro Edson Fachin, relator da Lava Jato no Supremo. Não foi para a cadeia graças à imunidade parlamentar.

O confronto entre manifestantes e a PM se estendeu por quase quatro horas. Militantes depredaram prédios públicos, e policiais atiraram com armas letais, em flagrante de uso desproporcional da força.

A tensão transbordou para o Congresso, onde a ordem do Planalto era manter o "clima de normalidade". Sob pressão, o presidente da Câmara, Rodrigo Maia, suspendeu as votações e pediu reforço na segurança. Essa foi a senha para a tentativa de contra-ataque do governo.

O ministro da Defesa, Raul Jungmann, discursou contra a "baderna" e disse ter convocado o Exército a pedido de Maia. O plenário voltou a ferver, e o deputado desmentiu o ministro: só havia solicitado a presença da Força Nacional de Segurança.

O apelo aos militares criou novas arestas para Temer. Além de irritar seu principal aliado no Congresso, a medida motivou protestos da oposição, do governador de Brasília e de um ministro do STF, que criticou a ideia em plena sessão de julgamento.*

Até senadores que votaram a favor do impeachment de Dilma Rousseff engrossaram o coro. "O presidente Temer está cometendo uma insensatez", lamentou Cristovam Buarque. Para outros políticos, o Exército na Esplanada evocou memórias da ditadura, como a repressão ao povo durante a votação das Diretas, em 1984.

Ao recorrer aos militares, Temer pode recuperar algum apoio entre setores de ultradireita que sonham com uma saída autoritária. Ao mesmo tempo, ele demonstra sua fragilidade. "Não serão as Forças Armadas que vão sustentar este governo", debochou o ex-aliado Renan Calheiros.

26/05/2017
Cem anos de perdão

O presidente Michel Temer disse que seu aliado Rodrigo Rocha Loures é uma pessoa "de muito boa índole". Imagine se não fosse. Flagrado recebendo

---

* O ministro Marco Aurélio Mello citou o caso durante um julgamento em plenário. "Espero que a notícia não seja verdadeira. O chefe do Poder Executivo teria editado um decreto autorizando o uso das Forças Armadas no Distrito Federal", disse.

500 mil reais de um lobista, ele foi convidado a devolver a propina à Polícia Federal. Ao abrir a mala, os agentes tiveram uma surpresa: faltavam 35 mil.

Nesta quinta, o deputado depositou o resto do dinheiro numa conta judicial. Ele não explicou se o desfalque foi causado por esquecimento, distração ou falta de talento para a matemática. Mesmo sem uma desculpa esfarrapada, o caso já garantiu lugar no anedotário da Lava Jato.

No início do mês, a *Folha de S.Paulo* contou outros episódios de desvio do desvio. O delator André Santana, que trabalhava com os marqueteiros do PT, disse ter sido assaltado num táxi quando carregava o dinheiro entregue pela Odebrecht. Ele não soube afirmar se carregava 1 milhão de reais ou 1,5 milhão para o caixa dois da chapa Dilma-Temer. De acordo com o relato, a história ficou por isso mesmo.

Em outro depoimento, um executivo narrou o sumiço de propina escondida numa cocheira. É isso mesmo: a maior empreiteira do país teria perdido 8 milhões surrupiados de uma baia do aristocrático Jockey Club Brasileiro, na zona sul do Rio. Até onde se sabe, nenhum cavalo foi intimado a depor sobre o assunto.

O delator João Antônio Bernardi contou uma história menos rocambolesca: disse ter sido assaltado no Largo da Carioca, perto da sede da Petrobras. Quem conhece a região corre o risco de acreditar, exceto por um detalhe: o batedor de carteira teria levado nada menos que 100 mil reais.

Na semana passada, o lobista Ricardo Saud fez mais um relato intrigante. Acostumado a distribuir propina em nome da JBS, ele se disse espantado com políticos que teriam embolsado dinheiro destinado às próprias campanhas. "Michel Temer fez uma coisa até muito deselegante. Nessa eleição, eu só vi dois caras roubar [sic] deles mesmos. Foi o Kassab e o Temer", afirmou.

28/05/2017
Juruna mostrou como se faz

Em outubro de 1984, o dublê de cacique e deputado Mario Juruna convocou a imprensa para fazer uma denúncia contra si mesmo. Ele havia recebido propina do empresário Calim Eid para votar em Paulo Maluf no Colégio Eleitoral.

O xavante se disse arrependido e foi ao banco devolver os 30 milhões de cruzeiros. A imagem do índio engravatado atrás de uma pilha de dinheiro resumiu o vale-tudo que embalou a sucessão do general Figueiredo.

Como Tancredo Neves venceu a disputa, ninguém quis investigar as suspeitas de suborno e caixa dois. Eid seguiu carreira como operador do malufismo. Juruna ficou desacreditado e não conseguiu se reeleger.

Mais de três décadas depois, o Brasil discute a possível escolha de outro presidente sem o voto popular. O senador Tasso Jereissati e o deputado Rodrigo Maia despontam como favoritos numa eleição indireta.

Políticos da situação e empresários não aceitam falar em diretas. A aliança que apoiava Michel Temer quer ungir um candidato comprometido com as reformas liberais. A ordem é mudar o presidente sem mudar a alma do governo em decomposição.

Em meio às conversas, articula-se um grande acordo para salvar investigados da Lava Jato. Entre as ideias mais cotadas estão a anistia ao caixa dois e a concessão de algum tipo de imunidade a Temer, que poderia se estender a outros ex-presidentes.

Pelo roteiro das indiretas, o próximo inquilino do Planalto será escolhido por 513 deputados e 81 senadores. Boa parte deles é investigada sob suspeita de vender projetos de lei, MPs e outras mercadorias menos valiosas que a cadeira presidencial.

Nas últimas vezes que a turma elegeu os chefes da Câmara e do Senado, venceram Eduardo Cunha, Renan Calheiros, Rodrigo Maia e Eunício Oliveira. Todos delatados na Lava Jato.

Além de mostrar o que acontece numa eleição indireta, Juruna ensinou a usar o gravador em conversas com políticos. O cacique era atrapalhado, mas sabia das coisas.

30/05/2017
Um ministro, duas missões

Ao nomear Torquato Jardim, o presidente Michel Temer faz uma aposta agressiva para se manter no poder. O novo ministro da Justiça assume com duas missões claras: controlar a Polícia Federal e adiar o julgamento do chefe no TSE.

Em três meses no cargo, Osmar Serraglio não conseguiu domar os homens de preto. Pelo contrário: foi desmoralizado ao estrelar um grampo da Operação Carne Fraca. No áudio, chamava de "grande chefe" um fiscal acusado de corrupção.

Enfraquecido, o ministro virou a Geni da Esplanada. Foi chamado de "bosta" por Aécio Neves e de coisas piores por colegas do PMDB.* Ejetado da Justiça, pode cair na cadeira de ministro da Transparência. Não será um prêmio de consolação. Se voltar à Câmara, Serraglio tomará o mandato e o foro privilegiado de Rodrigo Rocha Loures, o deputado da mala.

Antes de tomar posse, Torquato já mostrou a que veio. Disse que consultará Temer antes de decidir se mantém o diretor da PF. Ou seja, ele perguntará ao investigado se deve trocar o chefe dos investigadores. Resta saber se os delegados aceitarão o cabresto sem reclamar.

A outra missão de Torquato é protelar ainda mais o julgamento da chapa Dilma-Temer no TSE. Ele disse ao *Correio Braziliense* que seria "a coisa mais natural" um ministro da corte pedir vista do processo. Sem cerimônia, sugeriu para a tarefa o novato Admar Gonzaga. Com isso, o presidente ganharia tempo para usar a caneta e tentar se segurar no Planalto.

O ministro Gilmar Mendes, sempre ele, indicou nesta segunda que o plano pode funcionar. "Se houver pedido de vista, é algo absolutamente normal. Ninguém fará por combinação com esse ou aquele", disse. Então ficamos todos combinados assim.

O ex-ministro Guido Mantega admitiu que mantém 600 mil dólares numa conta não declarada na Suíça. O que o petista classificou como "erro" tem outro nome na legislação penal.

---

* A Polícia Federal gravou uma ligação em que o senador Aécio Neves falou de Osmar Serraglio em tom pouco lisonjeiro: "O ministro é um bosta de um caralho, que não dá um alô".

31/05/2017
Caso de polícia

O governo Michel Temer se tornou oficialmente um caso de polícia. O Supremo Tribunal Federal autorizou que o presidente seja interrogado pela PF. Ele terá 24 horas para se manifestar, por escrito, no inquérito em que é investigado sob suspeita de corrupção.

A decisão do ministro Edson Fachin impôs ao menos três derrotas ao Planalto. A defesa de Temer queria suspender o depoimento, empurrar o caso para outro relator e livrar o presidente da companhia de Rodrigo Rocha Loures, o deputado da mala.

Os três pedidos foram negados por Fachin. Além disso, o ministro criou um quarto problema para Temer. Ele determinou que a PF conclua o inquérito no prazo de dez dias. É o que a lei determina quando um dos investigados cumpre prisão preventiva.

O presidente obteve uma única vitória: seu caso foi separado do inquérito sobre Aécio Neves. Temer se livrou do tucano, mas seu destino continua vinculado ao de Rocha Loures. Se o homem de 500 mil reais for convencido a delatar o chefe, a sobrevivência do governo tende a se reduzir a uma questão de horas.

O risco-delação levou o Planalto a passar outro vexame. Magoado com a dispensa do Ministério da Justiça, o peemedebista Osmar Serraglio se recusou a assumir a pasta da Transparência. Seu retorno à Câmara lançou o governo numa corrida para evitar que Loures perca a cadeira e o foro privilegiado.

Para desarmar a bomba-relógio, Temer passou a oferecer cargo de ministério a qualquer deputado do PMDB do Paraná. O líder do partido farejou a oportunidade e pediu mais alto. Avisou que não tem interesse na Transparência, mas topa ficar com o maltratado Ministério da Cultura.

Cada vez mais frágil, Temer começa a repetir cenas da agonia de Dilma Rousseff. No desespero para se manter na cadeira, a então presidente se tornou presa fácil da chantagem parlamentar. No fim do governo, os deputados do PMDB chegaram a abocanhar o Ministério da Saúde antes de abandoná-la.

01/06/2017
O ministro assaltado

Em conversa monitorada pela Lava Jato, o senador Aécio Neves e o empresário Joesley Batista manifestaram um desejo comum: derrubar o diretor-geral da Polícia Federal, Leandro Daiello. "Tem que tirar esse cara", disse o dono da JBS. "Tem que tirar esse cara", concordou o ex-presidenciável tucano.

Ao assumir o Ministério da Justiça e da Segurança Pública, o dr. Torquato Jardim deu esperanças aos investigados. Ele disse que a operação "não depende de pessoas" e que o comando da PF ainda será avaliado. Quando uma repórter perguntou se o ministro descartava ou não a demissão de Daiello, desconversou. "Não cabe essa resposta. Eu também estou sob avaliação", afirmou.

Se Torquato seguir a linha de sua primeira entrevista, o país pode esperar uma gestão rica em polêmicas. Instado a opinar sobre o foro privilegiado, ele sugeriu que os ministros do STF não têm experiência para lidar com ações penais: "Dos onze, [só] o ministro Fux foi juiz de primeira instância. É a primeira vez que estão tratando de um processo criminal".

Questionado se tentará influenciar o julgamento da chapa Dilma-Temer, o ministro deu outra declaração curiosa: "Se eu tivesse toda essa influência no TSE e quisesse praticar algum ato nas sombras, eu continuaria no Ministério da Transparência".

Pouco depois, ele indicou que está disposto a comprar brigas no cargo. "Se eu não gostasse de conflito, seria pescador na Amazônia", disse.

Diante das câmeras, Torquato revelou um temperamento imodesto. Apresentou-se como um leitor voraz da Constituição, disse que "viu nascer" alguns ministros do TSE e, ao citar Nelson Rodrigues, emendou que "só jornalistas antigos" saberiam de quem ele estava falando.

O ministro só mudou o tom ao ouvir uma pergunta sobre seu preparo para formular políticas de combate à violência, uma das principais atribuições da pasta. "A minha experiência com segurança pública foi ter duas tias e eu próprio assaltados", contou.

02/06/2017
Temer criou o Seguro Angorá

O presidente Michel Temer não pode ser acusado de virar as costas para os amigos. Na noite de quarta, ele mandou rodar uma edição extra do *Diário Oficial*. A publicação teve um único objetivo: renovar a blindagem jurídica do velho parceiro Moreira Franco.

No fim de janeiro, a Lava Jato se aproximou perigosamente do ex-governador do Rio. Quando o Supremo Tribunal Federal homologou as delações da Odebrecht, o alerta soou no Planalto. Três dias depois, o presidente recriou um ministério para dar foro privilegiado ao amigo.

Moreira passou a chefiar a Secretária-Geral da Presidência, que o próprio Temer havia extinguido. O Supremo autorizou a manobra, e os dois companheiros tocaram a vida. O alarme voltou a soar no início da semana, quando a blindagem chegou perto do prazo de validade.

Como o Congresso não validou a medida provisória, Moreira ficou ameaçado de perder o status de ministro. Diante do risco de partir para Curitiba, o presidente deixou a discrição de lado e editou um novo texto com o mesmo teor do antigo. Seus assessores o apelidaram de "MP do Moreira", mas podemos chamá-lo de Seguro Angorá.

O caso é mais escancarado que a tentativa de transformar Lula em ministro no fim do governo Dilma. Além de editar um ato público com o objetivo privado de proteger um amigo, Temer driblou o artigo 62 da Constituição, que proíbe o governo de editar duas MPs com o mesmo teor.

A operação para blindar Moreira foi deflagrada na mesma semana em que o Supremo começou a discutir o foro privilegiado. Nesta quinta, quatro ministros defenderam a restrição do benefício, que dificulta a punição de políticos acusados de corrupção.

O julgamento foi interrompido por um providencial pedido de vista de Alexandre de Moraes, que discursou por uma hora e meia antes de pedir mais tempo para pensar. Ele é o único juiz do STF indicado por Temer. Antes de vestir a toga, dividia mesa com Moreira nas reuniões ministeriais.

04/06/2017
O fato novo

Nos últimos dias, aliados de Michel Temer repetiam que só um fato novo, intransponível, seria capaz de ameaçar a sobrevivência do presidente. O fato novo acordou cedo e entrou em campo às seis da manhã deste sábado. Rodrigo Rocha Loures, o deputado da mala, foi preso pela Polícia Federal.

O ex-assessor presidencial já era visto como o homem-bomba do governo. Agora seu pavio está aceso, e uma delação tende a explodir o que ainda resiste de pé no Planalto.

O advogado de Loures diz que ele ficará em silêncio, mas pouca gente acredita nisso em Brasília. Esse discurso foi usado por Marcelo Odebrecht, João Santana, Antonio Palocci e outros réus ilustres da Lava Jato. Depois de algum tempo de cadeia, todos escolheram delatar.

Com a esposa grávida, o deputado da mala já vinha sendo pressionado a falar. Ele fez o primeiro aceno ao devolver os 500 mil reais que recebeu de um lobista da JBS. Para os investigadores, foi um recado de que a propina tinha outro destinatário.

No famoso encontro do Jaburu, Temer orientou Joesley Batista a procurar Loures. Disse que o assessor era de sua "mais estrita confiança". Dias depois da conversa, a polícia filmou a entrega do dinheiro.

A prisão do deputado da mala é resultado de uma trapalhada do governo na tentativa de salvar o presidente. Há uma semana, Temer demitiu o ministro da Justiça na esperança de controlar a PF. Faltou combinar com o aliado Osmar Serraglio, que se recusou a assumir outra pasta e voltou para a Câmara. Com isso, o suplente Loures perdeu o foro privilegiado e foi recolhido ao xadrez.

Antes da barbeiragem, Temer tentava acalmar o aliado para evitar uma delação. "É uma pessoa de muito boa índole", disse à *Folha de S.Paulo*, quando todo o país já havia assistido à cena da mala. "É uma pessoa decente", repetiu à revista *IstoÉ*. "Eu duvido que ele vá me denunciar", acrescentou. Agora a última frase parece tão sincera quanto as duas primeiras.

06/06/2017
Temer versus Temer

A defesa de Michel Temer quer convencer o país de que o presidente é vítima de uma conspiração. Ela envolveria um empresário espertalhão, a Polícia Federal, a Procuradoria-Geral da República e ministros de tribunais superiores. Todos teriam se unido à culpada de sempre, a imprensa, num ardiloso complô para derrubar o governo.

O primeiro alvo desse discurso foi o ministro Herman Benjamin. Ele é o relator do processo que pede a cassação da chapa Dilma-Temer no Tribunal Superior Eleitoral. O caso deve ser retomado nesta terça, depois de mais de novecentos dias sem julgamento.

No início, aliados de Temer propagaram que Benjamin estaria apenas interessado nos holofotes. Como a pressão não colou, passaram a atacar sua atuação na corte. O ministro teria praticado "ilicitudes" e "abuso de poder" para condenar o presidente.

O objetivo desses argumentos é desqualificar o juiz e induzir o TSE a descartar dezenas de provas de fraude na campanha de 2014. Isso significaria fazer de conta que a Lava Jato inexiste e que os depoimentos de Marcelo Odebrecht, João Santana e outros delatores nunca ocorreram.

Com o agravamento da crise, o governo diversificou os alvos. A estratégia foi radicalizada depois da prisão de Rodrigo Rocha Loures, o deputado da mala. Agora vale tudo para atingir o procurador Rodrigo Janot, o ministro Edson Fachin, os delegados da PF e o empresário Joesley Batista.

O dono da JBS, que tinha acesso livre à casa do presidente, virou um "bandido" e um "fanfarrão". A PF, que flagrou a entrega de propina a um assessor de Temer, armou uma "cilada". O sereno ministro Fachin se tornou um implacável inquisidor.

No domingo, o advogado do presidente declarou que Janot estaria prestes a divulgar uma gravação explosiva para "constranger" o TSE. Foi um tiro ousado, porque permitiu concluir que há outros áudios comprometedores contra o cliente dele. Pelo visto, até a defesa de Temer embarcou na conspiração contra Temer.

07/06/2017
Na estrada de Santos

Em junho de 1999, o senador Antonio Carlos Magalhães disparou: "Se abrirem um inquérito sobre o porto de Santos, Temer ficará péssimo". Dezoito anos depois, a profecia de ACM volta a assombrar o presidente. O tema aparece em nove das 82 perguntas que a Polícia Federal enviou ao Planalto.

"Vossa excelência tem relação de proximidade com empresários atuantes no segmento portuário, especialmente de Santos?", questiona o item 54. O interrogatório também trata do decreto dos portos, que Temer assinou no mês passado, renovando as concessões do setor sem licitação.

Os jornais registram a influência do peemedebista em Santos desde os anos 1990. No segundo governo FHC, a Codesp passou ao comando de Wagner Rossi, um dos homens mais próximos do atual presidente. A estatal administra o porto e regula a atuação das empresas da área.

Em 2011, o Supremo Tribunal Federal abriu um inquérito sobre Temer por suspeitas de corrupção na gestão do afilhado. O então vice-presidente foi investigado, mas a corte arquivou o caso por falta de provas.

Desta vez, há novas pistas sobre a atuação do peemedebista. Seu ex-assessor, Rodrigo Rocha Loures, preso na semana passada, foi gravado quando conversava com um empresário interessado no decreto dos portos. Os investigadores apuram as relações do homem da mala e de seu chefe com a concessionária Rodrimar, que já recebeu uma visita da PF.

Pelo teor do interrogatório, policiais e procuradores que investigam Temer parecem convencidos de que todos os caminhos levam a Santos.

Ao levantar a lebre, ACM afirmou que "as coisas morais nunca foram o forte do sr. Michel Temer". O presidente devolveu de bate-pronto: "Em matéria de moral, dou de dez a zero nele. Comigo ele não vai avacalhar". O senador baiano respondeu com outra provocação: "Eu não poderia avacalhá-lo, porque avacalhado ele já é. Não me impressiona sua pose de mordomo de filme de terror".

08/06/2017
A modéstia às favas

Os advogados de defesa não foram convidados a falar no segundo dia de julgamento da chapa Dilma-Temer. Na verdade, nem precisavam. O ministro Gilmar Mendes assumiu de vez o papel de escudeiro do governo no TSE. Com duas vantagens: ele é o presidente da corte e ainda terá direito a votar no final.

Gilmar não mediu palavras para confrontar o ministro Herman Benjamin. No início da sessão, ele acusou o colega de usar um argumento "falacioso" ao defender o uso de provas fornecidas pela Odebrecht.

"Agora vossa excelência teria mais um desafio: manter o processo aberto e trazer delações da JBS. E talvez na semana que vem as delações de Palocci", ironizou Gilmar.

Sem perder a calma, Benjamin lembrou que a JBS não está na ação. E acrescentou que a Odebrecht é citada três vezes no pedido de cassação da chapa, formulado pelo PSDB.

A troca de farpas prosseguiu. "Todos nós estamos encantados em ouvi-lo", provocou Gilmar, antes de pedir que o colega fosse mais breve nas suas considerações. "Quem está falando sou eu", respondeu o relator.

O presidente do TSE não se deu por vencido. Adiante, ele sugeriu que Benjamin estaria em busca de fama. "Esta ação só existe graças a meu empenho, modéstia às favas. Vossa excelência só está brilhando no Brasil todo, na TV, graças a isso", disse.

Mais uma vez, Benjamin se recusou a morder a isca: "Vossa excelência sabe que eu prefiro o anonimato".

Depois de discursar sobre o papel do Estado na economia, defender a reforma política e recitar palavras em alemão, Gilmar deixou escapar uma frase sincera: "Não estou aqui a defender a cassação de mandato". Quem ousaria pensar o contrário?

Temer voou no jatinho de Joesley Batista, cujo prefixo é JBS, mas diz que não sabia quem era o dono do avião. Em outros tempos, o Congresso cassava presidentes que se enrolavam por causa de um Fiat Elba.

09/06/2017
O tribunal avestruz

O TSE encontrou uma fórmula para salvar o mandato de Michel Temer. Como não pode sustentar que a eleição de 2014 foi limpa, a corte decidiu varrer a sujeira do processo. Para isso, deve anular as provas fornecidas pela Odebrecht e pelos marqueteiros da campanha.

A manobra foi liderada pelo presidente do TSE, Gilmar Mendes. Ele teve o apoio de Napoleão Nunes Maia, Admar Gonzaga e Tarcísio Vieira. Os dois últimos foram nomeados por Temer às vésperas do julgamento.

Nesta quinta, os ministros tiveram que se esforçar para justificar a pirueta. Vieira reconheceu que as descobertas da investigação "assombram qualquer pessoa de bem", mas alegou razões técnicas para ignorá-las. "Na minha compreensão, o caixa dois não está em julgamento", disse.

Gilmar atacou o Ministério Público, citou o julgamento de Cristo e pediu que os colegas controlassem o que chamou de "sanha cassadora". "Por questões pequenas, acabamos cassando mandatos", criticou.

O ministro pensava de outra forma quando o alvo do processo era Dilma Rousseff. Em 2015, ele defendeu o uso de provas da Lava Jato na investigação. "Não podemos permitir que o país se transforme em um sindicato de ladrões", disse. Hoje ele frequenta os jantares do Jaburu e viaja de carona no avião presidencial.

Entre as "questões pequenas" que o TSE vai ignorar, está a acusação de que a Odebrecht pagou 150 milhões de reais em caixa dois à chapa Dilma-Temer. A confissão de João Santana, que admitiu ter recebido parte do dinheiro, também será descartada.

O relator Herman Benjamin, que conduz o caso com independência, falou em "provas oceânicas" ao defender a cassação da chapa. O ministro Luiz Fux também protestou contra a tentativa de fingir que a Lava Jato não existe. Ao perceber o risco de desmoralização do TSE, ele avisou: "Nós somos uma corte. Avestruz é que enfia a cabeça no chão". Apesar do alerta, o tribunal deve se curvar ao governo e salvar Temer por 4 a 3.

11/06/2017
Abusos e agressões

Enquanto Gilmar Mendes fatiava a pizza no TSE, Michel Temer enviou uma carta ao ministro Edson Fachin. Investigado por suspeita de corrupção, organização criminosa e obstrução da Justiça, o presidente informou na missiva que não responderia ao interrogatório da Polícia Federal. Ele se apresentou como vítima de "abusos e agressões aos seus direitos individuais e à sua condição de mandatário da nação".

Temer acertou nos substantivos, mas trocou o sujeito da frase. É ele, e não a Lava Jato, quem pratica abusos e agressões em série desde que virou alvo de inquérito no Supremo.

Há abusos quando o presidente mente sobre voos em jatinhos, transforma a Justiça Eleitoral numa companhia de teatro e chama o Exército para conter uma manifestação. O mesmo ocorre quando o governo aciona a Receita, a Caixa e a CVM para sufocar a empresa que o denunciou.*

Há agressões quando Temer mobiliza aliados numa cruzada contra o procurador Rodrigo Janot, que o investiga, e o ministro Fachin. Na quarta-feira, deputados deixaram o Planalto com a ordem de convocar o relator da Lava Jato a uma CPI.

Na manhã de sábado, depois de a revista *Veja* afirmar que o Planalto usou o serviço secreto para bisbilhotar Fachin, a ministra Cármen Lúcia falou em prática "própria de ditaduras" e "gravíssimo crime contra o Supremo e contra a democracia".

O Planalto negou a arapongagem e disse que "não usa a máquina pública contra os cidadãos brasileiros". O presidente chamou a notícia de "coisa bárbara" e informou que vai continuar "pacificando o país".

Quem lê a nova carta de Temer é assaltado pela impressão de que o autor se confunde com o cargo e se julga acima da lei. O texto descreve a intimação a depor como um "desrespeito à Presidência" e diz que seus amigos "indagam por que o Michael [sic] está sendo tratado desta forma". A missiva se estende por catorze páginas, mas não responde a nenhuma das 82 perguntas da polícia.

---

* A imprensa noticiou o uso de diversos órgãos federais para retaliar a JBS após a delação.

13/06/2017
Casamento de conveniência

O PSDB tirou o Dia dos Namorados para discutir a relação com o governo. O partido reclamou do parceiro, pediu que ele se comporte melhor, mas desistiu de sair de casa. O romance continua, pelo menos até a próxima desavença.

Não se trata exatamente de amor. O que mantém os tucanos unidos a Michel Temer é uma questão de conveniência. O casamento atende aos interesses pessoais de Geraldo Alckmin e Aécio Neves. Por isso, os dois sufocaram o movimento que pregava uma ruptura com o Planalto.

O governador paulista não esconde a sua obsessão: quer ser candidato à Presidência no ano que vem. Segundo aliados, ele está convencido de que tem mais chances de chegar lá se Temer ainda estiver no cargo.

No caso de uma eleição indireta, o DEM de Rodrigo Maia poderia dar uma rasteira nos tucanos e assumir o poder. Com isso, o PSDB ficaria ameaçado de perder a liderança do bloco de centro-direita e a preferência do empresariado na disputa de 2018.

A preocupação de Aécio é mais imediata. Denunciado sob acusação de corrupção passiva e obstrução da Justiça, o senador agora luta para não ser preso. Ele fará o que estiver ao seu alcance para preservar o mandato e o foro privilegiado no Supremo Tribunal Federal.

Os casos de Eduardo Cunha e Rodrigo Rocha Loures ensinaram que o dia da cassação é a véspera da prisão. E o Planalto promete proteger Aécio no Conselho de Ética em troca da permanência do PSDB no governo.

Enquanto der, os tucanos usarão as reformas como desculpa para justificar a união com Temer. Resta saber se a explicação será capaz de convencer o eleitor da sigla, que já se sentiu traído ao descobrir a distância entre o discurso e as práticas de Aécio.

Em entrevista à *Folha de S.Paulo*, Gilmar Mendes atribuiu a uma "lenda urbana" a impressão de que ele é um juiz partidário. O Brasil estava mais bem servido com as lendas do Curupira, do Boitatá e do Saci-Pererê.

14/06/2017
Ganância desmedida

Na sentença que condenou Sérgio Cabral a catorze anos de prisão, o juiz Sergio Moro afirma que o ex-governador do Rio revelou "ganância desmedida". Não bastava desviar dinheiro público. Era preciso esbanjá-lo em joias, iates, ternos sob medida, sapatos de sola vermelha.*

A gastança de Cabral impressiona até quem não dava um tostão furado pelo seu discurso moralista. Criado numa família de classe média, ele enriqueceu no poder e passou a ostentar uma vida de milionário. Não se preocupou nem em simular uma fonte de renda fora da política.

Protegido e bajulado por quem deveria fiscalizá-lo, o peemedebista costumava abandonar o cargo em longas viagens ao exterior. Os destinos preferidos eram Londres, Paris e Nova York, onde ele e a esposa jantavam em restaurantes estrelados e renovavam o estoque de roupas de grife.

De acordo com as investigações, o ex-governador chegou a ocultar cerca de 100 milhões de dólares em paraísos fiscais. Só em diamantes, manteve mais de 2 milhões de dólares na Suíça.

A roubalheira ajuda a explicar a ruína do Rio. Depois de um ciclo de recuperação econômica, o estado quebrou. Falta dinheiro para pagar servidores e manter serviços essenciais. A penúria já levou ao fechamento de restaurantes populares e ao corte do bilhete único, que ajudavam os pobres a comer e a procurar trabalho.

A Uerj, uma das universidades mais prestigiadas do país, também foi abandonada pelo governo. No início da semana, um professor de química com pós-doutorado no exterior causou comoção ao pedir ajuda a desconhecidos para pagar as contas.

Condenado por fraudes numa obra da Petrobras, o ex-governador ainda é réu em outras nove ações. A sentença de Moro lista os temas de algumas delas: Maracanã, metrô da Barra, PAC de Manguinhos. Na orla de Copacabana, o esqueleto de um museu inacabado virou símbolo da falência do Estado. Já é possível montar um roteiro turístico só com os alvos da ganância cabralina.

* Esposa de Cabral, a advogada Adriana Ancelmo era uma cliente conhecida da grife de sapatos Christian Louboutin.

16/06/2017
Quebrando o tabu

O ex-presidente Fernando Henrique Cardoso sugeriu a Michel Temer que desista de se agarrar à cadeira e faça um "gesto de grandeza" para abreviar a crise. Como o peemedebista se recusa a renunciar, FHC indicou uma saída honrosa: pedir a realização de novas eleições.

"Ou há um gesto de grandeza por parte de quem legalmente detém o poder, pedindo antecipação de eleições gerais, ou o poder se erode de tal forma que as ruas pedirão a ruptura da regra vigente exigindo antecipação do voto", avisou o tucano.

Num texto contundente, FHC disse que falta legitimidade a Temer e que o país está vivendo uma "quase anomia", que, na definição do *Dicionário Houaiss*, significa ausência de lei ou anarquia.

"Preferia atravessar a pinguela, mas se ela continuar quebrando, será melhor atravessar o rio a nado e devolver a legitimação da ordem à soberania popular", escreveu.

O tucano ainda mandou um recado a seu partido: "Se tudo continuar com a desconstrução contínua da autoridade, pior ainda se houver tentativas de embaraçar as investigações em curso, não vejo mais como o PSDB possa continuar no governo".

O texto de FHC é importante porque quebra um tabu. Desde o agravamento da crise, políticos, empresários e personalidades que apoiaram o impeachment rejeitam a ideia de novas eleições. A justificativa mais usada é que isso abriria caminho ao retorno de Lula pelo voto popular.

Para evitar uma volta do PT, seria preferível tapar o nariz e apoiar uma eleição indireta ou a permanência de Temer até 2018. O discurso ignora o alto índice de rejeição ao ex-presidente, mas tem ajudado a bloquear um debate que incomoda o governo.

Nesta quinta, a professora Janaina Paschoal reforçou a pregação contra as diretas. "Viram FHC trabalhando por Lula de novo?", perguntou, no Twitter, após recomendar uma receita de strudel. Parece um bom momento para o eleitor do PSDB refletir: é melhor ouvir o ex-presidente ou repetir as teses da doutora?

18/06/2017
O ministério que virou suco

Ao tomar posse, Michel Temer decretou o fim do Ministério da Cultura. Depois de uma semana de protestos, ele voltou atrás. A pasta foi recriada, mas o presidente continuou a tratá-la com indiferença.

Em pouco mais de um ano, Temer já teve três ministros da Cultura. Agora precisará nomear o quarto. O cineasta João Batista de Andrade, que exercia o cargo como interino, pediu demissão na sexta-feira.

O primeiro da fila foi Marcelo Calero, indicado pelo PMDB do Rio. Ele assumiu depois que pelo menos seis mulheres recusaram o posto. Sua breve gestão foi marcada por desentendimentos com artistas e vaias em festivais de cinema.

O diplomata só fez algo digno de nota ao pedir demissão. Ele disse ter recusado pressões para atender interesses particulares do colega Geddel Vieira Lima. O peemedebista fazia lobby pela construção de um edifício em área tombada pelo patrimônio histórico em Salvador.

Após a saída de Calero, Temer entregou a pasta ao PPS em troca de uma dúzia de votos no Congresso. O escolhido foi o deputado Roberto Freire. Crítico do "aparelhamento" em governos petistas, ele distribuiu cargos públicos a dezoito correligionários.

Em fevereiro, Freire se envolveu num lamentável bate-boca com o escritor Raduan Nassar.[*] No mês passado, ele deixou o governo depois da divulgação da conversa de Temer com Joesley Batista. Seu lugar foi ocupado por Andrade, que durou apenas 26 dias na cadeira.

Ao sair, o diretor do filme *O homem que virou suco* disse que o ministério estava "absolutamente inviabilizado" pelo corte de 43% no orçamento. Agora Temer estuda nomear um deputado para saciar a bancada do PMDB, que costuma espremer seus ministérios até a última gota.

A nova barganha com a Cultura tem potencial para mobilizar a classe artística em novos protestos contra o governo. A essa altura, o presidente já deve estar arrependido de ter recriado a pasta.

---

[*] Raduan Nassar protestou contra o governo Temer ao receber o prestigiado Prêmio Camões, em 17 de fevereiro. O ministro Roberto Freire tentou contestar o escritor e foi vaiado por parte da plateia.

20/06/2017
O negócio das CPIs

A entrevista de Joesley Batista não se limitou às acusações contra Michel Temer e seu grupo, que o empresário definiu como "a quadrilha mais perigosa do Brasil". Ele também deu uma aula sobre o financiamento ilegal de campanhas e a máquina de fazer negócios nas CPIs.

As comissões parlamentares de inquérito sempre foram um circo, mas já ajudaram a combater a corrupção. Recentemente, reduziram-se a fábricas de novos escândalos. Em outubro, o ex-senador Gim Argello foi condenado a dezenove anos de prisão por cobrar propina de empreiteiras em duas CPIs sobre a Petrobras.

Segundo Joesley, a engrenagem se profissionalizou em 2015, quando Eduardo Cunha assumiu a presidência da Câmara. "Aí virou CPI para cá, achaque para lá. Tinha de tudo", contou à revista *Época*.

O delator ilustrou a história com um relato em primeira pessoa. Ele disse que Cunha o ameaçou com a abertura de uma comissão para investigar empréstimos à JBS. "É o seguinte: você me dá 5 milhões que eu acabo com a CPI", propôs o ex-deputado, de acordo com Joesley.

O empresário disse que recusou o acordo, mas Cunha não deu o braço a torcer. "Seu concorrente me paga 5 milhões de reais para abrir essa CPI", teria respondido o peemedebista.

Joesley é um criminoso e não deveria estar solto, mas sua delação pode ajudar a desmontar uma máquina de chantagem parlamentar. Só na gestão Cunha, cinco CPIs mereciam ser revisitadas: da Petrobras, do Carf, do BNDES, dos fundos de pensão e até do DPVAT, o seguro dos automóveis.

Um deputado que integrou a comissão do Carf garante que a investigação encontrará muitos Argellos. Ele diz que os procuradores poderão pedir adicional de insalubridade.

Temer agora quer que Joesley o indenize por danos morais. Faltou explicar como o presidente espera receber o pagamento: por via bancária ou em espécie, na mala de um aliado?

21/06/2017
Fatos desprezíveis

O presidente Michel Temer afirmou nesta terça que o seu governo colocou o país "nos trilhos". Em visita a Moscou, ele disse liderar "a mais ampla agenda de reformas das últimas décadas". "É claro que há lá uma ou outra observação, uma ou outra objeção", comentou o peemedebista, cuja gestão é aprovada por apenas 9% dos brasileiros.

Depois dos autoelogios, ele desdenhou do escândalo que encurralou o governo. "No momento que a economia começou a decolar, de repente acontecem fatos que visam a tentar impedir... fatos absolutamente desprezíveis e desprezáveis."

Enquanto Temer tentava enrolar os russos, novos fatos vieram à tona no Brasil. O principal não foi nada desprezível: o Supremo tornou público o relatório que liga o presidente ao recebimento de propinas da JBS. Segundo o documento, as investigações indicam, "com vigor", que ele praticou crime de corrupção passiva.

Em outra frente, o doleiro Lúcio Funaro afirmou à polícia que o presidente deu instruções para duas "operações" com dinheiro do FGTS. Preso na Papuda, ele disse que o negócio foi recompensado com "comissões expressivas, no montante aproximado de 20 milhões de reais". A quantia não parece desprezível nem para os padrões do grupo que despacha no Palácio do Planalto.

No Senado, Temer sofreu a primeira derrota importante. Com dissidências em três partidos aliados, a Comissão de Assuntos Sociais rejeitou o relatório da reforma trabalhista. O projeto ainda pode ser aprovado no plenário, mas ficou claro que a base do governo não é mais a mesma.

Para permanecer no cargo, o presidente vende a ideia de que a sua queda inviabilizaria as reformas. A votação desta terça dá argumentos a quem defende o contrário. Se o governo voltar a tropeçar no Congresso, os empresários brasileiros podem se convencer de que é melhor abandoná-lo. Para azar de Temer, eles são mais bem informados do que os russos.

22/06/2017
União contra a delação

    O que o impeachment separou só a Lava Jato é capaz de unir. Depois de um divórcio litigioso, PMDB e PT voltaram a se entender em ao menos uma coisa. Os dois partidos querem impor um freio às delações premiadas.
    O alvo da vez é o acordo de Joesley Batista, o empresário que entregou Michel Temer em troca de perdão judicial. Desde que foi gravado nos porões do Jaburu, o presidente faz de tudo para desqualificar o acusador.
    Antes da indiscrição, o dono da JBS era um amigo generoso, que financiava campanhas e emprestava o jatinho para viagens particulares. Agora foi reduzido a um "bandido notório", cuja palavra não merece crédito. Parece ingratidão, mas é só desespero para salvar o mandato.
    Nesta quarta, Temer ganhou um apoio inesperado. O líder do PT na Câmara, Carlos Zarattini, engrossou o coro contra o acordo da Procuradoria com Joesley. O deputado afirmou que as delações da JBS "devem ser revistas". Ele alegou que o empresário precisa sofrer uma "penalização" pelos "prejuízos causados ao país".
    O petista defendeu uma tese simpática: Joesley cometeu tantos crimes que merecia pegar ao menos uma prisão domiciliar. O problema é que os políticos não se movem pelo senso de justiça do cidadão comum. Eles criticam as delações porque querem se livrar de seus efeitos.
    O líder do PT defendeu a "revisão" dos acordos no mesmo dia em que o Supremo começou a julgar o tema. O debate é vital para o futuro da Lava Jato. Se a corte melar o trato da JBS, abrirá uma brecha à anulação de dezenas de outros depoimentos.
    O ministro Gilmar Mendes, sempre ele, fez ataques à investigação. Ele acusou a Procuradoria de tentar "reescrever a lei" para facilitar punições. Coube ao decano Celso de Mello lembrar que as delações têm sido "excepcionalmente eficazes" no combate a crimes de corrupção.
    Quando a sessão foi interrompida, o placar era favorável à manutenção dos acordos: 2 a 0.

23/06/2017
Vexame internacional

A viagem de Michel Temer à Europa produziu um vexame internacional. Enquanto o presidente passeava em Oslo, o governo da Noruega anunciou que cortará pela metade a ajuda ao Fundo Amazônia. O motivo é o fracasso do Brasil no combate ao desmatamento.

A devastação da floresta avançou 29% na última medição anual, divulgada em novembro. O país perdeu 7989 quilômetros quadrados de mata tropical, o equivalente a sete vezes a área da cidade do Rio de Janeiro. Foi o pior resultado em oito anos.

A Noruega é a maior patrocinadora do Fundo Amazônia. Já doou 2,8 bilhões de reais para o Brasil proteger as árvores e reduzir a emissão de carbono. Isso equivale a 97% dos recursos do fundo, que também recebeu aportes da Alemanha e da Petrobras.

Às vésperas da chegada de Temer, os noruegueses repreenderam o governo brasileiro pelo desmantelamento da política ambiental. O ministro Vidar Helgesen criticou a aprovação de medidas provisórias que reduzem unidades de conservação.

A pressão internacional convenceu o presidente a vetar as MPs. No entanto, o governo prometeu aos ruralistas que vai enviar ao Congresso um projeto de lei com o mesmo teor.

Após o anúncio desta quinta, o Fundo Amazônia deve perder ao menos 166 milhões de reais em doações. "É uma decisão humilhante para os brasileiros. O país pediu dinheiro para reduzir o desmatamento, mas o que está acontecendo é o contrário", diz Jaime Gesisky, da WWF.

O secretário executivo do Observatório do Clima, Carlos Rittl, avalia que o retrocesso ainda pode se agravar. "A aliança de Temer com a bancada ruralista está saindo muito caro. O meio ambiente virou moeda de troca na negociação para barrar o impeachment", afirma.

Em Oslo, onde desfilou com uma reluzente gravata verde, o ministro Sarney Filho foi questionado se o Brasil vai reduzir o desmatamento. Sua resposta foi outro vexame: "Só Deus pode garantir isso".

25/06/2017
Temer unificou o Brasil

No discurso de posse, Michel Temer prometeu "pacificar a nação e unificar o Brasil". O presidente unificou o país, mas não foi como ele gostaria. Oito em cada dez brasileiros defendem que o Congresso abra um processo para afastá-lo. Sua aprovação caiu a míseros 7%, o índice mais baixo em 28 anos.

O Datafolha deu números a um fenômeno visível a olho nu: o apoio a Temer derreteu. A rejeição ao peemedebista já supera as piores marcas de Collor e Dilma, que sofreram impeachment. Ele está próximo de igualar o recorde negativo de Sarney.

A impopularidade de Temer cresce à medida que a polícia flagra seus aliados com malas de dinheiro ou contas na Suíça. Em pouco mais de um ano, quase todos os articuladores do impeachment estão delatados ou na cadeia. "Quem não está preso está no palácio", resumiu o empresário Joesley Batista, um corruptor confesso que tinha passe livre no Jaburu.

A pesquisa mostra que a população despreza o delator, mas não caiu no truque de desqualificar a delação. Há um mês, Temer faz discursos indignados e diz que é vítima de armação. Não convenceu quase ninguém. Para 83%, ele teve participação direta no esquema de corrupção descoberto pela Lava Jato. Só 6% acreditam na inocência presidencial.

Os números encerram mais uma semana trágica para o governo. O presidente viajou numa tentativa de atrair investimentos e simular normalidade. Perdeu 166 milhões de reais do Fundo Amazônia, cometeu gafes em série* e ouviu um sermão da premiê norueguesa contra a corrupção.

No Brasil, a crise se agravou. Temer perdeu uma votação importante no Congresso e foi esculhambado por um senador que se gabava de nomear até melancias em seu governo.** Na sexta, a PF desmoralizou sua defesa ao atestar que a gravação de Joesley não sofreu edições. A semana que começa deve ser ainda pior. Nas próximas horas, a Procuradoria-Geral da República vai formalizar a primeira denúncia contra o presidente.

---

* Na Noruega, Temer se referiu ao monarca local como "rei da Suécia".
** Após votar contra a reforma trabalhista, o senador Hélio José (PMDB-DF) disse que foi ameaçado pelo Planalto e acusou Temer de montar um "balcão de negócios".

27/06/2017
Delatado, desmentido, denunciado

Delatado, desmentido, denunciado. Michel Temer levou quarenta dias para completar a cadeia dos três Ds. O ciclo se fechou nesta segunda com um fato histórico. Ele se tornou o primeiro presidente brasileiro a ser formalmente acusado de corrupção durante o exercício do cargo.

A delação de Joesley Batista veio à tona em 17 de maio. Além de acusar Temer de pedir propina, o empresário entregou uma gravação em que os dois tratavam de assuntos espúrios no porão da residência oficial. Pouco depois da conversa, a polícia flagrou um assessor do presidente recebendo 500 mil reais em espécie. Ele devolveu o dinheiro e foi preso.

Num país mais sério, o chefe do governo não teria se mantido mais um dia no cargo. Como estamos no Brasil, Temer bateu pé e já resistiu outros 39. Ele chamou o patrocinador que frequentava sua casa de "bandido notório", desafiou o procurador-geral da República e disse ter sido vítima de uma "armação".

Ao se agarrar à cadeira, o presidente passou ao segundo D. Passou a sofrer desmentidos em série, a cada nota oficial atropelada pelos fatos. Num dos episódios, Temer negou ter viajado com a família no jatinho de Joesley. A Aeronáutica se recusou a endossar a falsa versão, e ele foi forçado a admitir a carona.

Na sexta, foi a Polícia Federal quem desmontou o discurso do presidente. Ele repetia que a gravação da JBS era "fraudulenta", e a perícia atestou que o áudio não foi editado.

Com a denúncia da Procuradoria, Temer avança outra casa e passa à fase da guerra total pelo mandato. Agora ele fará de tudo para tentar escapar do quarto D, de derrubado.

Depois de confundir reais com cruzeiros, Temer chamou empresários russos de "soviéticos". A URSS acabou em 1991, e o presidente do Brasil lembra cada vez mais a personagem do filme *Adeus, Lenin!*, que despertou de um coma sem saber que a Guerra Fria tinha terminado.

28/06/2017
A ficção de Temer

Michel Temer recorreu a um truque antigo para reagir à denúncia por suposta prática de corrupção. Em vez de se defender, o presidente atacou o acusador. Ele subiu o tom contra o procurador-geral da República e classificou a peça entregue ao Supremo como "uma ficção".

A denúncia tem fragilidades, mas é Temer quem parece ter abandonado qualquer compromisso com os fatos. Nesta terça, ele começou o discurso agradecendo o "apoio extremamente espontâneo" dos parlamentares que estavam no Planalto. A tropa havia sido convocada minutos antes, em mensagens disparadas por celular.

O presidente apresentou duas versões distintas para a encrenca em que se meteu. Primeiro insinuou, sem apresentar provas, que o procurador Rodrigo Janot teria recebido propina para denunciá-lo. Depois disse que o dono da JBS o acusou no "desespero de se safar da cadeia".

Temer cometeu erros surpreendentes para quem se gaba de conhecer as leis. Chamou o áudio de Joesley Batista de "prova ilícita", apesar de o STF já ter autorizado o uso de conversas gravadas por um dos participantes. E acusou um ex-assessor de Janot de violar a quarentena, regra que inexiste para procuradores.

O presidente pareceu indeciso sobre o que pensa do empresário que o acusou. Ao justificar o encontro noturno no Jaburu, exaltou Joesley como o "maior produtor de proteína animal do país". Ao rebater a delação, voltou a chamá-lo de "bandido".

Numa tentativa de demonstrar que terá apoio para barrar a denúncia na Câmara, o presidente se cercou de deputados ao discursar. Pode ter sido uma ideia razoável, mas ele cochilou na seleção do elenco.

Do seu lado direito estava André Moura, réu em três ações penais e investigado por suspeita de homicídio. Do esquerdo, Raquel Muniz, esposa de um ex-prefeito preso sob acusação de corrupção. Logo atrás dela despontava Júlio Lopes, delatado na Lava Jato e citado nas investigações do esquema de Sérgio Cabral.

29/06/2017
A fortuna de Aécio

O senador Aécio Neves não pode reclamar da sorte. Em março, ele foi gravado pedindo 2 milhões de reais a Joesley Batista. Sua irmã foi presa por negociar a entrega do dinheiro. Seu primo foi preso por receber o pagamento. Ele continuou solto, graças à imunidade parlamentar.

Em 2014, o tucano prometeu combater a corrupção e recebeu 51 milhões de votos para presidente. Depois da divulgação dos áudios, ele pareceu condenado à morte política. Faltaria cumprir o rito fúnebre, com a perda do mandato e da liberdade.

Aécio sumiu do Senado, mas continuou a se mexer nos bastidores. Mesmo afastado do comando do PSDB, ele ajudou a articular a permanência do partido na base do governo Temer. Aos poucos, sua fidelidade começa a ser recompensada.

Na semana passada, o tucano colheu três boas notícias. O Supremo Tribunal Federal tirou sua irmã da cadeia. O ministro Gilmar Mendes foi sorteado para relatar um de seus inquéritos por suspeita de corrupção. Para fechar o pacote, o Conselho de Ética arquivou a representação que pedia a cassação de seu mandato.

"Indeferi por falta de provas", declarou o presidente do conselho, João Alberto Souza. O peemedebista é conhecido por ajudar colegas em apuros e já salvou figuras como Jader Barbalho e Renan Calheiros.

Nesta semana, Aécio voltou a ganhar motivos para sorrir. Na terça, o ministro Alexandre de Moraes foi sorteado para relatar outro inquérito sobre ele. No caso, o tucano é suspeito de receber propina na construção da sede do governo de Minas, que custou mais de 2 bilhões de reais.

Até o início do ano, Moraes era filiado ao PSDB e recebia ordens do senador. Apesar disso, o ministro não deu nenhum sinal de que vá se declarar suspeito para julgá-lo.

O *Dicionário Houaiss* registra dois significados para o verbete "fortuna": "boa sorte, felicidade, ventura" e "soma vultosa de dinheiro". Como se vê, Aécio pode se considerar duplamente afortunado.

30/06/2017
A tática do plenário vazio

Começou o processo que pode afastar Michel Temer do poder. Nesta quinta, a segunda-secretária da Câmara leu a denúncia contra o presidente da República. O momento era grave, mas poucos deputados deram as caras. Durante uma hora e 36 minutos, a tucana Mariana Carvalho recitou as acusações para um mar de poltronas vazias.

O plenário às moscas resume o clima de apatia geral diante do processo contra Temer. A indignação com o presidente domina as redes sociais, mas não tem produzido mobilizações de massa. A maioria governista aproveita a indiferença da rua para evitar o assunto no Congresso.

O Planalto conta com essa inércia para segurar Temer na cadeira. A fidelidade ficou mais cara, mas ainda parece possível comprá-la com a distribuição de cargos e emendas.

Se é difícil convencer 172 deputados a defender Temer no microfone, a solução pode estar no plenário vazio. É por isso que o governo passou a apostar nas ausências para barrar a denúncia. A ideia é manter os parlamentares longe de Brasília ou bem escondidos, como aconteceu na primeira leitura da acusação.

Nesta terça, a oposição pediu ao presidente da Câmara que anuncie logo o rito do processo. O objetivo da reunião foi pressionar Rodrigo Maia a seguir o mesmo roteiro do impeachment de Dilma Rousseff. "A regra não pode mudar de acordo com o grau de amizade entre o presidente da Câmara e o governante", diz o deputado Alessandro Molon, da Rede.

Se Maia respeitar o rito de 2016, a denúncia contra Temer será votada num domingo, com milhões de eleitores colados na TV. Os parlamentares ausentes serão chamados três vezes no microfone, para deixar claro que eles resolveram se omitir.

"Se não for assim, a votação vai começar numa quinta à noite e terminar de madrugada, quando o povo já estiver dormindo", diz o deputado Júlio Delgado, do PSB. Seria o ambiente ideal para salvar um presidente com 7% de aprovação.

02/07/2017
Clamor sem Justiça

Na sexta-feira, a ministra Cármen Lúcia disse que o Supremo Tribunal Federal não vai ignorar o "clamor por Justiça que hoje se ouve em todos os cantos do país". No mesmo dia, a corte concedeu benefícios a dois políticos sob suspeita de corrupção. Permitiu que Aécio Neves volte ao Senado e libertou Rodrigo Rocha Loures, o deputado da mala.

Além do passe livre, Aécio ganhou elogios. Ao devolver o mandato e o passaporte do tucano, o ministro Marco Aurélio Mello anotou que ele tem "fortes elos com o Brasil". "É brasileiro nato, chefe de família, com carreira política elogiável", escreveu.

Em março, o senador foi gravado pedindo 2 milhões de reais a Joesley Batista. O empresário descreveu a transação como um repasse de propina. Na versão de Aécio, tratou-se apenas de um empréstimo sem registro oficial.

Em outra decisão individual, o ministro Edson Fachin soltou Rocha Loures. A defesa alegou que ele estaria trancado em "condições insalubres". O ministro se sensibilizou e mandou o peemedebista para casa. Ele é um feliz morador do Lago Sul, bairro mais valorizado de Brasília.

O Planalto comemorou a libertação do deputado da mala. Filmado recebendo 500 mil reais, Loures se sentia pressionado a dizer quem era o verdadeiro destinatário do dinheiro. Solto, ele fica mais distante de fechar um acordo de delação premiada.

Nesta semana, Michel Temer se tornou o primeiro presidente a ser formalmente acusado de corrupção no exercício do cargo. Na noite seguinte, ele jantou na casa de Gilmar Mendes, o ministro do Supremo que o salvou no TSE. Sentaram-se à mesa Eliseu Padilha e Moreira Franco, também investigados na Lava Jato.

Na sexta, Celso Jacob foi o único a marcar presença na Câmara. Condenado a sete anos, o peemedebista passa o dia no Congresso e a noite na Papuda, onde cumpre a pena no regime semiaberto. O deputado presidiário* é um

---

* Celso Jacob (PMDB-RJ) foi condenado por falsificação de documento público e dispensa irregular de licitação quando era prefeito de Três Rios, no interior fluminense. O STF o sentenciou a sete anos e dois meses de prisão em regime semiaberto. Após três semanas na Papuda, ele foi autorizado a deixar a cadeia durante o dia para trabalhar como deputado. Logo se tornaria um dos mais assíduos na Câmara.

símbolo do Brasil em 2017, onde o "clamor por Justiça" enfeita discursos, mas não vale para todos.

04/07/2017
Jacaré na jaula

Não durou três dias o alívio do governo com a libertação do deputado da mala. No sábado, o Planalto festejou a soltura de Rodrigo Rocha Loures. Na segunda, voltou a se assustar com outra prisão: a do ex-ministro Geddel Vieira Lima.

O peemedebista é um dos aliados mais próximos de Michel Temer. Os dois atuam em parceria desde a década de 1990, quando viraram colegas na bancada do PMDB na Câmara. No ano passado, Geddel estava sem mandato e voltou a Brasília para ajudar a aprovar o impeachment. Foi recompensado com o posto de ministro da Secretaria de Governo.

O articulador caiu em novembro, acusado de usar o cargo para liberar a construção de um espigão em área tombada de Salvador. Na carta de demissão, descreveu Temer como um presidente "sério, ético e afável" e o chamou de "fraterno amigo".

Oito meses depois, essa fraternidade começará a ser posta à prova. Solto, Geddel já era visto como um delator em potencial. Preso, ficará mais perto de agravar os problemas do presidente. Ele é conhecido por ter pavio curto e falar demais — duas características apavorantes para quem depende do seu silêncio.

Na ordem de prisão, o juiz Vallisney de Souza Oliveira afirma que o ex-ministro tentava obstruir as investigações da Operação Cui Bono, que apura desvios na Caixa Econômica Federal. Ele atuava para evitar uma delação do doleiro Lúcio Funaro, que o apelidou de "boca de jacaré" por causa da gula para fechar negócios.

Funaro afirmou à polícia que Geddel mordeu 20 milhões de reais em propinas da JBS. Parte do dinheiro teria ajudado a silenciar outro faminto, o ex-deputado Eduardo Cunha, preso em Curitiba. A história combina com o relato de Joesley Batista e deve reforçar uma nova denúncia contra Temer por obstrução da Justiça.

O Planalto teme uma delação do ex-ministro desde janeiro, quando a PF fez buscas na sua casa. Recolhido à jaula, o jacaré terá mais motivos para afiar os dentes.

05/07/2017
O retorno de Aécio

Um clima de constrangimento marcou o retorno de Aécio Neves ao Senado. Depois de 46 dias afastado, o tucano voltou à tribuna para se defender. O discurso atraiu muitos jornalistas, mas não despertou o mesmo interesse nos senadores. Quando ele começou a falar, apenas dez colegas estavam no plenário.

Um imprevisto agravou o mal-estar inicial. Assim que Aécio ajeitou o microfone, a campainha do Senado disparou. O tucano riu amarelo, cruzou os braços e olhou para a Mesa Diretora sem saber o que fazer. O sinal soou por longos três minutos até que alguém conseguisse desativá-lo.

O discurso seguiu o mesmo tom monocórdio da campainha. O senador adotou o roteiro de todos os políticos sob suspeita de corrupção. Exaltou a própria trajetória, citou a família, manifestou "indignação contra a injustiça" e disse que não perdeu "a serenidade e o equilíbrio".

"Não cometi crime algum. Não aceitei recursos de origem ilícita, não ofereci ou prometi vantagens indevidas", afirmou. Ele se disse "vítima de uma armadilha engendrada e executada por um criminoso confesso", referindo-se ao empresário Joesley Batista. Quem ouviu as gravações das conversas dos dois deve ter se sensibilizado com o fim da amizade.

Depois de atacar o delator, Aécio fez um anúncio: "Quero dizer que errei e assumo aqui esse erro". Parecia a deixa para algo importante, mas ele não demorou a desfazer a impressão. Na versão do tucano, seus erros foram cair numa "trama ardilosa" e dizer palavrões ao telefone.

O eleitor que esperava uma autocrítica terá que continuar esperando. Ao descer da tribuna, Aécio ouviu aplausos tímidos e passou a ser evitado pelos aliados. Seu nome só voltaria a ser citado depois de três horas e meia, quando uma senadora do PT se lembrou de criticá-lo.

Como nem tudo são espinhos, o tucano terminou o dia com um prêmio de consolação. O ministro Gilmar Mendes, sempre ele, assumiu mais um de seus inquéritos no Supremo.

06/07/2017
Imaculado presidente

O advogado de Michel Temer apresentou sua defesa à Comissão de Constituição e Justiça da Câmara. A peça parece inspirada no vocabulário barroco do presidente. Recorre a mesóclises e a adjetivos de antanho para rebater a denúncia que o acusa de corrupção.

Antônio Cláudio Mariz de Oliveira descreve Temer como um "homem público probo e digno, com uma imaculada trajetória". Ele sustenta que o presidente não cometeu crimes. Foi apenas vítima de "cerebrinas elucubrações", feitas de forma "malévola" pelo Ministério Público Federal.

Nas palavras do causídico, as acusações são "assertivas gratuitas, jogadas ao léu, fruto de admirável esforço intelectual para a criação ficcional". "Mostrar-se-á a inconsistência desses fatos", promete o advogado. Algumas páginas adiante, ele sustenta que ligar Temer à mala de dinheiro entregue a seu assessor não passa de uma "infamante acusação".

Para o dr. Mariz, a denúncia que pode afastar seu cliente do cargo é "chocha e capenga, carente de imputações sérias e substanciosas". Ele diz que Temer não fez mal em receber Joesley Batista nos porões do Jaburu, tarde da noite, sem registro na agenda. "Jamais suporia tratar-se também de um criminoso do colarinho-branco", alega o advogado.

A defesa insiste na tese de que a gravação sofreu "manipulações fraudulentas", embora a Polícia Federal tenha afastado essa hipótese. Mariz prefere confiar no perito Ricardo Molina, que foi contratado por Temer.

Por fim, o advogado critica os jornalistas que cobrem o escândalo. Ele diz que o presidente é "vítima de torpe e infame tratamento dispensado por parte de uma imprensa irresponsável e leviana". Após entregar a defesa, ele procurou os mesmos jornalistas para dar uma entrevista. "Essa acusação não é contra um cidadão comum. É contra o presidente da República e contra o Brasil", declarou.

Segundo o Datafolha, 83% dos brasileiros acreditam que Temer teve envolvimento direto em corrupção.*

07/07/2017
Cunha põe, Cunha tira?

"Alguém tem dúvida que se não fosse minha atuação, [não] teria processo de impeachment?" A pergunta foi feita por Eduardo Cunha na sessão em que a Câmara cassaria seu mandato. A resposta era óbvia. Sem a ajuda do correntista suíço, Michel Temer nunca teria chegado à Presidência da República.

Cunha acionou a máquina que instalou o "vice decorativo" no comando do país. Pouco mais de um ano depois, ele pode virar peça-chave em outra derrubada de presidente. Preso em Curitiba, o ex-presidente da Câmara negocia um acordo de delação.

A promessa, informou a colunista Mônica Bergamo, é detonar os velhos parceiros do PMDB da Câmara. No centro da mira está o presidente Temer. Ao lado dele, os ministros Eliseu Padilha e Moreira Franco.

O correntista suíço está na cadeia há quase nove meses. Ele já se queixava de abandono, mas resistia a entregar os comparsas. Começou a mudar de ideia em março, ao receber a primeira condenação. Pegou quinze anos pelos crimes de corrupção, lavagem de dinheiro e evasão de divisas.

Sem um habeas corpus do Supremo, a paciência do ex-deputado foi acabando. O copo transbordou com a notícia de que o doleiro Lúcio Funaro decidiu falar. Cunha percebeu que o bonde da delação estava passando e agora corre para garantir seu lugar.

Apesar da negativa do advogado presidencial, o governo entrou na UTI com a prisão de Geddel Vieira Lima. Uma delação do correntista suíço equivaleria a desligar os aparelhos e encomendar a alma do paciente.

No século passado, Carlos Lacerda (1914-77) ganhou a alcunha de "derrubador de presidentes".** Cunha se candidata a herdar o título, mesmo sem as qualidades do udenista.

* A pesquisa foi divulgada em 25 de junho. O Datafolha ouviu 2771 brasileiros.
** De formas diferentes, Lacerda ajudou a derrubar os presidentes Getúlio Vargas (1954), Jânio Quadros (1961) e João Goulart (1964).

A negociação deve fermentar o debate sobre as delações. Um personagem com a folha corrida do ex-deputado, envolvido em escândalos desde o governo Collor, merece ter a pena reduzida em troca de informações à Justiça? Se a lógica for chegar ao topo da quadrilha, é possível que sim.

09/07/2017
O Temer de Temer

O derretimento de Michel Temer começa a confirmar a máxima de que não existe espaço vazio na política. À medida que o presidente encolhe, abatido por novas prisões e delações, crescem as apostas no deputado Rodrigo Maia para ocupar o seu lugar.

A articulação saiu da sombra na quinta-feira, quando o senador Tasso Jereissati declarou que Maia pode garantir "estabilidade para o país". Outro tucano, o senador Cássio Cunha Lima, disse a investidores que o governo "já caiu" e que o Brasil terá um novo presidente "em quinze dias".

Os holofotes se voltaram para o presidente da Câmara, que é o primeiro na linha sucessória da República. Ele pode retardar ou acelerar a derrocada de Temer, do qual será beneficiário direto e imediato.

O deputado tem a confortável opção de jogar parado. Se a Câmara aceitar a denúncia, a Presidência cairá em seu colo por 180 dias, sem eleição direta ou indireta. Isso o libera de fazer campanha aberta pelo cargo.

No entanto, só haverá 342 votos para afastar o presidente se Maia usar sua influência sobre o plenário. Ele terá que se tornar o Temer de Temer, reeditando a conspiração liderada pelo peemedebista para tomar a cadeira de Dilma Rousseff.

O deputado se movimenta com discrição. Ele tem recebido agentes de bancos e corretoras para repetir que seguirá a cartilha do mercado. Na sexta, tuitou uma espécie de programa resumido de governo, no qual se comprometeu com a agenda das reformas.* Foi uma versão em 140 caracteres da "Ponte para o Futuro", a plataforma liberal usada pelo ex-vice para atrair o apoio do empresariado.

* "Não podemos estar satisfeitos apenas com a reforma trabalhista. Temos Previdência, Tributária e mudanças na legislação de segurança pública", escreveu Maia no Twitter.

Enquanto Temer cometia novas gafes na Alemanha, Maia passou os últimos dias na Argentina, onde só se falou na sucessão no Brasil. Sua comitiva incluiu o líder do centrão e metade do "G8", um grupo de deputados veteranos que conhecem todos os atalhos da Câmara.* Em 2016, o grupo atuou em conjunto para assegurar a aprovação do impeachment.

11/07/2017
Provando do próprio veneno

Michel Temer recebeu um empresário "em horário inconveniente" para tratar de assuntos "não republicanos". Existem "sólidos indícios" de que a visita resultou no pagamento de propina. A denúncia que acusa o presidente de corrupção não é "inepta" nem "fantasiosa".

As afirmações acima não saíram de um discurso da oposição. São da lavra de Sérgio Zveiter, o relator do caso na Comissão de Constituição e Justiça na Câmara. Ontem ele deu parecer favorável ao afastamento de Temer da Presidência.

O relatório é mais um duro golpe no inquilino do Palácio do Jaburu. O texto desmonta diversos pontos da defesa do presidente, que insiste em atacar a Procuradoria e contestar a gravação de sua própria voz.

Zveiter criticou os deputados que defendem o "arquivamento sumário" da denúncia. "A presente acusação contra o presidente Michel Temer é grave, e ela não se apresenta inconsistente, frágil e desprovida de força probatória", disse.

O fato de o relator ser filiado ao PMDB deu um toque especial ao parecer. Depois de comandar a rebelião do partido contra Dilma Rousseff, o presidente começa a provar do próprio veneno. Os peemedebistas perceberam que o navio de Temer pode naufragar e já disputam espaço no bote de Rodrigo Maia. A turma tem muitos defeitos, mas não carece de instinto de sobrevivência.

O Planalto acusou o golpe. Em uma semana, remanejou vinte deputados para tentar evitar uma derrota na CCJ. O troca-troca escancarou o enfraque-

---

* Participaram da viagem os deputados Heráclito Fortes (PSB-PI), Benito Gama (PTB-BA), Rubens Bueno (PPS-PR), Jarbas Vasconcelos (PMDB-PE) e Rogério Rosso (PSD-DF). Só este último não pertencia ao "G8".

cimento do presidente, que se gabava de contar com a maior base aliada dos últimos tempos.

"Minha vaga foi vendida para esses bandidos. Isso não é um governo, é uma organização criminosa", vociferou Delegado Waldir, que foi removido pelo PR. O deputado perdeu a cadeira nesta segunda, minutos antes de Zveiter começar a ler o relatório. Ele saiu da comissão, mas promete infernizar Temer quando a denúncia chegar ao plenário.

12/07/2017
Senado às escuras

Antes de se consagrar como escritor, Machado de Assis deu expediente como jornalista no Senado. Repórter do *Diário do Rio de Janeiro*, ele cobria os debates de barões e marqueses sobre os rumos do Império. Suas excelências tinham mandato vitalício e não costumavam perder a fleuma na tribuna.

"O público assistia, admirado e silencioso", anotou o bruxo, na crônica "O velho Senado". "Nenhum tumulto nas sessões. A atenção era grande e constante", prosseguiu.

Faz tempo que o Senado não lembra a tediosa casa de leis frequentada por Machado. Depois que a capital veio para Brasília, houve até assassinato em plenário. Em 1963, o alagoano Arnon de Mello tentou atirar num desafeto e matou o suplente José Kairala, que nada tinha com a contenda.

Ontem a Casa viveu outro dia de ânimos exaltados — felizmente, sem armas. Cinco senadoras da oposição ocuparam a Mesa Diretora, numa tentativa de barrar a votação da reforma trabalhista. Impedido de assumir a cadeira, o presidente Eunício Oliveira mandou cortar os microfones, a transmissão de TV e até a luz do plenário. As rebeladas passaram seis horas no breu, onde devoraram um almoço trazido em quentinhas.

O piquete nem chegou a ser original. No ano passado, a deputada Luiza Erundina ocupou a presidência da Câmara em protesto contra o notório Eduardo Cunha. Mesmo assim, Eunício descreveu o ato como um perigoso atentado à democracia. "Nem a ditadura ousou ocupar o Senado", esbravejou. O regime dos generais fechou o Congresso e prendeu parlamentares, mas esta é outra história.

Encerrado o motim, as luzes se acenderam e o Senado aprovou a reforma trabalhista, que retalha a CLT. Isso não ocorreu porque o governo Temer ainda tenha alguma força, mas porque a maioria ali representa interesses dos empresários, não dos trabalhadores. É o caso de Eunício, cujas firmas de limpeza, transporte e segurança têm contratos de mais de 700 milhões de reais com a União.*

13/07/2017
Um petardo contra Lula

Nunca antes neste país um presidente foi condenado por crime comum. A decisão do juiz Sergio Moro é um novo e poderoso petardo contra a imagem de Lula. A biografia do ex-operário que venceu a miséria e subiu a rampa do Planalto passa a incluir uma sentença a nove anos e meio de prisão.

A condenação amplia o desgaste do petista. Lula deixou o poder com 83% de aprovação. Hoje quase metade da população o rejeita. O ex-presidente ainda é o líder mais popular do Brasil, mas a aura de mito se desmancha. Ele colaborou com isso ao se aliar a setores atrasados da política e abraçar o velho padrão de relacionamento com as empreiteiras.

A sentença aumenta a incerteza sobre as eleições de 2018. Apesar do cerco judicial, o ex-presidente havia voltado a crescer nas pesquisas. Hoje ele lidera com folga todas as simulações, com 30% das intenções de voto. Se a condenação for confirmada em segunda instância, a Lei da Ficha Limpa deve impedi-lo de concorrer.

O cenário sem Lula é desalentador para a esquerda. O PT não tem outro candidato viável, e Ciro Gomes enfrenta desconfiança pelo histórico de vaivém partidário. Marina Silva poderia ocupar o espaço vazio, mas seu apoio a Aécio Neves em 2014 tende a afastar os órfãos do lulismo.

À direita, João Doria e Jair Bolsonaro tentam tirar proveito político da condenação. Eles comemoraram a notícia nas redes, mas ainda serão cobrados pelo silêncio sobre aliados acusados de corrupção.

* As empresas Confederal e Corpvs, de Eunício, tinham contratos com órgãos federais como o Ministério da Saúde, o Banco do Brasil, o Banco Central e a Caixa Econômica Federal.

A Lula resta esperar a Justiça e repetir que querem barrá-lo no tapetão. Seu discurso ganhou um reforço inesperado nesta quarta. No mesmo dia em que Moro o condenou, outro juiz tirou da cadeia Geddel Vieira Lima, um dos homens de Michel Temer apanhados pela Lava Jato.

O presidente Temer é "correto", "decente" e "honesto". Palavra de Paulo Maluf.*

14/07/2017
Michel Temer e os quarenta deputados

A tropa de choque do governo venceu a primeira batalha. O Planalto abriu o cofre, acionou o rolo compressor e conseguiu salvar Michel Temer na Comissão de Constituição e Justiça da Câmara. O relatório do deputado Sérgio Zveiter, favorável ao afastamento do presidente, foi derrotado por 40 votos a 25.

A operação produziu cenas de fisiologismo explícito. Desde a semana passada, Temer transformou o Planalto numa grande banca de feira. Chegou a receber trinta deputados num único dia. A cada visitante, ofereceu milhões de motivos para barrar a denúncia que o acusa de corrupção.

O ex-deputado Valdemar Costa Neto, condenado e preso no mensalão, também esteve no guichê para negociar votos do PR. A reunião foi omitida da agenda de Temer. O leitor já viu essa história antes?

Além de distribuir verbas e cargos, o Planalto apelou à troca de deputados da comissão. Dos quarenta que livraram o presidente, doze assumiram a vaga nos últimos dias. Parte dos barrados ficou sabendo da manobra pela imprensa. "Fui vendido. Nojento isso. É barganha, é barganha!", protestou Delegado Waldir, do PR.

O deputado foi substituído por Bilac Pinto, também do PR. No último mês, ele foi agraciado com o empenho de 8,9 milhões de reais em emendas, de acordo com planilha obtida pela coluna. Satisfeito, retribuiu a generosidade com outro voto pró-Temer.

* Maluf fez os elogios em sessão da Comissão de Constituição e Justiça da Câmara.

Nesta quinta, Zveiter acusou o governo de usar dinheiro público para comprar apoio. Seu relatório foi substituído por um parecer pelo arquivamento da denúncia. O texto foi assinado pelo tucano Paulo Abi-Ackel, ligado a Aécio Neves. Depois de o PMDB salvar o senador no Conselho de Ética, o PSDB aecista ajudou Temer na Câmara. Uma mão suja a outra, ensina a velha lei de Brasília.

A oposição saiu derrotada, mas não perdeu o bom humor. Quando o painel revelou que o presidente havia recebido quarenta votos, deputados do PSOL e da Rede ensaiaram um coro sugestivo: "Ali Babá! Ali Babá!".

16/07/2017
A volta dos que não foram

A caixinha da política brasileira acaba de oferecer mais uma surpresa. Vem aí a ressurreição do DEM, o velho PFL, que caminhava a passos largos para a extinção.

O partido definhava desde que o PT chegou ao poder. Sua bancada federal encolheu de 105 deputados em 1998 para apenas 21 em 2014. Despencou da primeira para a décima posição no ranking da Câmara.

Há sete anos, o último governador eleito pela sigla, José Roberto Arruda, saiu do Palácio do Buriti para uma cela da Papuda. Foi filmado contando dinheiro no escândalo conhecido como mensalão do DEM.*

A criação do PSD pareceu ser o tiro de misericórdia. A sigla levou todos os ex-pefelistas que não suportavam mais fazer oposição. Ficou só um pequeno "exército de loucos", nas palavras do ministro Mendonça Filho.

A proximidade com o poder era o oxigênio do PFL. O partido nasceu como dissidência do PDS, a antiga Arena, que sustentava a ditadura militar. Depois apoiou todos os governos civis: Sarney, Collor, Itamar, FHC. Só foi varrido do Planalto quando Lula subiu a rampa, em 2003.

A sigla era capaz de dar as cartas sem disputar a Presidência nas urnas. Seu único candidato próprio foi Aureliano Chaves, na longínqua eleição de 1989. Terminou em nono lugar, com menos de 1% dos votos.

---

* Arruda ficou dois meses na cadeia. Na prisão, teve o mandato cassado pela Justiça Eleitoral.

O negócio do PFL era outro. Sua força estava nas oligarquias regionais e na troca de apoio no Congresso por verbas e cargos no governo. Qualquer semelhança com o atual PMDB não é mera coincidência.

Há dez anos, o partido anunciou uma "refundação" com o nome de Democratas. Foi pura "maquiagem" e não deu resultado algum, admite hoje o presidente José Agripino Maia.

O renascimento do ex-PFL é mais um fruto da derrocada do petismo. Agora a sigla deve dobrar a bancada na Câmara e pode herdar a Presidência sem votos, caso Rodrigo Maia assuma a cadeira de Michel Temer. "Isso mostra que não existe morte na política", festeja Mendonça Filho.

18/07/2017
Em causa própria

Existem muitas formas de legislar em causa própria. Nos últimos meses, o Congresso ensaiou algumas. A Câmara tentou ressuscitar a anistia ao caixa dois. O perdão salvaria dezenas de deputados das garras da Lava Jato. Os senadores aprovaram uma brecha para incluir seus parentes na lei de repatriação. Eles seriam autorizados a resgatar dinheiro não declarado no exterior.

O deputado Vicente Cândido (PT-SP) teve outra ideia. Ele quer proibir a prisão de candidatos por um período de oito meses até a eleição. A proposta está no relatório da reforma política. Foi batizada de "Emenda Lula", já que parece ter sido feita sob medida para o ex-presidente.

A restrição às prisões é uma regra antiga, criada pelo Código Eleitoral de 1932. O país se libertava da República Velha, em que as disputas eram decididas pelo voto de cabresto. Os coronéis controlavam a política e a polícia. Quando não conseguiam fraudar as urnas, mandavam prender o adversário às vésperas da eleição.

A lei original vetou as prisões por cinco dias, salvo em caso de flagrante. Em 1950, o prazo foi ampliado para duas semanas. Para o relator da reforma política, ainda é pouco. Ele quer estender o salvo-conduto para oito meses, o que blindaria os candidatos a partir de fevereiro.

Em entrevista ao jornal *O Estado de S. Paulo*, Cândido reconheceu que a ideia serviria ao maior líder do PT, recém-condenado a nove anos de prisão. "Lula também, como qualquer outro", disse. Ele apelou ao espírito de corpo dos deputados, que costuma unir lulistas e antilulistas. "É uma blindagem da política. Nós precisamos fazer alguma coisa", conclamou, referindo-se à Lava Jato.

A reação da opinião pública deve barrar a ideia da blindagem, assim como aconteceu com a anistia ao caixa dois e a farra da repatriação. Isso não resolverá todos os problemas do relatório. O petista também propôs tirar mais de 2 bilhões de reais dos cofres públicos para bancar as campanhas de suas excelências em 2018.

19/07/2017
O golpe do parlamentarismo

Os políticos que defendem a adoção do parlamentarismo querem dar um golpe para continuar no poder sem votos. É o que afirma o historiador Luiz Felipe de Alencastro, professor emérito da Universidade Paris-Sorbonne.

"É surpreendente que esta ideia volte sempre de modo oportunista, em momentos de crise e na véspera de eleições presidenciais", critica.

"Os brasileiros já rejeitaram o parlamentarismo em dois plebiscitos, em 1963 e 1993. Adotá-lo agora seria um golpe, uma forma de subtração da soberania popular", acrescenta Alencastro, que hoje leciona na Escola de Economia da FGV-SP.

Ontem a *Folha de S.Paulo* noticiou uma articulação do senador José Serra e do ministro Gilmar Mendes para mudar o sistema de governo do país. A ideia é apoiada pelo presidente Michel Temer, que já defendeu a adoção do parlamentarismo a partir de 2022.

Com a mudança, o Brasil deixaria de ser governado por um presidente eleito pelo voto direto. A chefia do governo caberia a um primeiro-ministro escolhido de forma indireta.

Para Alencastro, a proposta está sendo ressuscitada porque a centro-direita ainda não encontrou um candidato viável ao Planalto. "O motivo é o medo da eleição direta", afirma.

"Os tucanos perderam as últimas quatro disputas no sistema atual. O próprio Serra foi derrotado duas vezes", lembra o historiador.[*] Ele observa

---

[*] José Serra perdeu as eleições de 2002, para Lula, e de 2010, para Dilma Rousseff.

que o PSDB nasceu parlamentarista, mas deixou a bandeira de lado após a primeira eleição de FHC.

Em artigo publicado na Ilustríssima em 2015, Alencastro criticou os deputados e senadores que descrevem o parlamentarismo como uma panaceia capaz de resolver todas as crises. Ele argumentou que o sistema atual precisa ser aperfeiçoado, mas garantiu ao país o mais longo período democrático de sua história.

Dois anos depois, o professor encerra a conversa com uma provocação: "Quem iria escolher o nosso primeiro-ministro, este Congresso? Está louco...".

20/07/2017
Temer tirou o sofá da sala

A anedota é antiga. Ao chegar do trabalho, o sujeito abre a porta de casa e encontra a esposa (ou o marido) com o vizinho no sofá. No dia seguinte, resolve tomar uma providência: tira o sofá da sala.

O governo lembrou a piada ao comprar um misturador de vozes para o Planalto. A geringonça, instalada pelo Gabinete de Segurança Institucional, emite um sinal que impede a captação do som ambiente. O objetivo é evitar que o presidente volte a ser alvo de gravações indiscretas.

Temer já caiu duas vezes no grampo. No ano passado, o autor foi um ministro que se dizia pressionado a favorecer um colega. O presidente era suspeito, mas fez pose de vítima. "É uma indignidade absoluta alguém meter um gravador no bolso para gravar outrem", esbravejou.

Em março, ele foi fisgado pelo gravador do empresário Joesley Batista. A gravação deu origem à primeira denúncia criminal contra um presidente no cargo desde a proclamação da República.

O uso do aparelho antigrampo contraria o discurso do presidente. Em novembro, ele disse que mandaria o GSI gravar suas conversas.

Chegou a definir a medida como uma "depuração dos costumes". "Talvez desse limão nós façamos uma limonada institucional, fazendo com que as audiências do presidente sejam todas gravadas", declarou.

Se a ideia fosse para valer, os historiadores do futuro saberiam o que Temer prometeu aos deputados que o visitaram antes de votar na Comissão de Constituição de Justiça.

O GSI existe para garantir a segurança da Presidência, não para encobrir as práticas de quem ocupa o cargo. Se Temer quer evitar novas gravações constrangedoras, bastaria não dizer nada que possa ser usado contra ele na Justiça. Apelar ao misturador de vozes é o mesmo que tirar o sofá da sala... ou do gabinete.

O governo bateu o martelo: vai aumentar o imposto da gasolina. Será que agora o pato da Fiesp acorda?

21/07/2017
O imposto e o abismo

O aumento do imposto do combustível mostra que existe um abismo entre a propaganda do governo e a situação real da economia. Diante dos microfones, o presidente Michel Temer diz que o país voltou aos trilhos. No silêncio dos gabinetes, a equipe econômica admite que as contas estão longe de fechar.

No ritmo atual, seria impossível cumprir a meta de 139 bilhões de reais de déficit. O governo asfixiou a máquina e parou até a emissão de passaportes, mas a arrecadação continuou muito abaixo do esperado. Para tapar o rombo, vai apelar ao remendo de sempre: tungar o contribuinte.

Em nota conjunta, os ministérios da Fazenda e do Planejamento afirmaram que o aumento do imposto do combustível é "absolutamente necessário" para preservar o ajuste fiscal e manter a "trajetória de recuperação da economia brasileira".

Todos sabem que a crise fiscal foi gerada no governo Dilma Rousseff, mas Temer já teve mais de um ano para mostrar resultados. Parte da encrenca atual é fruto da decisão do presidente de conceder aumentos polpudos ao funcionalismo.

Só neste ano, a despesa adicional com salários e aposentadorias de servidores já ultrapassou a casa dos 12 bilhões. Isso não inclui o gasto extra para agradar deputados e barrar a denúncia da Procuradoria-Geral da República contra o presidente.

Ontem, Temer voltou a vender otimismo e fazer elogios a si próprio. Em solenidade no Palácio do Planalto, ele disse que o Brasil "não parou" e chamou os críticos do governo de "arautos do catastrofismo".

Haja autoestima.

Em maio, Sérgio Sá Leitão divulgou foto com um procurador da Lava Jato no lançamento do livro *A luta contra a corrupção*. Dois meses depois, ele aceitou convite para ser ministro da Cultura. Vai integrar um governo repleto de investigados e terá como chefe um presidente acusado de corrupção.

23/07/2017
As peças se movem

O Brasil ainda não sabe se Michel Temer terminará o ano na Presidência. Mesmo assim, os políticos já pensam no lance seguinte. Os movimentos dos últimos dias reforçam a sensação de que a eleição de 2018 está na rua.

A condenação de Lula obrigou todos os jogadores a moverem suas peças no tabuleiro da sucessão. Diante da ameaça de xeque-mate, o ex-presidente avançou os peões. Subiu num palanque na avenida Paulista e fez discurso de candidato.*

Do outro lado da mesa, a jogada mais ensaiada é se apresentar como o anti-Lula. O prefeito João Doria e o deputado Jair Bolsonaro saíram na frente. Os dois usaram as redes sociais para divulgar vídeos comemorando a condenação do petista.

Eles disputam a preferência de quem foi às ruas de verde e amarelo pelo impeachment de Dilma Rousseff. Boa parte desse eleitorado está enojada com o que veio a seguir, mas ainda não se animou a voltar às ruas para protestar.

O governador Geraldo Alckmin tenta correr atrás do pupilo. Na sexta-feira, ele citou o bloqueio de 9 milhões de reais da previdência privada de Lula para atacar o ex-presidente. "O riquinho não sou eu", ironizou.

---

* No primeiro discurso após ser condenado pelo juiz Sergio Moro, Lula atacou o governo Temer e disse que os processos eram uma tentativa de tirá-lo das eleições de 2018. "Como não conseguem me derrotar na política, eles querem me derrotar com processo", disse.

Na véspera, Lula havia debochado do tucano, seu rival na eleição de 2006. Em entrevista ao programa *Na Sala do Zé*, do jornalista José Trajano, ele disse que o governador "parece que mamou até os catorze anos, empinou pipa na frente do ventilador".

Criador e criatura, Alckmin e Doria travam uma disputa cada vez menos discreta pela legenda do PSDB. O governador cercou as peças do prefeito ao propor a realização de prévias no partido. O movimento deixa Doria com duas alternativas incômodas: recuar ou ser tachado de infiel.

Na entrevista de quinta-feira, Lula antecipou outro lance. Indicou que pode lançar o ex-prefeito Fernando Haddad se for impedido de concorrer. "Haddad pode ser uma personalidade importante se ele se dispuser a percorrer o Brasil", disse.

25/07/2017
Operação tartaruga

Os ministros do Supremo Tribunal Federal são muito ocupados. Esta deve ser a razão da demora para julgar ações que envolvem alguns condestáveis da República. Veja o caso de Renan Calheiros, velho conhecido dos servidores que autuam os processos na corte.

Em dezembro, o Supremo marcou uma sessão para decidir se mandava o senador para o banco dos réus. Se o leitor pensou na Lava Jato, errou feio. O motivo era um escândalo da década passada: a suspeita de fraude para justificar o pagamento de pensão à jornalista Mônica Veloso.

O caso veio à tona em 2007, quando Renan presidia o Senado. Ele renunciou, mas nunca foi julgado. A Procuradoria também teve sua culpa pela demora. O peemedebista só foi denunciado no início de 2013, sob acusação de peculato, falsidade ideológica e uso de documento falso.

O Supremo levou quase quatro anos para decidir se havia indícios mínimos para abrir uma ação penal. Finalmente, os ministros decidiram se ocupar do tema em dezembro. A denúncia foi recebida por 8 votos a 3.

Para Renan virar réu, faltava apenas uma formalidade: publicar o resultado do julgamento no *Diário Oficial*. Depois de quase oito meses, isso ainda não ocorreu. É que o ministro Celso de Mello pediu para revisar o voto e não devolveu a papelada.

Na semana passada, o portal Jota noticiou que o caso estava parado no gabinete do ministro. Ele resolveu se mexer e entregou o voto na sexta-feira. O texto deve ser publicado em agosto, quando o tribunal voltar de férias. Só depois disso começa o processo contra Renan, sem data para ser concluído.

O procurador Carlos Fernando dos Santos Lima afirmou nas redes sociais que o PMDB quer acabar com a Lava Jato. "Infelizmente, muitas pessoas que apoiavam a investigação só queriam o fim do governo Dilma, e não o fim da corrupção", disse.
Percebeu rápido, hein?

27/07/2017
Quadrilha na ativa

Eduardo Cunha está preso, mas sua quadrilha continua na ativa. A afirmação é do procurador-geral da República, Rodrigo Janot. Ele recomendou ao Supremo Tribunal Federal que mantenha o peemedebista na cadeia.

A defesa do ex-deputado apresentou mais um recurso para tentar tirá-lo da prisão. Os advogados argumentam que Cunha já foi cassado e não poderia mais cometer crimes ou obstruir investigações. Por isso, mereceria voltar ao aconchego do lar.

O Ministério Público discorda. De acordo com Janot, nem a cadeia foi capaz de parar o ex-deputado. Ele afirma que o correntista suíço continuava a embolsar propina da JBS para não delatar os comparsas.

Para o procurador, o peemedebista permanece em "estado de delinquência" e se mostra capaz de "influenciar seus asseclas, ainda ocupantes de cadeiras no Congresso".

"O núcleo de organização criminosa composto por membros do PMDB na Câmara dos Deputados está em pleno funcionamento, com a ciência, anuência e efetiva participação de Eduardo Cunha", diz o procurador.

Janot não cita nomes, mas é fácil adivinhar a quem ele se refere. Além de Cunha, mais dois barões do PMDB da Câmara já foram em cana: Henrique

Eduardo Alves e Geddel Vieira Lima. Outros três estão no Planalto: Michel Temer e seus ministros Eliseu Padilha e Moreira Franco.

No Congresso, os paus-mandados de Cunha continuam a atuar com desenvoltura. Um dos mais notórios, o deputado Carlos Marun, virou líder da tropa de choque do governo. Basta ligar a TV em qualquer horário para vê-lo discursando em defesa do presidente. Em dezembro, o deputado usou verba da Câmara para visitar o ex-chefe na cadeia, em Curitiba.*

O senador Fernando Collor aproveita o recesso parlamentar para desfrutar as delícias de Portugal. Nesta quarta, ele passeava e fazia compras num famoso shopping de Cascais.

28/07/2017
Vozes da experiência

Daqui a cinco dias, a Câmara decidirá se autoriza ou não a abertura de processo contra Michel Temer. O presidente é rejeitado pela maioria dos brasileiros, mas deverá ter votos suficientes para se salvar. É o que preveem os deputados com mais mandatos na Casa.

Para o decano Miro Teixeira, o espírito de corpo dos congressistas tende a beneficiar Temer. "O plenário atuará como um júri, e muitos jurados também respondem a inquéritos por crime comum. Ninguém quer se condenar. É a solidariedade dos culpados", ironiza o deputado da Rede.

---

* Após a publicação desta coluna, Marun escreveu uma carta à *Folha de S.Paulo*: "Talvez por ainda ter o seu caráter em formação, o colunista Bernardo Mello Franco seja incapaz de fazer suas próprias análises e, por isso, utiliza frases do procurador-geral da República para desferir seus ataques contra o PMDB e contra mim. Ignora o que o Brasil todo já sabe: que eu tenho caráter, ao contrário do invertebrado colunista, que, paradoxalmente, parece se inspirar na velha UDN. Se algum dia ele quiser discutir caráter ou vergonha na cara, estou à sua disposição. Fora isso, só Freud explica, ou talvez nem ele". O jornal publicou a resposta do autor em seguida: "Receber lições de caráter de Carlos Marun é como receber lições de honestidade de Eduardo Cunha. Só espero que ele não volte a usar verba pública para visitar o chefe na cadeia".

No 11º mandato, Miro apoiou o impeachment de Dilma Rousseff e votará pelo afastamento de Temer. No entanto, ele diz que a batalha será inglória. "Os dois cometeram crime de responsabilidade, mas agora as ruas estão vazias. A realidade é que não conseguiremos os 342 votos", prevê.

O deputado Bonifácio de Andrada, do PSDB, diz que o presidente vai se safar com folga. "Não tenho dúvida. O Temer ganha com mais de duzentos votos", projeta. No décimo mandato, ele reforça o discurso dos parlamentares contra a Lava Jato. "A Câmara é a representação do povo. Os deputados não são santos porque o povo também não é santo", teoriza.

O tucano diz que o recesso de julho não piorou a situação do presidente, ao contrário do que previa a oposição. "O povo não gosta do Temer, mas também não aporrinha os deputados para votarem contra ele."

Nesta quinta, uma nova pesquisa CNI-Ibope mostrou que a aprovação de Temer caiu a míseros 5%. É o pior desempenho de um presidente desde o fim da ditadura. Para o petebista Paes Landim, que exerce o oitavo mandato, os números não terão qualquer influência no plenário.

"Para nós, políticos, o Temer é bom porque dialoga com o Congresso", elogia. Ele defende o arquivamento da denúncia e não teme perder votos em 2018. "Se a economia melhorar, o pessoal esquece isso", aposta. "O eleitor tem memória muito fraca. Daqui a um ano, já esqueceu."

30/07/2017
A oposição indecisa

A três dias da votação que definirá o futuro de Michel Temer, os deputados de oposição ainda batem cabeça. Não há consenso sobre a estratégia a ser adotada na quarta-feira. O governo aposta na divisão dos adversários para enterrar a denúncia contra Temer.

O presidente da Câmara não iniciará a votação enquanto não houver a presença de dois terços dos deputados. Partidos como PSOL e Rede só querem entrar no plenário se os governistas comparecerem em peso. A ala majoritária do PT prefere marcar o ponto logo no início da sessão.

"A oposição não pode fazer o jogo do governo", diz o líder da Rede, Alessandro Molon. Ele afirma que uma sessão com quorum baixo só interessa a Temer, já que as ausências contarão a favor do presidente.

"O deputado que votar a favor do governo vai pagar um preço altíssimo com os eleitores, que cobram o afastamento do presidente. Se ele tiver a opção de não aparecer, o desgaste será muito menor", explica.

Apesar do favoritismo, o Planalto está preocupado com as traições nos partidos aliados. Por isso, o governo determinou que doze ministros se licenciem para voltar à Câmara e votar a favor do chefe. "Foi uma demonstração clara de insegurança", diz Júlio Delgado, do PSB.

O deputado afirma que a esquerda precisa superar as divergências para não facilitar a vida do presidente. "A oposição está com um desejo difuso", resume. "Alguns realmente querem tirar o Temer, mas outros preferem que ele continue lá sangrando."

O líder do PT, Carlos Zarattini, quer convencer os colegas a dar quorum desde o início da sessão. "Sou favorável a entrar lá e votar. Acho que é a melhor solução, mas temos que conversar e buscar a unidade", diz.

O petista nega que seu partido esteja interessado em manter Temer enfraquecido para aumentar suas chances em 2018. "Este raciocínio vale para os dois lados. Adiar a votação não vai deixar o Temer sangrando do mesmo jeito?", questiona.

01/08/2017
Temer e os envergonhados

As enquetes realizadas no Congresso nunca pareceram tão inúteis. Na véspera do dia decisivo, ainda é difícil cravar o placar da denúncia contra Michel Temer. Embora a sessão seja aberta, cerca de 40% dos deputados se recusam a dizer como vão votar. O número de parlamentares que escondem o jogo varia de 204 a 230 nas pesquisas feitas pelos três grandes jornais.

Isso não significa que o resultado seja imprevisível. A oposição reconhece que só um milagre produzirá os 342 votos necessários para afastar o presidente. O problema é que poucos deputados estão dispostos a declarar publicamente o apoio a Temer. Ele aposta na bancada dos envergonhados, que prefere se omitir nas enquetes e, se possível, na sessão.

Essa turma torce para que a denúncia seja votada por um plenário esvaziado. Assim, suas excelências reduziriam o desgaste de se associar a um campeão de rejeição. Segundo o Ibope, a aprovação de Temer encolheu a 5%. Oito em cada dez brasileiros defendem que a Câmara autorize o Supremo a processá-lo.

Apesar da impopularidade, Temer se segura porque ainda parece útil ao mercado e ao sindicato dos deputados. Nos últimos dois meses, ele reforçou o discurso pró-reformas e torrou mais de 4 bilhões de reais em emendas. Ao mesmo tempo, acelerou a distribuição de cargos e benesses em troca de apoio contra a denúncia.

O pacote inclui a proteção a outros políticos em apuros, como o senador Aécio Neves. O tucano deixou de ser visto em restaurantes, mas foi homenageado no sábado com um jantar no Jaburu. Nesta segunda, ele virou alvo de mais um pedido de prisão.

Enquanto espera os envergonhados, Temer se contenta com o apoio dos que não têm nenhuma vergonha. Ele tem sido elogiado por tipos folclóricos como Wladimir Costa, que o define como o "maior estadista do Brasil". No fim de semana, o deputado apareceu com o nome do presidente tatuado no ombro.* Essa nem os bajuladores do palácio ousariam imitar.

02/08/2017
Para além da votação

Ao que tudo indica, Michel Temer se salvará da primeira denúncia da Procuradoria-Geral da República. Há pouquíssima chance de reviravolta na sessão marcada para esta quarta. A oposição admite que não reuniu os 342 votos necessários para afastar o presidente. Na melhor hipótese, conseguirá adiar a decisão até a próxima semana.

A principal dúvida em Brasília é sobre o dia seguinte à votação. O placar dará a medida do estrago causado pelo escândalo da JBS. A depender dos números, será possível projetar a força de Temer para tocar o governo e enfrentar novas turbulências.

O presidente sonhava em chegar perto dos trezentos votos a favor do arquivamento da denúncia. Neste caso, ele poderia dizer que continua com

---

* O caso rendeu quinze minutos de fama ao deputado paraense. Depois da votação, ele admitiu que a tatuagem não era permanente. "Sumiu. Não existe mais", contou.

ampla maioria na Câmara. Bastaria recuperar mais alguns votos para aprovar mudanças na Constituição.

Nos últimos dias, esse cenário foi praticamente descartado pelo Planalto. Previsões mais realistas passaram a sugerir que o governo não passará dos 260 votos. Os aliados mais pessimistas contabilizam apenas 220 deputados firmes com Temer.

Se esse quadro se confirmar, o presidente pode festejar uma vitória de Pirro. Ele escaparia da primeira denúncia, mas perderia a chamada governabilidade. Viraria um zumbi no Planalto, sem condições de aprovar projetos relevantes e ainda mais refém da chantagem parlamentar.

Um Temer tão enfraquecido não teria mais como vender a promessa das reformas. Isso tornaria sua permanência pouco atrativa a um empresariado que já flertou com a ideia de instalar Rodrigo Maia no Planalto. Uma vitória apertada ainda deixaria o presidente mais exposto às próximas flechas de Rodrigo Janot.

O PSOL levará malas de dinheiro para a porta do plenário. "É para lembrar aos colegas do que trata a denúncia", diz o deputado Chico Alencar. Antes que alguém se anime, um aviso: as cédulas serão de mentira.

03/08/2017
Vitória da mala

Uma mala cheia de dinheiro transformou Michel Temer no primeiro presidente do Brasil a ser denunciado no exercício do cargo. A acusação é forte, mas não dará em nada. A Câmara negou autorização para que o Supremo abra um processo contra o peemedebista.

A vitória de Temer é a vitória da mala. Ao blindá-lo, os deputados deixaram claro que provas não importam. O que mantém um presidente na cadeira é a sua capacidade de manter o Congresso no cabresto.

A instantes da votação, o governo ainda barganhava verbas e nomeações. O ministro Antonio Imbassahy circulava com uma lista de emendas e cobrava a fatura de quem ameaçava votar contra o presidente.*

* A cena foi fotografada pela repórter Laís Alegretti e publicada na capa da *Folha de S.Paulo*.

O clima de feira livre fazia par com a avacalhação no plenário. Deputados trocaram empurrões, atiraram dinheiro falso para o alto e encenaram uma guerra de bonecos infláveis. O presidente Rodrigo Maia alimentou o circo ao dizer que queria encerrar a votação cedo para assistir a uma partida de futebol na TV.*

Na Câmara, o jogo foi digno dos piores campos de várzea. A oposição se embananou numa tentativa desastrada de adiar a sessão. O governo atropelou a lógica ao defender a blindagem do presidente.

Os papagaios do Planalto repetiam que engavetar a denúncia não significava garantir impunidade a Temer. A Justiça só precisaria esperar o fim do mandato para processá-lo. Isso equivale a dizer que todo suspeito de crime deve ser investigado, a não ser que esteja na Presidência.

Além de colher os frutos do fisiologismo, Temer saboreou a solidariedade de outros políticos na mira da lei. Celso Jacob, o deputado-presidiário, foi um dos 263 que apoiaram sua permanência no cargo. Depois de votar, ele retornou à sua cela na Papuda.

Ao enterrar o caso da mala, a Câmara deu as costas ao eleitorado, que cobrava em peso a saída do presidente. No entanto, o abismo entre representantes e representados não chega a ser uma novidade da era Temer.

04/08/2017
Para inglês ver

O arquivamento da primeira denúncia contra Michel Temer não fechou o balcão de negócios do Planalto. No dia seguinte à votação, o presidente continuou dedicado à política miúda. Ele passou o dia fechado em seu gabinete, onde tratou dos interesses de quinze parlamentares.

O primeiro da fila foi Wladimir Costa, o deputado que tatuou na pele o nome do presidente. Em sinal de gratidão, Temer gravou um vídeo com o sabujo, a quem chamou carinhosamente de Wlad.

Para consumo externo, o discurso é o de que o governo se fortaleceu. O ministro Henrique Meirelles disse que a reforma da Previdência deve ser

---

* Rodrigo Maia declarou que queria encerrar a votação às sete da noite para ver um jogo do Botafogo.

aprovada até outubro. A previsão ignora que já estamos em agosto e a Câmara ainda terá que examinar ao menos mais uma denúncia contra o presidente.

Se era para inglês ver, funcionou. O *Financial Times* comprou a versão de que Temer obteve uma "vitória histórica" e acrescentou que isso "reanimará as esperanças dos investidores". Faltou explicar que o placar foi garantido por uma generosa distribuição de verbas públicas, na contramão do discurso de ajuste fiscal.

No mundo real, as coisas tendem a ser mais complicadas. Poucos aliados apostam na aprovação da reforma da Previdência prometida ao mercado. A avaliação corrente é que o Planalto só teria força para emplacar a regra da idade mínima, se tanto.

Temer venceu a primeira batalha contra a Lava Jato, mas sua base encolheu. O presidente foi salvo por 263 deputados, bem menos que os 308 necessários para mudar a Constituição. E nem todos os que ajudaram a enterrar a denúncia estão dispostos a enfrentar mais desgaste para mexer na aposentadoria dos eleitores.

Em entrevista à BandNews FM, Temer defendeu a adoção do parlamentarismo "para 2018". "Acho que não seria desproposidado", declarou. Para quem tem 5% de aprovação e acha normal mudar as regras de um jogo em andamento, não seria mesmo.

06/08/2017
Operação Abafa

O ministro Luís Roberto Barroso, do Supremo Tribunal Federal, resumiu a ópera em uma frase: "A Operação Abafa é uma realidade visível e ostensiva no Brasil de hoje".

"Há os que não querem ser punidos e há um lote pior, os que não querem ficar honestos nem daqui para a frente", prosseguiu o ministro. "Depois da ação penal 470 [do mensalão] e de três anos de Operação Lava Jato, continuam com o mesmo modus operandi de achaque", acrescentou.

Barroso não citou nomes, e nem precisava. Ele expôs o jogo na quinta-feira, horas depois de a Câmara negar autorização ao Supremo para processar Michel Temer.

A blindagem do presidente acusado de corrupção foi a vitória mais visível e ostensiva da Operação Abafa. Ela entrou em campo em 2014, quando a Lava Jato começou a cercar empresários, operadores e políticos de todos os grandes partidos.

A guerra teve altos e baixos, mas a investigação ganhou a maioria das batalhas travadas até aqui. Conseguiu resistir às ofensivas do PT, que fritou um ministro acusado de não "controlar" a Polícia Federal.* Depois enquadrou personagens que tentaram sufocá-la, como o peemedebista Eduardo Cunha.

O desejo de parar a Lava Jato une o sistema ameaçado pela operação. No ano passado, ele investiu no impeachment de Dilma Rousseff como solução para "estancar a sangria", nas palavras de Romero Jucá. Agora a aposta é na permanência de Temer, e a desculpa para salvá-lo é o discurso da estabilidade econômica.

Na quinta-feira, o ministro Barroso alertou que a Operação Abafa não se restringe à ação coordenada dos políticos. "Essas pessoas têm aliados importantes em toda parte, nos altos escalões da República, na imprensa e nos lugares onde a gente menos imagina", disse.

Alguns deles estão no próprio Supremo e ainda não desistiram de anular provas e depoimentos que comprometem seus amigos do outro lado da praça dos Três Poderes.

08/08/2017
Marte ataca

Michel Temer resolveu inflar as ambições de João Doria. Ontem o presidente participou de uma solenidade na Prefeitura de São Paulo e aproveitou para afagar o ego do tucano, a quem chamou de "velho amigo" e "companheiro".

O discurso já começou em clima de flerte. Temer quebrou o protocolo e saudou apenas o prefeito. "Algumas autoridades até foram esquecidas por um ou outro. Não pelo João Doria, naturalmente, que é rápido em todas as manifestações", disse.

---

* Sob críticas dos colegas de partido, o petista José Eduardo Cardozo teve que deixar o Ministério da Justiça em fevereiro de 2016. Trocou o cargo pela Advocacia-Geral da União.

Foi a senha para uma longa sessão de elogios. "Há muito tempo eu verificava a fórmula do João trabalhar, que é de organização, horários rígidos e muita conciliação", derramou-se o presidente. "Eu tenho orgulho, com a devida licença, de me equiparar às atitudes do João", prosseguiu.

Para não deixar dúvidas, Temer disse que o prefeito não tem "uma visão apenas municipalista, mas uma visão nacional". "Eu vejo que tenho um parceiro, um companheiro, alguém que compreende como ninguém os problemas do país", exaltou.

O presidente ainda arriscou um trocadilho com o tema do encontro: a cessão de um terreno no Campo de Marte.* "Sabemos todos quanto tempo os astronautas levaram para tentar chegar a Marte. E eu vejo que o João Doria em menos de sete meses chegou a Marte, não é?", gracejou.

Até os habitantes de outros planetas sabem que Doria quer concorrer ao Planalto. Ao descrevê-lo como "um exemplo para a administração pública", Temer alimenta o sonho do prefeito e sinaliza com um possível apoio do governo e do PMDB.

A força do presidente como cabo eleitoral é duvidosa. Com 5% de aprovação, ele tem tudo para se transformar num espantalho de votos em 2018. No entanto, a visita a Doria serviu ao menos para uma coisa: retaliar Geraldo Alckmin.

O Planalto culpa o tucano pelos onze votos do PSDB paulista a favor da denúncia da Procuradoria. Ao encher o balão do prefeito, Temer ajuda a esvaziar o do governador.

09/08/2017
Temer imita Cunha

Michel Temer radicalizou no duelo com Rodrigo Janot. O presidente pediu ao Supremo que declare a suspeição do procurador-geral da República. O objetivo é afastar o chefe da Lava Jato de todas as investigações que o envolvem.

O advogado Antônio Cláudio Mariz de Oliveira acusou Janot de adotar "obsessiva conduta persecutória" contra Temer. Ele disse que a atuação do procurador estaria contaminada por "sentimento de inimizade".

---

* Tradicional aeroporto em São Paulo, usado por aviões particulares e helicópteros.

"O fundamental é dar continuidade à sua sanha de arqueiro contumaz", afirmou o defensor do presidente. Foi uma referência à metáfora preferida de Janot: "Enquanto houver bambu, lá vai flecha".

A quarenta dias de deixar o cargo, o procurador mantém o arco apontado para o Planalto. Ele corre para concluir as investigações pela suposta prática de dois crimes: obstrução da Justiça e organização criminosa.

As novas denúncias terão que ser submetidas à Câmara, como manda a Constituição. Na semana passada, os deputados arquivaram a primeira acusação contra Temer, por corrupção passiva. Agora o presidente tenta inovar. Em vez de desviar das flechas, quer eliminar o arqueiro.

A tática de atacar Janot não chega a ser original. Há quase dois anos, o então deputado Eduardo Cunha adotou a mesma receita ao se ver na mira da Lava Jato. É espantoso notar a semelhança entre o seu discurso e a oratória do advogado de Temer.

"Por que o procurador tem essa obstinação pelo presidente da Câmara?", perguntou Cunha, em outubro de 2015. "Trata-se de uma clara perseguição movida pelo procurador-geral da República." Na versão do ex-deputado, Janot usava uma "estratégia ardilosa" para "desestabilizar sua gestão e atingir sua imagem de homem público".

Nesta terça, o dr. Mariz usou palavras bem parecidas. Ele acusou Janot de "obstinada perseguição" e disse que o procurador quer "tisnar a honra do presidente, como se fosse ele seu inimigo pessoal".

10/08/2017
Fora de hora

Raquel Dodge ainda não assumiu a Procuradoria-Geral da República, mas já cometeu o primeiro deslize. É o mínimo que se pode dizer de seu encontro às escondidas com Michel Temer, investigado e denunciado pela Lava Jato.

A subprocuradora chegou ao Palácio do Jaburu depois das dez horas da noite de terça-feira. A reunião foi omitida da agenda oficial do presidente. Veio a público na manhã seguinte, no blog da repórter Andréia Sadi no portal G1.

Além de fora da agenda, a conversa aconteceu fora de hora. No mesmo dia, Temer pediu que o procurador Rodrigo Janot seja afastado das investigações que o envolvem. Ao visitá-lo, Dodge desautorizou o chefe e passou a ideia de que concorda com a ofensiva do presidente contra a instituição que passará a comandar.

Procurada para explicar o encontro, a subprocuradora contou uma história da carochinha. Ela disse à *Folha de S.Paulo* que Temer queria combinar detalhes de sua posse, em setembro.

Não faz sentido que o presidente e a futura chefe do Ministério Público Federal se encontrem tarde da noite para discutir esse tipo de assunto. A não ser que os dois estejam de olho no emprego dos cerimonialistas, que são pagos para enviar os convites, contratar o bufê e encomendar os arranjos florais da cerimônia.

Segunda colocada na lista tríplice da Procuradoria, Dodge foi escolhida após receber apoio do ministro Gilmar Mendes, que é desafeto de Janot e já salvou o mandato de Temer no TSE. Sua candidatura também entusiasmou caciques do PMDB, como José Sarney e Renan Calheiros.

A subprocuradora tem currículo para comandar o Ministério Público, mas ainda terá que demonstrar independência de quem a nomeou.

De um procurador-geral espera-se uma atitude de distanciamento em relação aos políticos. O ocupante do cargo não pode perseguir ninguém, mas não deve manter intimidade com investigados em potencial. Neste caso, não basta a prática. Também é preciso cuidar das aparências.

11/08/2017
Brasil, capital Cabul

A Câmara começou a votar um novo pacote de mudanças na lei eleitoral. Entre as ideias em alta estão a criação de um fundo para financiar as campanhas e a adoção do distritão. A lógica que rege as propostas é a mesma: facilitar a reeleição dos atuais deputados em 2018.

O fundo espantaria o fantasma que mais assombra os políticos depois da Lava Jato: ficar sem dinheiro para pedir votos. Preocupados com o veto às doações de empresas, os parlamentares decidiram espetar a conta no contribuinte. O orçamento para o ano que vem chegaria a 3,6 bilhões de reais. Ninguém falou em reduzir custos de campanha, claro.

A outra novidade no forno é o distritão, que muda a forma como os deputados são eleitos. Seu maior entusiasta era Eduardo Cunha, sumido de Brasília por razões de força maior. Agora a bandeira está com Michel Temer. Ele orientou os aliados a aprovarem o modelo numa comissão especial, na madrugada de quinta.

O distritão transforma a eleição para deputado numa disputa majoritária. O sistema enfraquece os partidos, reduz a representação das minorias e dificulta a renovação do Congresso. Quem ganha são os políticos com mandato e figuras conhecidas, como artistas e jogadores de futebol.

"Se o distritão for aprovado, sentiremos saudades do sistema atual, apesar dos seus problemas", prevê o cientista político Jairo Nicolau, da UFRJ. "As chances de os atuais deputados se reelegerem ficarão ainda maiores. Com a dinheirama do fundo, será um ótimo negócio para eles", acrescenta.

A fórmula foi testada no Japão, que a abandonou depois de uma série de escândalos nos anos 1990. "O sistema estimulou o clientelismo e a corrupção. Os partidos de lá estavam virando grandes PMDBs", conta Nicolau.

Hoje o distritão só é adotado em quatro países: Afeganistão, Jordânia, Vanuatu e Ilhas Pitcairn, um simpático arquipélago de 56 habitantes. Antes de imitar o modelo afegão, nossos congressistas deveriam passar uma temporada em Cabul.

13/08/2017
A volta do João Ferrador

Nos tempos de sindicalista, Lula gostava de usar uma camiseta com a imagem de João Ferrador. O personagem de cara amarrada ilustrava os quadrinhos da *Tribuna Metalúrgica*, distribuída no ABC. Era um símbolo dos trabalhadores invocados com os patrões e a ditadura militar. Seu bordão dizia tudo: "Hoje eu não tô bom".

Depois de três derrotas eleitorais, Lula aposentou o mascote na campanha de 2002. Saía o militante raivoso, entrava o "Lulinha paz e amor". A metamorfose deu certo. Ele se aproximou dos empresários, seduziu a classe média e chegou ao Planalto.

Às vésperas de outra eleição, o ex-presidente flerta com um retorno ao passado. Na noite de sexta, ele voltou a encarnar o líder radical em ato na UFRJ. Discursou contra a Lava Jato, a imprensa, a elite, o governo e até as manifestações de junho de 2013, idealizadas por boa parte da esquerda.

"Nós nos precipitamos ao achar que 2013 foi uma coisa democrática. Que o povo foi para a rua porque estava muito preocupado com aquele movimento do transporte coletivo", disse. Na releitura lulista, os protestos foram dirigidos "contra o nosso governo e contra o nosso partido".

De volta ao papel de vítima, o ex-presidente disse que a Lava Jato "é um partido político". Depois subiu o tom contra a imprensa e ameaçou retaliar emissoras de TV. "Eles têm que trabalhar muito para não deixar que eu seja candidato. Porque se eu for, vou ganhar e fazer a regulação dos meios de comunicação", disse.

Para aliados de cabeça fria, ressuscitar o João Ferrador é uma ideia fadada ao fracasso. Lula lidera as pesquisas, mas 46% dos eleitores dizem não votar nele de jeito nenhum. O discurso raivoso não parece ser a melhor arma para reduzir essa rejeição.

Na sexta, Lula disse que lutou para "tirar o Rio de Janeiro das páginas policiais". Faltou explicar seu apoio às duas eleições de Sérgio Cabral,* condenado e preso por corrupção.

15/08/2017
A vitória dos sem-voto

Wilder Morais é dono de uma empreiteira e de uma rede de shoppings em Goiás. Em 2010, ele doou 700 mil reais para uma campanha política. Foi o melhor negócio de sua vida. Depois de um ano e meio, o senador Demóstenes Torres teve o mandato cassado. O empresário herdou a cadeira, o prestígio e as mordomias do cargo.

* Lula apoiou Sérgio Cabral nas eleições de 2006 e 2010.

Morais é um dos treze suplentes em exercício no Senado. Se o grupo criasse um partido, formaria a segunda maior bancada da Casa, atrás apenas do PMDB. Sua sigla poderia ser PSV: Partido dos Sem-Voto.

Os financiadores de campanha costumam ser maioria entre os suplentes. Também estão na lista filhos, esposas e primos de senadores. Completam o clube amigos, assessores, cabos eleitorais e políticos em fim de carreira.

Alguns têm sorte em dobro. Zezé Perrela, um cartola de futebol, esperou apenas cinco meses no banco de reserva. Com a morte de Itamar Franco, foi premiado com sete anos e meio de mandato. Seu desempenho na tribuna é modesto, mas ele ficou famoso em Brasília como organizador de festas e dono de um helicóptero.*

Na quinta-feira passada, a comissão que discute a reforma política teve uma chance de acabar com a farra dos suplentes. O relator Vicente Cândido sugeriu uma nova fórmula de substituição dos senadores. A cadeira vazia passaria a ser ocupada pelo deputado mais votado do partido ou coligação do titular. A proposta era exótica, mas não parecia tão ruim quanto a regra atual.

O PP, do suplente Wilder Morais, saiu em defesa do statu quo. Era possível criticar a ideia do relator e apresentar outra, como a posse do segundo colocado ou a realização de novas eleições. A sigla preferiu argumentar que o corporativismo dos senadores barraria qualquer mudança na lei.

Foi o suficiente para manter tudo como está. Por 16 a 10, a comissão preservou uma das maiores distorções do sistema político brasileiro. Mais uma vitória dos sem-voto.

16/08/2017
Dia de índio (ou de ruralista)

A disputa pela terra terá um dia decisivo hoje. O Supremo Tribunal Federal deve analisar três ações vitais para o futuro dos povos indígenas e quilombolas no Brasil. Eles tentam resistir ao avanço dos ruralistas, que contam com o apoio de Michel Temer.

---

* Em novembro de 2013, a Polícia Federal apreendeu 450 quilos de cocaína num helicóptero da família de Perrela.

Em duas ações, o governo de Mato Grosso questiona a demarcação de áreas incluídas em reservas indígenas e no Parque Nacional do Xingu. Na terceira, o DEM pede a derrubada do decreto que permite a titulação de terras de descendentes de escravos. (Em outro surto antiabolicionista, o partido já tentou revogar as cotas para negros em universidades. Perdeu de 10 a 0 no Supremo.)

Os fazendeiros querem que o tribunal reconheça a tese do "marco temporal". Por esta interpretação, os índios só poderiam reivindicar as terras que já ocupavam em 5 de outubro de 1988, dia em que a Constituição foi promulgada. Seria um bom negócio para as tribos se a data escolhida fosse outra, como 22 de abril de 1500.

O caso do Xingu, demarcado em 1961 pelo antropólogo Darcy Ribeiro, resume bem o que está em jogo. De acordo com a turma do agronegócio, o parque teria incluído terras que não eram habitadas por indígenas. A ação pede uma indenização financeira, mas embute o desejo de substituir a floresta por plantações de soja.

A luta pela terra é desigual por natureza. Opõe setores organizados, com poder político e econômico, a comunidades que dependem da proteção do Estado para sobreviver. O desequilíbrio da balança se agravou com a aliança entre Temer e os ruralistas. Com Executivo e Legislativo do mesmo lado, a mediação do Judiciário ficou ainda mais importante.

"Se o Supremo não atuar em defesa dos direitos dos povos indígenas e quilombolas, vamos assistir a um crescimento dos conflitos no campo", alerta o advogado Darci Frigo, presidente do Conselho Nacional de Direitos Humanos. A escalada da violência nos últimos meses sugere que ele tem razão.

17/08/2017
Tira o P, fica o resto

O PMDB teve uma ideia para tirar o nome da lama: aposentar o P da sigla. Parece piada, mas a proposta foi discutida a sério nesta quarta-feira. O presidente do partido, Romero Jucá, associou a mudança a planos grandiosos. "Queremos realmente ganhar as ruas", declarou.

Antes que alguém perguntasse, o senador disse que a troca de nome não seria mera maquiagem. "Quero rebater críticas de que o PMDB estaria mudando de nome para se esconder. Não é verdade", apressou-se.

Sem a letra inicial, o partido voltaria a se chamar MDB. Esta era a sigla do Movimento Democrático Brasileiro, criado em 1966 para fazer oposição à ditadura. Nos anos de chumbo, a legenda abrigou figuras como Ulysses Guimarães e Tancredo Neves. Eram políticos honrados, que não têm culpa pelo que está aí.

Conversei com dois fundadores do MDB sobre o plano de reciclar a sigla histórica. O deputado Jarbas Vasconcelos, de 74 anos, expressou sua opinião em poucas palavras: "É uma ideia irrelevante. O que melhora a imagem de um partido não é mudar o nome, e sim o seu comportamento".

O ex-senador Pedro Simon, de 87 anos, pareceu mais preocupado. Ele ainda sonha em reviver o velho MDB, mas não quer ver as três letras misturadas aos escândalos de hoje. "Fazer isso agora vai parecer malandragem", resumiu.

Para o político gaúcho, a ideia deveria ser guardada para outro momento. "Mudar o nome sem ter um projeto não significa nada. Qual é a bandeira nova? Vão tirar uma tabuleta e botar outra?", questionou.

Simon não acredita em renovação enquanto o partido continuar nas mãos de personagens notórios. "O Jucá é um cara meio comprometido, né? Ele representa o que está aí", disse, numa referência elegante à multidão de colegas na mira da Lava Jato.

O ex-senador se limitou a citar o atual presidente da sigla, alvo de nove inquéritos no Supremo. Mas poderia ter mencionado Michel Temer, Eduardo Cunha, Renan Calheiros, Geddel Vieira Lima, Jader Barbalho...

18/08/2017
O rabo que persegue o cachorro

A reforma política passou a seguir a lógica do rabo que corre atrás do cachorro. Quem diz é Lúcio Vieira Lima, presidente da comissão que discute o tema na Câmara. O deputado afirma que um sentimento move os colegas: o medo de ficar sem dinheiro na eleição de 2018.

"A reforma só está sendo feita por causa do financiamento", resume o peemedebista. "Foi por isso que nós começamos a discutir sistema eleitoral, voto em lista, distritão. Agora tudo é para aprovar o fundo, porque sem ele não tem dinheiro", afirma.

Segundo o deputado, o impasse se instalou em 2015, quando o Supremo vetou as doações de empresas. "Todas as fontes de recurso foram criminalizadas", reclama o irmão de Geddel Vieira Lima, que cumpre prisão domiciliar na Lava Jato. "Se eu recebo dinheiro de empresa, dizem que sou ladrão. Se uso dinheiro público, dizem que vou tirar da Saúde. A democracia tem um custo, com ou sem fundo."

Apesar da ênfase, o deputado reconhece que o argumento não tem convencido muitos eleitores. "A gente ouve na rua: 'Por que não faz campanha com o seu dinheiro, filho da mãe?'!"* Ele se apressa em responder: "Se for assim, só vai ter rico e coronel no Congresso".

Defensor do distritão, que não é adotado em nenhuma democracia avançada, o peemedebista define o modelo como "o que sobrou". "Todo mundo dizia que o sistema estava falido. Se ficar como está, você não reduz o custo da campanha", sustenta.

Com a regra em vigor, ele diz que os partidos são forçados a lançar dezenas de candidatos sem votos, "que não sabem nem fazer prestação de contas". "Se com dinheiro privado já está todo mundo sendo preso, imagina com dinheiro público", prevê.

Com ou sem fundo, o deputado reconhece que o problema do financiamento ilegal deve continuar. "Caixa dois não é questão de sistema político. É questão de consciência", argumenta. Pelo visto, o rabo vai continuar a perseguir o cachorro.

20/08/2017
O desimpedido

O ministro Gilmar Mendes bateu um recorde particular. Ele levou 24 horas para conceder dois habeas corpus ao mesmo réu. O felizardo foi Jacob Barata Filho, acusado de chefiar a máfia dos ônibus do Rio. Segundo a Procuradoria, o esquema distribuiu mais de 200 milhões de reais em propina a políticos.

O empresário caiu na Operação Ponto Final, um desdobramento da Lava Jato. Ele sabia que era investigado e foi detido quando tentava deixar o país com

---

* "Mãe" não foi exatamente a palavra usada pelo deputado.

documentos sigilosos. Era um caso típico de prisão preventiva. Assim entendeu o Tribunal Regional Federal, que confirmou a decisão do juiz Marcelo Bretas.

Na quinta-feira, Gilmar mandou soltar o rei dos ônibus. Bretas emitiu outra ordem de prisão, baseada em fatos diferentes. O ministro se irritou e disse à imprensa que a decisão era "atípica". No dia seguinte, concedeu um novo habeas corpus a Barata.

A decisão de Gilmar não foi "atípica". O ministro é conhecido por abrir as portas da cadeia a personagens envolvidos em grandes escândalos. Soltou o ex-médico Roger Abdelmassih, condenado pelo estupro de 37 pacientes. Soltou o empresário Eike Batista, suspeito de pagar propina em três esferas de governo. Soltou o ex-deputado José Riva, considerado o maior ficha-suja do país.

A novidade da vez é que o ministro foi padrinho de casamento da filha de Barata. O rei dos ônibus organizou uma festa-ostentação no auge dos protestos contra o aumento das passagens, em 2013. A PM de Sérgio Cabral, acusado de embolsar dinheiro do pai da noiva, foi acionada para proteger os convidados.

Além do laço nupcial, o Ministério Público apontou outros dois motivos para o ministro se declarar suspeito de julgar o caso. Seu cunhado é sócio de Barata, e a mulher dele trabalha no escritório de advocacia que defende as empresas de ônibus. Gilmar não se constrangeu. Enquanto seus colegas do Supremo se mantiverem em silêncio, ele continuará a atuar assim: desimpedido.

23/08/2017
O plano do semipresidente

Eles já foram mais discretos. Na segunda-feira, Michel Temer e Gilmar Mendes deflagraram uma nova operação casada. Num intervalo de poucas horas, os dois defenderam a mudança do regime de governo. O discurso agora é de que o país precisa do semipresidencialismo — um novo nome para o velho parlamentarismo, que os brasileiros já rejeitaram em dois plebiscitos.

"É uma coisa extremamente útil ao Brasil [o semipresidencialismo]. Minha experiência tem revelado que seria útil", disse Temer, em Brasília. "É preciso que a gente separe as coisas de Estado das coisas de governo, e por isso me parece que o semipresidencialismo seria o melhor caminho", afirmou Gilmar, em São Paulo.

Antes de assumir o poder, Temer loteou o futuro governo entre deputados e senadores que prometeram votar a favor do impeachment. Ele batizou o resultado das barganhas de semiparlamentarismo. Num exemplo de como o arranjo foi negociado, o presidente conheceu seu ministro do Trabalho, o deputado Ronaldo Nogueira, no dia da posse. Os dois foram apresentados por Roberto Jefferson, presidente do PTB.

Apesar de ter dado 57% dos ministérios a parlamentares, Temer assumiu como um superpresidente. No sétimo mês de governo, ele festejou "o maior índice de apoio que o Executivo federal teve ao longo dos tempos". "É a maior base de sustentação que se tem no período da redemocratização", endossou Eliseu Padilha.

A delação da JBS reduziu o peemedebista a um semipresidente. Ele se segurou na cadeira, mas perdeu força para sonhar com a reeleição. Hoje seu projeto mais ambicioso é concluir o mandato, escorado numa aliança entre o centrão e a fatia do PSDB que ainda obedece a Aécio Neves.

Com 5% de aprovação popular, Temer passou a pregar um regime que esvazia o papel do presidente da República. É um plano promissor para quem não dispõe de votos. Falta convencer os políticos que têm chance de chegar ao poder pelas urnas.

24/08/2017
Moraes matou no peito

O ministro Alexandre de Moraes não pode ser acusado de ingratidão. Ontem ele negou um mandado de segurança da OAB para destravar os pedidos de impeachment de Michel Temer. Entre os onze integrantes do Supremo Tribunal Federal, Moraes é o único que deve a nomeação ao atual presidente.

A OAB pediu à corte para resolver uma situação inusitada. Aliado do governo, o deputado Rodrigo Maia chutou para escanteio uma bola que poderia entrar no gol de Temer. O presidente da Câmara tem o poder de aceitar ou arquivar os pedidos de impeachment. Maia não faz isso nem aquilo. Simplesmente não se decide.

Até a semana passada, sua gaveta já acumulava 25 pedidos ignorados. O presidente da OAB, Cláudio Lamachia, pediu ao Supremo que obrigasse o deputado a decidir alguma coisa. Ele classifica a omissão como um ato "abusivo e ilegal". "Maia usa indevidamente a função que ocupa para criar um escudo de proteção para o presidente Temer, seu aliado político", afirma.

Em mais uma incrível coincidência, o algoritmo do Supremo sorteou Moraes, logo ele, para relatar o mandado de segurança. O ministro matou no peito. Arquivou o caso numa canetada, alegando que o Judiciário não pode interferir num assunto *interna corporis* do Legislativo.

Moraes foi o primeiro ministro da Justiça do governo Temer. Depois da morte de Teori Zavascki, o presidente o presenteou com uma cadeira no Supremo, onde poderá ficar até 2043. Há cinco meses no tribunal, o ministro não se julgou impedido de reforçar a blindagem do ex-chefe.

Desde que vestiu a toga, Moraes tem tomado decisões que agradam seus ex-colegas de governo e do PSDB. Em junho, ele deu um voto decisivo para tirar da cadeia a irmã e o primo de Aécio Neves. No mesmo mês, paralisou o julgamento da ação que pode restringir o foro privilegiado dos políticos. Os papéis adormecem em seu gabinete há 84 dias, para a alegria de réus e investigados.

25/08/2017
Ataque à Amazônia

Ninguém foi avisado, ninguém foi consultado. A notícia chegou de surpresa, estampada no *Diário Oficial*. O presidente Michel Temer extinguiu, por decreto, uma reserva mineral maior do que a Dinamarca. A área fica no coração da Amazônia, entre os estados do Amapá e do Pará.

É uma região rica em ouro e cobre. Foi protegida pela ditadura militar, que não se destacava pela preocupação com o meio ambiente. Agora será entregue às mineradoras por um governo chefiado pelo PMDB.

A eliminação da reserva não é um risco apenas para a preservação da floresta. A liberação do garimpo pode contaminar rios, agravar conflitos fundiários e ameaçar a sobrevivência de povos indígenas. É o caso da comunidade Wajãpi, que só foi contatada pela Funai em 1973.

"Podemos assistir a uma nova corrida do ouro, como aconteceu em Serra Pelada", alerta o ambientalista Nilo D'Ávila, diretor do Greenpeace. "O decreto abre espaço a uma ocupação desordenada e predatória em áreas de floresta", afirma.

O senador João Capiberibe, do PSB, descreve a medida do governo como uma "insensatez". "É a maior agressão que a Amazônia já sofreu", diz o amapaense. "O governo está entregando a reserva para um dos setores mais nocivos ao meio ambiente. É um ato de crime de lesa-pátria", resume.

Nesta sexta, um conjunto de ONGs deve divulgar uma nota à imprensa internacional. O senador Randolfe Rodrigues, da Rede Sustentabilidade, vai recorrer à Justiça Federal para tentar sustar os efeitos do decreto. Ele descreve o fim da reserva como uma "catástrofe anunciada".

Anunciada, mas não isolada. Desde a posse de Temer, o governo avança em várias frentes contra a preservação das florestas. Nos últimos meses, editou a MP da Grilagem, propôs a redução de reservas e defendeu o afrouxamento das regras de licenciamento ambiental. "Estamos vivendo numa república ruralista. É desalentador", diz Nilo D'Ávila.

27/08/2017
O monstro de Mato Grosso

O ministro Luiz Fux avisou: uma delação "monstruosa" estava prestes a vir à tona. O monstro deixou o fundo do lago na sexta-feira. Tem quatro volumes, quinze apensos e alguns gigabytes de vídeos com cenas de corrupção explícita.

As imagens foram gravadas na sede do governo de Mato Grosso. Os personagens mudam, mas a ação é sempre a mesma: políticos recebendo propina em dinheiro vivo.

Um deputado armazena as cédulas numa caixa de papelão. Outro usa uma mochila. O atual prefeito de Cuiabá, o peemedebista Emanuel Pinheiro, prefere encher os bolsos do paletó. É tanta grana que um maço de notas chega a cair no chão.

O principal delator do esquema é o ex-governador Silval Barbosa, também do PMDB. Ele contou que deputados, prefeitos e conselheiros do Tribunal de Contas recebiam um mensalinho para não atrapalhar a roubalheira no estado.

A Procuradoria afirma que a organização criminosa era chefiada por Blairo Maggi, ex-governador de Mato Grosso e atual ministro da Agricultura. Ele já havia aparecido na delação da Odebrecht, acusado de receber 12 milhões de reais. Seu apelido nas planilhas da empreiteira não está entre os mais criativos: "Caldo".

O mensalinho pantaneiro também foi delatado pelo ex-deputado José Riva, conhecido pelo título de "maior ficha-suja do Brasil". Alvo de dezenas de processos, ele já foi preso três vezes. Em abril, voltou às ruas graças a um habeas corpus concedido por Gilmar Mendes, seu conterrâneo.

Quando a Polícia Federal começou a cercar a quadrilha mato-grossense, em 2015, o supremo ministro ligou para Silval. Interceptada dentro da lei, a conversa revela um juiz amável com o investigado.

"Que absurdo!", "Meu Deus do céu!", exclama Gilmar, ao ser informado sobre as buscas na casa do então governador. O ministro promete falar com o colega que relatava o caso no tribunal e se despede com afeto: "Um abraço aí de solidariedade".

29/08/2017
Fufuca vem aí

O Congresso vai viver mais uma semana histórica. A partir de hoje, a Câmara será presidida pelo deputado André Fufuca. Aos 28 anos, o maranhense fará sua estreia no comando de um dos Poderes da República. Ficará no cargo durante sete dias, ou até que alguém consiga tirá-lo de lá.

O deputado de bochechas rosadas deve a honra à viagem de Michel Temer à China. Na ausência do presidente, Rodrigo Maia assumirá seu lugar no Planalto. Ele deveria ser substituído por Fabinho Ramalho, mas o peemedebista preferiu pegar carona na comitiva. Nessa dança, a cadeira que pertenceu a Ulysses Guimarães sobrou para Fufuca.

O maranhense é o segundo vice-presidente da Câmara. No papel, suas tarefas se limitam a examinar recibos de despesas médicas dos colegas. O cargo é cobiçado por outro motivo: dá direito a nomear uma penca de assessores sem concurso.

Fufuca chegou lá graças a um padrinho poderoso: o ex-deputado Eduardo Cunha. Quando o correntista suíço mandava em Brasília, o maranhense cerrava fileiras em sua tropa de choque. A fidelidade era tanta que, segundo o deputado Júlio Delgado, ele chamava o então presidente da Câmara de "papi".

O jovem parlamentar diz que não era para tanto. Ele já afirmou que considera a palavra "papi" muito "efeminada". "Venho de um estado onde nós não temos o costume de usar esse termo", esclareceu, numa sessão do Conselho de Ética.

Apesar da idade, Fufuca não é um exemplo de renovação na política. Ele antecipou a primeira candidatura porque o pai, prefeito de Alto Alegre do Pindaré, temia ser barrado pela Lei da Ficha Limpa.

Virou deputado estadual, e depois federal, com as bênçãos do clã Sarney. Passou por outros dois partidos, PSDB e PEN, antes de se filiar ao PP. No início do mês, Fufuca ajudou a barrar a primeira denúncia criminal contra Temer. Ele disse votar "pela estabilidade política e econômica" do país.

30/08/2017
Fetiche no bigode

Se eles tivessem combinado, não sairia melhor. No mesmo dia, Michel Temer, Renan Calheiros e Romero Jucá atacaram o Ministério Público Federal. O alvo dos peemedebistas foi um só: o procurador-geral da República, Rodrigo Janot.

Temer inaugurou a artilharia antes de embarcar para a China. "Sabemos que tem gente que quer parar o Brasil, e esse desejo não tem limites. Quer colocar obstáculos ao nosso trabalho, semear a desordem nas instituições, mas tenho força necessária para resistir", afirmou.

O presidente não citou o nome de Janot, mas o recado teve endereço certo. Desde que foi denunciado ao Supremo, ele repete o discurso de que o procurador tenta "parar o Brasil". Na visão de Temer, parar o Brasil é sinônimo de parar Temer.

O segundo a atacar foi o líder do governo no Senado, Romero Jucá. Alvo de três denúncias por corrupção em sete dias, ele reagiu de forma inusitada: em vez de se defender das acusações, sugeriu que o chefe da Lava Jato teria "fetiche" em seu bigode.

"Eu diria que pelo menos é uma fixação. Ele até deu declaração sobre o meu bigode. Não sei se é um fetiche ou alguma coisa", afirmou Jucá.

Em fevereiro, o senador já havia se arriscado nessa temática ao comentar a proposta de restrição do foro privilegiado. "Se acabar o foro, é para todo mundo. Suruba é suruba. Aí é todo mundo na suruba, não uma suruba selecionada", dissertou.

Faltava Renan. Ao ser questionado sobre as últimas denúncias da Procuradoria, o ex-presidente do Senado se arriscou como psiquiatra. "É um típico caso de esquizofrenia", diagnosticou, referindo-se a Janot.

Os ataques simultâneos reforçam o que o leitor já percebeu: não há nada mais eficiente para unir o PMDB do que as sirenes da Lava Jato. Ontem o som ficou mais alto por três motivos: a entrega da delação de Lúcio Funaro, a aparição de Joesley Batista na Procuradoria e os rumores de que a segunda denúncia contra Temer está prestes a vir à tona.

31/08/2017
Notícias da Fufucolândia

André Fufuca viveu seu dia de glória. Livre do nervosismo da estreia, o presidente interino da Câmara passou a quarta-feira saboreando elogios dos colegas. Um clima festivo marcou o início da sessão no plenário. Nos microfones, os representantes do povo se revezaram para celebrar o jovem deputado.

"Quero registrar a satisfação de tê-lo na presidência desta Casa. É um orgulho para o Maranhão", empolgou-se Júnior Marreca, do PEN.

"É uma honra para todos nós tê-lo", reforçou a deputada Conceição Sampaio, do PP. "Será certamente uma grande experiência para vossa excelência e para todos nós aqui que o admiramos."

O ex-ministro Orlando Silva, do PCdoB, comparou o colega ao rei do futebol. "Quando vejo provocações com relação ao apelido de vossa excelência, lembro-me de grandes brasileiros como Edson Arantes do Nascimento, que é mundialmente conhecido por seu apelido: Pelé."

Chico Lopes, também do PCdoB, definiu Fufuca como "um jovem que se torna brilhante". "A sociedade parece que gosta de ver o jovem é no crack, na marginalidade. Quando ele se destaca, no lugar de elogiar, faz é mangofa", protestou.

As queixas foram endossadas por Mário Negromonte Júnior, do PP. Ele disse que o presidente interino da Câmara é vítima de "notícias negativas", propagadas por "moralistas de plantão". "Como jovem, quero dizer que nós não vamos permitir isso. A imprensa política precisa respeitar esta Casa", esbravejou o deputado.

Alberto Fraga, do DEM, chamou os críticos do colega de "idiotas" e "imbecis". "Eu acho que é falta de não ter o que fazer", reclamou, num momento de humor involuntário.

Para quem vê a TV Câmara como *A Praça é Nossa*, foi uma sessão e tanto. No aspecto legislativo, Fufuca ficou devendo. Apesar dos elogios, o deputado não conseguiu pautar nenhum item da reforma política. A votação foi adiada mais uma vez — e semana que vem tem feriadão.

03/09/2017
Processo vergonhoso

O governo entrou em setembro à beira de um ataque de nervos. Na noite de sexta, a Presidência emitiu uma nota agressiva, com ataques aos delatores Lúcio Funaro e Joesley Batista. No revide, o dono da JBS chamou Michel Temer de "ladrão-geral da República".

O Planalto tenta se antecipar ao que vem por aí: a segunda denúncia criminal contra o presidente. A estratégia, mais uma vez, resume-se a um esforço de desqualificar quem acusa. A novidade é o ataque a Funaro, apontado como operador dos esquemas do PMDB da Câmara.

A nota oficial diz que o doleiro é um "criminoso notório e perigoso", movido pela "vontade inexorável de perseguir o presidente da República". Em outro trecho, o documento assume tom de folhetim e se refere ao delator como "essa pessoa".

Na versão do palácio, Funaro prestou um depoimento falso para servir a quem tenta derrubar Temer. O problema é que "essa pessoa" não foi inventada pelo Ministério Público ou pela oposição. Quem pôs Funaro na roda foi o advogado José Yunes, primeiro-amigo do presidente.

Em março, Yunes contou ter recebido um "pacote" das mãos do doleiro, a pedido do ministro Eliseu Padilha. O advogado disse que não abriu a correspondência, mas afirmou ter sido usado como "mula involuntária" do chefe da Casa Civil.

A paulada de Palocci atinge o ex-presidente num momento em que ele tentava trocar o papel de investigado pelo de candidato. O ensaio durou pouco. Um dia depois de encerrar a caravana pelo Nordeste, Lula volta a ser bombardeado pela Lava Jato.

As novas acusações ainda precisam ser comprovadas, mas já instalaram um clima de desânimo no petismo. O ex-ministro é um dos políticos mais importantes da história do partido. Idealizou a "Carta ao Povo Brasileiro", que embalou a campanha vitoriosa de 2002, e pontificou como ministro da Fazenda (governo Lula) e da Casa Civil (governo Dilma).

Em abril, Lula disse à Rádio Guaíba que não se preocupava com uma possível delação do aliado. "Palocci é meu companheiro há trinta anos. É um dos homens mais inteligentes deste país. E se ele resolver falar tudo o que sabe, pode, sim, prejudicar muita gente. Mas não a mim", afirmou.

Pois é.

08/09/2017
Estranhos no ninho

Já virou uma novela. Dia sim, outro também, Geraldo Alckmin e João Doria lavam roupa suja pelos jornais. As juras de amor e lealdade ficaram no passado. O relacionamento dos tucanos entrou naquela fase em que tudo termina em queixas e insinuações.

O motivo da crise é o fato de que os dois só pensam naquilo: a Presidência da República. Como o PSDB só pode lançar um candidato, governador e prefeito passaram a se bicar como estranhos no ninho.

Se ainda havia alguma tentativa de disfarçar o mal-estar, ela foi abandonada nesta semana. Doria admitiu mudar de partido se o padrinho não abrir mão da disputa em seu favor. Alckmin se irritou e disse que o "novo" na política é "falar a verdade".

Mais tarde, em entrevista a uma rádio, o governador foi questionado sobre o afilhado. Sua resposta revelou o tamanho da mágoa: "Uma vez meu pai me falou: 'Lembre-se de santo Antônio de Pádua. Quando não puder falar bem, não diga nada'".

de reais em propina quando era vice-presidente da Caixa Econômica Federal. Ele ocupou o cargo no governo Dilma Rousseff, por indicação do então vice Michel Temer.

De acordo com a investigação, Geddel usou um laranja para esconder o dinheiro. As malas estavam no apartamento de um empresário, a pouco mais de um quilômetro da casa do ex-ministro. Se não fosse por uma denúncia telefônica, o bunker ficaria escondido para sempre.

Em tempo: o dono do tesouro da Urca nunca se identificou. Mesmo assim, não é preciso ser detetive para identificar os principais suspeitos. As cédulas começaram a vir à tona três dias depois da prisão do ex-governador Sérgio Cabral.

A denúncia contra Lula e Dilma produziu um milagre. Separados desde o impeachment, PT e PMDB voltaram a falar a mesma língua para acusar a Procuradoria de perseguição.

07/09/2017
A paulada de Palocci

O depoimento de Antonio Palocci é devastador para a defesa, a imagem e o futuro de Lula. Desta vez, o ex-presidente não pode alegar que foi fritado por um empresário aflito para sair da cadeia. Quem o jogou na fogueira foi um velho companheiro, que atuou como figura-chave nos governos do PT.

Palocci afirmou à Justiça que Lula fechou um "pacto de sangue" com Emílio Odebrecht, dono da maior empreiteira do país. Ele afirmou que o "pacote de propinas" incluiria um terreno para o instituto do ex-presidente, as reformas no sítio de Atibaia e a reserva de 300 milhões de reais.

De acordo com o ex-ministro, a relação "bastante intensa" da construtora com os governos petistas teve um preço. A empresa teria recebido vantagens em troca de "benefícios pessoais" e doações de campanha via "caixa um e caixa dois".

Preso há quase um ano, o petista já foi condenado a outros doze por corrupção e lavagem de dinheiro. Ele negocia um acordo de delação e decidiu antecipar informações ao depor em um dos processos contra Lula.

vez, o presidente deve ser acusado de organização criminosa e obstrução da Justiça.

O Planalto e seus aliados sonham em usar o áudio como pretexto para melar a investigação. Isso significaria condenar a Lava Jato ao arquivo, como tem acontecido com todas as grandes operações contra a corrupção no país, a exemplo da Castelo de Areia.*

Por outro lado, já estava claro que houve um exagero nos benefícios concedidos aos irmãos Batista. A descoberta desta segunda-feira pode dar ao Ministério Público uma chance para corrigir o seu próprio erro.

06/09/2017
Tesouros perdidos

Não era história de pescador. Em novembro passado, notas de cinquenta e cem reais começaram a boiar na baía de Guanabara. A dinheirama fez a festa de barqueiros da Urca, na zona sul do Rio. Os mais corajosos mergulharam nas águas poluídas, em clima de caça ao tesouro.

Tesouro Perdido foi o nome escolhido pela Polícia Federal para a operação deflagrada ontem em Salvador. Os homens de preto fizeram buscas num endereço indicado pelo juiz Vallisney de Souza Oliveira, da 10ª Vara Federal de Brasília. A batida resultou na maior apreensão de dinheiro vivo da história do país.

A grana estava escondida em oito malas e seis caixas de papelão. A polícia precisou de dois camburões para transportá-las a um local seguro. Até as nove da noite, os investigadores já haviam contabilizado mais de 40 milhões de reais. A contagem prosseguia, com a ajuda de sete máquinas.**

A fortuna é atribuída ao ex-ministro Geddel Vieira Lima, que cumpre prisão domiciliar na capital baiana. O peemedebista é suspeito de receber 20 milhões

---

* Castelo de Areia foi uma operação da Polícia Federal que investigou, em 2009, uma série de crimes financeiros atribuídos à empreiteira Camargo Corrêa. Numa das planilhas apreendidas pela polícia, o nome de Michel Temer era citado 21 vezes. A operação foi anulada pelo Superior Tribunal de Justiça, com a alegação de que as provas foram obtidas com base em denúncias anônimas.

** Ao fim da contagem, a dinheirama chegou a 51 milhões de reais.

Doleiros não entregam flores, entregam dinheiro vivo. Segundo o depoimento de Cláudio Melo Filho, o "pacote" continha 1 milhão de reais e fazia parte de um acerto da Odebrecht com o grupo de Temer. À exceção de Yunes, os outros personagens da história continuam no Planalto.

A nova denúncia dará início a outra rodada de negociações para salvar Temer. O presidente estuda antecipar a volta da China para se reunir com deputados, que também não costumam receber flores. Em meio aos ataques a Funaro e Joesley, a nota do Planalto disse que está em curso um "processo vergonhoso". Deste ponto, parece impossível discordar.

05/09/2017
Delação em xeque

A reviravolta na delação da JBS embaralha as cartas num momento decisivo para a Lava Jato. A operação já estava sob ataque em várias frentes simultâneas. Agora pode ser obrigada a recuar em seu maior acordo de colaboração.

O procurador Rodrigo Janot informou que o Ministério Público descobriu fatos "gravíssimos". Eles estão registrados numa conversa entre o empresário Joesley Batista e o lobista Ricardo Saud, que conduzia os acertos do frigorífico com os políticos.

O áudio traz duas novidades importantes. Primeira: os delatores omitiram crimes ao negociar o perdão judicial. Segunda: surgiram indícios de que Marcelo Miller, um ex-auxiliar de Janot, teria atuado como agente duplo em favor dos réus.

Para completar, a conversa conteria "referências indevidas" ao Supremo Tribunal Federal. Mesmo sem detalhes, a menção à corte eletrizou de vez o ambiente em Brasília.

Janot disse que as descobertas podem ter uma consequência drástica: a anulação do acordo com a JBS. Ele ressaltou que isso envolve os benefícios prometidos aos delatores, e não o uso das provas que eles forneceram aos investigadores.

De qualquer forma, o governo e seus porta-vozes festejaram a notícia como um gol em final de campeonato. Ver Janot na defensiva era tudo o que eles queriam às vésperas da segunda denúncia contra Michel Temer. Desta

O deputado Campos Machado, aliado de Alckmin, foi ainda mais explícito. "Não existe nada pior no mundo do que a traição. O senhor traiu o governador vergonhosamente", disse, em discurso dirigido a Doria.

Não é a primeira vez que o eleitor brasileiro assiste a um confronto entre criador e criatura. O ex-governador Leonel Brizola, que rompeu com sucessivas crias, costumava dizer que "a política ama a traição, mas abomina o traidor".

A novidade no conflito atual parece estar na afobação do prefeito. Apesar da overdose de exposição, Doria está no cargo há apenas oito meses e oito dias. É pouco tempo para apresentar resultados consistentes, além da espuma do marketing.

Por outro lado, Alckmin ainda não conseguiu convencer os partidos aliados de que teria fôlego para vencer a eleição presidencial. O retrospecto não o ajuda. Em 2006, ele se tornou um caso único de candidato ao Planalto que teve menos votos no segundo turno do que no primeiro.

12/09/2017
Uma CPI sob suspeita

Desde o escândalo do mensalão, as comissões parlamentares de inquérito têm perdido força e prestígio no Congresso. A marcha para a irrelevância deve ganhar um novo capítulo hoje, com a abertura da CPI da JBS.

No discurso, a comissão foi criada para investigar os negócios suspeitos do frigorífico. Na prática, seus idealizadores querem usá-la para retaliar os delatores da empresa e intimidar procuradores da Lava Jato.

As intenções da turma estão claras desde o início. O senador Ataídes Oliveira (PSDB-TO) começou a coletar as assinaturas dias depois de Joesley Batista entregar as gravações com o presidente Michel Temer.

Escolhido para presidir a CPI, o tucano não tem se esforçado nem para simular independência. No último sábado, enquanto a maioria dos políticos passava o feriadão longe de Brasília, ele foi recebido em beija-mão no Palácio do Jaburu.

O governo ainda pretende instalar outro aliado no cargo de relator. Nesta segunda, o mais cotado era o deputado Carlos Marun (PMDB-MS), líder da tropa de choque de Temer e amigo dileto de Eduardo Cunha.

Ninguém discorda que a JBS precisa ser investigada. O dono do grupo corrompeu dezenas de políticos, confessou crimes em série e ainda tentou tapear o Supremo Tribunal Federal, como mostraram as fitas liberadas na semana passada.

O problema é saber se essa CPI tem chance de levar a tarefa a sério. Para o senador Randolfe Rodrigues (Rede-AP), tudo indica que não.

"O Planalto quer usar a CPI para intimidar o Ministério Público. Nos últimos anos, a maioria das CPIs tem se dividido entre o circo e o achaque. Acho que desta vez teremos circo, achaque e intimidação", prevê.

A CPI parecia natimorta até a semana passada, mas foi ressuscitada pela barbeiragem da Procuradoria no caso JBS.* As novas denúncias contra dirigentes do PMDB e do PT forjaram a aliança que faltava para o início dos trabalhos.

13/09/2017
O roubo foi maior, presidente

O inquérito do "quadrilhão" do PMDB implode o discurso de que Michel Temer seria vítima de perseguição da Procuradoria. Agora é a Polícia Federal, e não mais o Ministério Público, quem sustenta que o presidente está no topo de uma organização criminosa.

O relatório da PF faz um raio X na atuação do chamado PMDB da Câmara. São quase quinhentas páginas de uma longa crônica de assaltos aos cofres públicos. O documento descreve falcatruas milionárias na Petrobras, na Caixa Econômica, em Furnas, no Ministério da Agricultura, na Secretaria de Aviação Civil e no Congresso.

De acordo com a investigação, o esquema operava em diversas modalidades: do pedágio em obras à venda de medidas provisórias, da fraude em licitações à cobrança de propina para liberar empréstimos.

Sua aposta mais lucrativa foi a eleição de Eduardo Cunha para a presidência da Câmara, em 2015. Com um investimento de 30 milhões de reais, repassados pela JBS, o grupo teria subornado dezenas de parlamentares para

---

* A Procuradoria-Geral da República admitiu que o procurador Marcelo Miller, ex-assistente de Janot, deu conselhos à JBS antes de deixar o cargo público para atuar como advogado.

conquistar a cadeira. Nela, ampliou o poder de chantagem e multiplicou o faturamento dos negócios.

A PF afirma que o "quadrilhão" reunia seis amigos de longa data. A Lava Jato já prendeu metade do time: Cunha, Henrique Alves e Geddel Vieira Lima, o homem de 51 milhões. Os outros três estão no Palácio do Planalto: Temer e os ministros Eliseu Padilha e Moreira Franco, todos protegidos pelo foro privilegiado.

Ontem o presidente ensaiou fazer um pronunciamento para rebater as conclusões do relatório. Assessores conseguiram demovê-lo da ideia. Sem a opção de atacar Janot, ele teria que criar outra teoria conspiratória envolvendo a Polícia Federal, que é subordinada a seu governo.

Por fim, Temer divulgou uma nota em que protesta contra "toda forma de injustiça", chama os delatores de "bandidos" e afirma que "facínoras roubam do país a verdade".

Se o roubo se limitasse a isso, o país ainda estaria no lucro.

14/09/2017
Janot 9 × 0 Temer

Às vésperas de virar alvo da segunda denúncia, Michel Temer sofreu uma dura derrota no Supremo. Por unanimidade, a corte negou o pedido para afastar Rodrigo Janot das investigações que o envolvem. O procurador venceu o presidente de goleada: 9 a 0.

A defesa queria que Janot fosse declarado suspeito por "ausência de imparcialidade". Se o tribunal aceitasse a tese, os dois inquéritos contra Temer iriam para as calendas. Assim, ele não teria mais motivos para se preocupar com a Lava Jato.

O advogado Antônio Cláudio Mariz disse que seu cliente "quer trabalhar, mas não consegue", porque "a cada momento uma nova denúncia aparece". Ele ainda acusou a imprensa, a culpada de sempre, de "dar eco para propagar o mal" contra Temer.

"Deixem-no em paz!", suplicou o causídico, antes de dizer que as acusações de corrupção têm causado grande "sofrimento" ao presidente, à sua esposa e a um "irmão doente".

Se a ideia era arrancar lágrimas, não funcionou. Os nove juízes presentes ouviram o discurso sem demonstrar qualquer emoção. O ministro Gilmar Mendes, que costuma se sensibilizar com os dramas de Temer, preferiu não aparecer para votar.

"Os fatos descritos não configuram causa de suspeição", resumiu a ministra Rosa Weber. "O presidente não foi o alvo exclusivo do procurador. Outros partidos e outros políticos foram igualmente atingidos", endossou Ricardo Lewandowski.

A sessão ganhou tom de desagravo ao procurador. "Não posso deixar de reconhecer a atuação responsável, legítima e independente de Janot, que tem exercido a chefia do Ministério Público com grande seriedade", disse o decano Celso de Mello.

Os elogios não livram Janot de explicar melhor as relações suspeitíssimas entre seu ex-auxiliar Marcello Miller e a JBS. Mesmo assim, o procurador venceu de lavada. Para Temer, fica um lembrete: a vida pode ser mais difícil quando os julgadores não trocam votos por cargos e emendas.

15/09/2017
Todas as malas do presidente

A segunda denúncia contra Michel Temer é mais forte e mais abrangente do que a primeira, engavetada pela Câmara no mês passado. Desta vez, o presidente é acusado de chefiar uma organização criminosa que roubou os cofres públicos durante mais de uma década.

Na flechada inicial, a Procuradoria afirmou que Temer seria o destinatário de 500 mil reais entregues a um assessor. A quantia parece gorjeta diante dos valores citados na nova acusação submetida ao Supremo.

De acordo com a Lava Jato, o "quadrilhão" do PMDB da Câmara embolsou mais de meio bilhão de reais em propinas. Em valores exatos: 587 101 098,48 reais. Isso encheria quase 1200 malas iguais à que foi filmada com Rodrigo Rocha Loures.

A bolada teria sido dividida entre Temer e seis aliados. Quatro já foram presos: Eduardo Cunha, Geddel Vieira Lima, Henrique Eduardo Alves e o próprio Loures. Outros dois estão no Planalto: os ministros Moreira Franco e Eliseu Padilha.

A nova denúncia reúne mais provas do que a anterior. Entre elas, recibos de depósitos no exterior e planilhas do Drousys, o sistema secreto que registrava o repasse de propinas da Odebrecht. A peça é reforçada pela delação de Lúcio Funaro, o doleiro que entregou um "pacote" ao melhor amigo do presidente.

O Planalto já se arma para a nova batalha na Câmara. À primeira vista, o cenário parece indicar outra vitória do governo. Temer conseguiu enterrar a denúncia por corrupção passiva com 263 votos, quase uma centena a mais que os 172 necessários.

Contam a seu favor o silêncio das ruas, o apoio do empresariado e o desejo de "estancar a sangria" causada pela Lava Jato, que une políticos de todos os grandes partidos.

No entanto, alguns fatores podem abrir caminho para uma zebra. Entre eles, a ameaça de uma delação de Geddel e o clima de insatisfação na bancada governista. Os homens do presidente estão indo em cana, mas a demanda por malas só aumenta.

17/09/2017
Sob as barbas do PT

A segunda denúncia contra Michel Temer não deveria despertar tanto entusiasmo no PT. A acusação fragiliza o presidente, mas deixa claro que o "quadrilhão" do PMDB da Câmara deve parte de seus lucros aos governos Lula e Dilma.

O procurador Rodrigo Janot fez um breve histórico da aliança. Ela começa em 2006, quando o petismo teve que recompor sua base no Congresso depois da crise do mensalão.

O PMDB do Senado, comandado por Renan e Sarney, já era lulista desde criancinha. Faltava a ala da Câmara, que esperou o presidente se reeleger para negociar a adesão.

Os jornais da época registraram a euforia de Temer e seus amigos denunciados pela Lava Jato. "União assim, só para apoiar o Tancredo contra a ditadura militar", celebrou o então deputado Henrique Eduardo Alves, hoje preso em Natal.

O primeiro fruto da aliança foi a nomeação de Geddel Vieira Lima, hoje na Papuda, como ministro da Integração Nacional. Ele impôs um pedágio de

3% nas obras da pasta, segundo as investigações. Parte do propinoduto ficou documentada no sistema Drousys, da Odebrecht.

No segundo governo Lula, o "quadrilhão" ainda ocuparia a diretoria internacional da Petrobras, a presidência de Furnas e a vice-presidência de Loterias da Caixa, na qual se revezaram Moreira Franco e Geddel.

Com Dilma, Temer virou vice-presidente e passou a indicar os ministros da Agricultura e da Aviação Civil. A denúncia descreve a atuação de Moreira na concessão de aeroportos como "um verdadeiro escambo com a coisa pública".

Só a Odebrecht teria repassado ao menos 11 milhões de reais em propinas. As planilhas da empresa registram a entrega de dinheiro nos escritórios de Eliseu Padilha e José Yunes.

Na sexta-feira, o PT afirmou que Temer chefia um governo "corrupto e ilegítimo, que deve ser afastado quanto antes". Tudo bem, mas faltou explicar por que a turma faturou tanto sob as barbas do partido.

21/09/2017
O recado do Supremo

Michel Temer perdeu mais uma no Supremo. Na semana passada, o presidente pediu à corte que impedisse Rodrigo Janot de denunciá-lo. Foi derrotado por 9 a 0. Ontem ele tentou barrar o envio da denúncia à Câmara. Até aqui, o placar é 7 a 1 contra o governo.

O julgamento ainda não terminou, mas a maioria já está formada. O tribunal entende que não há motivo para suspender o rito estabelecido pela Constituição.

O relator Edson Fachin já havia rejeitado o pedido da defesa. Ele foi apoiado pelos seis colegas que votaram a seguir. Nem Alexandre de Moraes, nomeado por Temer, aceitou endossar a tese presidencial.

O ministro Luís Roberto Barroso foi obrigado a lembrar o óbvio: é preciso apurar os fatos para absolver os inocentes e condenar os culpados. "O que não pode é condenar ou absolver sem investigar", afirmou.

Barroso observou que a denúncia não se limita à delação da JBS, que o governo tenta anular. Ele citou um "vasto conjunto de provas" que inclui depoimentos, recibos, mensagens de celular e planilhas que registram repasses de propina a políticos.

Os ministros Rosa Weber, Luiz Fux, Dias Toffoli e Ricardo Levandovski também concordaram com o voto do relator. "Seria prematura uma interferência do Judiciário nesta fase", resumiu Fux.

Com o placar em 7 a 0, chegou a vez de Gilmar Mendes. Ele fez o que todos esperavam: atacou a Procuradoria, defendeu o governo e votou a favor da blindagem do presidente. O ministro ficou isolado, mas falou tanto que conseguiu adiar o fim do julgamento para o dia seguinte.

A oposição não deve se animar muito. Tudo indica que o Planalto ainda terá relativa facilidade para sepultar a denúncia na Câmara, onde as malas importam mais que as teses jurídicas. Mesmo assim, os ministros do Supremo deixaram um recado: não estão dispostos a sacrificar suas biografias para ajudar Temer. Com uma solitária exceção.

24/09/2017
O colapso do Rio

Seis dias seguidos de tiroteios, uma comunidade de 70 mil moradores sob fogo cruzado, quase 3 mil crianças sem aulas. Os números do bangue-bangue na Rocinha são um novo atestado de colapso da segurança pública no Rio. Um ano depois de sediar os Jogos Olímpicos, a cidade volta a ficar de joelhos para o crime organizado.

A guerra na maior favela do país foi deflagrada por um racha entre traficantes. Mas a crise só tomou essas dimensões por causa da falência do estado, da omissão das autoridades e do fracasso das UPPs, que foram vendidas como solução para conter a violência.

A promessa de "pacificar" as favelas sucumbiu à corrupção e à falta de planejamento. Relatos de abuso de poder e de cobrança de mesada do tráfico minaram a confiança no programa. Ao mesmo tempo, a concentração do efetivo policial em apenas 38 comunidades estimulou os bandidos a se alastrarem pela periferia da capital e pelo interior.

As UPPs foram virtualmente abandonadas no mês passado, com a retirada de 30% dos policiais. Foi um enterro sem velas. Com a criminalidade em alta, o governo alegou que precisava de homens para patrulhar as ruas e vias expressas.

Em julho, o governo apelou a um truque antigo: pediu socorro às Forças Armadas. Os militares desfilaram na orla e estacionaram tanques no gramado do Aterro e em praças da zona sul. Com apenas três dias de operação, o presidente Michel Temer anunciou uma redução "enorme" da criminalidade. Em poucas semanas, os blindados sumiram. Reapareceram nesta sexta, quando a situação já estava fora de controle.

Enquanto a Rocinha vivia dias de faroeste, Sérgio Cabral foi condenado a mais 45 anos de prisão por corrupção. Ele comandou um esquema que depenou o estado e deixou como herança seu antigo vice, incapaz de comandar as polícias. O colapso da segurança é um crime pelo qual o ex-governador nunca pagará.

26/09/2017
Uma encrenca amazônica

Depois de um mês de protestos, Michel Temer desistiu de extinguir a reserva nacional do cobre. O episódio ilustra o funcionamento da usina de crises do Planalto. O governo fabrica encrencas para si próprio, tenta ignorar as reações negativas e só joga a toalha quando o desgaste já está consumado.

A sequência de erros começou com uma canetada. Sem consultar ninguém, o presidente decretou o fim de uma reserva mineral do tamanho do Espírito Santo. A medida alegrou as mineradoras, mas uniu artistas, celebridades e ambientalistas num levante contra o governo.

A grita rearticulou setores que buscavam um novo mote para atualizar o "Fora, Temer!". A modelo Gisele Bündchen ampliou a mobilização no exterior ao tuitar que o governo estava "leiloando a Amazônia".

A primeira resposta do Planalto foi marcada pela soberba. O ministro Eliseu Padilha, que responde a inquérito no Supremo por suspeita de crime ambiental, tentou reduzir as críticas a "desinformação e sacanagem".

O presidente declarou ao SBT que seria "um equívoco" associar o decreto ao desmatamento. Na mesma entrevista, ele defendeu os encontros do Jaburu dizendo que conversa "com quem quiser, na hora que achar mais oportuna e onde quiser".

Como o governo julgou desnecessário ouvir o Congresso, sua tropa passou dias sem saber como defendê-lo. O Planalto também dispensou os conselhos de Sarney Filho, o ministro decorativo do Meio Ambiente.

Com a crise instalada, Temer alegou que a extinção da reserva não seria um salvo-conduto para as motosserras. Seu retrospecto conspirou contra o discurso. Ele já legalizou terras de grileiros e tentou reduzir unidades de conservação na floresta.

Diante do bombardeio, o presidente ensaiou suspender o decreto. Não colou. Depois editou um novo texto. Voltou a apanhar. Agora corria o risco de ver o Senado derrubar a medida. Restou a saída de revogá-la, já com o leite derramado.

27/09/2017
Dirceu e Palocci

José Dirceu e Antonio Palocci foram os aliados mais importantes de Lula na eleição de 2002. O primeiro montou a aliança que tirou o PT do gueto da esquerda. O segundo negociou a trégua entre o partido e o empresariado.

Depois da vitória, os dois foram recompensados com os principais cargos do novo governo. Dirceu passou a pontificar na Casa Civil como um primeiro-ministro. Palocci assumiu a Fazenda com carta branca para comandar a política econômica.

No período da bonança, Lula não poupava elogios para afagá-los. O ex-líder estudantil, que pegou em armas contra a ditadura militar, virou o "capitão do time". O médico de Ribeirão Preto, que não parecia ter intimidade com a bola, foi comparado ao craque Ronaldinho Gaúcho.

Depois viria a tempestade, e o chefe lançou os auxiliares ao mar. "Eu afastei o Zé Dirceu, afastei o Palocci, afastei outros funcionários e vou continuar afastando", disse, durante a campanha à reeleição em 2006.

Ontem os ex-ministros voltaram a se cruzar no noticiário. Dirceu, que cumpre prisão domiciliar, teve a pena aumentada para trinta anos. Palocci, que negocia um acordo de delação premiada, anunciou a decisão de se desfiliar do PT.

Condenados por corrupção, eles escolheram caminhos opostos. Dirceu manteve o silêncio em nome da "causa". Arrisca-se a passar o resto da vida preso, mas é tratado como herói pelos antigos companheiros. Palocci deve voltar mais cedo para casa, mas jamais se livrará da pecha de traidor.

Muito antes da Lava Jato, os dois chegaram a ser cotados para suceder Lula no Planalto. Então vieram o mensalão e o escândalo do caseiro, e a candidatura sobrou para Dilma Rousseff. Mas essa já é outra história.

Ao disputar a Presidência, o tucano Aécio Neves disse aos eleitores que sua vitória significaria "um não à corrupção e um sim a um governo correto, regido pela ética".

Pois é.

28/09/2017
O sistema se protege

A reação ao afastamento de Aécio Neves é muito mais do que uma tentativa de salvar a pele do tucano. O Congresso vê o caso como uma chance de ouro para medir forças com o Judiciário e impor algum tipo de freio à Lava Jato.

Além de suspender o mandato do mineiro, a primeira turma do Supremo determinou seu recolhimento noturno. A medida inflamou os parlamentares que acusam o tribunal de extrapolar na interpretação da lei.

Eles argumentam que a Constituição só permite a prisão de congressistas em flagrante de crime inafiançável. Mesmo assim, a decisão precisa do aval do plenário da Câmara ou do Senado, como ocorreu no caso do ex-petista Delcídio do Amaral.

O problema é que o Código de Processo Penal define o recolhimento como medida "diversa da prisão". Por isso, os ministros que votaram pela punição entendem que não cabe consulta alguma aos senadores.

Por trás da polêmica jurídica, o que se discute é o futuro de dezenas de parlamentares sob suspeita de corrupção. Eles temem ser vítimas do "efeito Orloff": o castigo aplicado a Aécio hoje poderia ser estendido a qualquer um amanhã.

Isso explica a reação suprapartidária em defesa do senador, que quase chegou à Presidência e em menos de três anos se tornou um dos políticos mais impopulares do país.

A salvação de Aécio interessa em primeiro lugar ao PSDB e ao governo Temer, que conta com ele para arquivar mais uma denúncia contra o presidente. A novidade é a adesão do PT, que decidiu abraçar o inimigo em nome da cruzada contra a Lava Jato.

O partido chamou o tucano de hipócrita e golpista, mas defendeu que o Senado derrube a decisão do Supremo. É o que deve acontecer, sob risco de uma crise institucional.

Nada disso ocorreria se o Senado tivesse cumprido seu dever quando Aécio foi gravado pedindo 2 milhões de reais a Joesley Batista. Em vez de cassá-lo, o Conselho de Ética arquivou o caso sem nem sequer abrir uma investigação.

29/09/2017
Andrada está com os 3%

A nova pesquisa CNI-Ibope revelou que apenas 3% dos brasileiros aprovam o governo de Michel Temer. Neste seleto grupo está o deputado Bonifácio de Andrada, do PSDB de Minas Gerais.

Aos 87 anos, o tucano vai relatar a nova denúncia contra o presidente. Seu voto é mais previsível que a chegada do Natal em dezembro. Andrada defenderá o arquivamento das acusações por organização criminosa e obstrução da Justiça. Foi o que ele fez em agosto, quando a Câmara rejeitou a primeira denúncia contra Temer. Ao dar o "sim" ao Planalto, o deputado disse votar "a favor das instituições e do progresso do Brasil".

Aliado de Aécio Neves, o tucano tem uma visão peculiar sobre os escândalos de corrupção que fazem o governo quebrar recordes de reprovação. Ele diz que o presidente é perseguido pela imprensa, que divulgaria "fatos equivocados" para prejudicá-lo. "As emissoras de televisão, como quase todos os jornais, fizeram críticas repetitivas, às vezes exageradas contra Temer. E outras desrespeitosas e sem concordância real com os fatos", escreveu, no mês passado. O texto é longo, mas não faz uma única menção às malas de dinheiro, às gravações do presidente com um empresário corrupto ou às negociatas para salvá-lo na Câmara.

No décimo mandato seguido na Câmara, Andrada já está acostumado a abraçar causas impopulares. Em 1984, ele faltou à votação da emenda das

Diretas, ajudando a ditadura militar a derrubá-la. No ano seguinte, votou em Paulo Maluf no Colégio Eleitoral. Mais recentemente, discursou contra o afastamento de Renan Calheiros, a prisão do deputado Celso Jacob e o cumprimento de um mandado de buscas no Senado.

Antes da votação da primeira denúncia, perguntei a Andrada se havia chance de surpresas. Ele disse que Temer podia dormir tranquilo e defendeu os colegas que negociavam benesses com o governo. "Os deputados não são santos porque o povo também não é santo", ironizou.

01/10/2017
A sorte de não ter um vice

Em setembro de 2015, Michel Temer estava ansioso para mudar de cadeira. Eleito na chapa de Dilma Rousseff, o vice circulava por salões em que se pregava abertamente a derrubada do governo. Num desses encontros, organizado por uma socialite paulistana, ele comentou que a aprovação da presidente estava abaixo do "razoável".

"Hoje realmente o índice é muito baixo. Ninguém vai resistir três anos e meio com esse índice baixo", previu. "Se continuar assim, [com] 7%, 8% de popularidade, de fato é difícil passar por três anos e meio", acrescentou, referindo-se ao tempo que faltava para o fim do mandato.

Dois anos depois, Temer é quem rasteja nas pesquisas de opinião. No papel de presidente, ele faz pensar que a avaliação de Dilma não era tão ruim assim. A nova rodada do Datafolha mostra que o peemedebista é aprovado por apenas 5% dos brasileiros. Ao ser afastada, a petista ostentava 14% de "bom" e "ótimo".

Aos olhos dos eleitores, o governo Temer é o pior da história recente. Ele conseguiu igualar o recorde negativo de José Sarney, registrado em 1989, no auge da hiperinflação.

Há pouco tempo, o presidente desdenhava o mau desempenho nas pesquisas. Ele chegou a descrever os números como um salvo-conduto para tocar projetos rejeitados pela população. "Estou aproveitando a suposta impopularidade para tomar medidas impopulares", disse, quando era aprovado por 10%. Agora que o índice caiu à metade, a única medida impopular na pauta é barrar a nova denúncia na Câmara.

Um dos fatores que seguram o presidente é a sorte de não ter um conspirador na cadeira de vice. O deputado Rodrigo Maia, primeiro na linha sucessória, recusa-se a ser o Temer de Temer. "Não fiz com eles o que eles fizeram com a Dilma", disse, em entrevista ao *Valor Econômico*. "Meu padrão não é o mesmo daqueles que, em torno do presidente, comandaram o impeachment", acrescentou.

04/10/2017
A reação dos intocáveis

Ao recorrer contra o afastamento imposto pelo Supremo, a defesa de Aécio Neves afirmou que ele não pode "ser tratado como um funcionário público qualquer". A expressão ajuda a entender o levante que uniu senadores de partidos rivais em defesa do tucano.

O Senado se reuniu ontem para discutir se deveria confrontar o tribunal. Réus e investigados da Lava Jato fizeram os discursos mais inflamados, tratando os parlamentares como intocáveis. "O que nós estamos vendo no Brasil hoje? Está se perdendo o respeito", esbravejou Romero Jucá, que parece ter perdido a fé num acordão para estancar a sangria "com o Supremo, com tudo".

O senador Fernando Collor disse que os colegas deveriam se insurgir em defesa de Aécio. Ele chamou os últimos dois procuradores-gerais da República de "canalha", "calhorda" e "sujeitinhos à toa". Para sensibilizar o plenário, disse que o Legislativo estaria sendo "achincalhado" e "criminalizado" pelo Judiciário.

O peemedebista Jader Barbalho, preso e algemado no escândalo da Sudam, foi além. "Hoje me parece que existem membros do Poder Judiciário sonhando com ditadura", acusou, sem citar um único nome. O senador Renan Calheiros, alvo de dezessete inquéritos no Supremo, engrossou o coro. "Estamos vivendo no Brasil um Estado policialesco", sentenciou.

Em outro trecho do discurso, Jucá descreveu investigações que envolvem congressistas como "atentados" contra a democracia e "o povo deste país". Ele alegou que a Lava Jato teria a intenção de "acabar com a classe política, os partidos, o governo".

O senador Aécio foi gravado quando pedia 2 milhões de reais a um empresário. No diálogo, ele acrescentou que o dinheiro deveria ser entregue a alguém "que a gente mata antes de fazer delação". Ao defender o tucano, Jucá citou Jesus Cristo e comparou os juízes a Pilatos. "A turba agora julga, condena e executa", protestou. Faltou dizer quem encarnaria o ladrão Barrabás.

05/10/2017
O golpe de Temer

Foi golpe! Quem grita agora, veja só, é o presidente Michel Temer. Depois de declarar guerra à palavra martelada pelos petistas, o peemedebista resolveu reabilitá-la em causa própria. As cinco letras aparecem com destaque na defesa que entregou ontem à Câmara.

No documento, os advogados de Temer sustentam que o Ministério Público Federal tentou "dar um golpe e destituir o presidente da República". É assim que a defesa descreve a denúncia que acusa o presidente de praticar dois crimes: organização criminosa e obstrução da Justiça.

A peça recorre à tática de desqualificar o acusador. Autor da denúncia contra Temer, o procurador Rodrigo Janot é comparado a um "pistoleiro". Em outro trecho, a defesa afirma que o ex-chefe da Lava Jato foi "antiético, imoral, indecente e ilegal".

Para reforçar os ataques a Janot, os advogados reproduzem declarações do ex-deputado Eduardo Cunha, preso e condenado a quinze anos de prisão por corrupção e lavagem de dinheiro. Eles também citam frases do ministro Gilmar Mendes, conhecido frequentador do Palácio do Jaburu.

A defesa sustenta que o procurador seria movido por uma "doentia obsessão". Os deputados que engavetaram a primeira denúncia contra Temer são descritos com palavras mais doces. Segundo os advogados, a Câmara "não é composta por bandoleiros, mas por homens e mulheres que se dedicam ao atendimento das necessidades da população brasileira".

Nesta semana, suas excelências voltaram a fazer fila no Palácio do Planalto. Só na terça-feira, Temer recebeu mais de cinquenta deputados. Eles pediram verbas, emendas e nomeações para votar a favor do governo. Um dos cargos mais cobiçados tem significado especial para os alvos da Lava Jato: a direção do Departamento Penitenciário Nacional.

06/10/2017
O ministro e os homens de bem

O caso do homem nu no Museu de Arte Moderna foi um presente para a bancada dos homens de bem. Desde a semana passada, políticos que surfam a onda conservadora se esforçam para tirar uma casquinha do episódio. Depois dos prefeitos de São Paulo e do Rio,* chegou a vez dos deputados federais.

Na terça-feira, dois deles defenderam tortura e "porrada" nos envolvidos na performance. "Bando de safados, bando de vagabundos, bando de traidores da moral da família brasileira! Tem que ir para a porrada com esses canalhas!", esbravejou João Rodrigues (PSD-SC).

O deputado é o mesmo que foi flagrado vendo fotos e vídeos pornográficos no plenário em 2015. Questionado, ele culpou amigos que "mandam muita sacanagem" para seu celular.

Depois foi a vez de Laerte Bessa (PR-DF), dublê de deputado e delegado. "Se aquele vagabundo fosse fazer aquela exposição lá no Goiás, ele ia levar uma 'taca' que nunca mais ia querer ser artista", ameaçou.

Ele aproveitou para exaltar instrumentos de tortura. "Direitos humanos é um porrete de pau de guatambu que a gente usou muitos anos em delegacia de polícia", ironizou. Em abril, a Justiça condenou Bessa por chamar o governador do Distrito Federal de "frouxo" e "maconheiro".

Na quarta, o deputado Pastor Eurico (PHS-PE) encontrou outro judas para malhar na tribuna. Ele atacou uma exposição de fotografias no Museu da República, em Brasília. "Está aqui: nudez! As crianças estão lá. Cadê os defensores das crianças? Isso é cultura? Isso é arte? Até que ponto estamos chegando?", discursou.

A arte e a nudez sempre foram alvos fáceis para os moralistas de ocasião. A novidade é a existência de um ministro da Cultura disposto a alimentar as feras. Em reunião com a bancada evangélica, Sérgio Sá Leitão endossou as críticas ao MAM e prometeu incluir um artigo na lei Rouanet para atender aos pastores. Ver o MinC se curvar ao obscurantismo parece demais até para o Brasil de 2017.

* Marcelo Crivella e João Doria condenaram a performance em vídeos divulgados nas redes sociais.

11/10/2017
Nostalgia da impunidade

Os vilões da República são a Polícia Federal, o Ministério Público e o Poder Judiciário. Essa é a conclusão que se tira do relatório do deputado Bonifácio de Andrada, que pede o arquivamento da segunda denúncia contra Michel Temer.

Em vez de analisar as provas, o tucano produziu um libelo contra a Lava Jato. Seu parecer aposta no corporativismo dos colegas para salvar o presidente, acusado de organização criminosa e obstrução da Justiça.

O relatório de Andrada faz coro a um discurso repisado pela defesa de Temer. Ele acusa a Procuradoria de "criminalizar a atividade político-partidária" e promover "um ataque generalizado aos homens públicos do país". "Essa denúncia apresenta uma ampla acusação à vida pública brasileira", afirma o tucano.

Aos olhos do deputado, o Ministério Público é um órgão que "domina a Polícia Federal, mancomunado com o Judiciário", para impor constrangimentos a uma classe política indefesa. Ele ainda sugere que o avanço das investigações "trouxe para o país um desequilíbrio nas relações entre os Poderes da República".

Em tom de lamento, o relator diz que o Congresso "teve reduzidas as prerrogativas e as garantias da imunidade parlamentar". "O Poder Legislativo perdeu muito na sua eficiência institucional com a falta das imunidades parlamentares que existiam no passado brasileiro", afirma.

A queixa transparece uma nostalgia dos tempos em que as leis conspiravam a favor da impunidade dos políticos. Pela lógica do tucano, o Brasil era um país melhor quando a Justiça precisava de autorização da Câmara ou do Senado para processar congressistas sob suspeita.

Herdeiro de um clã que está no poder desde o Império, Andrada não pode ser acusado de incoerência. Há dezesseis anos, ele lutou sozinho contra a emenda constitucional que restringiu a imunidade parlamentar a delitos de opinião. A Câmara aprovou o fim da blindagem por 441 a 1 — o único voto contrário foi o dele.

13/10/2017
Supremo, mas nem tanto

O Supremo Tribunal Federal não é mais tão supremo assim. No longo julgamento de quarta-feira, a corte estabeleceu que o Congresso poderá derrubar suas decisões que envolvam parlamentares. O direito à última palavra, que pertencia aos ministros, foi graciosamente cedido aos deputados e senadores.

A decisão significa um alívio para a classe política ameaçada pela Lava Jato. Agora os investigados poderão se livrar da Justiça sem ter a obrigação de desmentir gravações, delações e malas de dinheiro. Basta manter o apoio da maioria dos colegas, que ganharam uma licença para salvar os amigos no plenário.

Ao amputar o seu próprio poder, o Supremo se curvou aos coronéis do Senado. Na semana passada, eles se rebelaram contra as medidas que o tribunal impôs ao tucano Aécio Neves. O motim convenceu a ministra Cármen Lúcia a negociar. O resultado da negociação é a vitória dos rebelados, com o apoio decisivo do governo e da presidente do Supremo.

Não é a primeira vez que a estratégia funciona. Em dezembro passado, o senador Renan Calheiros se insubordinou contra uma decisão que o afastava da presidência do Senado. A pretexto de evitar um conflito institucional, o Supremo aceitou ser desacatado. Saiu menor da crise, como voltou a acontecer nesta quarta.

Em nome da conciliação, Cármen Lúcia sacramentou o novo recuo. Ao desempatar o julgamento, ela disse que concordava com o relator Edson Fachin em "quase tudo", mas cedeu ao Senado no essencial. Sua confusão ao explicar o próprio voto[*] reabriu o debate no plenário e escancarou a divisão do tribunal.

Ao oferecer a Aécio a salvação que negou a Eduardo Cunha, o Supremo confirmou que suas decisões podem variar de acordo com a influência política do réu. O julgamento reforça a ideia de que a Justiça brasileira ainda segue a máxima de George Orwell em *A revolução dos bichos*: todos são iguais, mas alguns são mais iguais do que os outros.

---

[*] A ministra gaguejou e precisou de ajuda do decano Celso de Mello para explicar sua decisão. Semanas depois, ela admitiria que seu voto foi "extremamente conturbado".

17/10/2017
Torpezas e vilezas

Na era da comunicação instantânea, Michel Temer se mantém fiel às cartas. Há quase dois anos, ele escreveu uma para informar que não queria mais ser um "vice decorativo". Agora enviou outra para avisar que deseja continuar presidente.

Na primeira correspondência, Temer enumerou suas mágoas com Dilma Rousseff. "É um desabafo que já deveria ter feito há muito tempo", disse. Na segunda, ele repete a ladainha para os congressistas. "É um desabafo. É uma explicação para aqueles que me conhecem", afirma.

Na missiva original, o peemedebista negou ser o chefe de uma "suposta conspiração". "Não é preciso alardear publicamente a necessidade da minha lealdade", escreveu. Agora ele muda de papel e se diz vítima de conspiradores. "Jamais poderia acreditar que houvesse uma conspiração para me derrubar", lamuria-se.

As citações em latim sumiram, mas o tom de lamentação continua. "Sei que a senhora não tem confiança em mim", queixou-se o vice de 2015. "O que me deixa indignado é ser vítima de gente tão inescrupulosa", chia o presidente de 2017.

Na nova carta, Temer faz uso seletivo do que dizem os presos da Lava Jato. Quando eles o incriminam, repetem "mentiras, falsidades e inverdades". Quando ajudam a sustentar a sua defesa, merecem ser levados ao pé da letra.

O presidente desqualifica o depoimento de Lúcio Funaro, a quem chama de "delinquente conhecido". Ao mesmo tempo, recorre ao testemunho de Eduardo Cunha, que dispensa adjetivos. Os dois estão na cadeia pelos mesmos motivos, mas só o doleiro decidiu delatar os comparsas.

Em outra passagem, Temer se diz vítima de "torpezas e vilezas". Ontem ele voltou a praticá-las para barganhar apoio na Câmara. O *Diário Oficial* publicou uma portaria que dificulta a fiscalização do trabalho escravo. A medida atende ao lobby da bancada ruralista, que promete votar em peso para enterrar a denúncia contra o presidente.

18/10/2017
Aécio ganhou, o STF perdeu

"O senador João Alberto cancelou uma cirurgia. O senador Romero Jucá teve arrancada metade das tripas e está aqui, firme." Renan Calheiros era só orgulho ao exaltar a bravura dos colegas. Valia até fugir do hospital para ajudar a salvar o mandato de Aécio Neves.

A votação de ontem não definiria só o futuro do tucano. Estava em jogo todo o esforço para estancar a sangria provocada pela Lava Jato. "Com o Supremo, com tudo", como profetizou Jucá, antecipando o julgamento da semana passada.

O tribunal se curvou à pressão dos políticos. O Senado aproveitou o recuo e avançou na guerra contra as investigações. "Não é se deixando subjugar por parte da opinião pública, da imprensa, que nós vamos fazer justiça neste país", discursou o destripado líder do governo.

Jucá falava em nome da corporação e do chefe. Michel Temer também suou a camisa nas articulações a favor de Aécio. O presidente e o senador mineiro firmaram um pacto pela sobrevivência. Um ajuda o outro na luta para enfrentar o Ministério Público e continuar no poder.

Encorajados pelo Planalto, os senadores decidiram desafiar a primeira turma do Supremo. A esperança na salvação venceu o medo da opinião pública. Por 44 a 26, o plenário devolveu a Aécio o mandato e o direito de circular na noite de Brasília.

O triunfo do tucano é uma derrota para o Supremo, que sai do episódio ainda mais arranhado. Ao abrir mão de dar a última palavra, a corte acirrou sua divisão interna e reforçou a imagem de que passou a colaborar com um "grande acordo nacional".

Desgastado, o tribunal apanhou até de quem votou contra Aécio. O ex-tucano Álvaro Dias criticou a "constrangida mudança de opinião" dos ministros. A presidente Cármen Lúcia, que garantiu a salvação do senador mineiro, teve que dormir com um elogio de Jader Barbalho. "Tenho que cumprimentar essa mulher, que merece todas as nossas reverências", exaltou o peemedebista.

19/10/2017
Teatro ruim

"Isso aqui na verdade é um teatro." O surto de sinceridade foi do deputado Beto Mansur, do PRB. Integrante da tropa de choque do governo, ele resumiu o longo e inútil debate na Comissão de Constituição e Justiça da Câmara.

Ao subir ao palco, os deputados já sabiam que as cortinas se fechariam com a vitória do Planalto. Mesmo assim, a peça se arrastou por quase nove horas. Ninguém queria perder a chance de brilhar ao vivo na TV.

"Não se troca presidente da República como se troca de técnico de time de futebol", disse o ex-malufista Mansur. A oposição interrompeu o discurso para reclamar de plágio. No ano passado, a mesma frase era usada para defender Dilma Rousseff.

Os deputados que votariam pela rejeição da denúncia tentavam escapar do papel de vilão. Até Bonifácio de Andrada, autor do parecer a favor do presidente, buscou encenar alguma independência. "Eu sou relator. Não sou líder do governo, não."

Com dez mandatos nas costas, o tucano nunca cairia na própria conversa. Ele foi escolhido para selar uma troca. Temer ajudava Aécio, que ajudava Temer... qualquer semelhança com o poema "Quadrilha", de Carlos Drummond de Andrade, não haveria de ser coincidência.

"É uma permuta", resumiu o petista Paulo Teixeira. Ele ironizou a defesa do governo contra a acusação de obstrução de Justiça. Segundo o Planalto, Temer só queria que Joesley Batista continuasse "de bem" com o presidiário Eduardo Cunha.

"Haveria uma amizade com prestações mensais?", debochou Teixeira. Na famosa gravação do Jaburu, o presidente diz a frase "tem que manter isso" e o dono da JBS responde "todo mês".

Apesar dos excessos no microfone, os deputados pouparam o público das costumeiras cenas de empurra-empurra. Eles também parecem cansados de encenar sempre a mesma peça. O teatro ruim deve terminar na próxima quarta, com o sepultamento da denúncia no plenário.

20/10/2017
O sujeito oculto no caso Geddel

Todo acusado tem direito a defesa, e todo advogado tem o dever de lutar pelos interesses de seu cliente. Dito isso, é ingrata a tarefa dos causídicos que tentam tirar Geddel Vieira Lima da cadeia.

O ex-ministro foi preso em julho, acusado de saquear a Caixa Econômica Federal. Depois de dez dias na Papuda, conseguiu um habeas corpus. Passou a cumprir prisão domiciliar em Salvador, no conforto do ar-condicionado e sem tornozeleira.

No mês passado, o peemedebista voltou a ser recolhido à tranca. A PF havia encontrado sua caixa-forte: um apartamento com 51 milhões de reais, alvo da maior apreensão de dinheiro vivo de que se tem notícia no país.

Só o Tio Patinhas seria capaz de guardar tanto ervanário em espécie. Com uma diferença: o personagem dos quadrinhos atuava no setor privado, enquanto Geddel fez fortuna ao longo de três décadas na política.

Apesar dos milhões de provas contra o ex-ministro, a defesa pediu a sua libertação ao Supremo Tribunal Federal. Os advogados estão em seu papel, e a obrigação do Ministério Público é lutar para que a corte mantenha o peemedebista na Papuda.

Foi o que fez a nova procuradora-geral da República, Raquel Dodge. Em parecer assinado na segunda-feira, ela opinou contra a libertação do detento. Até aí, segue o jogo, mas há um dado curioso no documento. Na página 10, a procuradora sustenta que Geddel ocupava o posto de "líder da organização criminosa".

Até a posse de Dodge, o Ministério Público via o ex-ministro como integrante do segundo escalão do quadrilhão do PMDB. O novo parecer parece apontar duas mudanças importantes para o futuro da Lava Jato.

Na primeira, a Procuradoria passaria a entender que Geddel não cumpria as ordens de um chefe. Na segunda, ele perderia as condições de fechar uma delação, já que o acordo não pode ser oferecido a quem está no comando da gangue. Nos dois casos, o maior beneficiário do parecer de Dodge seria quem a nomeou.

24/10/2017
Uma apatia conveniente

A semana da votação que poderia derrubar Michel Temer começou em clima de marasmo. Governo e oposição apostam no arquivamento da segunda denúncia contra o presidente. Se a previsão se confirmar, ele ganhará mais catorze meses de hospedagem grátis no Jaburu.

Ontem a Câmara permaneceu vazia. A sessão da tarde foi cancelada por falta de quorum. Mais cedo, um deputado solitário discursou em homenagem à Sociedade Brasileira de Eubiose. Os próximos eventos da entidade serão um simpósio sobre o bem e o mal, um recital de piano e uma oficina de origami.

Temer compareceu a uma cerimônia militar, mas abriu mão de discursar. Os parlamentares que decidirão seu futuro não estão interessados em palavras, e sim no *Diário Oficial*. Hoje deve ser publicado o decreto que oferece desconto de até 60% em multas ambientais.

A medida é mais um presente para os ruralistas. Na semana passada, a bancada do trator já havia festejado a portaria que afrouxa o combate ao trabalho escravo. Não há limites ao retrocesso para barganhar votos.

Sem esperança numa zebra, a oposição recolheu as armas. Nos últimos dias, não houve manifestação expressiva em nenhuma capital do país. O ex-presidente Lula também evitou mobilizar sua tropa. Apareceu numa ocupação do MTST e viajou para fazer pré-campanha nos cafundós de Minas Gerais.

A omissão tem motivo. Apesar do ressentimento com o impeachment, o PT não está interessado na queda de Temer. O partido prefere enfrentar um presidente desgastado em 2018. Por isso, escolheu a tática de cruzar os braços e esperar a eleição.

Essa apatia também favorece o silêncio dos movimentos verde-amarelos que fizeram barulho no ano passado. Sem pressão para voltar às ruas, a turma permanece escondida atrás da tela do celular. Em vez de protestar contra a corrupção, seus líderes distraem a plateia atacando museus e novelas da TV.

25/10/2017
Jogando pelo empate

A oposição reconhece que não chegará nem perto dos 342 votos necessários para afastar Michel Temer. Se a vitória é impossível, a saída será jogar pelo empate. Por isso, a minoria tentará adiar o sepultamento da segunda denúncia contra o presidente.

A sessão está marcada para as nove da manhã de hoje. No entanto, a votação só será iniciada se 342 deputados marcarem presença. Se este quorum não for alcançado, a decisão ficará para a próxima semana. A oposição aposta nisso para prolongar o desgaste do governo.

"Nossa única chance de manter o Temer nessa hemorragia é não dar presença. Ele pode vender até o Palácio do Planalto, mas não vai conseguir enterrar a denúncia", diz o deputado Sílvio Costa, do Avante.

Para sair do papel, o boicote precisa da adesão de pelo menos 171 deputados (um terço do total). O problema é que a oposição formal, liderada pelo PT, não passa dos 120. Isso significa que o plano depende da participação de mais de cinquenta dissidentes da base governista.

O líder do PT, Carlos Zarattini, batizou a operação de "mobilização ao contrário". Em vez de arregimentar os insatisfeitos para a guerra, ele terá que convencê-los a cruzar os braços. É uma missão difícil, porque os deputados terão que resistir à tentação de aproveitar os holofotes.

Para conter os mais ansiosos, a oposição promete organizar uma "sessão paralela" no salão verde da Câmara. A ideia é garantir alguma visibilidade a quem ficar de fora do plenário. Os discursos devem atrair alguma atenção da imprensa e serão transmitidos nas redes sociais.

Se der certo, o boicote deve enfraquecer ainda mais o presidente, que paralisou o governo para negociar votos no varejo. No entanto, a tática terá o efeito colateral de manter aberto o balcão de negócios. Por este ponto de vista, seria melhor liquidar a votação logo. As barganhas de Temer para permanecer no cargo já custaram muito caro ao país.

26/10/2017
Ao vencedor, as batatas

Michel Temer é um vencedor. Em junho, ele se tornou o primeiro presidente do Brasil a ser alvo de uma denúncia criminal no exercício do cargo. Foi acusado de pedir propina, obstruir a Justiça e chefiar uma quadrilha, mas não perderá o cargo nem a liberdade. O caso dormirá numa gaveta até 2019.

Quando as gravações da JBS vieram à tona, a pinguela de Temer balançou. Ministros o aconselharam a renunciar, e aliados discutiram abertamente sua sucessão. O presidente quis pagar para ver. Pagou caro e à vista, como mostrou o noticiário sobre a negociação na Câmara.

Nos últimos quatro meses, o peemedebista ofereceu de tudo para manter os deputados no cabresto. Seus articuladores leiloaram cargos e emendas na bacia das almas. Até reservas na Amazônia foram rifadas no balcão de negócios do Planalto.

A operação de compra e venda deu resultado. Ontem a Câmara encenou o último ato da blindagem presidencial. A segunda denúncia da Procuradoria-Geral da República foi barrada por 251 votos a 233.

Em minoria, a oposição fez o barulho possível. Temer também foi atacado por dissidentes da base. Um deputado do PR, que controla o Ministério dos Transportes, exigiu "cadeia e algema" para o presidente. Um deputado do Solidariedade, dono do Incra, acusou-o de chefiar o "Primeiro Comando do Planalto".

Os defensores do governo foram mais breves. Com medo do eleitor, muitos balbuciaram o "sim" e fugiram do microfone. A história registrará que Paulo Maluf deu o primeiro voto a favor de Temer. O voto 171 foi de Celso Jacob, o deputado presidiário. Depois de ajudar o presidente, ele voltou à sua cela na Papuda.

Temer se sagrou vencedor, mas terá que engolir batatas murchas e amassadas. Sua base de apoio encolheu, sua impopularidade bateu recorde e seu governo ficou ainda mais fraco e desmoralizado. Mesmo assim, ele tem o que festejar. É melhor continuar no palácio do que antecipar o encontro com os tribunais.

Epílogo

Todo presidente em fim de mandato é assombrado pelo fantasma do café frio. Segundo o anedotário político, quem está de saída passa a ser ignorado até pelos garçons do palácio. As atenções se voltam para o futuro — e para quem tem chances de assumir o poder.

No início de 2018, a maldição já se abatia sobre Michel Temer. Ele esfriou o próprio café ao admitir que não conseguiria mais aprovar a reforma da Previdência. Em março, a Polícia Federal prendeu alguns de seus amigos mais próximos, suspeitos de cobrar propina de empresas do setor portuário. O avanço das investigações apontava para uma possível terceira denúncia contra o presidente, que se tornou o mais impopular desde a redemocratização.

Temer insinuou que disputaria a reeleição, mas desistiu antes do início da campanha. Os aliados que o alçaram ao poder não queriam mais aparecer ao seu lado. A coalizão que derrubou Dilma Rousseff havia se desmanchado, e cada partido passou a lutar pela própria sobrevivência.

Os outros capitães do impeachment também caíram em desgraça. O peemedebista Eduardo Cunha perdeu o mandato e a liberdade. O tucano Aécio Neves se agarrou aos dois, mas viu sua força política evaporar. Continuou senador, mas desapareceu da cena nacional.

Longe do poder, o PT continuava a descer a ladeira. Em abril, Lula foi preso, após ser condenado em segunda instância por corrupção e lavagem de dinheiro no caso do tríplex do Guarujá. O ex-presidente ainda liderava as pesquisas, mas os petistas admitiam que ele tinha poucas chances de deixar a cadeia para ser candidato.

Com o impedimento de Lula, o favoritismo caía no colo do deputado Jair Bolsonaro, um ex-capitão do Exército com ideias de extrema direita e saudades da ditadura militar. Veteranos de outras disputas presidenciais, como Marina Silva, Geraldo Alckmin e Ciro Gomes, sofriam para mobilizar eleitores desiludidos com a política.

No início do segundo semestre, o país se preparava para a eleição mais indefinida desde 1989, quando os brasileiros voltaram a votar para presidente.

ESTA OBRA FOI COMPOSTA PELA ABREU'S SYSTEM EM INES LIGHT
E IMPRESSA EM OFSETE PELA LIS GRÁFICA SOBRE PAPEL PÓLEN SOFT DA SUZANO
PAPEL E CELULOSE PARA A EDITORA SCHWARCZ EM AGOSTO DE 2018

A marca FSC® é a garantia de que a madeira utilizada na fabricação do papel deste livro provém de florestas que foram gerenciadas de maneira ambientalmente correta, socialmente justa e economicamente viável, além de outras fontes de origem controlada.